KATHRIN SOHST

Zart im Nehmen

W0241335

GOLDMANN
Lesen erleben

Buch

Stark durchs Leben gehen trotz Sensibilität – das wünschen sich viele hochsensible Menschen und erleben ihre besondere Gabe dennoch immer wieder als Last. Etwa 20 bis 30 Prozent der Menschen verarbeiten Reize und Informationen sowohl qualitativ als auch quantitativ viel intensiver als ihre Mitmenschen. Da Kathrin Sohst selbst hochsensibel ist, schreibt sie nicht aus rein psychologischer Sicht, sondern aus eigener Erfahrung heraus. Sie ermutigt dazu, die eigene hohe Sensibilität als Chance zu entdecken. Denn je leistungsorientierter und schneller unsere Gesellschaft wird, desto bedeutsamer wird dieses Thema. Alltagstaugliche Strategien und zahlreiche Berichte hochsensibler Menschen machen »Zart im Nehmen« zu einem inspirierenden Ratgeber für zarte Menschen.

Autorin

Kathrin Sohst schreibt als Autorin emotional, persönlich und fachlich fundiert über sensible Themen. Als achtsame Beraterin und Coach begleitet sie Menschen dabei, ihre Sensibilität als Basis für innere Stärke zu entdecken. 2017 organisierte sie den 1. Kongress für Hochsensibilität in Deutschland. Ihr Buch »Zart im Nehmen« ist in mehreren Ländern erschienen und landete in Spanien auf der Bestsellerliste.

Kathrin Sohst

Zart im Nehmen

Hochsensibel: Erkennen Sie Ihr Potenzial

GOLDMANN

Alle Ratschläge in diesem Buch wurden von der Autorin und vom Verlag sorgfältig erwogen und geprüft. Eine Garantie kann dennoch nicht übernommen werden. Eine Haftung der Autorin beziehungsweise des Verlags und seiner Beauftragten für Personen-, Sach- und Vermögensschäden ist daher ausgeschlossen.

Sollte diese Publikation Links auf Webseiten Dritter enthalten, so übernehmen wir für deren Inhalte keine Haftung, da wir uns diese nicht zu eigen machen, sondern lediglich auf deren Stand zum Zeitpunkt der Erstveröffentlichung verweisen.

MIX
Papier aus verantwortungsvollen Quellen
FSC® C014496
FSC
www.fsc.org

Verlagsgruppe Random House FSC® N001967

1. Auflage
Vollständige Taschenbuchausgabe Oktober 2019
Copyright © 2019: Wilhelm Goldmann Verlag, München,
in der Verlagsgruppe Random House GmbH,
Neumarkter Str. 28, 81673 München
Copyright © 2016 der Originalausgabe: GABAL Verlag GmbH, Offenbach
Umschlag: Uno Werbeagentur, München
Umschlagmotiv: FinePic®, München
Redaktion: Anke Schild, Hamburg
Satz: Buch-Werkstatt GmbH, Bad Aibling
Druck und Bindung: GGP Media GmbH, Pößneck
Printed in Germany
KW/TJ · Herstellung: CB
ISBN 978-3-442-17767-7
www.goldmann-verlag.de

Besuchen Sie den Goldmann Verlag im Netz

Inhalt

Buch-Gedanken 7

Zart-Start: Hochsensible Botschaften 10

1. Infopoint Hochsensibilität: Wie zarte Menschen sind 23

Bin ich hochsensibel? 25

Herausforderungen: Die Entwicklungsfelder der Zarten 71

Stärken: Hochsensible Potenziale 80

2. Erfahrungsberichte und Perspektiven: Was hochsensible Menschen erleben 97

Zart-starke Geschichten: Hochsensibel – echt – authentisch 99

Sinne 101

Gesundheit 120

Arbeit und Beruf(ung) 160

Beziehungen und Familie 211

Freizeit und Konsum 261

Sinn und Übersinnliches 290

3. Strategien und Impulse:
Was die Zarten stark macht 315
Stärke – (nur) eine Frage der Haltung? 317
Vertrauen – (auch) in die eigene Intuition 320
Zulassen – dem Leben ein Lächeln schenken 323
Vergeben – der Weg in die Freiheit 325
Wachsen – raus aus der Komfortzone 333
Fokussieren – Qualität statt Quantität 338
Starkmacher – in Verbindung mit der Kraft 340
Hochsensible Lebenskunst:
Wie zart-starke Macher ticken 400

Leuchtfeuer: Das Zart-stark-Manifest 427
Acht zart-starke Thesen 429
Inspiration Tierwelt 430
Wirtschaft und Bewusstseinswandel 432
Wissenschaft und Wahrheit 435
Die Weisheit in uns 436

Anhang 439
Danke! 441
Quellenverzeichnis 445
Personenregister 455
Sachregister 457

Buch-Gedanken

Was Sie in den Händen halten, ist ein Buch für Zarte und Harte. Sensibel und provokant, emotional und sachlich. Es möchte Sie informieren, inspirieren und motivieren. Es will Mut machen, neue Wege zu gehen. Es fordert dazu auf, sich selbst und andere anzunehmen – ganz gleich, ob zart oder hart im Nehmen. Das Thema: Hochsensibilität + Stärke.

Dieses Buch ist kein psychologisches Arbeitsbuch, sondern ein inspirierender Cocktail aus sachlichen Informationen und authentischen Geschichten, es ist eine Sammlung von praktischen Starkmachern und ein emotionales Nachschlagewerk für den Alltag. Ein Buch, das Sie auf dem Weg in ein hochsensibel-starkes Leben begleiten, praktische Impulse geben und neue Perspektiven aufzeigen möchte. Sie können das Buch von vorn nach hinten lesen, kreuz und quer, rauf und runter oder einfach intuitiv den Bauch entscheiden lassen, was gerade dran ist. Wie Sie vorgehen, hängt auch davon ab, wo Sie gerade stehen. Dazu drei exemplarische Anregungen:

Szenario 1: Sie haben tausend Fragezeichen im Kopf und sind gerade dabei, Ihre hohe Sensibilität zu entdecken? Im ersten Teil des Buches gibt es komprimierte Informationen zum Thema Hochsensibilität.

Szenario 2: Sie kennen das Phänomen Hochsensibilität bereits und fragen sich, wie andere den Alltag erleben und mit ihrer Zartheit umgehen? Dann empfehle ich den zweiten Teil des Buches. Dort finden Sie viele authentische Geschichten aus dem Alltag, in denen hochsensible Menschen erzählen, wie es ihnen in bestimmten Situationen ergangen ist, wie sie damit umgegangen sind und was sie daraus gelernt haben. Wenn Sie hochsensibel sind, erleben Sie nicht nur viel, sondern auch vieles sehr intensiv. Nehmen Sie sich den Raum zu verarbeiten, was verarbeitet werden möchte. Warum? Ganz einfach: Sie machen damit den Weg frei, sich selbst und andere so anzunehmen, wie sie sind. Lust statt Frust ist schließlich besser als der ständige Kampf mit den Realitäten des Lebens. Doch auch wenn Sie nicht mehr mit der Welt hadern, bleibt die hohe Wahrnehmung mit all ihren Herausforderungen.

Szenario 3: Haben Sie die »Erkenntnis Hochsensibilität« bereits hinter sich und schon das eine oder andere reflektiert? Dann kommt der dritte Teil ins Spiel. Hier geht es um Ressourcen, Strategien und alles, was hochsensible Menschen stark macht. Starten Sie durch, und erlauben Sie sich, all das in Ihren Alltag zu integrieren, was Ihnen guttut. Damit Sie sensibel und kraftvoll zugleich leben können und Ihre Ziele erreichen, statt ihnen hinterherzulaufen.

In diesem Buch stecken Liebe, Sensibilität, Empathie und Reflexion – und ganz viel Mut, die Dinge auch einmal aus einer anderen Perspektive zu betrachten. Dieses Buch ist nicht der Feder einer Psychologin entsprungen und ersetzt weder eine Therapie noch ein Coaching. Wenn Sie sich in einer Lage befinden, in der Sie spüren, dass Sie allein nicht zurechtkommen, dann empfehle ich Ihnen, professionelle Hilfe in Anspruch zu nehmen. Ich schreibe als hochsensibler Mensch und Botschafterin für Hochsensibilität. Mir ist wichtig, Ihnen Mut zu machen, authentisch zu leben, offen mit sich selbst und anderen umzugehen und Verantwortung für sich selbst und Ihr Wohlbefinden zu übernehmen. Es geht mir darum, Wissen und Erfahrungen zu teilen und Sie zu inspirieren, die gesellschaftlichen Konventionen kritisch zu hinterfragen. Ich möchte das Phänomen Hochsensibilität bekannt machen, um sowohl den Zarten als auch den Harten Perspektiven für einen starken Umgang mit der hohen Sensibilität zu öffnen. Wer mehr über die Frau wissen möchte, die das Buch geschrieben hat, der wird zwischen den Zeilen lesen, dass dieses Buch auch ein sehr persönliches ist. Doch anders als persönlich kann ich ohnehin nicht. Bei mir geht's nicht ohne Nähe, Authentizität und Emotionen. Und wie ist es bei Ihnen?

Zart-Start: Hochsensible Botschaften

Sensibilität und Stärke? Das klingt nach Gegensätzen: wie Feuer und Wasser, süß und salzig oder hell und dunkel. Wie also soll das zusammengehen? Und wer gibt schon gerne zu, zart im Nehmen zu sein, wo es doch als erstrebenswert gilt, 24 Stunden am Tag verfügbar und leistungsfähig zu sein? Schwäche zeigen? Keine gute Idee. Zugegeben: Sensibel sein ist nicht gerade sexy.

Oder doch? Dünnhäutigkeit gilt als unprofessionell. Und zu viele Emotionen stören, erst recht im Job. Das Leben ist kein Ponyhof. Nur die Harten kommen in den Garten. Schlafen kannst du, wenn du tot bist. Aha, so ist das also. Sonst kämen die Harten wohl auch nicht auf die Idee, Wortgeschütze wie diese abzufeuern:

- *Nimm dir nicht alles so zu Herzen.*
- *Nun stell dich nicht so an!*
- *Du bist viel zu sensibel.*
- *Nun erzähl doch nicht so einen Quatsch!*
- *Mit dir ist es echt schwierig.*
- *Leg dir ein dickeres Fell zu.*
- *Lass doch mal locker.*
- *So ein Tüddelkram!*
- *Reiß dich mal zusammen.*
- *Du musst dich anpassen.*
- *Musst du immer gleich heulen?*
- *Nimm das doch nicht gleich so ernst.*

- *Ein Indianer kennt keinen Schmerz.*
- *Entspann dich wieder!*
- *Du musst mal realistischer sein.*
- *Spielverderber!*
- *Das bildest du dir nur ein.*
- *Warum bist du bloß so?*
- *Woher willst du das denn wissen?*
- *Du siehst Gespenster!*
- *Sei doch nicht so eine Mimose!*

Haben Sie den einen oder anderen Satz schon mal irgendwo gehört? Oder zu jemandem gesagt? Ich kenne einige davon sehr gut – weil ich sie oft selbst gehört habe. Andere habe ich in meinen Interviews mit sensiblen oder hochsensiblen Menschen erst kennengelernt. Worte sind mächtig, und in meinem Fall hatten sie tatsächlich die Wirkung von Waffen. Sie haben Wunden hinterlassen. Wenn wir solche Sätze schon in der Kindheit regelmäßig zu hören bekommen, dann machen diese Sätze etwas mit uns. Und sensible Kinder spüren, dass ihre Bedürfnisse sich von denen anderer Kinder unterscheiden.

Es ist Fasching im Kindergarten. Artur klammert sich an den Rockzipfel seiner Lieblingserzieherin. Er braucht Halt, denn heute ist alles anders. Es ist laut, alle sind aufgeregt und wuseln herum. Als dann einer der schönen roten Luftballons platzt, bekommt der kleine Junge mit den großen, wachen Augen einen Riesenschreck und fängt an zu weinen. Sein kleines Kinderleben ist gerade mächtig aus den Fugen geraten. Er versteht einfach nicht, warum die anderen Kinder Fasching so toll finden. Er wäre jetzt lieber zu Hause.

Diese Geschichte schildert eine klassische Situation, wie sie hochsensible Kinder immer wieder erleben. Wenn wir älter werden, kommen verständnislose Reaktionen und »Wortgeschütze« der anderen dazu. Und irgendwann gesellt sich zu dem Gefühl, anders zu sein, noch ein fieser Halunke – ein Kerl namens »Selbstzweifel«.

Viele hochsensible Menschen haben das Gefühl, mit ihrer Wahrnehmung allein dazustehen, denn die meisten anderen scheinen besser klarzukommen. Und dann nimmt die Entwicklung ihren Lauf: Das Selbstwertgefühl fängt an zu bröckeln. Und es mag auch dann nicht so recht wachsen, wenn wir uns in Schule, Studium und Beruf Ziele gesteckt und diese – meistens auf Umwegen – erreicht haben. Und schon gar nicht, wenn wir mal wieder das Gefühl haben, gescheitert zu sein. Und selbst wenn die Anerkennung der anderen da ist, bleibt ein fader Beigeschmack. Ich kann mir gut vorstellen, dass Menschen, die uns im Laufe unseres Lebens begegnet sind, überrascht wären, wenn sie wüssten, wie es manchmal in uns aussieht. Denn nach außen mögen hochsensible Menschen vielleicht manchmal etwas vorsichtig und zurückhaltend wirken, aber sie können dennoch selbstbewusst daherkommen. Viele haben gute Manieren und sind starke und interessante Gesprächspartner in der Eins-zu-eins-Situation oder in kleinen Teams. Sie sind strebsam, einfühlsam und sehr gute Zuhörer. Immer korrekt im Verhalten anderen gegenüber: bloß nicht unangenehm auffallen, Harmonie um jeden Preis aufrechterhalten und erst recht keinen Streit anzetteln. Aber auch das Gegenteil kommt vor: Dann können hochsensible Menschen auch sehr unangenehm auffallen. So mag in manchem angespannten, lauten oder sogar aggressiven Menschen ein ganz sensibler, zarter Kern liegen, der durch dauerhafte Überreizung unsichtbar wird.

Auf dem Weg vom Kind zum Erwachsenen liegen unzählige Situationen, die die Andersartigkeit von zarten Menschen skizzieren. In der Grundschule im ewigen Kampf mit einem ekeligen Klassenkameraden, der es liebt, andere zu ärgern. Als Teenager enttäuscht und gehänselt von den Mitschülern. Die Schutzmauer, die der eine oder andere hochsensible Mensch um sich herum gebaut hat, wird häufig »Arroganz« genannt. Und weil wir so empathisch sind und uns gerne mit Menschen umgeben, die respektvoll mit uns umgehen, machen wir uns neben ein paar wenigen guten Freunden unsere Lehrer zu Verbündeten. Unbewusst, versteht sich. Mit erwachsenen Menschen kann man nämlich – im Gegensatz zu vielen Gleichaltrigen – »normal« reden. Wie die Mitschüler mit den Lehrern umgehen, empfinden wir (meistens) als gruselig. Das sind doch schließlich auch Menschen und keine Monster. Im schlimmsten Fall kann es sogar dazu führen, dass die anderen Schüler beginnen, uns regelrecht zu mobben: kein Gruß auf dem Flur, leises Kichern bei jedem Fehler oder der Titel »Streber des Jahrgangs« in der Abizeitung – entsprechender Unbeliebtheitsfaktor inklusive. Die Frage nach dem Warum beantwortet sich meist erst viel später. Dann wird klar: Aufgrund einer hohen Empathie mit den Lehrern gut auszukommen muss aus Sicht der anderen einfach so aussehen wie »Schleimen par excellence«.

Ein anderes Thema sind Partys und Discos, also laute Musik, Alkohol oder sogar Drogen. Einerseits ist die Partyzeit eine, in der wir lernen können, mit intensiven Reizen besser umzugehen, einfach mal zu feiern, uns zu zeigen und zu entdecken, dass wir keine Drogen brauchen, um uns in Trance zu tanzen, was eine ganze Menge Vorteile hat. Andererseits raubt es uns viel Kraft, bei der Partylaune unserer Freunde mitzuhalten. Wieder die Frage: Warum fehlt mir die Energie, während die anderen Spaß haben? Und warum mag ich andere Sachen als die meisten meiner Altersgenossen?

Und da schießt schon das nächste Thema wie ein Pilz aus dem Boden: Beziehungen – für hochsensible Menschen ein schwieriges Terrain. Es gibt immer Menschen, die fasziniert von uns sind. Denn viele zarte Menschen sind sehr empathisch und haben das Zeug dazu, jeden Wunsch des Partners zu erspüren, manchmal sogar schon, bevor er ihn sich selbst bewusstmachen und formulieren kann. Menschen mögen es, wahrgenommen und verstanden zu werden. Doch es gibt da etwas, was viele Menschen nicht mögen: Mit der hohen Verbindlichkeit und der Tiefe unserer Emotionen und Gedanken können wir unseren Herzbuben oder unsere Herzdame schon mal überfordern. Wir geben uns ganz hinein in die Welt des anderen. Und vergessen dabei häufig sogar uns selbst. In Beziehungen, in denen es beide ernst meinen, können sich die Dinge langsam einschwingen. Wer kommuniziert, gewinnt. In den Sturm- und Drangzeiten des Lebens, in denen »lockere« Affären und Liebschaften eine Rolle spielen, kann der Hang zur

Intensität allerdings sehr kräftezehrend sein und Energie rauben für die anderen wichtigen Dinge im Leben – zum Beispiel für Ausbildung, Studium oder den Job, und das sind wichtige Genossen, wenn es um die Sicherung der Existenz geht.

Und schon sind wir beim nächsten Thema: Kennen Sie Situationen, in denen Sie hoch motiviert einen neuen Job antreten, Ihre Kompetenzen voll abrufen und Ihr Umfeld mit Ihren Fähigkeiten begeistern? Bis auf einmal der Bruch kommt? Plötzlich werden Sie häufiger krank und beginnen Fehler zu machen. Warum? Die Liste der möglichen Faktoren ist lang: Großraumbüro, keine selbstbestimmten Pausen, Zeitdruck, der Umgangston, die Frage nach dem Sinn von Zielen oder Aufgaben, der eigene Perfektionismus, mangelnde Wertschätzung, Kollegen, die uns in ihrer Art stark fordern. Und im Hintergrund wirbelt auch noch das Privatleben mit all seinen Herausforderungen.

Was ist da los? Warum können viele hochsensible Menschen auf solche oder ähnliche Geschichten zurückblicken? Ganz einfach: Das Thema Hochsensibilität war lange Zeit weder bekannt noch benannt. Heute haben wir die Chance, das zu ändern. Es gibt einen Namen für das Phänomen der hohen Wahrnehmung und Empfindungstiefe. Elaine N. Aron, die Mutter der aktuellen Hochsensibilitätsforschung, veröffentlichte in den 1990er-Jahren ihr Buch »The Highly Sensitive Person – How to Thrive When the World Overwhelms You«. Im deutschsprachigen Raum machte meines Wissens Georg Parlow 2003 mit seinem Buch »Zart besaitet« den Anfang. Als mich die Taschenbuchausgabe mit dem zartgrünen Cover in der Buchhandlung angezwinkert hat und ich darin zu lesen begann, veränderte sich mein Leben. Heute weiß ich, dass es vielen Hochsensiblen so geht, die zum ersten Mal von dem Phänomen hören.

Die »Erkenntnis Hochsensibilität« markiert wahrscheinlich für jeden einen Wendepunkt.

Viele erkennen sich sofort wieder und fühlen sich abgeholt. Wobei das den Frauen wesentlich leichter fallen dürfte als den Männern. Sensible Männer? Wohin soll das denn führen? Fakt ist allerdings, dass es Hochsensible gleichermaßen unter Frauen und Männern gibt.

Obwohl die Forschung zum Thema Hochsensibilität noch jung ist: Die Resonanz derer, die hochsensibel sind, zeigt, dass Elaine Aron wertvolle Arbeit geleistet hat. Wer sich als hochsensibel erkennt, ist meist im ersten Moment sehr erleichtert. Denn diese Erkenntnis bedeutet: Ich bin nicht allein! Es gibt noch andere Menschen, die so oder ähnlich ticken wie ich. Im zweiten Schritt können eine ganze Menge Fragen, Zweifel und unangenehme Gefühle hochkommen. Zumindest war es bei mir und anderen, mit denen ich gesprochen habe, so. Da möchte plötzlich vieles verarbeitet und verstanden werden. Bei mir hatte Weiterentwicklung immer etwas damit zu tun, dort hinzuschauen, wo es wehtut, und mir von meinen Gefühlen erzählen zu lassen, wo der Schuh drückt. Sich das eigene Leid anzuschauen scheint aus Sicht des Glücksforschers Ed Diener ein gutes Rezept zu sein. Denn glückliche Menschen verdrängen ihr Leid nicht, sie schauen hin: *»Der Weg zum Glück führt nicht um das Leid herum, sondern durch* *das Leid hindurch.«* Tun wir das nicht, laufen wir Gefahr, immer wieder die äußeren Umstände für unser Unglück verantwortlich zu machen.

Für hochsensible Menschen scheint das alles noch wichtiger zu sein als für diejenigen, die eine normale Sensibilität an den Tag legen. Ganz gleich, ob es darum geht, Erlebnisse aus der Vergangenheit zu verarbeiten, oder ob es einfach an der Zeit ist, sich mit den Menschen zu konfrontieren, die uns mit ihrem Wesen oder ihrer Einstellung stark gefordert haben. Wir müssen lernen, was wir nie gelernt und immer vermieden haben: den Umgang mit Konflikten. Und auch wenn Konflikte für die Zarten eine Herausforderung bleiben: Es lohnt, sich ihnen zu stellen und sie auszutragen. Denn ganzheitlich betrachtet ist es die größere Herausforderung, Konflikte zu vermeiden. Dann droht die Konfliktlawine täglich an jeder Ecke – was für ein Stress!

Eleanor Roosevelt, Menschenrechtsaktivistin, Diplomatin und Ehefrau des US-Präsidenten Roosevelt, bringt es auf den Punkt: »*Man gewinnt Kraft, Mut und Vertrauen durch jede Erfahrung, die einen zwingt anzuhalten und der Gefahr ins Gesicht zu sehen. Man muss eben auch Dinge tun, von denen man glaubt, ihnen nicht gewachsen zu sein.*«

Sich mit der eigenen Hochsensibilität auseinanderzusetzen bedeutet auch hinzuschauen, welche sensiblen Herausforderungen uns möglicherweise in unserer Entwicklung blockieren. Erst dann können wir die Ärmel hochkrempeln und unsere Herausforderungen angehen. Es wird einfacher, sich mit sich selbst und anderen Menschen zu konfrontieren. Entscheidend ist die Haltung: »*Ich bin okay, du bist okay.*«

Und noch etwas gilt es zu begreifen auf dem Weg zu einer sensiblen Stärke: »*Egal, was du machst, und egal, wie du etwas machst – es wird immer Menschen geben, die dich kritisieren. Also mach genau das, was du willst, und sei du selbst.*« Dieser Satz, der aus einem Interview mit Dr. Karin Uphoff, Unternehmerin und Gründerin des Netzwerkes heartleaders, stammt, ist leichter gesagt als getan. Denn (die meisten) Menschen sind soziale Wesen und wollen dazugehören. Solange wir nicht benennen und reflektieren können, was unsere Andersartigkeit ausmacht, liegt es auf der Hand, dass wir uns am Mainstream orientieren und versuchen mitzuhalten auf den normalen Wegen, die für Hochsensible oft ungeeignet sind. Überforderung und Situationen, in denen wir uns von anderen vor den Kopf gestoßen fühlen, häufen sich.

Doch Achtung! Die Welt dreht sich nicht nur um die sensiblen Wesen dieser Welt: Mit Sicherheit gibt es auch eine ganze Menge Menschen, die sich durch unsere Eigenarten vor den Kopf gestoßen fühlen. Chefs, die sich wundern, warum erst so ein hohes Engagement mit tollen Ergebnissen da ist und plötzlich dann ein gelber Schein nach dem anderen eingereicht wird oder sogar die Kündigung auf dem Tisch liegt. Menschen, denen wir zu nahe treten, ohne es überhaupt zu merken. Freunde, von denen wir uns wortlos abwenden, weil wir nicht in der Lage sind, in einen Konflikt zu gehen, und weil wir negative Emotionen vermeiden wollen. Wir sind Meister darin, Situationen zu umschiffen, die uns Schmerzen bereiten können …

Es ist eine Sache zu wissen, dass Sie zart im Nehmen sind. Die andere genauso wichtige Erkenntnis ist diese hier:

Diejenigen, die hart im Nehmen sind, haben eine »normal« ausgeprägte Sensibilität. Wir können von den Harten nicht erwarten, dass sie wissen, wie es ist, mehr zu riechen und zu schmecken, mehr zu fühlen und intensiver zu verarbeiten. Sie haben nicht erlebt, wie schnell der normale Alltag völlige Überreizung auslösen kann, obwohl sich eben alles noch ganz toll angefühlt hat. Menschen mit durchschnittlicher Sensibilität sind einfach, wie sie sind – keine blöden A...löcher, nicht grob und auch nicht rücksichtslos. Sie wissen nur nicht, wie es ist, zart zu sein. Genauso wenig, wie wir wissen, was es bedeutet, mit einer weniger ausgeprägten Wahrnehmung durchs Leben zu gehen. Hart sein ist genauso okay wie zart sein.

Klar gehört eine große Portion Mut dazu, zur eigenen Sensibilität zu stehen. Und doch lohnt es sich. Der erste Schritt, um den Zyklus aus guten Zeiten und immer wiederkehrenden Phasen, in denen Überreizung, Stress oder sogar Krankheit dominieren, zu durchbrechen, ist das Wissen darüber, (hoch-) sensibel zu sein. Gewürzt mit etwas Reflexion, Trauer, Wut, dem Wunsch, etwas zu ändern, und einer Prise lebensbejahendem Optimismus reift in einigen Wochen, Monaten oder Jahren – je nach Jahrgang und Herkunft – ein wunderbarer Tropfen guten Selbstwertgefühls. Und weil das Leben immer auch Ereignisse bereithält, die jedes noch so taffe Sensibelchen in alte Muster zurückdrängen, entsteht irgendwann der Wunsch nach nachhaltiger sensibler Stärke. Für sich selbst, die Kinder und den Partner, für den Beruf und die Freunde und für alles andere, was das Leben ausmacht.

Anpassung und Selbstverleumdung machen dauerhaft

keinen Sinn. Denn dann geben wir weder uns selbst die Chance, uns besser zu verstehen, noch denen, die nicht wissen, wie es ist, so sensibel zu sein. Lasst uns aufhören, uns zu verstecken. Und lasst uns anfangen, uns so zu zeigen, wie wir sind. Und zwar nicht mit dem Fokus auf unseren Herausforderungen, sondern indem wir unsere Stärken entdecken und sie auf der Bühne des Lebens präsentieren. Wie das gehen kann und was dabei hilft – darauf möchte ich mit diesem Buch konkrete Antworten aus dem Alltag von hochsensiblen Persönlichkeiten geben. Von hochsensiblen Menschen, die sich entschieden haben, den Fokus auf die Schönheit und die Stärke zu legen, die das Leben für hochsensible Persönlichkeiten zu bieten hat.

Ich möchte Ihnen Mut machen und in Ihnen die Lust auf Veränderung wecken. Schenken Sie den schönen Seiten Ihrer hohen Wahrnehmung mehr Raum. Besinnen Sie sich auf Ihre Stärken, und achten Sie auf das, was Sie stark macht. Und zwar auch dann, wenn das Leben Ihnen wieder eine Situation vor die Füße wirft, die Sie kurzfristig und völlig überraschend aus der Stärke herauskatapultiert. Für mich steht jedenfalls fest: Der Glaube daran, dass meine hohe Sensibilität gut ist, wie sie ist, tut mir gut. Genauso wie der Mut, immer wieder nach neuen Wegen zu suchen, wie ich gut mit mir umgehen kann. Und das fühlt sich mit zwei kleinen Kindern und in der Selbstständigkeit nicht immer an wie ein luftig-leichter Sommerspaziergang. Ziele erreiche ich dann, wenn ich ehrlich mit mir selbst bin, mich annehme und darauf achte, was ich brauche, um stark zu sein und stark zu bleiben.

Das Ziel dieses Buches ist es, dass Sie genau die Informationen, Geschichten und Starkmacher finden, die Ihnen den Weg frei machen in ein starkes Leben als hochsensible Persönlichkeit. Ich wünsche Ihnen viel Freude beim Lesen, Entdecken und Starksein und freue mich auf Ihr Feedback!

1. Infopoint Hochsensibilität: Wie zarte Menschen sind

Bin ich hochsensibel?

Hochsensibilität – was ist das eigentlich? Bin ich hochsensibel? Was bedeutet es, hochsensibel zu sein? Wie kann ich damit umgehen? Gibt es die »Diagnose« Hochsensibilität? Wie beeinflusst Hochsensibilität unser Leben? Gibt es Menschen in meinem Umfeld, die sensibler sind als andere? Fragen über Fragen, deren Antworten von großer Bedeutung sind. Denn erst wenn Sie wissen, dass es das Phänomen Hochsensibilität gibt, können Sie herausfinden, wo Sie selbst und die Menschen in Ihrem Umfeld auf der Sensibilitätsskala stehen. Das ist ein erster Schritt in ein sensibel-starkes Leben, ob im Umgang mit sich selbst oder für ein gutes Miteinander in Partnerschaft, Familie, Wirtschaft und Gesellschaft.

Auch wenn die Forschung zum Thema Hochsensibilität noch jung ist, steht fest: Das Phänomen der höheren Wahrnehmung einiger Menschen geht alle etwas an. Denn wenn wir wertschätzend und potenzial-orientiert miteinander umgehen wollen, dann braucht es ein Bewusstsein für unsere Sensibilitäten, und zwar ganz gleich, ob wir zart oder hart im Nehmen sind.

Sind wir nicht alle auf unsere Art sensibel?

Ein Blick in den Duden verrät, dass der Begriff »Sensibilität« für die Empfindlichkeit eines Menschen steht. Da stellt sich schnell die Frage: Können wir es uns leisten, »empfindlich« zu sein – in einer Gesellschaft, in der Disziplin und Leistung im üblichen Sinne das Überleben sichern und mangelnde Leistungsfähigkeit mit Scheitern und sozialem Abstieg gleichgesetzt wird? Die Antwort scheint eindeutig: Sensibilität passt einfach nicht in diese Welt. Oder doch? Lassen Sie uns dem Thema Leichtigkeit und Vertrauen einhauchen und es von einer anderen Seite betrachten: Die Mediziner meinen mit »Sensibilität« die Reiz- und Schmerzempfindlichkeit des Organismus und bestimmter Teile des Nervensystems. Wikipedia weist darauf hin, dass man unter »Sensibilität« in der Physiologie und Wahrnehmungspsychologie den sogenannten fünften Sinn versteht, also den, der das Fühlen mit der Haut ermöglicht. Es handelt sich bei der Sensibilität somit um eine Fähigkeit, die uns durch alle Zeitalter hindurch das Überleben gesichert hat. Ohne sie wäre die Spezies Mensch schon längst ausgestorben.

Es macht daher absolut Sinn, sich seine Sensibilität(en) zu erhalten und sich Zeit zu nehmen, regelmäßig in sich hineinzufühlen.

Was verletzt mich? Wo schmerzt es? Warum bin ich gereizt? Denn wenn wir ehrlich sind, dann sind wir alle mehr oder weniger sensibel und manche von uns eben ganz normal hochsensibel.

Wenn Sie, so wie ich, zu dieser Gruppe von hochsensiblen Menschen gehören oder mit sehr feinfühligen Menschen zu tun haben, dann gibt es keine andere Chance, als hinzuschauen und sich mit den vorhandenen Wahrnehmungen auseinanderzusetzen. Denn je weniger unsere sensiblen

Seiten Gehör finden, desto lauter schreien sie wild durch die Gegend. Die typischen Zeichen kennen wir alle: Dauerstress, Müdigkeit, Erschöpfungszustände, Schlafstörungen, psychische Erkrankungen und Burn-outs geistern seit Jahren nicht nur durch die Medien, sondern auch durch unseren Bekanntenkreis. Oder können Sie sogar selbst ein Lied davon singen, wie es sich anfühlt, wenn Körper und Seele ihren Dienst verweigern? Die Studien der Krankenkassen zeigen jedes Jahr aufs Neue, dass immer mehr Menschen den vielerorts sensibilitätsfeindlichen Anforderungen in Wirtschaft und Gesellschaft nicht mehr gewachsen sind. Und das gilt nicht nur für hochsensible Menschen, sondern auch für durchschnittlich sensible. Es ist Zeit, uns unseren zarten Seiten zu widmen und unserer Gesundheit endlich mehr Raum zu geben.

DAS PHÄNOMEN HOCHSENSIBILITÄT

Die ursprüngliche wissenschaftliche Definition geht auf die Psychotherapeutin und Universitätsprofessorin Dr. Elaine N. Aron zurück – die Pionierin auf dem Gebiet der Hochsensibilitätsforschung. Sie hat herausgefunden, dass hochsensible Menschen mit einem Nervensystem geboren werden, das es ihnen ermöglicht, innere wie äußere Reize intensiver wahrzunehmen und zu verarbeiten als andere. Es handelt sich um einen erblichen und veränderlichen Wesenszug. Lange ging man davon aus, dass der Anteil hochsensibler Menschen an der Bevölkerung bei 15 bis 20 Prozent liegt. Neuere Studien weisen darauf hin, dass der Anteil hochsensibler Personen (HSP)

20 bis 30 Prozent beträgt. Bei der Verteilung gibt es keinen Unterschied zwischen den Geschlechtern. Frauen und Männer sind zu gleichen Teilen hochsensibel.

Eine eindeutige neurowissenschaftliche Definition existiert bisher nicht. Da es sich bei Hochsensibilität nicht um eine Krankheit, sondern um einen Wesenszug handelt, werden Sie beim Arzt oder Psychologen keine »Diagnose« Hochsensibilität erhalten. In den letzten fünf Jahren hat sich um das Thema Hochsensibilität herum allerdings viel getan, sodass auch immer mehr Ärzte, Psychologen, Therapeuten, Coaches, Pädagogen etc. das Thema kennen und entsprechende Fortbildungen die Studienergebnisse und das Wissen über Hochsensibilität in die verschiedenen Fachbereiche bringen.

Hochsensibilität: Begriffe und Definition

Forscher und Autoren sind sich bisher bei der Begriffswahl nicht einig: Ob Hochsensibilität, Hypersensibilität, Hochsensitivität oder Überempfindlichkeit – all diese Begriffe schwirren umher, werden zum Teil synonym verwendet, zum Teil aber zur Differenzierung. Der Begriff »Hochsensibilität« ist am weitesten verbreitet, und darunter findet sich auch der Wikipedia-Eintrag zum Thema. In den Medien taucht häufiger der Begriff »Hypersensibilität« auf, der ohne Zweifel einen Hauch von aufmerksamkeitsfördernder Sensation in sich trägt. Der Begriff »Hochsensitivität« steht für das Phänomen, weil die amerikanische Psychologin Elaine Aron, die Mutter der aktuellen Hochsensibilitätsforschung, die englischen Begriffe

»sensory-processing sensitivity« (sensorische Verarbeitungssensitivität) und »highly sensitive person« geprägt hat. Die Übersetzung von »sensitivity« ist im Deutschen nicht eindeutig; hier bieten sich sowohl »Sensibilität« als auch »Sensitivität« an. Es gibt auch Autoren und Coaches, die über Hochsensibilität sprechen, wenn sie eine »hohe Begabung« der Sinne meinen, und über Hochsensitivität, um alle außersinnlichen Wahrnehmungen zu beschreiben, also das, was in spirituellen Kreisen Hellfühligkeit, Hellhörigkeit und Hellsichtigkeit genannt wird.

Obwohl das Wort »Hochsensibilität« bei manchen eher Ablehnung hervorrufen mag – vor allem Männer nehmen den Begriff »Hochsensitivität« eher an –, habe ich mich entschieden, in diesem Buch von Hochsensibilität zu sprechen. Und das hat zwei ganz einfache Gründe: Erstens ist es der meistgenutzte Begriff, der auch in der Online-Enzyklopädie Wikipedia sowie von Hochsensibilitätsvereinigungen verwendet wird, und zweitens habe ich mich einfach an ihn gewöhnt. Doch viel wichtiger als die Wahl des Ausdrucks ist mir, mich darauf zu fokussieren, Ihnen einen praxisorientierten Überblick über das Phänomen der hohen Wahrnehmung zu geben. Darüber hinaus werde ich die Abkürzungen »HSP« und »HS« verwenden. Sie stehen für die Begriffe »hochsensible Persönlichkeit/Person« bzw. »high sensitive person« und »Hochsensibilität«.

Wie sensibel bin ich?

Seit ich 2008 zum ersten Mal auf das Phänomen Hochsensibilität aufmerksam geworden bin, hat sich viel getan. Das Phänomen Hochsensibilität wird bekannter – und das ist gut so. Und doch schauen mich viele Menschen neugierig und mit einem großen Fragezeichen auf der Stirn an, wenn ich sage: »*Ich bin Botschafterin für Hochsensibilität.*« Meist kommt sofort die Nachfrage: »*Hochsensibilität? Was genau ist das?*« Oft sind es die Zarten, die neugierig nachfragen, weil sie sich von dem Wort magisch angezogen fühlen und schon lange nach Antworten suchen. Doch auch immer mehr Menschen, die nicht hochsensibel sind, öffnen sich für das Thema. Ein gutes Zeichen, denn es reicht nicht, wenn nur HSP über sich und das Thema informiert sind. Auch für Personalbeauftragte, Unternehmer, Führungskräfte, Psychologen, Ärzte, Heilpraktiker, Lehrer, Erzieher, Pädagogen, Coaches, Trainer und Co. hat das Phänomen eine hohe Bedeutung. Es geht um Wertschätzung, Stärkenorientierung, Ressourcen, Recruiting und Gesundheit – Themen, deren Relevanz in Wirtschaft und Gesellschaft täglich steigt.

Wie ich auf das Thema Hochsensibilität gestoßen bin? Mir ist das bereits erwähnte Buch »Zart besaitet« von Georg Parlow in die Hände gefallen. Als ich anfing zu lesen, war ich erstaunt. Denn da schrieb jemand offensichtlich über mich und öffnete mir damit die Augen für mich selbst. Das Buch gab mir Antworten, die ich lange herbeigesehnt hatte – ein Wendepunkt in meinem Leben. Endlich gab es eine Erklärung für mein »Anderssein«. Und noch wichtiger war diese Erkenntnis: »*Ich bin nicht allein! Es gibt noch mehr Menschen, die so sind wie ich.*« Dieser Gedanke tat einfach gut. Zumal man 20 bis

30 Prozent Hochsensible kaum noch als Minderheit bezeichnen kann, sondern es sich eher um ein knappes Drittel der Bevölkerung handelt. Wer sich dazu zählt, dessen Realität kann sich von einer Minute auf die andere massiv ändern. Nämlich dann, wenn das Thema Hochsensibilität auf den Tisch kommt. »Normal« Sensible fühlen sich im Gegensatz dazu oft überhaupt nicht angesprochen.

Michael Jack, der Präsident des Informations- und Forschungsverbunds Hochsensibilität e.V., nennt den Moment der Erkenntnis »Gebirgsketteneffekt«. Es fällt einem nicht nur ein Stein vom Herzen, sondern ein ganzes Gebirge kommt in Bewegung: Der Nebel lichtet sich, plötzlich zeigen sich Pfade, wo sonst nur karge Wildnis zu sehen war. Der Nachbargipfel erstrahlt im neuen Licht, und die dahinterliegenden Gebirgsketten formieren sich neu. Hier und da geht eine Lawine ins Tal. Es poltert gewaltig, und die gesamte Landschaft verändert sich. Erleichterung, Neuordnung, Neugier ...

Das ist die Zeit, in der die hochsensiblen Entdecker sich auf ihr digitales Surfbrett schwingen und sich auf die Suche nach dem passenden Test machen. Der Wunsch, sich selbst besser einordnen zu können, ist groß. Wer seit seiner Kindheit das Gefühl hat, anders zu ticken als andere, der trägt eine Sehnsucht in sich. Die Sehnsucht, mit sich und der Welt ins Reine zu kommen. Dabei können Strukturen sehr hilfreich sein. Schubladen und Kategorien weisen uns den Weg durch den Informationsdschungel des Alltags und helfen dabei, uns in der Fülle des Lebens zurechtzufinden. Hochsensibilität ist eine von diesen Kategorien. Eine, die vieles (er)klären kann. Es geht um Zugehörigkeit und das Gefühl, nicht allein so anders zu sein. Da interessiert es kaum, dass es aus wissenschaftlicher Sicht bisher noch keinen normierten Test zum Thema Hochsensibilität gibt.

Selbsttest

Sie möchten wissen, ob Sie auch hochsensibel sind? Dann testen Sie sich. Der Test »Wie sensibel bin ich?« ist inspiriert von Erfahrungen und basiert auf dem Wissen, das ich im Laufe der Zeit gesammelt habe. Es sind 30 Aussagen, die Sie ankreuzen, wenn Sie der Aussage zustimmen.

Bitte kreuzen Sie die Aussagen an, die für Sie zutreffend sind.

- □ 1. Ich höre, sehe, rieche, schmecke und / oder spüre intensiv und meine Sinneseindrücke fordern mich oft heraus.
- □ 2. Am liebsten arbeite ich selbstbestimmt und in Ruhe.
- □ 3. Mir ist es wichtig, meine Berufung zu finden und zu leben.
- □ 4. Ich denke vernetzt, lösungsorientiert und ganzheitlich.
- □ 5. Selbst wenn ich Lust habe, zu einer Party oder Großveranstaltung zu gehen, belasten mich die vielen Reize und Menschen schnell.

- ☐ 6. Als Kind hatte ich eine »blühende Fantasie«, und auch heute habe ich Zugang zu einer Welt, die für andere Menschen nicht zugänglich zu sein scheint.
- ☐ 7. Genauso wie ich die schönen, feinen und zarten Dinge des Lebens sehr intensiv genießen kann, fordern mich laute Geräusche, grelles Licht, starke Gerüche, enge Kleidung und Menschenmengen sehr heraus.
- ☐ 8. Wenn ich überreizt bin, ziehe ich mich am liebsten an einen ruhigen Ort zurück, wo ich allein bin.
- ☐ 9. Wertschätzung und ein Arbeitsumfeld, das mit meinen Werten zusammenpasst, sind für mich sehr wichtig.
- ☐ 10. Ich habe eher wenige, dafür aber sehr gute und enge Freunde und mag tiefgründige Gespräche.
- ☐ 11. Meine Akkus sind häufig schon erschöpft, wenn andere gerade zur Hochform auflaufen.
- ☐ 12. Ich reagiere intensiv auf Medikamente, Koffein, Teein, Nikotin und /oder Alkohol.
- ☐ 13. Ich neige zu allergischen Reaktionen.
- ☐ 14. Ich nehme wahr, wie es anderen Menschen geht, und es passiert mir öfter, dass die Grenze zwischen meinen eigenen Gefühlen und den Gefühlen anderer verschwimmt.
- ☐ 15. Ich brauche lange, um intensive Erlebnisse zu verarbeiten. Manchmal steigt in mir nach einiger Zeit plötzlich eine Situation auf, die ich dann »nachverarbeite«.

- ☐ 16. Arbeit in einem Großraumbüro ist für mich ein Gräuel bzw. kommt für mich nicht infrage.
- ☐ 17. Ich meide negative Nachrichten und Filme, in denen Gewalt, Tod und Aggressivität gezeigt werden.
- ☐ 18. Richtig wohl fühle ich mich in einem Job nur, wenn ich meine Arbeit als sinnhaft empfinde und meine Stärken einsetzen kann.
- ☐ 19. In meinem Leben spielen Gerechtigkeit, Glaube, Sinnhaftigkeit, Werte und Ethik und/oder Spiritualität eine große Rolle.
- ☐ 20. Meine Seele und mein Körper reagieren schneller auf Stress, schlechte Ernährung, wenig Bewegung und ein stressiges Umfeld, als ich das bei anderen Menschen beobachte.
- ☐ 21. Die ständigen Reize der Medien und die Informations- und E-Mail-Flut tun mir nicht gut.
- ☐ 22. Andere schätzen an mir meine differenzierte Betrachtung und/oder meine feinsinnige Wahrnehmung.
- ☐ 23. Eine Balance aus Nähe und Distanz ist mir selbst in meinen engsten Beziehungen wichtig.
- ☐ 24. Zu meinen Stärken gehören Empathie, Intuition und Kreativität.
- ☐ 25. Oft nehme ich wahr, dass jemand etwas anderes sagt, als er denkt und fühlt, was sich im weiteren Verlauf der Beziehung/Situation meist bestätigt.

- □ 26. Ich übernehme schnell Verantwortung und muss darauf achten, dass ich Aufgaben oder Anfragen nur annehme, wenn meine Ressourcen das zulassen.
- □ 27. Wenn Menschen nicht im Einklang mit meinen Werten oder Erwartungen handeln, muss ich darauf achten, dass ich nicht über sie urteile.
- □ 28. Schon seit meiner Kindheit empfinde ich viele Menschen als unsensibel und/oder rücksichtslos.
- □ 29. In überraschenden Krisensituationen bleibe ich handlungsfähig und bin in der Lage, schnell die Führung zu übernehmen.
- □ 30. Manchmal weiß ich vorher, was passiert, und/oder spüre über die Ferne, wenn im Leben der Menschen, die mir nahestehen, unangenehme Dinge passieren.

Auswertung

Die Aussagen weisen alle auf Aspekte der Hochsensibilität hin. Je mehr Aussagen Sie angekreuzt haben, desto intensiver ist das ein Hinweis darauf, dass Sie zu den 20 bis 30 Prozent der höher sensiblen Menschen gehören, die qualitativ und quantitativ mehr Reize und Informationen wahrnehmen und diese intensiver verarbeiten als die meisten anderen Menschen.

Jede einzelne Aussage berührt einen sensiblen Bereich in Ihrem Leben, der Sie beeinflusst. Selbst dann, wenn Sie nur eine Aussage als zutreffend eingeordnet haben, kann das bedeuten, dass Sie in diesem Punkt hochsensibel sind. Schenken Sie diesem

Punkt Aufmerksamkeit. Schauen Sie hin. Worauf weist Sie Ihre hohe Sensibilität hin? Was können Sie tun, damit Sie Ihrem sensiblen Punkt gerecht werden? Reflektieren Sie, inwieweit Ihre Wahrnehmung Sie in diesem Bereich entweder herausfordert oder reich beschenkt.

Wichtig ist: Ganz gleich, wie sensibel Sie sind und an welchen Punkten – es macht keinen Sinn, so zu tun, als wären Sie es nicht. Denn dann lehnen Sie einen Teil von sich selbst ab, die Reizintensität nimmt zu, und Ihr Stresslevel steigt. Da ist es besser hinzuschauen, damit Sie gesund und leistungsfähig bleiben und sich mit sich selbst wohlfühlen können.

Der Informations- und Forschungsverbund Hochsensibilität empfiehlt, sich selbst eine Weile zu beobachten, wenn ein Test auf Hochsensibilität hinweist: Welche Wirkung hat der Gedanke, hochsensibel zu sein, auf mich? Gab es mit dem Testergebnis einen Aha-Effekt? Finde ich in dem Konzept Hochsensibilität Erklärungen für Besonderheiten in meinem Leben? Möchte ich mehr über die Hochsensibilität wissen? Helfen mir der Test und das Wissen über Hochsensibilität, mich selbst besser zu verstehen und anzunehmen? Kommt mein Leben im positiven Sinne in Bewegung? Bekomme ich ein besseres Gespür dafür, wo meine Herausforderungen und Stärken liegen? Nehme ich schneller wahr, wenn mich Situationen überfordern und ich eine Pause brauche? Einen weiteren Hinweis auf Hochsensibilität geben die vielen Eigenschaftswörter, die sich in der Literatur zu dem Thema finden: feinfühlig, zartbesaitet, einfühlsam, hochwahrnehmend, vielfühlend, feinsinnig, dünnhäutig, warmherzig, weich, empathisch, reizempfindlich, sinnesstark und jetzt auch »zart im Nehmen«. Wenn Sie sich in dieser Begriffswolke wiederfinden, dann kann das ebenfalls auf eine hohe Sensibilität hinweisen.

INFOPORTALE UND ONLINETESTS IM ÜBERBLICK

www.zartbesaitet.net
Der Test auf der Internetseite des Vereins zur Förderung und Pflege der Belange hochsensibler Menschen war parallel zu dem Buch des Autors Georg Parlow mein Einstieg in die Welt der Hochsensibilität. Der Test ist differenziert und fordert präzise Antworten.

www.hochsensibel.org
Der Informations- und Forschungsverbund Hochsensibilität e. V. unter der Leitung von Michael Jack bietet einen guten und sorgfältig recherchierten Überblick über die »hochsensible Szene« in Deutschland.

www.hsperson.com
Hierbei handelt es sich um die englischsprachige Seite der HSP-Forscherin Elaine Aron. Dort finden sich auch unterschiedliche Tests zum Thema.

www.sensitivitaet.info
Diese Seite ist der wissenschaftliche Blog der beiden Wissenschaftler Teresa Tillmann und Patrice Wyrsch,

auf dem sie regelmäßig kurze und verständliche Blogbeiträge zu den neusten Studienergebnissen im Bereich Sensibilität bzw. (Neuro-)Sensitivität veröffentlichen.

www.nova-lebensraum.de
Nova Lebensraum Sensibilität ist die Plattform für eine sensible Lebensweise, die Sabine Sothmann aus dem Vernetzungswunsch vieler Teilnehmer des 1. Kongresses für Hochsensibilität in Deutschland ins Leben gerufen hat. Sie bringt Interessierte und Anbieter zu sensiblen und nachhaltigen Themen zusammen und führt die Kongressidee in Form von Impulstagen zum Thema Hochsensibilität weiter.

Frauen sind sensibel – Männer auch

Hochsensibilität ist, wie bereits erwähnt, kein geschlechtsspezifisches Phänomen. Allerdings sind Empfindsamkeit, Emotionalität und Empathie Eigenschaften, die in unserer Gesellschaft immer noch eher den Frauen zugesprochen werden. Für Frauen mag es daher einfacher sein, sich mit dem Thema Hochsensibilität auseinanderzusetzen und sich der eigenen hohen Wahrnehmung und Empfindsamkeit positiv zu nähern.

Aber hochsensible Männer? Wo kommen wir denn da hin? Auch wenn das Männerbild derzeit stark im Wandel ist und sich immer mehr Männer in neue Rollen vorwagen, sind in unserer Gesellschaft in den entscheidenden Positionen nach wie vor viele Männer, die mit dem »Mannsein« harte Arbeit,

Macht, Durchsetzungsvermögen, Leistungsfähigkeit, finanziellen Erfolg und Sachlichkeit bis hin zur Selbstaufgabe verbinden.

Was? Das ist nicht Ihr Ding? Weichei! Und dann haben Sie auch noch Familie? Wie unverantwortlich! Doch machen wir uns nichts vor. Die meisten von Ihnen wissen sehr genau, was Sie täglich leisten und dass Sie weder ein Versager sind noch unverantwortlich handeln. Das »alte« Männerbild der letzten Jahrzehnte hat mit allem, was Sie sind, fühlen, erspüren und wahrnehmen, einfach gar nichts zu tun. Sie haben andere Werte – und das ist gut so!

An alle (hochsensiblen) Männer da draußen: Nehmen Sie Ihre Wahrnehmung, Ihre Gefühle und Ihre sensible, andere Männlichkeit an. Die Wirtschaft ist auf der Suche nach neuen Lösungen, und zwar nicht nur für Arbeitszeit- und Anwesenheitsmodelle. Es gibt immer flexiblere Ansätze. Die unternehmerischen Herausforderungen unserer Zeit brauchen Querdenker, Starkfühler, Sanftmacher und Feintuner. Es ist eine gute Zeit, um neue Werte in diese Welt zu setzen und dem Wahnsinn der »Höher-schneller-besser-billiger-Methode« und dem Irrglauben, dass dauerhaftes Wachstum die Lösung für die Probleme der Menschheit sei, ein Ende zu setzen, und zwar bevor es zu spät ist. Ein Neuanfang. Für alle. Auch für die Frauen.

Denn auch Frauen müssen die »Ein-Indianer-kennt-keinen-Schmerz«-Erwartungshaltung gegenüber den Männern erst einmal abstreifen. Denn im Grunde wollen (vor allem hochsensible) Frauen keine Haudrauf-Machos, die alles besser wissen und sie mit ihren Projekten, Ideen und dem Gefühl dafür, was die Welt jetzt braucht, nicht ernst nehmen. Frauen sind bereit, mehr Verantwortung zu übernehmen, und wünschen sich berufliche Entfaltung. Doch spätestens wenn Kinder ins Spiel kommen, sind wir auf Hilfe und starke Netzwerke angewiesen. Ob der Partner verstärkt mit anpackt oder Großeltern, Freunde und Nachbarn uns unter die Arme greifen – ohne Unterstützung wird es enorm anstrengend. Wer hochsensible Kinder hat, weiß nur zu gut, dass es sehr schwierig sein kann, eine passende externe Betreuungsmöglichkeit zu finden. Und die meisten Eltern hochsensibler Kinder können ein Lied davon singen, wie wichtig neben der Betreuung die familiäre Gemeinschaft, Geborgenheit, Ruhe und körperliche Nähe sind. Wenn es sein muss, machen die Kids auch zehn Stunden Betreuung am Tag mit. Ja, Vereinbarkeit von Karriere und Kindern geht. Und dennoch stellt sich immer die Frage, ob und inwieweit es den Menschen damit gut geht. Es ist für viele Frauen schwieriger, Kinder und Karriere (oder auch einfach nur: »Arbeit«) unter einen Hut zu bekommen, als sie sich eingestehen wollen. Für hochsensible Frauen gilt das erst recht: Nach sechs Monaten von heute auf morgen Schluss mit dem Stillen, Vollzeit zurück ins Großraumbüro und das wahrscheinlich ebenfalls hochsensible Kind problemlos in der Krippe abgeben? Hochsensible Frauen mit hochsensiblen Kindern, die solche Modelle dauerhaft erfolgreich und vor allem körperlich und psychisch gesund leben, sind wahrscheinlich eine seltene Ausnahme. Ob nun hochsensibel oder nicht, letztendlich braucht es immer individuelle Lösungen. Jede Familie ist anders, und jeder Lebensabschnitt ist anders. Machen wir uns auf den Weg, flexible Lösungen zu finden, und nehmen wir uns die Freiheit, unsere Entscheidungen und

Wege je nach Situation neu zu überdenken und anzupassen – unabhängig davon, ob uns die Nachbarn schräg anschauen oder die Verwandtschaft meint, dass sie viel besser wüsste, was gut für uns ist, als wir selbst.

Männer und Frauen sind gerade dabei, ihre Rollen neu zu definieren. Und das ist vor allem für hochsensible Männer eine Riesenchance. Alle, mit denen ich gesprochen habe, leben seit ihrer Kindheit mit der Diskrepanz zwischen Erwartungen, die Familie und Gesellschaft an sie stellen, und ihrem sensiblen Temperament. Jeder hat seinen ganz eigenen Weg gefunden, mit dem männlichen Gerangel um die Macht umzugehen und sich dort mehr oder weniger gut zurechtzufinden. Ein Kampf – jeden Tag. Ein Kampf, der gerade den »soften« Kerlen eine große innere Kraft verliehen hat. Eine Kraft, die sich jetzt entfalten darf, ohne Leistungsdruck in Beruf, Bett und Beziehungen.

Merkmale hochsensibler Menschen

Was genau bedeutet es, hochsensibel zu sein? Durch welche Eigenschaften zeichnen Hochsensible sich aus? Da die Hochsensibilität ein relativ junges Forschungsfeld ist, gibt es bisher wenig eindeutige psychologische Definitionen; und es besteht – wissenschaftlich betrachtet – noch Unklarheit darüber, welche Eigenschaften und Verhaltensweisen zur Hochsensibilität gehören und welche unabhängig davon sind. So ist Empathie natürlich nicht nur hochsensiblen Menschen eigen, dennoch lässt sich beobachten, dass gerade die Empathie bei vielen hochsensiblen Menschen stark ausgeprägt ist.

Brigitte Küster, Autorin und Leiterin des Institutes für Hochsensibilität in der Schweiz, nennt drei deutliche Unterscheidungskriterien, die allen HSP eigen sind:

- schmale Komfortzone
- schnelle Überreizbarkeit bzw. Überstimulation
- langes Nachhallen von Reizen und Informationen

Damit hochsensible Menschen sich wohlfühlen, müssen wesentlich mehr Bedingungen erfüllt sein als bei Nichthochsensiblen. In der Reizarmut lauert die Langeweile; und wenn wir uns ins normale Leben stürzen, droht die Überreizung.

Stark durchs Leben gehen trotz Sensibilität – das wünschen sich viele hochsensible Menschen und erleben ihre intensive Wahrnehmung dennoch immer wieder als Last. Je besser HSP wissen, wie sie selbst ticken, desto besser können sie sich und andere verstehen. Und aus dem Frust mit der Wahrnehmung kann immer häufiger lustvolles Leben werden.

Die Merkmale, die mit Hochsensibilität in Verbindung gebracht werden, bringen auf der einen Seite Gutes mit sich, erzeugen auf der anderen Seite aber auch Stress.

Fehlt uns die Grundlage für die Reflexion unserer besonderen Situation, bleibt uns meist nur der passive Frust. Stellen Sie sich vor, Sie haben Ihre Sinne gerade mit einem klassischen Konzert verwöhnt und steigen dann in die U- oder S-Bahn:

Eine Gruppe von Jugendlichen pöbelt angetrunken durch die Gegend, es stinkt nach Alkohol. Aus den Kopfhörern Ihres Nebenmannes dröhnen die Bässe. Und eine Frau, deren Kleid eine Farbe hat, die Sie dazu zwingt, in eine andere Richtung zu schauen, telefoniert so laut mit ihrem Freund, dass Sie intime Details aus der Beziehung erfahren, die Sie sich lieber erspart hätten. Spätestens nach fünf Minuten ist der erfüllende Effekt des Konzertes verflogen. Stress macht sich breit. Wenn wir wissen, wo unsere Herausforderungen liegen, dann wüssten wir, dass wir bei solchen Anlässen lieber das Auto nehmen, auch wenn sich das mit dem Umweltbewusstsein beißt, das für zart-bewusste Menschen oft eine große Rolle spielt. Doch in diesem Fall kann es absolut Sinn machen, die eigene Nachhaltigkeit in den Fokus zu stellen und gut für sich zu sorgen.

Sinnesstarke Menschen

Über unsere Sinnesorgane erleben wir die Welt um uns herum: Sehen, Hören, Riechen, Schmecken, Spüren und unser sechster Sinn – all das kann unser Leben zu einem rauschenden Fest der Sinne machen, das uns tief berührt und ein feines Gefühl von Glück durch unsere Zellen fließen lässt.

Wie wir sehen

☺ Typisch ist ein gutes Verständnis für Farben, Formen, Harmonie, ein ausgeprägter Sinn für Schönheit und Ästhetik, ein genauer Blick für Details.

☹ Unordnung, Dreck, »falsche« Farben und Formen und zu grelles Licht können schnell zu Überreizung führen und die Konzentration stören.

Wie wir hören

☺ Gute Musik, schöne Klänge + Co. sind ein erfüllendes und stark emotionales Erlebnis. Häufig haben HSP ein gutes, einige sogar ein absolutes Gehör, ein gutes Rhythmusempfinden, eine hohe Musikalität und ein feines Sprachverständnis.

☹ Hintergrundgeräusche können die Konzentration stören, auch wenn sie leise sind. Laute Musik und wiederkehrende Geräusche führen schnell zu einer Überreizung.

Wie wir riechen und schmecken

☺ Angenehme Gerüche sind ein berauschendes Erlebnis.

☺ Gutes Essen ist Genuss pur und ein Feuerwerk des Geschmacks.

☹ Gerüche, Geschmacksempfindungen oder bestimmte Konsistenzen können schnell als unangenehm wahrgenommen werden und sorgen für Ekel und Abneigung.

Wie wir spüren, tasten und unseren Körper wahrnehmen

☺ Schon zarte Berührungen sprechen unsere feinen

Sinne an und die Körperwahrnehmung ist bewusst und differenziert.

☺ Kunstfertigkeit, Koordination, Raumorientierung, Feinmotorik und Bewegungsintelligenz sind ausgeprägt.

☹ Das Schmerz-, Hitze- und Kälteempfinden ist höher ausgeprägt. Hunger, Durst und Müdigkeit beeinträchtigen schneller das Wohlbefinden.

☹ Kratzige und enge Kleidung sorgt für Stress.

Wie wir »mehr« wahrnehmen

☺ Wir können gut zuhören, haben ein gutes Bauchgefühl und spüren intuitiv, was richtig ist. Logische Verknüpfungen entstehen wie von selbst.

☺ Die hohe Intuition bzw. der sechste Sinn macht es möglich, Dinge wahrzunehmen, die anderen verborgen bleiben. Nonverbale Signale erfassen wir intuitiv.

☹ Es ist ein Lernprozess, der eigenen intuitiven Wahrnehmung zu vertrauen und anderen gegenüber damit »sensibel« umzugehen.

Wie die Übersicht zeigt, haben hochsensible Sinne allerdings auch die Macht, von einem Moment auf den anderen den Ab-nach-Hause-ins-Bett-unter-die-Decke-und-Licht-aus-Reflex in uns auszulösen oder uns vor andere Herausforderungen zu stellen. So gibt es in unserem Umfeld oft Menschen, die uns glücklich machen und zugleich aber stark fordern, weil sie Angewohnheiten oder Wesenszüge haben, die unsere zarten Sinne schnell überfordern. Neue Chancen im Job können uns bereichern und dennoch dazu führen, dass wir abends spätestens um 21 Uhr ins Bett gehen, damit wir am nächsten Morgen wieder fit sind und weiterhin Spaß an der Entwicklung und Kraft für unsere Ziele haben. Oder wir reisen endlich ins Land unserer Träume und stellen im Urlaub fest, dass die neuen Eindrücke uns zwar faszinieren, aber die wirklich entspannten Momente rar sind. Am Ende des Urlaubs sind wir dann reich an intensiven, unverarbeiteten Erlebnissen, aber von Erholung kann keine Rede sein. Eine hohe sensorische Wahrnehmung kann also sowohl puren, tiefen Genuss als auch tiefsten Ekel, Zerstreuung oder Überforderung hervorrufen. Wenn Sie feine und differenzierte Sinneswahrnehmungen haben, dann kennen Sie das. Es gibt spontane Glücksmomente, weil gerade unverhofft ein Vogel mitten im Lärm der Stadt ein schönes Lied trällert. Die hohe Wahrnehmung kann aber auch dafür sorgen, dass Sie beim Einsteigen in die S-Bahn spontan Ekel oder sogar ein Brechreiz überkommt, weil dort ein Obdachloser sitzt, der vorübergehend das S-Bahn-Abteil zu seinem Zufluchtsort vor Hunger und Kälte gemacht hat und nicht über die Möglichkeit zur ausreichenden Körperhygiene verfügt. Wir können noch so sehr versuchen, unsere Sinneswahrnehmung zu kontrollieren: Der unangenehme, alles durchdringende Geruch sorgt bei den meisten Geruchssensiblen innerhalb von Sekunden zu einer

Überreizung. Diese Geschichte verdeutlicht, wie schnell HSP im Alltag in Situationen geraten können, die Stress auslösen.

Wenn Sie sich häufig in einem Umfeld aufhalten, in dem Sie schnell überreizt sind, kann das langfristig zu Stresserkrankungen führen. Spüren Sie Ihre Krafträuber auf und reduzieren Sie Ihren Stress. Machen Sie sich bewusst, welche Ihrer Sinne besonders sensibel sind. In welchen Situationen achten Sie bereits auf sich? Und unter welchen Umständen neigen Sie dazu, sich anzupassen? Welche Sinneseindrücke tun Ihnen gut? Welche Erlebnisse stressen Sie? Gibt es Tage, an denen Sie erschöpfter sind als sonst? Und wenn ja: Was erleben Sie an diesen Tagen? Wenn Sie sich selbst gut kennen und wissen, was Ihnen guttut und was nicht, haben Sie die Chance, Ihren Alltag zu verändern und entspannter zu leben.

Wahrnehmung und Verarbeitung von Informationen

Feine Antennen sorgen nicht nur dafür, dass HSP intensiver wahrnehmen können. Sie haben insgesamt auch mehr Reize zu verarbeiten. Dazu zählen Geräusche, optische Eindrücke, Gerüche, Geschmackswahrnehmungen und alle äußeren Reize, die auf die Haut oder den Körper einwirken: Wärme, Kälte, Vibration, Druck, Berührungen und Zugluft. Hinzu kommen alle Impulse, die durch Begegnungen mit Menschen oder durch Medienkonsum ausgelöst werden. In Zeiten von digitaler Kommunikation und Social Media wird gerade dieser Faktor immer entscheidender. Denn Momente der Entspannung ohne visuelle, mediale oder kommunikative Reize sind selten geworden. Für viele hochsensible Menschen sind darüber hinaus auch die Stimmungen anderer Menschen relevant. Hier kommen Empathie und Feinfühligkeit ins Spiel, die uns häufig vor die Aufgabe stellen, dass wir herausfinden müssen, ob es sich um unsere eigenen oder die Gefühle oder Stimmungen anderer Menschen handelt.

DIE DOES-FORMEL

Elaine Aron hat die Hauptmerkmale von Hochsensibilität in einer Kurzformel auf den Punkt gebracht.

D steht für »Depth of Processing«, also die Tiefe der Informationsverarbeitung.

O steht für »Easily Overstimulated«, was bedeutet, dass hochsensible Menschen leichter bzw. schneller überstimuliert oder überreizt sind als Menschen mit einer normalen Sensibilität.

E steht für »Emotionally Reactivity and High Empathy«. Hier geht es um die emotionale Berührbarkeit. Die Gefühle hochsensibler Menschen reagieren stärker auf positive und negative Reize.

S steht für »Sensitivity to Subtile Stimuli«. Hochsensible nehmen auch subtile Reize und Feinheiten bewusst wahr, die anderen verborgen bleiben.

Das Phänomen Hochsensibilität steht jedoch nicht nur für die größere Menge der zu verarbeitenden Reize, sondern auch für die intensive Tiefe der Verarbeitung. Manchmal geht uns nach Wochen, Monaten oder Jahren plötzlich wieder ein Erlebnis durch Kopf und Herz. Das kann eine Information sein, die bisher keine Relevanz hatte, für ein aktuelles Projekt jedoch interessant sein kann. Verknüpfungen herzustellen ist eine der großen Stärken von HSP. Manchmal sind es aber auch Erlebnisse oder Wahrnehmungen, die uns subtil belasten, ohne dass wir uns dessen wirklich bewusst sind. So kann zum Beispiel ein streitendes Paar oder ein trauriger Mensch selbst dann einen bleibenden Abdruck in unseren Emotionen hinterlassen, wenn wir diese Personen nur im Vorbeigehen kurz wahrgenommen und den Eindruck gar nicht bewusst verarbeitet haben. Beides sind Situationen, die für uns keine Relevanz haben müssten und doch verarbeitet werden wollen.

Bisher gibt es noch keine wissenschaftlich anerkannte neurophysiologische Theorie, die erklärt, warum Hochsensible anders wahrnehmen und verarbeiten. Ein anschauliches, stark vereinfachtes Modell dafür, wie die »Datenverarbeitung« bei hochsensiblen Menschen funktionieren könnte, ist mir auf einem Abendseminar über Hochsensibilität begegnet. Der Coach und Berater Reimar Lüngen ist auf Hochsensibilität spezialisiert und erklärt den Prozess – inspiriert von Christa und Dirk Lülings Buch »Lastentragen, die verkannte Gabe« – folgendermaßen:

Pro Sekunde strömen Millionen Bits auf unsere Sinnesorgane ein. Davon können wir Menschen nur einen winzigen Bruchteil verarbeiten. Die erste Filterschicht ist mit Hardware vergleichbar. Sie ist voreingestellt, körperlich gegeben und bei jedem Menschen individuell ausgeprägt – nämlich entweder »zart« oder »hart«. Hier liegt der Unterschied zwischen normal Sensiblen und HSP. Die zweite Filterschicht ist die Software, in der sich die individuelle Erlebnis- und

Erfahrungswelt abbildet und die dem Filter die ureigene Wahrnehmungsbrille verleiht. Die Bits, die durch diese beiden Filter hindurchkommen, werden auf drei unterschiedliche Orte verteilt. Die wenigsten Eindrücke landen im Bewusstsein, die meisten wandern sofort ins Unterbewusstsein. Und der Rest landet in einem dritten Speicher; nennen wir ihn Zwischenablage. Alles, was dort landet, möchte unser System zu einem späteren Zeitpunkt nachverarbeiten. Bei hochsensiblen Menschen ist diese Zwischenablage viel schneller gefüllt. Erstens, weil wir mehr wahrnehmen, und zweitens, so die Vermutung, weil unser System mehr Reize als relevant einstuft.

Was bedeutet das für hochsensible Menschen? Ganz einfach: Machen Sie sich bewusst, dass es diese Zwischenablage gibt. Denn wenn die Zwischenablage voll ist, haben wir keinen Puffer mehr, um relevante Informationen abzulegen. Und dann sind wir von einem Moment auf den anderen überreizt. Eben noch die Party genossen, jetzt schon auf der Flucht nach Hause. Gerade noch das Meeting gerockt und plötzlich nicht mehr in der Lage, auch nur einen vernünftigen Satz zu formulieren. Der Ausweg: herausfinden, wie es sich anfühlt, bevor die Zwischenablage voll ist, und die eigenen Warnsignale kennen. Plötzlich müde? Hungergefühle, obwohl Sie gerade etwas gegessen haben? Achtung, Überreizungsalarm! Ihre Zwischenablage droht überzuquellen. Bei mir entsteht dann ein Zustand der sozialen und kommunikativen Müdigkeit. Meldet meine Zwischenablage den nahenden »heavy overload«, werde ich schlagartig müde, wenn ich den direkten Kontakt und die Kommunikation mit anderen Menschen nicht vermeiden kann. Jeder weitere Reiz, wie zum Beispiel wiederkehrende Geräusche, zu laute Musik oder starke Gerüche, ist dann kaum noch erträglich. Gehen Sie in solchen Situationen liebevoll mit sich selbst um, und strafen Sie sich nicht dafür, dass Sie Leistung und Konzentration nicht wie gewohnt abrufen können. In vielen Situationen ist es sogar möglich, einer Überreizung vorzubeugen, indem wir kurze Reizpausen einlegen. Wenn das nicht geht, bleibt uns manchmal keine andere Chance, als uns zu disziplinieren. Ich habe gelernt, mit solchen Situationen umzugehen. Denn ganz gleich, ob im Job oder in der Familie, das Leben lässt uns manchmal keine andere Wahl. Gehen wir jedoch über einen längeren Zeitraum regelmäßig über unsere Grenzen, ohne ausgleichende Pausen einzulegen, und hadern wir womöglich zugleich noch mit unseren Leistungen, dann wird unser Körper früher oder später dafür sorgen, dass wir eine Zwangspause wegen Krankheit einlegen müssen. Und wer mag schon Zwangspausen? Besser sind die freiwilligen Auszeiten. Solche, mit denen wir aktiv dafür sorgen, dass wir sensibel und stark durchs Leben gehen. Machen Sie sich bewusst, wenn Sie über Grenzen gehen, damit Sie in den nächsten 24 Stunden eine außerordentliche Pause einbauen können.

Werte und Einstellungen

Viele HSP haben ein starkes inneres Wertesystem. Sinnhaftigkeit hat eine große Bedeutung. Viele HSP sind chronisch »sinnsibel« und Dauerträger des Sinnsucher-Virus. Die Gedanken kreisen, alles wird analysiert. Wer so viel wahrnimmt, der braucht Struktur und ordnet das Erlebte automatisch in das eigene Wertesystem ein. Die folgende Liste gibt einen Einblick in die Wertewelt hochsensibler Menschen:

- Ehrlichkeit und Gerechtigkeit
- Umweltbewusstsein, Naturverbundenheit und Respekt vor anderen Lebewesen
- Engagement für eine bessere Welt
- Berufung finden und leben
- Genauigkeit, Sorgfalt, Stimmigkeit und Logik
- Identifikation mit Aufgaben und Projekten, Loyalität
- Offenheit für Neues
- Verständnis für Zusammenhänge und Hintergründe sowie Blick hinter die Kulissen
- Pflicht- und Verantwortungsbewusstsein
- Zuverlässigkeit und Verbindlichkeit
- Frieden, Harmonie und Gemeinschaft

Finden Sie in der Liste den einen oder anderen Wert wieder, der auch Ihnen wichtig ist? Dann ist es umso wichtiger, dass Sie sich drei Dinge bewusstmachen:

- Stehen Sie für Ihre Werte ein. Schaffen Sie sich ein Umfeld, in dem Sie Ihre Werte leben und weitergeben können.
- Machen Sie sich gleichzeitig bewusst, dass aus Ihrem Wertebewusstsein ein hoher Anspruch entsteht – an Sie selbst und an Ihre Mitmenschen.
- Es gibt viele Menschen auf der Welt, die diese Werte nicht teilen, und auch mit diesen Menschen gilt es auszukommen, statt sie zu verurteilen.

Für besondere Werte einzustehen, kann in unserer Gesellschaft auch besondere Herausforderungen mit sich bringen.

- Wir schwimmen im Meer der Möglichkeiten und können uns für vieles begeistern. Achtung: Passen Sie auf, dass Sie sich nicht verzetteln. Peilen Sie Ihr aktuelles Ziel an und machen Sie einen Schritt nach dem anderen.
- Wenn wir von der Welt täglich erwarten, dass sie genauso tickt wie wir, dann werden wir häufig enttäuscht und fühlen uns ungerecht behandelt. Hohe Werte sind gut. Doch wer nach Perfektion strebt, kann tief fallen. Achtung: Verletzungsgefahr für die Seele!
- Es ist für uns ein Leichtes, die Wahrheit hinter der Fassade zu sehen. Doch machen Sie sich bewusst, dass es für viele Ihrer Mitmenschen nicht leicht ist, mit der Wahrheit umzugehen. Wer laut sagt, was bisher verborgen war, der muss mit Ablehnung und Kritik umgehen können.
- Das Streben nach Sinn und Berufung sorgt häufig für kurvige Berg-und-Tal-Lebenswege. Sie brauchen Geduld und Ausdauer: Denn wer gnadenlos für seine Werte einsteht, braucht manchmal etwas länger, bis er seinen Platz im Leben gefunden hat.

Sozialverhalten und Emotionen

Im sozialen Miteinander sind hochsensible Menschen häufig sehr geschätzt, denn sie nehmen Stimmungen in ihrem sozialen Umfeld schnell wahr, auch kleinste Änderungen fallen auf. Im Team geht es heiß her? Ihr Partner wirkt erschöpft? Die

Stimme Ihrer Freundin am Telefon spricht Bände, auch wenn sie nicht erzählt, dass sie etwas bedrückt? Es lohnt sich, wenn wir uns darin üben, Probleme oder Themen sensibel und konstruktiv anzusprechen. Denn so können wir in Arbeitsumfeld, Familie, Freundschaft oder Partnerschaft wertvolle Beiträge zu einem friedlichen, harmonischen Miteinander leisten oder Menschen dabei unterstützen, ihre Probleme zu reflektieren und zu lösen. Viele hochsensible Menschen erleben seit ihrer Kindheit oder Jugend immer wieder, dass sie schnell zu beliebten Gesprächspartnern werden oder dass Menschen ihnen Dinge anvertrauen, die sehr intim sind. Es scheint, als hätten wir ein Laufband auf der Stirn, auf dem steht: Guter Zuhörer mit hohem Einfühlungsvermögen, Mitgefühl, Hilfsbereitschaft und Diskretion …

Und so ist es auch kein Wunder, dass wir uns freuen, wenn wir Menschen begegnen, mit denen wir schnell eine echte und vertrauensvolle Beziehung aufbauen können. Denn Hochsensible lieben Tiefgründigkeit. Oberflächliche Gespräche und Small Talk sind nicht unser Ding, auch wenn es in manchen Zusammenhängen definitiv von Vorteil ist, sich auch in »Small-Talk-Gesellschaften« entspannt bewegen zu können, ohne einen Oberflächlichkeitskrampf zu bekommen. Das ist wohl auch einer der Gründe, warum wir unsere Freunde sorgfältig auswählen und eher wenige intensive und tiefgründige Freundschaften pflegen als viele oberflächliche. Die Qualität der Freundschaften ist hoch: Oft sind die Menschen tief miteinander verbunden und empfinden ihre Beziehung als eine Verbindung, aus der beide Seiten viel Kraft und Energie schöpfen können.

Die hohe Dichte an emotionalen Erlebnissen, die in uns selbst und aus dem sozialen Miteinander entstehen, sorgt für intensive Eindrücke, Begegnungen und Gefühle. Wir sind in der Lage, uns schon über die kleinsten Dinge sehr zu freuen, und haben ohnehin ein reiches Innenleben. Und so ist das emotionale Miteinander ein Hochgenuss, der aber auch einen Ausgleich erfordert. Hochsensible können gut Zeit mit sich allein verbringen und brauchen ihre Privatsphäre. Selbst extrovertierte HSP benötigen immer wieder Rückzugszeiten, um das Erlebte zu verarbeiten, zu reflektieren und einzuordnen.

So weit zu den angenehmen Seiten von hoher Emotionalität und intensivem Miteinander. Wer hochsensibel ist, weiß jedoch auch, wie es sich anfühlt, wenn …

- Gefühle die Kontrolle übernehmen,
- Tränen einfach kullern, ob wir wollen oder nicht,
- sich die Leichtigkeit verabschiedet,
- geplante Unternehmungen mit anderen Menschen wegen Überreizung spontan ausfallen,
- alle »passenden« Menschen sich gerade irgendwo verstecken und man sich fühlt wie auf einem fremden Planeten,
- Hektik und Konflikte zum Rückzug zwingen,
- Überstimulation dafür sorgt, dass man aggressiv wird (und dies später ganz fürchterlich bereut),
- man ausgenutzt wird und das erst hinterher bemerkt, weil man nicht auf sein Bauchgefühl gehört hat und davon ausgegangen ist, dass alle Menschen ähnliche hohe Werte leben,

- Einladungen zu Partys keine Freude, sondern Anspannung auslösen,
- Kritik einen trifft wie der Schlag,
- Überraschungen einen voll aus dem Konzept bringen, weil man sich auf etwas anderes eingestellt hat,
- Stimmungen anderer Menschen einen überrollen und man sich selbst erst einmal wieder erspüren muss oder
- eigene Bedürfnisse im Wirrwarr des Alltags untergehen und sich dann umso lauter bemerkbar machen.

Das Leben ist bunt, intensiv und für viele zarte Menschen oft eine große Herausforderung. Parallel erleben wir auch die schönen Seiten intensiver als die nicht hochsensiblen Menschen und bringen die Fähigkeit der Reflexion mit: die beste Voraussetzung dafür, uns jederzeit weiterzuentwickeln und Chancen zu entdecken, die anderen verborgen bleiben. Die Erkenntnis Hochsensibilität ist der wichtigste Schritt. Wenn wir mögliche Merkmale und Eigenschaften, die mit einer hohen Wahrnehmungsfähigkeit einhergehen, identifizieren können, dann ist das die beste Voraussetzung dafür, unser eigenes Steuerrad zu schnitzen, die Segel zu setzen und die Jacht unseres Lebens sicher durch Wind und Wetter hindurchzusteuern – mit Kurs auf ein sensibel-starkes Leben.

Hochsensible Typen

Kategorien wie die der Hochsensibilität geben uns die Chance, uns selbst und andere besser zu verstehen. Wenn Sie »anders« sind, dann wissen Sie, wie schön es ist, einem Menschen zu begegnen, der ähnliche Erfahrungen gemacht hat und in der Tiefe nachvollziehen kann, worüber Sie sprechen. Ich habe den Eindruck gewonnen, dass hochsensible Menschen im Gespräch ein hohes Verständnis für die Erlebnisse des anderen haben, weil sie vieles aus eigener Erfahrung nachvollziehen können. Und dennoch: Auch die Menschen, die sich selbst als hochsensibel erkennen, lassen sich nicht alle über einen Kamm scheren. In der Hochsensibilitätsschublade gibt es durchaus verschiedene Fächer. Schauen Sie mal rein. Ich wünsche Ihnen viel Freude beim Entdecken!

Hochsensible Unterschiede

Die psychologische Beraterin und Leiterin des Instituts für Hochsensibilität in der Schweiz, Brigitte Küster, unterscheidet vier Schwerpunkte in der Hochsensibilität:

- Empathie
- Kognition
- Sensorik
- Spiritualität

Meine Beobachtungen zeigen, dass bei hochsensiblen Menschen der Fokus nicht nur auf einem der genannten Schwerpunkte liegen muss. Im Gegenteil, meist ist es eine gute Mischung, in der einige Bereiche stärker ausgeprägt sind als andere. Der Aspekt der Spiritualität stellt die meisten HSP vor die größten Herausforderungen, da solche Wahrnehmungen in der Vergangenheit am wenigsten toleriert waren und es häufig schwierig ist, für das Wahrgenommene die richtigen

Worte zu finden, vielleicht auch, weil es für manches gar kein passendes Wort gibt.

Empathisch Hochsensible haben eine große Portion Einfühlungsvermögen für sich selbst und andere im Gepäck. Fragt man sie, wie es ihnen geht, dann könnte die Antwort länger werden, denn sie differenzieren Gefühle und Empfindungen sehr genau. Wer hohe empathische Fähigkeiten hat, der wird auch spüren, wie es seinem Gegenüber geht, welche Atmosphäre im Raum herrscht oder welche Qualität Beziehungen zwischen Menschen haben. Die größte Herausforderung liegt für diesen Typus darin, eine angemessene Distanz zwischen der eigenen Gefühlswelt und der anderer Menschen zu wahren. Hier gilt es zu lernen, klare Grenzen zu setzen.

Hochsensible, die eine starke *kognitive Veranlagung* haben, können Themen analytisch und intellektuell schnell und präzise durchdenken, erkennen logische Brüche, und es ist ein Leichtes für sie, komplexe Zusammenhänge zu erfassen und darzustellen. Ihre Emotionen behalten sie eher für sich, diese sind für andere selten sichtbar. Menschen, die ihre Emotionen offen leben, können diesen Typus sogar stark verunsichern. Wenn er sich einem Thema intensiver widmet, ist es ihm wichtig, seine Beobachtungen und Wahrnehmungen zu beweisen, indem er wissenschaftliche Zitate, Listen und Tabellen namhafter Autoren anführt.

Sensorisch hochsensible Menschen nehmen Sinnesreize besonders intensiv wahr. Viele hochsensible Menschen erleben ein wahres Feuerwerk der Sinneswahrnehmungen. Sie sehen kleinste Details, hören das Gras wachsen, nehmen selbst feinste Gerüche wahr, schmecken intensiver, und ihr Tastsinn ist so empfindsam, dass schon die zartesten Berührungen zum Hochgenuss werden. Nicht bei allen, die sensorisch zart im Nehmen sind, ist jeder der Sinne gleich stark ausgeprägt. Auch hier gibt es Unterschiede.

Spirituell Hochsensible nehmen eine Welt wahr, für deren Tür viele Menschen – auch hochsensible – keinen Schlüssel besitzen. Sie haben Vorahnungen und Visionen und einen medialen Zugang zu Wissen, das für andere nicht zugänglich ist. Viele von ihnen fühlen sich zu esoterischem Gedankengut hingezogen. Diejenigen, die fest in ihrem Glauben verankert sind, finden dort eine Art geistige Heimat und eine Realität, die sie stärkt. Einige fügen sich in die Gemeinschaft ein und engagieren sich hingebungsvoll in ihren Aufgaben. Andere lösen sich aber auch bewusst aus starren Bezügen religiöser Institutionen heraus, um ihren eigenen Weg mit ihrem Glauben zu gehen.

Introversion und Extraversion

Die Idee von Introversion und Extraversion beschreibt, wie Menschen mit ihrer Umwelt interagieren. Ursprünglich hat C. G. Jung die Persönlichkeitspsychologie im Jahr 1921 mit diesem Konzept bereichert. Introvertierte Menschen richten ihre Aufmerksamkeit und Energie stärker auf ihr Innenleben und sind häufiger still, zurückhaltend und ruhig, was aber nicht mit Schüchternheit gleichzusetzen ist. Extrovertierte Charaktere haben eine eher nach außen gewandte Haltung und empfinden den Austausch und das Handeln innerhalb sozialer Gruppen als anregend. Sie können gesprächig, bestimmt, aktiv, energetisch, dominant, enthusiastisch und abenteuerlustig sein. Wichtig zu wissen: Die wenigsten Menschen haben nur extrovertierte oder nur introvertierte Züge – Mischtypen sind sehr häufig.

Oberflächlich betrachtet, können Introversion und Hochsensibilität schnell verwechselt werden. »Introversion« bezieht sich jedoch überwiegend auf das Sozialverhalten von Menschen und verweist auf ein größeres Bedürfnis, sich mit der eigenen inneren Welt zu beschäftigen. Bei hochsensiblen Menschen hingegen steht die erhöhte Wahrnehmung von Reizen mit der Tendenz zur schnelleren Reizüberflutung im Mittelpunkt. Nach den Forschungen von Aron können wir davon ausgehen, dass ca. 70 Prozent der Hochsensiblen introvertiert und etwa 30 Prozent extrovertiert sind.

In einem Interview in der Stuttgarter Zeitung hat Ulrike Hensel, die als Coach für hochsensible Menschen aktiv ist, einen spannenden Gedanken zum Thema Introversion und Extraversion bei HSP formuliert: »*Hochsensible können sozial extrovertiert und zugleich im Denken und Fühlen sehr auf ihr Inneres bezogen sein.*«

Für extrovertierte HSP ist es eine Herausforderung zu lernen, dass sie trotz Kontaktfreudigkeit von Zeit zu Zeit Raum für Rückzug und Ruhe brauchen.

Den Lesern, die eher hart im Nehmen sind, möchte ich diesen Tipp mit auf den Weg geben: Wenn es in Ihrem Umfeld jemanden gibt, der regelmäßig in Präsentationen, Vorträgen & Co. eine gute Performance liefert und dann – scheinbar plötzlich – Ruhe braucht und sich zurückzieht: Bitte nicht wundern. Das ist ganz normal hochsensibel.

High-Sensation-Seeker und hochsensibel

Sensation-Seeking ist ebenso wie Hochsensibilität in den Genen festgelegt. High-Sensation-Seeker suchen im Außen nach stimulierenden Reizen, die aber keineswegs »gefährlich« sein müssen. Das englische Wort »sensation« steht hier nicht für den deutschen Begriff »Sensation«, sondern bedeutet Reiz. Treffen High-Sensation-Seeking und Hochsensibilität aufeinander, dann entsteht eine extreme Mischung: immer auf der Suche nach dem nächsten Thrill und gleichzeitig hochempfindlich für Reize und nah dran an der Überstimulation. Wer so veranlagt ist, hat einen schmalen Grat der optimalen Stimulation und schwankt immer zwischen Überforderung und Unterforderung. Phasen mit hoher Aktivität wechseln sich ab mit Phasen starken Rückzugs. Hochsensible High-Sensation-Seeker verstehen sich oft selbst nicht, und auch für ihre Mitmenschen ist es schwierig, mit dem Wechsel aus intensiver Präsenz und komplettem Rückzug umzugehen.

Hochsensibilität = Hochbegabung?

Machen wir einen kleinen Ausflug in die Welt der Intelligenz, die im Vergleich zur Hochsensibilität besser messbar ist. Der Begriff »Hochbegabung« hat eine definierte Bedeutung und steht für eine weit über dem Durchschnitt liegende intellektuelle Begabung, die auf der in Deutschland verwendeten Skala ab einem IQ von 130 besteht. Das betrifft gut zwei Prozent der

Bevölkerung. Menschen, deren IQ über 120 liegt, haben oft Teilhochbegabungen, zum Beispiel im sprachlichen, sozialen, logischen oder mathematischen Bereich. Das Konstrukt Hochbegabung geht davon aus, dass die intellektuellen Fähigkeiten von Menschen sich quantitativ unterscheiden lassen.

Da sich die kognitive Intelligenz der Menschen im Laufe der Zeit verändert, werden die IQ-Tests immer wieder neu geeicht und der intellektuellen Entwicklung der Menschen angepasst. Intelligenzwerte sind nur innerhalb eines Landes und innerhalb einer Generation vergleichbar.

Sowohl bei einem unterdurchschnittlichen IQ als auch bei einem überdurchschnittlichen besteht besonderer Förderbedarf, da Bildungs- und Lernsystem auf die Masse ausgelegt sind (mal ganz abgesehen davon, dass sich inzwischen grundsätzlich die Frage nach einem neuen Bildungssystem stellt). Denn anders, als manche Menschen denken, ist eine hohe Intelligenz nicht automatisch ein Garant für Erfolg im Sinne der Leistungsgesellschaft und allzu häufig eben kein Sonntagsspaziergang. Wer mit Hochbegabung im klassischen Sinne konfrontiert ist, der kennt die möglichen Herausforderungen. Um intellektuelle Pferdestärken auf die Straße bringen zu können, braucht es ein intuitives oder gewachsenes Bewusstsein dafür, wo die eigenen Stärken liegen und welche Lernmethoden passen. Und genauso ist es auch bei der Hochsensibilität. Es braucht ein Bewusstsein für die eigenen Potenziale und ein Wissen darüber, welche Strategien im Alltag helfen und was uns stark macht. Den einen gelingt das gut, ohne je einen Test zu machen. Für andere ist es ein Segen, mehr über Fähigkeiten und Veranlagungen zu erfahren, vor allem, wenn der eigene Weg etwas steiniger war und die Erkenntnis der eigenen Besonderheiten Klarheit und neue Perspektiven ins Leben bringt.

Wie Hochsensibilität mit Hochbegabung zusammenhängt

Was hat Hochbegabung nun mit Hochsensibilität zu tun? Da die Begriffe »Hochbegabung« und »Hochsensibilität« häufig zusammen auftauchen – es gibt zum Beispiel viele Coaches und Berater für hochsensible und hochbegabte Menschen –, könnte der Eindruck entstehen, dass beides »irgendwie« zusammengehört. Einen eindeutigen Zusammenhang gibt es allerdings nicht: Nicht jeder Hochbegabte ist zugleich auch hochsensibel, nicht jeder Hochsensible hochbegabt.

Meine Erfahrung wie auch die anderer Experten für Hochsensibilität zeigen jedoch, dass es viele Hochbegabte gibt, die sich selbst als hochsensibel einstufen. Wenn beides zusammenkommt, dann ist das oft schon in der Schule zu beobachten: Bei Aufgaben, die ein hochsensibles und hochbegabtes Kind herausfordern und die ihm kreativen Raum lassen, ist die Aufmerksamkeit gebunden, und es gelingt dem Kind durch die Konzentration, die Reize aus dem Umfeld »auszublenden«. Die Leistung stimmt. Werden die Aufgaben zu einfach, fehlt die Notwendigkeit, sich ganz auf die Aufgabe zu fokussieren – und plötzlich sind andere Reize im Klassenraum oder Kinderzimmer viel präsenter, und es wird schwieriger, sich auf die Aufgabe zu konzentrieren. Das Ergebnis: Komplexe Aufgaben werden besser und eher fehlerfrei gelöst als einfache …

Wie bereits erwähnt, gibt es viele Coaches, die sich sowohl

auf Hochbegabung als auch auf Hochsensibilität spezialisiert haben. Einige von ihnen, so auch die Autorin Anne Heintze, kritisieren, dass der Hochbegabungsbegriff auf überdurchschnittliche Intelligenz begrenzt ist und dabei die emotionale Intelligenz, außerordentliche sportliche oder musische Begabungen sowie die Hochsensibilität als hohe Wahrnehmungsbegabung außen vor lässt. Sie stützt sich dabei unter anderem auf das Konzept der multiplen Intelligenz des Psychologen Howard Gardner. Barbara Sher, eine US-amerikanische Autorin, die auch als Coach arbeitet, beschreibt einen weiteren »Begabungstypen«: den Scanner. Während meiner Recherchen sind mir einige hochsensible Menschen begegnet, die sich durch die Theorie der Scanner, die nicht wissenschaftlich belegt ist, abgeholt fühlten. Scanner sind nach Barbara Sher Menschen, die nicht mit einem oder wenigen Interessensgebieten zufrieden sind, sondern ganz viele Interessen haben und diese auch leben wollen. Ständig wechselnde Jobs, der Spaß an Neuem, begleitet von Schwierigkeiten, sich für eine Sache zu entscheiden, und der Wunsch, lieber eine Vielfalt von Themen abzudecken, als Spezialist für nur ein Thema zu sein – das sind nur ein paar Merkmale, die den Scanner ausmachen. Für Menschen, die so ticken, ist es schwierig, der Norm zu entsprechen. Für hochsensible Scanner dürfte die Herausforderung noch größer sein, denn wer mehr Informationen wahrnimmt, kann auch mehr Neues entdecken.

In der Wissenschaft existiert noch eine spannende Theorie, die hohe Sensitivität und Empfindsamkeit mit hohen Begabungen zusammenbringt. Kazimierz Dabrowski (1902 – 1980) betrachtete ein hohes Empfindungsvermögen bzw. eine hohe

Sensitivität als charakteristisches Persönlichkeitsmerkmal von hochbegabten Menschen. Allerdings weicht seine Definition von »Hochbegabung« von der anerkannten IQ-Theorie ab. Der polnische Arzt, Psychologe, Psychiater und Philosoph betreute in seiner Praxis viele Künstler, Schauspieler und intellektuell begabte Kinder und Jugendliche. Er stellte fest, dass sie alle nach etwas Höherem in ihrem Selbst strebten und großen emotionalen Reichtum mitbrachten. In Dabrowskis Zeit wurden Menschen, die sich mit ihrem Istzustand nicht aussöhnen konnten und an ihren kreativen Visionen festhielten, von der Medizin oft als psychoneurotisch gestört betrachtet. Der Grund: Sie erlebten dabei heftige innere Konflikte, Selbstkritik, Ängste und fühlten sich, gemessen an ihrem Ideal, unzulänglich. Dabrowski deutete die gleichen Symptome anders. Ihm zufolge stehen sie für das Streben nach einer höheren Entwicklungsstufe der Persönlichkeit. Für ihn war ein innerer Konflikt nichts Negatives, sondern ein Zeichen von innerer Entwicklung. Von einer Entwicklung, die dazu befähigt, soziale Verantwortung zu übernehmen. Seine Beobachtung, dass viele Menschen ihre hohe Sensitivität unterdrückten oder verleugneten, um nicht als »gestört« zu gelten, führte ihn zur Theorie der positiven Desintegration. Damit gibt Dabrowski sensitiven Menschen den Impuls, sich gerade nicht anzupassen, sondern ihren Entwicklungsweg selbstbewusst weiterzugehen, damit sie sich entfalten können. Seine Sicht auf Entwicklungspotenziale schließt die Fähigkeit zur inneren Transformation mit ein. Für ihn bedeutet persönliches Wachstum, bewusst daran zu arbeiten, seinen eigenen Charakter zu entwickeln und ein Mensch zu werden, für den

Respekt, Mitgefühl, Hilfsbereitschaft und starke Bindungen von hohem Wert sind. Eine Theorie, die zum Denken anstößt und viele Fragen aufwirft:

- Sind Kinder wirklich hyperaktiv, wenn sie einen großen Eifer und ein hohes Empfindungsvermögen an den Tag legen und deshalb auch oft laut und immer in Bewegung sind?
- Warum werden beharrliche Menschen als stur oder wirklichkeitsfremd abgetan?
- Untergräbt ein Kind, das ständig nachfragt, damit automatisch die Autorität seiner Eltern, Lehrer oder anderer Erwachsener?
- Ist es unaufmerksam oder unhöflich, wenn ein Mensch in einem Gespräch bzw. im Beisammensein mit einem anderen Menschen aufgrund seiner hohen Vorstellungskraft auch mal in innere Bilder abtaucht?
- Stehen starke Emotionen wirklich für »Unreife« oder zu wenig »Disziplin«?
- Hat der Wunsch nach kreativen Räumen und mehr Selbstbestimmung in der Wirtschaft wirklich etwas mit mangelndem »Arbeitswillen« zu tun? Oder brauchen unterschiedliche Menschen einfach unterschiedliche Voraussetzungen, um gute Leistung bringen zu können?

Sensibel gesund

»Sagt die Seele zum Körper: Geh du voran.
Auf dich hören sie wenigstens …«

Stellen Sie sich mal vor, Sie hätten in den letzten Wochen eine herausfordernde Zeit gehabt und merkten nun, dass da eine dicke Erkältung auf Sie zurollen könnte. Sie wissen: Ein Tag im Bett oder in der Natur würde Ihnen guttun und dazu beitragen, dass Sie gesund bleiben.

Stellen Sie sich vor, Sie könnten einfach Ihren Chef anrufen und sagen: Chef, ich bin morgen wieder da, heute sorge ich für mich und meine Gesundheit, damit ich fit bleibe. Das Ergebnis: keine Erkältung, kein Arztbesuch, kein Krankenschein, kein Ausfall durch Krankheit. Und auch kein Produktivitätsverlust – im Gegenteil. Denn die Pause sorgt dafür, dass Sie den Rest der Woche mit potenzierter Kraft an einem Tag das schaffen, wofür Sie »im Trott des Alltags« zwei brauchen würden …

Warum haben wir ein System, in dem wir das Vertrauen, so zu arbeiten, nicht aufbringen können? Warum haben wir ein System, in dem wir unsere Stunden absitzen müssen? Ein System, in dem Halsschmerzen, Husten und Schnupfen am nächsten Tag vorprogrammiert sind? Warum muss sich immer erst der Körper melden, damit wir uns endlich ausruhen dürfen? Und warum gelten Zustände, in denen wir unserer Arbeit und dem täglichen Werk nicht nachgehen können, als »krank«, wenn sie doch eigentlich Zeichen unseres Körpers sind, die uns mitteilen, dass nicht wir, sondern der Trott, in dem wir leben, »krank« ist und verhindert hat, dass wir gut für uns sorgen? Unser Körper weist uns nur darauf hin, dass wir aus dem krankmachenden Alltag kurz mal rausmüssen, damit wir wieder gut zu uns sein können.

Ja, das Thema Gesundheit ist wirklich eine sensible Sache – allein schon deswegen, weil eine ganz bestimmte Branche kein bisschen Interesse daran hat, Gelder in Ursachenforschung zu stecken, sondern lieber weiter Symptome bekämpft. Was wäre es für eine wirtschaftliche Katastrophe, wenn plötzlich immer mehr Menschen begännen, Verantwortung für sich zu übernehmen, und wirklich gesund wären? Nicht auszudenken!

Aber mal weg von der übergeordneten Betrachtung und hin zum Thema Gesundheit und Hochsensibilität:

Hochsensibilität ist keine psychische Störung und erst recht keine Krankheit, sondern ein Temperament.

Mit »Temperament« meinen Psychologen konstitutionsgebundene Eigenschaften, die sich aus genetischen und pränatalen Faktoren zusammensetzen. Die Persönlichkeit wiederum – so die Lehrmeinung – wird sowohl vom Temperament als auch von der Umwelt und den Erfahrungen eines Menschen geprägt. Forschungen belegen, dass hochsensible Menschen Reize neuronal anders verarbeiten als die Mehrheit der Menschen.

Mit Blick auf Gesundheit bzw. Krankheit werden in der Literatur immer wieder einige spezifische Besonderheiten von HSP beschrieben:

- Hochsensible haben ein ausgeprägtes Frühwarnsystem, werden bei schwächenden Stimuli schneller krank und – mit dem richtigen Ansatz an der Ursache – schneller wieder gesund.
- Deswegen können HSP als Seismografen oder Grenzwertsensoren für andere Menschen gelten.
- Sie können anfälliger für Stresskrankheiten und Traumata sein.
- Sie können intensiver auf Medikamente, Alkohol und Drogen, Nikotin und Koffein reagieren.
- Sie neigen eher zu Allergien und Überreaktionen.
- In Alltagssituationen sind sie schneller emotional verletzt, haben parallel dazu aber eine große seelische Stärke in Zeiten der Veränderung oder in Krisensituationen.

Was hinter all diesen Aussagen steckt, sind sowohl Herausforderungen als auch Stärken. Betrachten wir mal die Stärken: Wir können uns auf unseren Körper und unsere Seele verlassen. Sie teilen uns unmittelbar mit, wenn wir auf dem falschen Weg sind, und geben uns wertvolle Tipps, wo wir hinschauen müssen. Jetzt braucht es nur noch den Mut, das auch zu tun. Raus aus dem System des Verstandes, rein ins Gefühl, in das Wissen, das tief in uns verankert ist. Der Schlüssel für Gesundheit und Heilung steckt nicht in der Verherrlichung einzelner Methoden, sondern in der Kombination aus wissenschaftlichen Erkenntnissen, intuitivem »Wissen« und alternativen Ansätzen.

Spannend ist, was Wolfgang Klages bereits 1978 in Bezug

auf sensible Patienten beschrieb. Er ist emeritierter Professor und Doktor der Medizin und war seinerzeit Direktor der psychiatrischen Klinik der Technischen Hochschule Aachen. In seinem Buch »Der sensible Mensch« fasst er seine Erfahrungen zusammen:

- Sensible Menschen stellen einzelne Beschwerden stets sachlich dar und neigen nicht zu Übertreibungen.
- Hypochondrie ergibt sich nicht aus der Sensibilität heraus. Sie ist Teil einer Depression.
- Oft handelt es sich bei sensiblen Menschen, die psychologische Hilfe suchen, um Menschen, die gute bis sehr gute Schüler waren und im Beruf intellektuell anspruchsvolle Positionen erreicht haben.

Und was den Wunsch angeht, sich mit der eigenen Andersartigkeit in die Gesellschaft zu integrieren und mit seiner Sensibilität gut klarzukommen, schreibt Klages: »*Ganz offensichtlich hat der sensible Patient in ganz besonders starkem Maße die Tendenz, unter Hinzuziehung aller rationalen Mittel und Möglichkeiten seiner von ihm oft als quälend empfundenen Veranlagung Herr zu werden …*« Er schreibt auch, dass er viele sensible Menschen erlebt hat, die einen besonderen Humor und einen Zug zum Ironischen haben, was sie als Mittel der Daseinsbewältigung einsetzen. Und allen, die vermuten, dass Hochsensibilität etwas sein könnte, womit Menschen so wenig klarkommen, dass sie keinen Sinn mehr in ihren Leben sehen, hält er entgegen, dass er es nicht erlebt hat, dass allein aus der sensiblen Veranlagung heraus Suizidversuche erfolgen. Wenn es doch dazu kam, dann handelte es sich um eine Handlung im Rahmen einer Psychose oder aus einer Depression heraus.

F A Z I T: Allen Unkenrufen zum Trotz haben hochsensible Menschen aus sich selbst heraus allerbeste Voraussetzungen für ein gesundes und kraftvolles Leben – vorausgesetzt, sie übernehmen Verantwortung für sich selbst, achten auf ihre Bedürfnisse, holen sich in schwierigen Situationen Hilfe und bringen den Mut auf, eigene Maßstäbe für ein erfülltes Leben zu setzen.

Herausforderungen: Die Entwicklungsfelder der Zarten

»Die Akzeptanz der eigenen Schwächen löst diese auf und führt zu innerer Stärke. Denn wir bremsen uns immer selbst.«

THOMAS PFITZER

Das Leben mit der Hochsensibilität beinhaltet beides – Herausforderung durch Überstimulierung bzw. zu viele Reize und die Lust, die schönen Seiten unserer Wahrnehmungsbegabung zu genießen. Noch ist Sensibilität in unserer Kultur kein Ideal. Da stellt sich die Frage: Anpassen? Oder andere Wege gehen? Wenn Sie mich fragen, ist die Anpassung ein fauler Kompromiss und der kürzeste Weg in die dauerhafte Überreizung. Die Folgen sind Kraftlosigkeit, Misserfolge und Krankheiten. Wenn wir das immer und immer wieder erleben, dann kratzt das am Selbstwertgefühl und schränkt unsere Lebensqualität stark ein.

Wolfgang Klages formuliert die Herausforderung hochsensibler Menschen so: »*Der (…) Sensible muss immer wieder mit dem Problem der Überwindung der großen Spanne fertigwerden, die zwischen seiner hohen Sensibilität einerseits und den nüchternen Fakten der Realität andererseits besteht.*«

Meine Idee: Nehmen wir unsere Realität selbst in die Hand. Bevor wir uns mit den besonderen Stärken und positiven Eigenschaften hochsensibler Menschen auseinandersetzen, schauen wir uns unsere Entwicklungsfelder an. Denn:

Nur wer seine Schwächen kennt, kann wahrhaft stark sein.

Wenn wir beides im Blick haben – Herausforderungen und Stärken –, können wir sensibel-stark leben und echte Kompetenz im Umgang mit uns selbst, den Menschen und unserem Leben auf dieser Welt entwickeln.

Überreizung und Stress

Elaine Aron rät in ihrem Buch »Sind Sie hochsensibel?«, sich als hochsensibler Mensch fünf Punkte bewusst zu machen:

- Überstimulierung führt bei jedem Menschen – ganz gleich, ob hochsensibel oder nicht – zu Überreizung. Erschöpfung, das Gefühl, neben sich zu stehen und sich nicht mehr entspannen zu können – das kennen alle Menschen.
- Für alle Menschen ist es wichtig, ein optimales »Erregungsniveau« aufrechtzuerhalten, denn Übererregung führt zu Unwohlsein und schlechten Leistungen, während Untererregung zu Langeweile und Mattigkeit führt. Gut ist ein Zustand, in dem wir uns wohlfühlen.
- HSP sind schneller übererregt als der Durchschnitt. Das führt dazu, dass wir häufiger Situationen erleben, in denen wir uns nicht wohlfühlen und nicht so leistungsfähig sind wie andere Menschen.
- Sensibilität ist in unserer Kultur kein Ideal, stattdessen stehen Wettbewerb, Leistungsorientierung und Konsum ganz oben auf der Skala – ein Cocktail, der uns herausfordert.
- HSP werden durch schwierige Verhältnisse in der Kindheit stärker beeinflusst als andere. Erlebnisse aus der Kindheit, die andere schon längst hinter sich gelassen haben, schleppen wir länger mit uns herum. Das beeinträchtigt auch unseren Umgang mit alltäglichen Situationen.

Hochsensible nehmen viele Reize intensiver wahr. Ein Beispiel: Wenn die Lichtempfindlichkeit so hoch ist, dass der Schein einer Kerze blendet und bei »lichtem« Wetter eine Autofahrt ohne Sonnenbrille nicht möglich ist, dann ist das zweifelsohne eine Herausforderung. Und doch gibt es Wege, damit umzugehen. Solange wir uns mit anderen vergleichen und uns nicht annehmen, wie wir sind, können spezifisch hochsensible Herausforderungen unglücklich und aggressiv machen. Das wiederum erhöht unseren Stresslevel – ein Teufelskreis, der nicht selten psychische Probleme und/oder physische Beschwerden zur Folge hat. Klages schreibt dazu: »*Diese vermehrte Störanfälligkeit lässt selten den Zustand einer großen Gelassenheit und Gleichgültigkeit, einer Ruhe und souveränen Sicherheit aufkommen …*«

Und doch können wir unserem Leben eine andere Richtung geben. Wir können annehmen, dass wir Reize intensiver empfinden. Wir können uns darauf einstellen, dass sie länger ins uns nachklingen. Wir können akzeptieren, dass unsere Leistung und unser Tempo – gerade wenn wir uns häufig in reizintensiven Umfeldern aufhalten – im Laufe des Tages nachlassen. Wir können damit anfangen, mehr Pausen zu schaffen, und uns auf den Abend freuen, weil es dann still wird und auch die Menschen um uns herum nach und nach ihre Aktivitäten herunterfahren.

F A Z I T: Es sind immer wir selbst, die die Umstände in unserem Leben ändern können. Und wenn wir beginnen, dafür Verantwortung zu übernehmen, dann können wir Überreizung und Stress Schritt für Schritt reduzieren und nach und nach mehr Gelassenheit und Ruhe einkehren lassen.

Selbstzweifel und Verletzlichkeit

Solange wir uns an dem orientieren, was andere Menschen wie, in welcher Zeit und unter welchen Voraussetzungen leisten, und solange wir unsere Aufmerksamkeit auf den Vergleich richten, bleiben wir im Ungewissen darüber, was unser eigenes Wesen, unsere Stärken und unsere tiefsten Bedürfnisse angeht. Mit dieser Ausrichtung legen wir den Fokus darauf, was nicht funktioniert, und erleben unsere Andersartigkeit als negativ. Es kann ein ungesunder Cocktail entstehen aus dem Gefühl, weder den Erwartungen der Welt noch dem eigenen hohen Anspruch gerecht zu werden. Parallel wird der Sich-selbst-und-der-Welt-gerecht-werden-Wunsch immer größer. Es entwickelt sich ein innerer Erwartungsdruck, der unserem Selbstwertgefühl nicht guttut. Und der gefühlte und erlebte Erwartungsdruck von außen sorgt dafür, dass wir versuchen, uns immer weiter anzupassen und auch dann noch Leistung zu bringen, wenn wir eigentlich eine Pause brauchen. Besonders fatal an dieser Entwicklung ist, dass die wenigsten HSP, denen es so geht, sich bewusst sind, was in ihnen passiert. Somit fehlen die Ansatzpunkte dafür, die Abwärtsspirale zu bremsen.

Hinzu kommt: Wenn Selbstwertgefühl und Selbstvertrauen immer weiter sinken, dann steigt auch unsere Verletzlichkeit. Je mehr negative Erfahrungen wir machen, desto verletzlicher werden wir. Während wir uns danach sehnen, in Harmonie mit unserer Umwelt und unseren Mitmenschen zu leben, häufen sich unsere negativen, unangenehmen Erfahrungen. Wir neigen dann dazu, Aussagen unserer Mitmenschen eine zu hohe Bedeutung beizumessen bzw. sie ganz falsch zu interpretieren. Im Berufsleben macht sich die »Abwärtsspirale« oft durch Konzentrationsprobleme, Leistungsabfall und auch durch die Tatsache bemerkbar, dass wir uns irgendwann kaum noch trauen, uns gut zu »verkaufen« und mitzumischen.

Wolfgang Klages schreibt in seinem Buch »Der sensible Mensch«, dass bei sehr sensiblen Menschen ein falsches Wort sehr lange nachhängen könne, was dem Hochsensiblen meist selbst auf die Nerven gehe. Wir fühlen uns schnell »getroffen«, was zu nachtragendem Verhalten führen kann. Hinzu kommt, dass Menschen, die in der Selbstzweifel-und-Verletzlichkeits-Schleife stecken, irgendwann anfangen, jedes Gefühl, jedes Wort und jede mimische Bewegung im Gesicht ihrer Mitmenschen auf sich zu beziehen – ein Kreislauf, der unbedingt durchbrochen werden muss, um keine seelischen Wunden davonzutragen!

Aus Sicht unserer nicht hochsensiblen Mitmenschen können wir auch schon mal launisch wirken, und zwar gerade dann, wenn unsere Selbstzweifel sich in Grenzen halten und wir im Grunde eine gute Performance zeigen. Sind wir dann urplötzlich überreizt oder schlägt unsere Stimmung schnell um, dann kann das unsere Mitmenschen irritieren und von außen betrachtet wie ein uneinheitliches Persönlichkeitsbild wirken.

Umso wichtiger ist es, die Hochsensibilität zu erkennen und anzunehmen. Denn das schafft Klarheit und gibt uns Ansatzpunkte, um die eigenen Muster zu durchbrechen und mit Selbstzweifel und Verletzlichkeit aufzuräumen. Merke: »*Niemand kann dir ohne deine Zustimmung das Gefühl geben, minderwertig zu sein.«* Dieses Zitat stammt von Eleanor Roosevelt – und recht hat sie!

Was also tun, um in eine Position zu kommen, in der wir selbstsicher im Leben stehen und unsere Projekte gestalten können? Die Psychologin Sylvia Harke hat in einem ihrer Videos auf YouTube Erfolgsblockaden aufgezeigt, die für HSP typisch sind. Ich habe daraus positive Handlungsempfehlungen abgeleitet:

- Abschied vom Perfektionismus – Kontrolle loslassen, Gefühle zulassen und sich auf einen Prozess einlassen, statt sofort ein möglichst perfektes Ergebnis zu erwarten
- Mut zu mehr Entscheidungsfreude und Risikobereitschaft
- Fokus verändern: weniger außen, mehr innen
- Idealismus runterschrauben zugunsten der eigenen Bedürfnisse
- Schluss mit der Anpassung: öfter mal »Nein«, »ich« und »Ich bin gut, so wie ich bin« sagen
- Vertrauen und Selbstliebe statt Versagensangst
- Authentizität als Schlüssel, um sich selbst zu präsentieren und in der Öffentlichkeit aufzutreten
- Sich auf die Suche nach Gleichgesinnten machen, statt sich in der Außenseiterrolle zu verlieren
- Dem Leben ein Lächeln schenken, Verantwortung für sich selbst übernehmen und aktiv agieren, statt nur zu reagieren: raus aus der Opferrolle, rein in eine schöpferische, selbstsichere Haltung

F A Z I T: Hochsensibilität macht nur dann unsicher und verletzlich, wenn wir es nicht wagen, unsere eigenen Wege zu gehen, sondern uns Ziele setzen, die von und für durchschnittlich sensible Menschen gemacht sind.

Angst und Schuld

Unsere hohe Empfindungstiefe und die Erfahrung, dass die Welt lauter, greller, aggressiver und für uns häufig einfach völlig anders tickt, als wenn wir sie gestalten würden, können Angst auslösen. Ich kann mich daran erinnern, wie ich als Kind oft abends im Bett gelegen habe und nicht aufhören konnte, an die Bedrohung durch einen Atomkrieg zu denken. Die Vorstellung, dass es da einen Koffer mit einem Knopf gab, der in den Händen von Menschen war, die auf mich einen wenig vertrauensvollen Eindruck machten, ließ mich das eine oder andere Mal vor Angst erzittern. Und es gab auch andere Situationen, in denen meine Furcht vor all diesen unberechenbaren Menschen da draußen alles in mir dominierte. Da musste erst ein bisschen Lebenserfahrung her. Und die Erkenntnis, dass kein Mensch auf dieser Welt je »sicher« sein wird, wie uns das die Versicherungsunternehmen dieser Welt vorgaukeln. Der Tod gehört zum Leben dazu. Wir können zwar Verantwortung für unser Leben übernehmen, es aber niemals absolut kontrollieren. Das Verständnis für diese Zusammenhänge hat meine Angst nach und nach abgebaut. Ich verstand, dass ich mich entscheiden muss: Entweder dominiert zeit meines Lebens die Angst, oder ich gehe einen anderen Weg. Sich dem Leben anzuvertrauen und den Glauben zu entwickeln, dass alles einen Sinn hat, kann gerade für uns feinsinnige, intensiv fühlende Menschen ein langer Weg sein. Ein Weg allerdings, der sich zu gehen lohnt. Denn je weiter wir ihn gehen, desto weniger Angst haben wir.

Ein weiteres belastendes Element sind Schuldgefühle. Eine Ursache für diese Gefühle kann in der Erziehung liegen, andere liegen in unseren Eigenschaften: Aufgrund unserer Gewissenhaftigkeit, unserer hohen Ideale, des starken Harmoniebedürfnisses und unserer Empathie neigen wir dazu, ein ausgeprägtes Verantwortungsgefühl für andere Menschen zu entwickeln. Was wir dabei vergessen: Wir sind im Grunde nur für uns selbst verantwortlich. Und für unsere Kinder. Doch selbst bei unseren Kindern ist unser Einfluss begrenzt. Wir können für andere da sein – und gerade für unsere Kinder gilt es natürlich Verantwortung zu übernehmen und für sie da zu sein. Doch Verantwortung für die Gefühle anderer Menschen können wir nicht übernehmen.

Die Realität ist allerdings oft anders. Es ist nicht selten, dass HSP Konflikte vermeiden oder nicht die ganze Wahrheit sagen, weil sie die emotionale Reaktion des anderen bereits vorwegnehmen und die möglicherweise negativen Emotionen des anderen verhindern wollen. Dass wir dabei unsere eigenen Interessen und Bedürfnisse vernachlässigen, bekommen wir – solange wir unsere Schwächen nicht reflektieren – oft gar nicht mit. Je verkorkster die Situation in einer Beziehung wird, desto intensiver werden die Schuldgefühle, die dann wiederum das Verantwortungsbewusstsein noch einmal steigern – ein Teufelskreis. Das Ergebnis ist eine Situation, in der die eigenen Bedürfnisse und die Verantwortung für uns selbst ins Hintertreffen geraten. Wir leben dann für andere und machen unser Glück davon abhängig, wie es anderen Menschen geht und ob wir von ihnen Bestätigung erhalten. Ein Kreislauf, der Kraft kostet, Lebensfreude vernichtet und unseren Beziehungen überhaupt nicht guttut: weder der zu uns selbst noch denjenigen zu den Menschen, die uns lieb sind.

Je mehr wir uns bewusstmachen, dass wir nicht für die Emotionen anderer Menschen verantwortlich sind, desto weniger sind wir emotional erpressbar.

Dies ist die Voraussetzung dafür, dass wir auch in schwierigen Situationen bei uns bleiben, unsere Interessen vertreten und auf unsere Bedürfnisse achten können. Der Effekt: Wir entwickeln Stärke, und unsere Angst darf sich auf ein gesundes Maß reduzieren.

Stärken: Hochsensible Potenziale

Weg von den Herausforderungen – hin zu den Stärken. Welche besonderen Potenziale tragen hochsensible Menschen in sich? Ich habe mich auf Spurensuche begeben und bin fündig geworden. Manche Autoren sprechen von Begabungen oder Gaben, für andere sind es schlichtweg Eigenschaften und Fähigkeiten. Und (fast) immer wird darauf hingewiesen, dass jede dieser Stärken auch eine Schwäche sein kann und dass natürlich nicht jede Eigenschaft, Stärke oder Gabe bei jedem hochsensiblen Menschen zu finden ist. Ja, wir Zarten sind gewissenhaft und betrachten die Dinge differenziert. Doch jetzt geht es um den Stärkenfokus! Setzen wir uns ausnahmsweise die Scheuklappen auf, und tun wir so, als würden wir uns für einen neuen Job bewerben und uns voller Freude positiv positionieren. Was noch fehlt, darf sich entwickeln. Und welche Vor- und Nachteile unsere persönlichen Stärken haben könnten, spielt keine Rolle. Dazulernen ist menschlich. Und ohne die Mut-zur-Lücke-Haltung wäre wohl kaum ein Arbeitsplatz in der Wirtschaft ordentlich zu besetzen. Fakt ist: Wir sind reich an Soft Skills, und die meisten von uns dürften auch fachlich Kompetenzen haben, die den Unternehmen oder unseren Kunden imponieren.

Jetzt gilt es auf Spurensuche zu gehen: Gibt es vielleicht sogar Eigenschaften, die wir bisher nicht als Stärke betrachtet haben, weil unsere Glaubenssätze es nicht erlauben? Oder weil die Vorurteile und Erwartungshaltungen anderer dagegensprechen? Oder weil wir einfach noch nie darüber nachgedacht haben, dass eine für uns spezifische Eigenschaft eine besondere Stärke ist, die andere nicht haben? Lassen Sie uns auf Entdeckungsreise gehen und ungeahnte Schätze heben: Was können Sie gut? Was macht Ihnen Freude? Wobei blühen Sie auf? Welche wertvollen Potenziale und Eigenschaften können Sie in Wirtschaft, Politik und Gesellschaft einbringen?

Ich persönlich erlebe es immer wieder als sehr besonders, mit Hochsensiblen sehr schnell von einer überge-

ordneten Ebene aus die Puzzleteile von Ereignissen zu einem sinnvollen Ganzen zusammenfügen zu können. Ich schätze ihre Fähigkeit zur Metareflexion.

Aus dieser ganzheitlichen Wahrnehmungsfähigkeit resultiert zum großen Teil auch ihr natürliches ethisches Empfinden. Schädliche Verhaltensweisen werden unmöglich, weil sie große Zusammenhänge durchblicken.

Schon bei Kindern erlebe ich einen sehr ausgeprägten Gerechtigkeitssinn und ein klares Gespür für die Wahrheit. Niemand macht ihnen ein X für ein U vor.

Viele Hochsensible haben eine hohe soziale Kompetenz und ein ausgeprägtes Einfühlungsvermögen. Kreativität und eine ungewöhnliche Art von Problemlösungskompetenz und damit auch Innovationsfähigkeit sind für mich ebenfalls Eigenschaften, die die Hochsensiblen auszeichnen.

Jutta Böttcher,
HSP-Kompetenzzentrum Aurum Cordis

Empathie und soziales Verständnis

Seit Jahrtausenden wünschen sich die Menschen Frieden. Stattdessen rangeln wir immer wieder um Meinungen, Macht und Mist. Hochsensible können viel dazu beitragen, das menschliche Miteinander zu verbessern. Aus unserem Harmoniebedürfnis heraus setzen wir uns mit unserem ganzen Wesen für einen friedlichen und respektvollen Umgang miteinander ein. Dafür müssen wir uns gar nicht anstrengen.

Es reicht aus, wenn wir einfach wir selbst sind, gut mit uns selbst umgehen und unsere hohe soziale Kompetenz leben: hilfsbereit, fürsorglich, rücksichtsvoll und mit Liebe in unserem Herzen.

Diese und auch die nachfolgend vorgestellten Stärken sollen selbstverständlich nicht exklusiv für HSP reklamiert werden. Ob Empathie, vernetztes Denken oder auch eine hohe Kreativität und künstlerisches Talent, die meisten der genannten Fähigkeiten sind nicht nur klassisch hochsensibel. In den Aussagen von Psychologen, Coaches und Autoren, die sich intensiv mit HSP auseinandersetzen, lässt sich allerdings beobachten, dass diese Potenziale übereinstimmend genannt werden. Und es wird beschrieben, dass sie bei hochsensiblen Menschen meist sehr stark ausgeprägt sind und »gehäuft« und in Kombination auftreten.

Wir sind gute Zuhörer, nehmen die Stimmungen von Menschen sehr schnell wahr. Jede kleinste Nuance und Veränderung in der Mimik kommt bei uns an. Wir erkennen Konflikte im Voraus und können selbst die Positionen der Menschen nachvollziehen, die uns nicht verstehen (wollen) – ein wichtiger Wissensvorsprung in Verhandlungen. Und: Uns kann niemand etwas vormachen. Soziale oder emotionale Schieflagen riechen wir drei Meilen gegen den Wind. Wir haben keine Scheuklappen auf, und unser Feingefühl sagt uns, wenn Beziehungen nicht mehr auf Augenhöhe laufen. Ganz gleich, ob es um unsere eigenen Belange geht oder um die anderer Menschen: Wir wirken ausgleichend und integrativ und sorgen selbst da für eine angenehme, harmonische Atmosphäre, wo die Fronten verhärtet sind. Haben Dritte sich in einen Konflikt und ihre Positionen festgebissen, sind wir die geborenen Schlichter, Vermittler und Mediatoren. Denn wir betrachten alle Seiten mit Respekt, können die Interessen aller Parteien berücksichtigen und führen den Konflikt umsichtig, sprachgewandt und balanciert zu einer Lösung.

Und noch etwas: Wir sind anpassungsfähig. Allerdings glaube ich nicht, dass Anpassung dauerhaft unsere Aufgabe ist! Zumindest dann nicht, wenn unser innerer Spiegel reflektiert, dass uns andere Wege zu unserem Ziel führen und wir bisher eine Rolle angenommen haben, in der wir unsere eigentlichen Aufgaben verleugnen. Wir sind es gewohnt, alles zu hinterfragen und zu reflektieren. Unstimmigkeiten bleiben uns nicht verborgen. Schauen wir also hin und nutzen wir unsere Stärken – für andere, für uns selbst und für den Frieden auf dieser Welt.

Starke Werte und Sinn für Nachhaltigkeit

Hochsensible Menschen haben einen ausgeprägten Sinn für ihre Mitmenschen, für die Natur – ihren Lebensraum – und die Tier- und Pflanzenwelt. Wo andere mit den Schultern zucken und sich fragen, was sie als einzelner Mensch schon tun können, fangen wir an, Dinge zu ändern: Wir essen weniger Fleisch, achten auf Preise und Qualität, fangen an, in Klasse statt Masse zu denken, und vermeiden Müll, wann immer wir können. Denn wir hinterfragen jedes System und interessieren uns für die Wirkungen und Folgen von Handlungen. Vorausschauendes Denken ist bei uns ein Reflex. Wir haben ein hohes ethisches Verständnis. Und wir halten auch dann noch an unseren Idealen fest, wenn andere uns für komplett verrückt erklären. Wir leben werteorientiert. Und ja: Wir wollen etwas verändern und die Probleme dieser Zeit anpacken, jeder auf seine ganz eigene Art und Weise und mit seinen Möglichkeiten. Denn:

> *»Man muss das Unmögliche versuchen, um das Mögliche zu erreichen.«*
>
> Hermann Hesse

Wir haben den Mut, den Herausforderungen der Menschheit ins Auge zu sehen, statt uns davor zu verschließen. Wir sind kritisch, anderen wie auch uns selbst gegenüber, und setzen uns für Gerechtigkeit ein. Wenn wir uns einmal auf den Weg gemacht haben, übernehmen wir mutig Verantwortung für das, was wir, gemessen an unseren hohen Werten, für gut und richtig halten – mit allen Konsequenzen. Und wir sind loyal allem Leben gegenüber …

Feine Sinne und differenzierte Wahrnehmung

Unsere Wahrnehmungstiefe eröffnet Potenziale vom Feinsten: Wir haben einen guten Blick für Details und erkennen feinste Unterschiede – ganz gleich, ob es um Zahlen, Daten und Fakten oder um Farben, Formen, Grafik, Inneneinrichtung, Mode, Architektur oder Motive geht. Hochsensible Forscher profitieren von ihrem Blick für Details, um daran mitzuwirken, Lösungen für die Probleme unserer Zeit zu finden. Wir sind in der Lage, gute Nahrung wirklich zu genießen, Musik und angenehme Klänge und ihre entspannende, stärkende Wirkung voll aufzunehmen, und unser Geruchssinn gibt uns Aufschluss darüber, ob etwas »faul« oder »dufte« ist. Kleine Feuer riechen wir, bevor sie groß werden können. Und unser ausgeprägter Tastsinn ist, gepaart mit einer guten Fingerfertigkeit, für viele Berufe und feinste Arbeiten von großer Bedeutung. Unser hoher Sinn für Ästhetik sorgt zusammen mit unserem hohen Wertebewusstsein für Ordnung und Sauberkeit und lässt uns ein Bewusstsein dafür entwickeln, das zu schätzen, zu bewahren und zu pflegen, was uns anvertraut ist.

Gewissenhaftigkeit und Verbindlichkeit

Mit uns geht nichts nur eben mal husch, husch. Wir legen Wert auf Qualität statt Quantität. Was im ersten Moment aussieht, als brauchten wir für eine Aufgabe mehr Zeit, zeugt vor allem von Sorgfalt und Zuverlässigkeit. Wenn wir eine Aufgabe erledigen, dann braucht es nicht noch fünf Korrekturdurchläufe. Denn wir liefern das, was gefragt war, weil wir zuhören und gegebenenfalls nachfragen, wenn wir etwas noch nicht richtig verstanden haben. Und weil wir gründlich und genau sind. Das Ergebnis braucht manchmal etwas mehr Zeit, doch wenn es dann da ist, sitzt es. Damit wir dennoch pünktlich sind, planen wir ein Projekt so, dass es funktioniert. Merken wir, dass etwas mehr Zeit braucht, sitzen wir das nicht aus, sondern gehen in den Lösungsprozess. Um Perfektion kann es nicht gehen, aber um einen hohen Qualitätsstandard. Unsere Fehlersensibilität hilft, Ergebnisse zu prüfen, Fehler im System zu erkennen, Probleme zu verhindern sowie Widersprüchlichkeiten und Irrtümer aufzuspüren – eine wertvolle Fähigkeit. Haben wir unsere Aufgabe und unser Team gefunden, dann sind Loyalität und Verbindlichkeit wichtige Werte; unsere Mitmenschen können sich auf unser Verantwortungs- und Pflichtbewusstsein verlassen.

Hohe Intuition und Spiritualität

> *»Jeder, der mit seinem Verstand identifiziert ist statt mit seiner wahren Stärke, dem tieferen, im Sein verankerten Selbst, wird die Angst als ständigen Begleiter haben.«*
>
> Eckhart Tolle

Die Welt wird immer komplexer. So komplex, dass der Verstand allein nicht mehr ausreicht, um Lösungen für anstehende Probleme zu finden. Dazu braucht es die Intuition und Offenheit für spirituelle Aspekte des Lebens, die lange verpönt waren. Für viele hochsensible Menschen sind sowohl Intuition als auch spirituelle Wahrnehmungen, die über die fünf Sinne hinausgehen, Fähigkeiten, die sie bereits seit der Kindheit begleiten. Was in der Vergangenheit für viele HSP eine Riesenherausforderung war, wird heute mehr und mehr geschätzt sowie als Stärke und Skill einsetzbar. Denn wo Verstand, Emotionen und Intuition miteinander im Einklang sind, ist komplexes und tiefgründiges Verstehen möglich. Feingefühl und Spürsinn sind an der Tagesordnung.

Vorahnungen erweitern die Handlungs- und Gestaltungsspielräume. »Böse« Überraschungen werden seltener. Auch Menschen, die heilerisch tätig sind, profitieren von solchen Gaben. Es geht hier keinesfalls um esoterische Traumtänzerei, sondern um Fähigkeiten, die inzwischen sogar im Management stark gefragt sind. Zum einen, um mittels der Intuition der steigenden Komplexität wirtschaftlicher Herausforderungen gerecht zu werden, und zum anderen, um durch spirituelle Techniken wie Meditation oder Yoga neue Kraft zu schöpfen. Hochsensible haben oft eine Art »bodenständig-spirituelles« Bewusstsein. Sie heben nicht ab, sondern kombinieren beide Welten gekonnt miteinander.

Schon 1978 schrieb der bereits mehrfach zitierte Wolfgang Klages in seinem Buch »Der sensible Mensch«: »*Man gewinnt ja beim Studium sensibler Menschen manchmal den Eindruck, daß sie fast einen sechsten Sinn haben, der zweifellos auf der Basis der bekannten Sinne tätig ist. Durch das stärkere Wahrnehmen der feinen Ausdruckssignale und zarten codierten Formeln, die dem Menschen verlorengegangen sind und die dem Tier noch innewohnen, erfassen sie auch wohl mehr als andere Menschen; das Gespür für die Situation, Atmosphäre, die diffizile Integration ist ausgeprägter. Daher nimmt es – fast als logische Ableitung – nicht wunder, daß eine besondere Aufgeschlossenheit für sensible Eindrücke und Empfindungen aus parapsychologischen, spirituellen Bereichen zu beobachten ist, allerdings bei absoluter kritischer Distanz und Erhaltung des Realitätsgefühls.*«

Innovationsfähigkeit und vernetztes Denken

Für manche mag es seltsam sein, wenn wir mit Leichtigkeit um zig Ecken denken und manchmal so weit darüber hinaus, dass andere nicht mehr folgen können. Doch genau das ist es, was uns auszeichnet: HSP denken komplex, übergreifend und mit Weitblick. Wir sind vernetzte Denker, Querdenker, Idealisten und Visionäre, die immer den großen Zusammenhang vor Augen haben und zugleich den Blick für Details. Differenzieren, priorisieren, Querverbindungen herstellen, Muster erkennen, in die Tiefe gehen, Vergangenheit und Zukunft mit einbeziehen … all das ermöglicht es uns, Systeme zu erkennen, zu schaffen oder zu hinterfragen und Themen ganzheitlich zu erfassen. Bei der Suche nach Veränderungsfaktoren und Trends sind wir gute Ansprechpartner. Ganzheitlichkeit und Weitsicht sind unsere besten Freunde.

Viele von uns HSP sind neugierig, vielseitig interessiert, wissbegierig, lernfreudig und lernfähig – und das bis ins hohe Alter. Nicht selten gibt es unter uns Allroundtalente, die unterschiedlichste Disziplinen miteinander verknüpfen, zukünftige Entwicklungen vorhersehen und visionär denken.

Kreativität und künstlerische Talente

Als Kinder hören viele HSP den Spruch: »Na, du hast ja eine ausgeprägte Fantasie.« Zum Glück! Denn ganz gleich, ob die Fantasie mit uns durchgeht oder wir einfach viel mehr wahrnehmen als so manch anderer Mensch: Wir sind von innen reich! Und von unserer lebhaften Vorstellungskraft und dem reichen Innenleben profitieren wir selbst und andere – vor allem wenn wir kreative Berufe ergreifen. Viele von uns denken in Bildern, und es ist ein Leichtes, Sachverhalte so bildhaft und bunt auszudrücken, dass sie jeder versteht. Wo es Sinn macht, sind wir in der Lage zu abstrahieren und den Kern eines Themas greifbar zu machen. Und noch etwas: Wo wir sind, ist es schön. Denn der Sinn für das Schöne und guten Stil ist bei vielen hochsensiblen Menschen stark ausgeprägt. Wir lieben Kunst und Kultur. Viele HSP sind durch ihre stark ausgeprägte Feinmotorik in der Lage, feinste Kunst zu gestalten. Im musischen Bereich erkennen wir kleinste Unterschiede in Tönen und Klängen. Es ist zu vermuten, dass es unter den Hochsensiblen auch viele Menschen gibt, die ein absolutes Gehör besitzen.

Lösungskompetenz und Handlungsfähigkeit in Krisen

Unsere Fähigkeit, Lösungen zu finden und in Krisen handlungsfähig zu bleiben, beruht oft auf zwei Stärken: unserem vernetzten Denken und unserer hohen Intuition. In belastenden Ausnahmesituationen behalten wir einen kühlen Kopf, bleiben handlungsfähig und wissen intuitiv, was zu tun ist. Wir bewahren den Überblick und sind in der Lage, selbst aktiv zu werden und anderen Menschen, die in der Situation in eine Art panische Starre verfallen, Handlungsanweisungen zu geben. Durch unsere hohe Sensibilität haben wir gelernt, mit herausfordernden Reizen und Situationen umzugehen, sodass wir in Notfallsituationen wach, genau und schnell reagieren können. Zusätzlich dazu warnen uns unsere feinen Sensoren vor, weil wir ein Gespür für problematische Entwicklungen haben und Gefahren im Voraus erkennen oder Vorahnungen uns einen Impuls zu mehr Achtsamkeit geben.

Neugier und Begeisterungsfähigkeit

Die meisten hochsensiblen Menschen, die mir begegnet sind, sind wissbegierig. Wo viele Sinne viele Informationen aufnehmen und verarbeiten und die Spiegelneuronen dafür sorgen, dass wir unseren Lehrmeister gut verstehen, da können sich Fertigkeiten schneller entwickeln, und Wissen wird automatisch vernetzt. Lernprozesse vereinfachen sich. Wir sind in der Lage, uns selbstständig und schnell in neue Arbeits- und Themenfelder einzuarbeiten, und haben oft ein breites Wissen in vielen unterschiedlichen Bereichen oder sind in der Lage, uns in ein Gebiet bis ins kleinste Detail zu vertiefen. Wenn wir uns entschieden haben, etwas zu tun und/oder für etwas brennen, dann legen wir eine Begeisterung an den Tag, die ihresgleichen sucht.

Tiefgründigkeit und Gefühlstiefe

Persönlichkeit entsteht auch durch Reflexion. Und weil wir die Gefühle anderer und unsere eigenen Gefühle intensiver wahrnehmen, sind wir Meister im Reflektieren von Gefühlen und Erlebnissen. Durch unsere hohe emotionale Wahrnehmung und tiefe Verarbeitung verknüpfen wir zurückliegende Begebenheiten intensiver mit Emotionen und können uns besser als viele andere Menschen an weit zurückliegende

Ereignisse erinnern, und zwar in allen Einzelheiten. Unser episodisches Gedächtnis ist stark ausgeprägt. Die Intensität unserer Gefühle eröffnet uns wunderbare Möglichkeiten, ganz in einem Augenblick zu versinken und das Glück des Flow-Zustandes zu erleben. Im Miteinander mit anderen hat die Oberflächlichkeit bei uns keine Chance. Wir denken gerne nach, gehen den Dingen auf den Grund, nehmen viel wahr, fragen nach, interessieren uns für unser Gegenüber und nehmen Anteil an seiner Welt. Wo es menschlich kalt ist, bringen wir Wärme mit – HSP sind echte Sympathieträger. Und: Wenn wir von einer Sache überzeugt sind, dann rette sich, wer kann. Denn der freudestrahlende Begeisterungsvirus ist hochansteckend, und auch gegen die alles erhellende Leidenschaftitis kann sich kaum einer wehren. Kurzum: Es ist ein Leichtes für uns, andere neugierig zu machen, mitzureißen und mit auf den Weg zu nehmen.

Seelische Stärke und Lebenskraft

Wir hochsensiblen Menschen haben durch die Beschaffenheit unseres Nervensystems täglich mehr Stressoren zu bewältigen als durchschnittlich sensible Menschen. Es ist unser Alltag, vielfältigen Informationen und Reizen zu begegnen und zu lernen, mit Herausforderungen souverän umzugehen. Das birgt ein riesiges Kraftpotenzial – vorausgesetzt, wir nehmen unsere hohe Sensibilität an und sorgen regelmäßig für Entspannung und Ruhe. Denn: Wer tagtäglich mit seinem hochsensiblen Temperament umgeht, der entwickelt automatisch Willenskraft, Ausdauer und Durchhaltevermögen. Selbst wenn diese Eigenschaften nicht für jede HSP in jeder Situation oder Lebensphase fühlbar sein mögen, so sind sie doch da. Warum ich mir da so sicher bin? In allen Gesprächen, die ich geführt habe, bin ich starken Persönlichkeiten begegnet: reflektiert, einfühlsam, bedacht und bereit, sich mit sich selbst auseinanderzusetzen und zu wachsen. Und ganz gleich, ob meine Gesprächspartner gerade eine gute Phase oder eine schwierige Zeit durchmachten: Es war niemand dabei, der bereit gewesen wäre, aufgrund seiner Hochsensibilität den Kopf in den Sand zu stecken. Deswegen mein Credo:

Zart sein heißt stark sein. Denn Sensibilität verleiht uns Kraft von innen.

Schaffen Sie sich also gute Voraussetzungen: Krempeln Sie Schritt für Schritt Ihr Leben um, reduzieren Sie den Stress, bleiben Sie in Bewegung und entspannen Sie sich regelmäßig. Denn dann werden Sie spüren, welch enormes Kraftpotenzial Sie im Laufe Ihres Lebens durch die hohe Sensibilität entwickelt haben: ein Potenzial, das sich in seiner ganzen zarten Stärke entfalten möchte! Bringen Sie Ihre Pferdestärken auf die Straße und machen Sie Tempo – auf Ihre sensible Art. Wichtig: Achten Sie trotz Begeisterung und Aha-Effekt darauf, wann Ihre Akkus wieder aufgeladen werden wollen. Ab und an ist eine sanfte Bremsung gut für einen entspannten Zwischenstopp. Oder machen Sie es einfach wie die Elektroautos. Die fahren 100 Kilometer mit voller Kraft, brauchen dann eine Pause zum Auftanken und fahren hinterher genauso kraftvoll weiter.

»Sei du selbst die Veränderung, die du dir wünschst für diese Welt.«

Mahatma Gandhi

PERSÖNLICHES STÄRKENBAROMETER

Nehmen Sie sich einen Augenblick Zeit und schätzen Sie sich selbst ein:
Welches sind Ihre hochsensiblen Potenziale? Welche Stärken sind Ihnen bewusst? Welche nutzen Sie bereits in Ihrem Alltag? Und welche Fähigkeiten warten nur darauf, von Ihnen entdeckt zu werden?

MEIN STÄRKENPROFIL

Empathie und soziales Verständnis	☆☆☆☆☆
Starke Werte und Sinn für Nachhaltigkeit	☆☆☆☆☆
Feine Sinne und differenzierte Wahrnehmung	☆☆☆☆☆
Gewissenhaftigkeit und Verbindlichkeit	☆☆☆☆☆
Hohe Intuition und Spiritualität	☆☆☆☆☆
Innovationsfähigkeit und vernetztes Denken	☆☆☆☆☆
Kreativität und künstlerische Talente	☆☆☆☆☆
Lösungskompetenz und Handlungsfähigkeit in Krisen	☆☆☆☆☆
Neugier und Begeisterungsfähigkeit	☆☆☆☆☆
Tiefgründigkeit und Gefühlstiefe	☆☆☆☆☆
Seelische Stärke und Lebenskraft	☆☆☆☆☆

SENSIBLE STÄRKEN: Welche meiner hochsensiblen Stärken setze ich bewusst und zielgerichtet ein?

____

____

____

UNGEAHNTE POTENZIALE: Welche Stärken schlummern ungenutzt in mir?

____

____

____

Fazit

1. Hochsensibilität ist ein angeborenes Temperament. Hochsensible Menschen sind wahrnehmungsbegabt. Sie verarbeiten Reize und Informationen intensiver.

2. Hochsensible Menschen haben besondere Herausforderungen. Überreizung und Stress, Selbstzweifel und Verletzlichkeit sowie Angst und Schuld sind die Entwicklungsfelder der Zarten. Es ist wichtig, dass wir uns mit ihnen auseinandersetzen. Denn nur wer seine »Schwächen« kennt, kann wahrhaft stark sein.

3. Hochsensible Menschen haben starke Seiten, die entdeckt und gelebt werden wollen. Fähigkeiten wie eine differenzierte Wahrnehmungsfähigkeit, vernetztes Denken, Lösungskompetenz, hohe Empathie und Intuition, starkes Wertebewusstsein, Kreativität, Gewissenhaftigkeit, soziales Verständnis, Tiefgründigkeit und Begeisterungsfähigkeit treten bei HSP oft gebündelt und in ausgeprägter Form auf. Wer seine Potenziale kennt, kann sie privat und beruflich nutzen und ein sensibel-starkes Leben führen.

2. Erfahrungsberichte und Perspektiven: Was hochsensible Menschen erleben

Zart-starke Geschichten: Hochsensibel – echt – authentisch

Geschichten sind seit Tausenden von Jahren das Transportmittel Nummer 1 für Wissen und die beste Möglichkeit, voneinander zu lernen und sich zu entwickeln. Und: Geschichten machen Spaß. Sie sind emotional und haben die Kraft, mehr in uns zu bewegen als Zahlen, Daten und Fakten. Als Texterin weiß ich, welche Kraft gute Storys haben und welche Macht Worte entfalten können.

Doch zwischen Wissen und Erfahren liegen Welten. Was Offenheit und Authentizität wirklich bewirken können, habe ich eindrucksvoll erfahren, als ich plötzlich und völlig unerwartet tausendfach direktes Feedback bekam: Ich hatte einen Beitrag für das Onlinemagazin eines bekannten deutschen Frauenmagazins geschrieben. Zu welchem Thema? Keine Frage! »Ich bin hochsensibel.« Mein Outing war ein aufregender Schritt für mich. Und dann das: Plötzlich hatten über 1100 Menschen den »Gefällt-mir«-Button von Facebook gedrückt. Und ich war platt. So viele Menschen hatten diese Geschichte gelesen? Wahnsinn! Und nicht nur das: Die Kommentare waren durchweg positiv, obwohl ich mich im Shitstorm-Risiko-gleich-100-Prozent-Umfeld auf schärfste Kritik eingerichtet hatte. Stattdessen kontaktierten mich viele liebe Menschen. Mit einigen bin ich seitdem regelmäßig im Kontakt. Die einen haben sich bedankt, andere schrieben, dass meine Geschichte ihnen Mut gemacht hat, und die meisten wollten »mehr davon«. Viele haben durch meine

Entscheidung, offen darüber zu schreiben, wie es mir geht, erste Antworten auf ihre sensiblen Fragen gefunden. Andere sehen ihre hohe Wahrnehmung jetzt aus einer anderen Perspektive. Fakt ist: Der Mut, meine Sensibilität offen zu reflektieren, hat andere Menschen inspiriert, motiviert und ihnen Mut gemacht. Nein, das ist wahrlich kein neues Prinzip. Und doch war es für mich eine bewegende Erkenntnis.

Als mir die Idee für dieses Buch kam, war klar: Da müssen echte Geschichten von echten Menschen rein! Und da ich definitiv nicht der Nabel der sensiblen Welt bin, habe ich mich auf den Weg gemacht, starke Geschichten von (hoch-)sensiblen Frauen und Männern zu sammeln. Und zwar keine Biografien, sondern solche, die einzelne Lebenssituationen positiv reflektieren. Es geht um die sechs Sinne, um Gesundheit, um Beziehungen und Familie, Job und Beruf(ung), Freizeit und Konsum und auch um Sinn und Übersinnliches. Die Idee: ein Nachschlagewerk aus hochsensiblen Geschichten – ohne Anspruch auf Vollständigkeit, aber mit der vollen Absicht, eine Revolution in Gang zu bringen. Eine, die die zarten Lastenträger und Sinnsucher stark macht.

Der zweite Teil dieses Buches ist möglich geworden, weil Menschen, die sich selbst als hochsensibel betrachten, das Buchprojekt mit ihren Geschichten unterstützt haben. Teilweise sind die Kontakte durch mein eigenes Netzwerk zustande gekommen. Ein großer Teil der Geschichtenerzähler aber ist durch den Informations- und Forschungsverbund Hochsensibilität (IFHS) auf mein Buchprojekt aufmerksam gemacht worden. Der Geschichtenaufruf war auf der Website www.hochsensibel.org zu lesen und ist per Info-Mail an die Mitglieder des Vereins versendet worden. An dieser Stelle herzlichen Dank an den Vereinspräsidenten Dr. Michael Jack für die Unterstützung dieses Buches und das Vertrauen mir gegenüber.

Die Geschichten geben viele Impulse und zum Teil sehr tiefe, kritische und intime Einblicke in die Erlebnisse und Gefühlswelten hochsensibler Menschen – ein wahrer Erfahrungsschatz. Soweit es mir mit meinem Hintergrund möglich war, habe ich durch die genaue Lektüre der Geschichten, mein Wissen, gezielte Nachfragen und mein Bauchgefühl sorgfältig ausgewählt, ob ich eine Geschichte für geeignet halte oder nicht. In einigen Geschichten geht es auch um Symptome, die sich entwickeln können, wenn Menschen aus Unwissen ihre hohe Sensibilität nicht reflektieren können, der Dauerstress die Seele verwundet und Verhaltensweisen entstehen, die die Allgemeinheit als »nicht normal« oder »krank« bezeichnet. Dass alle, die mir ihre Geschichten zur Verfügung gestellt haben, tatsächlich hochsensibel sind, kann ich nicht garantieren. Doch sind es auf jeden Fall Geschichten, in denen ich die vielen Aspekte der Hochsensibilität wiederentdeckt habe.

Sinne

Unsere Sinne verbinden uns mit unserer Umwelt. Sie beeinflussen unsere innere Realität und verknüpfen sie mit dem Außen. Wir sehen, hören, riechen, schmecken und »körperfühlen« uns durch unsere Welt. Und der sechste Sinn gewinnt – nachdem er lange aus der Mode war und aller

Rationalität zum Trotz – für die Menschen wieder an Bedeutung. Und das nicht nur für die, die zart im Nehmen sind.

Es gibt Situationen, in denen wir ganz in unseren Wahrnehmungen aufgehen können und unsere Sinne uns verzaubern, uns höchsten Genuss schenken und uns in die Welt der Schönheit und Stärke entführen. Momente, in denen wir über ein wunderschönes Bergmassiv schauen und das Spiel des Lichts uns verzaubert oder in denen wir aufs Meer blicken, während der Wind uns den Kopf freipustet und der Klang der Wellen uns zur Ruhe bringt. Es sind Tage, an denen wir uns Zeit nehmen, schöner Musik zu lauschen, und es uns erlauben, dass Klänge unsere Seele streicheln, uns mit auf eine emotionale Reise nehmen, uns in Aktion versetzen oder tief entspannen lassen. Es ist der Moment, wenn im Frühling alles wieder aufblüht, die Vögel zwitschern, Schmetterlinge fröhlich und leicht durch die Gegend flattern und wir den Duft der Natur genießen. Ein Duft, der uns die Zyklen der Schöpfung vor Augen führt und uns daran erinnert, was uns nährt und am Leben erhält. Es sind Tage, an denen wir uns mit guten Freunden zum Essen treffen, um gemeinsam Spaß zu haben und über die Welt zu philosophieren. Es sind die Abende, an denen wir in den Armen eines geliebten Menschen die zärtlichen Berührungen genießen und vor Wonne alle Sinne miteinander verschmelzen. Und es sind die Situationen, in denen wir das Gefühl haben, uns bei einem lieben Menschen nach längerer Zeit melden zu wollen, und uns dieser Mensch plötzlich direkt vor der Nase steht. Was für ein Reichtum!

Wie intensiv wir unsere Sinne erleben, ist von Mensch

zu Mensch unterschiedlich und hängt von der Konstitution unseres Nervensystems ab. Nicht jeder Mensch, der sich als hochsensibel erkennt, ist auch sensorisch hochsensibel. Und nicht jeder sensorisch hochwahrnehmende Mensch nimmt über alle Sinneskanäle intensiver wahr. Und doch haben wir alle etwas gemeinsam.

Menschen, deren Sinne hochwahrnehmend sind, empfinden nicht nur die angenehmen Reize intensiver, sondern auch die unangenehmen.

Wir können schneller überreizen und brauchen Strategien, um mit unserer hohen Wahrnehmung umzugehen. Und wenn wir das hinbekommen, ist das ein großes Geschenk und unsere Fähigkeit eine wertvolle Informationsquelle.

Hören

Straßenlärm, Gartenarbeiten, Behandlungen beim Zahnarzt, das Ticken einer Uhr, Gesprächskulissen in Großraumbüros, Kantinen und Co., Musik aus Nachbars Garten, der Krach in Kinos, auf Partys oder in der Disco, das Schnarchen des Partners und der hohe Geräuschpegel, den Kinder verbreiten – das ist die stressige Seite der hohen akustischen Sensibilität, die hochsensible Menschen schnell überfordern und für einen rauchenden Kopf sorgen kann. So anstrengend all das sein kann, so schön ist die andere Seite des sensiblen Hörens: Vogelgezwitscher, der Genuss harmonischer Musik bei einem Konzert oder zu Hause auf dem Sofa, das Plätschern eines Gebirgsbaches, das Rauschen von Wind und Meer, der Klang des Atems beim Kuscheln mit dem Partner oder der Herzschlag eines geliebten Menschen – Balsam für die Seele.

Als ich mich aufgrund meiner eigenen hohen akustischen Wahrnehmung mit Gehörsensibilität beschäftigt habe, ist mir aufgefallen, dass viele, die ich gewöhnlich in Gesprächskreisen und in Internetforen angetroffen habe, mit diesem Schicksal hadern und nach einer »Medizin« suchen, die dagegen helfen könnte. Wenn es aber stimmt, dass jede Medaille zwei Seiten hat, dann müsste doch jeder Hochsensible neben der destruktiven Seite auch eine konstruktive empfinden können? Zwei Beispiele: Als es die Laubbläser noch nicht gab, arbeiteten vor unserem Haus zwei Arbeiter mit je einem Besen bewaffnet, um den Gehweg von den Blättern zu befreien. Sie strichen heftig mit den Borsten über den Asphalt, was ein unangenehmes Geräusch erzeugte. Das erinnerte mich an meinen letzten Zahnarztbesuch, als mein Zahnarzt eine professionelle Zahnreinigung vornahm. Schmerzen im klassischen Sinne verursachte weder die Zahnreinigung noch das Fegen des Gehwegs. Das Störende in beiden Fällen waren jeweils die Geräusche, die zwar unterschiedlicher Natur waren, aber den gleichen Wunsch haben entstehen lassen: Dieses Martyrium muss aufhören, weil mein Nervensystem dadurch zu sehr gereizt wird. Mit der Konsequenz, dass auch der Puls anstieg und die Konzentration nicht mehr hoch gehalten werden konnte. Heute gehe ich pragmatisch mit solcherlei Situationen um: Den Besen bzw. seinen Benutzern gehe ich aus dem Weg, indem ich das Fenster schließe oder einen anderen Ort aufsuche. Den Zahnarzt kann ich nicht gänzlich meiden. Deshalb lasse ich mich vor der Behandlung hypnotisieren. Und dann gibt es die andere Seite der Medaille, das Faszinierende an dem, was ich mit Hochsensibilität verbinde: Ich meine Musik, in der Töne und Geräusche, gekonnt erzeugt und gespielt, herrliche Melodien und Klänge erzeugen. Ein Genuss! Und selbst in Stücken, bei denen die Harmonie fehlt, kann ich – sicher sehr laienhaft – das, was mir an diesem Stück fehlt, hinzudenken, im Geiste verändern und das, was sich für mich falsch anhört, einfach wegblenden. Ich profitiere sehr von meiner Stärke, analytisch und fantasiereich zu denken, und nehme an, dass diese Fähigkeit durch die Hochsensibilität verstärkt wird. Ob es um das Komponieren eines Musikstücks, das Zeichnen von elektrischen Schaltplänen oder das Formulieren philosophischer Gedankenspiele geht, das sind alles Talente, die in ihrer Intensität von individuellen Einstellungen, Haltungen und Fähigkeiten abhängen. Wenn wir uns also Räume schaffen, in denen es möglich ist, getreu unseren Fähigkeiten und Interessen zu handeln, statt uns durch Paragrafen und Vorschriften strangulieren zu lassen, erschaffen wir ganz sicher sehr gute Schaltpläne, perfekt arrangierte Musikstücke oder geistreiche philosophische Gedanken.

Andreas, 45

Menschen mit hoher akustischer Wahrnehmung sind täglich stark herausgefordert. »Der Lärm der Welt« lauert überall und ist jeden Tag präsent – häufig überraschend und nicht vorhersehbar. Es sei denn, wir leben zurückgezogen inmitten der Natur, was für manche Gehörsensible wohl ein Lebenstraum ist. Umso wichtiger ist es, Strategien zu entwickeln, wie wir mit dem Lauten umgehen. Es ist möglich, aktiv etwas an der akustischen Situation zu ändern oder flexibel zu sein und eine Pause zu machen, obwohl es gerade anders geplant war. In öffentlichen Verkehrsmitteln hilft »Musik auf den Ohren«. Eine andere hilfreiche Methode sind Ohrstöpsel mit Filter, die es für wenig Geld in Einheitsgrößen zu kaufen gibt. Etwas kostenintensiver sind individuelle, an Ihre Ohren angepasste Stöpsel.

> *Das Gute an den Ohrstöpseln mit Filtern im Vergleich zu anderen Modellen ist, dass ich ganz normale Gespräche gut führen kann, die Hintergrundgeräusche jedoch nur noch gedämpft oder kaum noch wahrnehme – welch ein Segen! Ich habe die Stöpsel immer bei mir und nutze sie immer dann, wenn die Geräusche um mich herum mein Wohlbefinden zu sehr stören.*
>
> **Ann Kathrin, 37**

Sehen

> *»Man sieht nur mit dem Herzen gut. Das Wesentliche ist für die Augen unsichtbar.«*
>
> Antoine de Saint-Exupéry, »Der kleine Prinz«

Das, was wir mit den Augen wahrnehmen, ist trotz der anderen Sinne, die uns zur Verfügung stehen, häufig sehr dominant in unserer Wahrnehmung. Wie sehr uns das beeinflusst, was wir sehen, merken wir schnell, wenn wir die Augen schließen. Auf einmal hören und riechen wir mehr, und auch das Schmecken und Spüren wird intensiver. Und wir nehmen uns selbst plötzlich ganz anders wahr. Wie wir wissen, können blinde Menschen über die verbleibenden Sinne viel mehr wahrnehmen als Menschen, die mit den Augen sehen können. Manchmal »sehen« sie sogar viel mehr als wir, die wir durch die visuellen Reize der äußeren Welt permanent geblendet sind.

Normalerweise empfinde ich meine visuelle Wahrnehmung nicht als besonders störend. Doch die Vermutung liegt nahe, dass ich mich inzwischen daran gewöhnt habe. Denn vieles, was andere nicht stört, sind für mich Stressoren: Wenn die Sonne blendet, jemand grelle Farben oder Kleidung mit anstrengenden Mustern trägt, bei meiner Frisur eine Haarsträhne verrutscht oder mein Mann beim Rasieren eine winzige Stelle im Gesicht vergessen hat – all das sind störende Reize für mich. Neulich bin ich auf meiner Mittagsrunde an einem Haus vorbeigegangen, das mir gut gefällt. Und jetzt steht dort auf einmal ein Briefkasten am Eingang, der weder vom Stil noch von der Farbe ins Gesamtgefüge passt. Und ja: Das stört mich. Ich mag Ordnung, und ich mag Ästhetik. Mit so mancher Kunst kann ich nicht viel anfangen. Mir tut gut, was in meinem Sinne ästhetisch ist, alles andere stört mich, auch wenn ich das gar nicht will und keinen bewussten, rationalen Fokus darauf setze. So erwische ich mich manchmal dabei, wie ich Menschen verurteile, die nicht in mein ästhetisches Raster passen, obwohl ich im Grunde meines Herzens ein Mensch bin, der danach strebt, andere so zu akzeptieren, wie sie sind, und sie nicht nach ihrer äußeren Erscheinung zu beurteilen. Was mich besonders beeindruckt hat, war ein Erlebnis im Kino, das bereits ein paar Jahre zurückliegt. Ich hatte mir mit meinem Mann nach längerer Zeit mal wieder einen Abend freigeschaufelt. Wir hatten einen Babysitter organisiert und waren auf Empfehlung in den Film »Avatar« gegangen. Mein erster 3-D-Film. Zuerst ging es mir gut. Doch dann sorgte die dreidimensionale Wahrnehmung dafür, dass ich sinnlich völlig aus dem Gleichgewicht geraten bin. Mir wurde schwindelig, und ich fühlte mich nur noch unwohl. Ich musste die Augen schließen. Alle Möglichkeiten, die mir einfielen, habe ich ausprobiert: ohne Brille weitergucken (keine gute Option bei 3-D), Augen zu und tief durchatmen, mich an dem Film und der Handlung bewusst freuen. Doch es gab keine Chance. Mir blieb schwindelig, und ich war extrem beunruhigt, weil meine Sinne auf höchst unangenehme Weise die Kontrolle übernommen hatten. Da der Film Überlänge hatte, gab es eine Pause. Ich zögerte. Doch dann nutzte ich die Gelegenheit, um mit meinem Partner über mein Befinden zu sprechen. Ich habe ihm erklärt, wie es mir geht und dass ich nicht in der Lage bin, den Film weiterzugucken. Es war keine schöne Situation, weil wir uns so auf den gemeinsamen Abend gefreut hatten. Und doch haben wir eine Lösung gefunden. Wir vereinbarten, dass mein Mann sich den Film weiter anschauen und wir uns anschließend treffen würden. Ich ging in der Zeit durch die Straßen und sortierte meine Sinne. Danach sind wir noch essen gegangen, mein Mann erzählte mir den Rest des Films und wir hatten noch einen wunderschönen Abend. Ende gut, alles gut.

Sabrina*, 35

Diese Geschichte zeigt, wie wichtig es ist, dass beide Partner das Phänomen Hochsensibilität kennen. Sabrina hätte es sensorisch völlig aus dem Gleichgewicht gebracht, den Film weiterzugucken. Sie hat alles richtig gemacht, indem sie ihrem Partner die Lage kurz erklärt hat. Der ist darauf eingegangen, hat sich auf die Planänderung eingelassen und konnte nach dem Ende des Films trotzdem noch einen schönen Abend mit seiner Frau verbringen. Hätte sie es nicht gewagt, ihrem Wohlbefinden eine höhere Priorität zu geben als dem ursprünglichen Vorhaben, auf das sich beide so gefreut hatten, dann wäre sie nach dem Film mit großer Wahrscheinlichkeit völlig überreizt aus dem Kino gekommen, hätte mit ihrem Mann nach Hause fahren müssen, und der Abend wäre gelaufen gewesen. Und die hohe Sensibilität hätte einen negativen Abdruck hinterlassen. So haben die zarten Sinne zwar für eine Planänderung gesorgt und Flexibilität gefordert. Und doch lag am Ende der Fokus auf dem schönen Abend zu zweit.

Riechen und schmecken

Geruch und Geschmack sind zwei unterschiedliche Sinne, und doch hängen beide eng zusammen. Waren Sie schon mal in der Situation, dass mitten auf dem Waldweg ein Auto an Ihnen vorbeigefahren ist? Sind Sie einfach nur zur Seite gegangen? Oder haben Sie sich die Nase zugehalten? Hochsensible, die intensiv riechen können, nehmen die Abgase so intensiv wahr, dass sie sie förmlich auf ihrer Zunge schmecken können. Gleiches gilt für den Geruch von fettigem Fleisch, der vom Hähnchenstand herüberweht, oder für das Parfum, das sich bei der Begrüßungsumarmung mit Freunden an die eigene Kleidung hängt und fortan unsere Sinne überströmt. Wer nicht so intensiv wahrnimmt, kann sich gar nicht vorstellen, wie viele Geschmacksrichtungen und Gerüche das Leben zu bieten hat. Für hochsensible Menschen wird jeder Besuch in einem fremden Land schon deshalb zu einer Abenteuerreise, weil wir nicht wissen, was kulinarisch auf uns zukommt, und es in vielen Ländern als unhöflich gilt, wenn wir als Gast die Speisen nicht (auf)essen. Eine hohe Sensibilität von Nase und Zunge bedeutet aber auch, dass wir eine hohe Fähigkeit zum Genuss haben. Ein Stück hochwertiger Schokolade, das wir uns auf der Zunge zergehen lassen, die erste Erdbeere des Jahres, die sich anfühlt wie ein ganzer Tag Urlaub, oder ein Lieblingsessen, das uns an unsere Kindheit erinnert und ganze Gefühlswelten auftauchen lässt. Es ist der Duft des Waldes zu allen Jahreszeiten. Der Geruch, der in der Luft hängt, wenn der erste Frost naht und sich der erste Schnee ankündigt. Der vertraute Geruch des Partners oder der Duft, den der Kopf des eigenen Babys ausströmt und der augenblicklich eine tiefe Glückseligkeit in uns auslöst.

Wie die Mutter, so die Tochter. Ich arbeitete gerade konzentriert an einem Projekt, als mein Mann mit den Kindern nach Hause kam. Wir haben uns angewöhnt, erst mal alles auszupacken, was wieder weggeräumt und saubergemacht werden muss. Dazu gehört auch die Schulbrotdose, die an diesem Nachmittag nicht leer war. Es waren noch Weintrauben drin, die meine Tochter normalerweise isst. Ihr Kommentar dazu: »Papa, die Weintrauben habe ich heute nicht gegessen. Die waren zu süß und zu sauer.« Ich bekam augenblicklich einen Lachanfall, weil sie mich mit dieser Aussage so intensiv gespiegelt hat, denn ich war als Kind genauso. Wenn ich etwas mochte, dann durfte es auf keinen Fall auch nur eine Nuance anders schmecken als beim letzten Mal. So war es offenbar auch bei meiner Tochter und den Weintrauben. Ihre Aussage rief mir zudem wieder ins Gedächtnis, wie lange es gedauert hat, bis ich grundsätzlich bereit war, mich geschmacklich zu entspannen, bestimmte Lebensmittel immer wieder zu probieren und mich auf neue Geschmackserfahrungen einzulassen. Und mir wurde etwas klar: Es macht keinen Sinn, meiner Tochter vorzuwerfen, dass sie »zu wenig« mag, und einzufordern, dass sie sich beim Probieren nicht so anstellen soll. Denn ich weiß, wie wenig es genützt hat, wenn meine Eltern mir in dieser Hinsicht Druck gemacht haben.

Wenn ich meine Große frage, warum sie etwas nicht

probieren möchte, sagt sie: »Ich trau mich nicht.« Das zeigt, wie sehr sie sich überwinden muss, etwas zu probieren. Mag sie etwas nicht, dann ist der Reiz für sie kaum zu ertragen. Und da kommt auch die Nase wieder ins Spiel. Wenn ich morgens Haferbrei esse, dann sitzt meine Tochter mit krauser Nase neben mir und sagt: »Mama, das stinkt.« Und sie würde nicht im Traum auf die Idee kommen, den Brei zu probieren. So wie ich bis heute bestimmte Käsesorten meide, weil der Gestank mich so sehr fordert, dass ich mich lieber fernhalte. Und doch biete ich ihr immer wieder an, Dinge zu probieren. Ich möchte ihr die Angst und den Ekel nehmen und ihren Glauben daran stärken, dass sich der Geschmack verändern kann und sie lernen kann, mit ihrer Wahrnehmung besser umzugehen.

Bei mir hat sich nicht nur der Geschmack seit der Kindheit sehr verändert; auch die Bereitschaft, Neues zu probieren, ist gewachsen. Denn seitdem ich weiß, dass ich hochsensibel bin, kann ich meine Wahrnehmungen besser annehmen. Ich bin mit der Tatsache, dass ich anscheinend nicht so »geschmacks- und geruchskonform« bin wie andere, nicht mehr auf Kriegsfuß. Das Wissen, dass ich wesentlich intensiver schmecke und rieche als andere Menschen, hilft mir, entspannter damit umzugehen. Und es ist einfacher, herausfordernde Geruchs- und Geschmacksreize zu managen, weil mir bewusst ist, wie intensiv mich das fordert, und ich entsprechend handeln kann.

Kathrin Sohst, 36

Es gibt sie, diese Momente, in denen wir uns über einen furchtbaren Geruch beschweren und andere Menschen uns fragend anschauen, weil sie überhaupt nichts riechen, oder in denen wir ein Essen stehen lassen, weil wir das Gefühl haben, dass es uns nicht guttut oder »schlecht« ist. Beides sind überaus sinnvolle und wichtige Fähigkeiten. Im Falle eines Brandes etwa können wir schneller Alarm schlagen als die, die den Geruch nicht wahrnehmen. Und wenn wir bei einem Essen das Gefühl haben, dass damit etwas nicht stimmt, dann können wir möglicherweise unsere Familie oder Freunde davor bewahren, etwas Verdorbenes zu essen und sich eine Lebensmittelvergiftung zu holen. Es ist also alles im Gleichgewicht – ein Grund mehr, eine Wahrnehmungsbegabung im Bereich Geruch und Geschmack nicht nur aus der Frust-, sondern vor allem aus der Lust- und Nutzenperspektive zu betrachten und sie als wertvolle Informationsquelle zu erkennen.

Spüren und tasten

Beim Tasten geht es um die taktile Wahrnehmung der Haut, um die Oberflächensensibilität. Darüber hinaus hat die moderne Physiologie weitere »Spür-Sinne« definiert: den Temperatursinn, die Schmerzempfindung, den Gleichgewichtssinn und die Körperempfindung, auch Tiefensensibilität genannt. Über diese Sinne nehmen wir zahlreiche Einflüsse aus unserer Umgebung wahr. Und das hat Auswirkungen auf unser Wohlbefinden. In der Haut gibt es Rezeptoren, die es uns ermöglichen, Druck, Temperatur, Berührung, Vibrationen und Schmerz zu spüren. Kombiniert mit den Empfindungen aus der Tiefe des Körpers, entsteht eine Fülle an Reizen, die für die Harten kein Problem oder sogar eine Freude sind, vielen Hochsensiblen jedoch Konzentration und Wohlbefinden nehmen.

Vor vielen Jahren habe ich mir einen großen Wunsch erfüllt und mir ein Cabrio gekauft. Ich freute mich riesig, das Auto gefiel mir total gut, und natürlich fuhr ich damit. Aber: Ich habe mich darin nie richtig wohlgefühlt. Mich störte die Zugluft, es war mir immer entweder zu kalt oder zu heiß, und laut war es im Cabrio auch. Ich verstand die Welt nicht mehr: Warum hatte ich solche Probleme mit diesen Dingen, wenn doch Cabriofahren für so viele Menschen ein Traum und Genuss pur ist? Ich versuchte also, mein Cabrio zu genießen und die Fahrten schön zu finden, was mir nie wirklich gelang. Als sich dann mein Sohn ankündigte, war das ein guter Grund, den offenen Zweisitzer zu verkaufen.

Mit meinem heutigen Wissen über meine Hochsensibilität habe ich die Erklärung für meine Cabrio-Antipathie. Mir ist die richtige Temperatur wichtig, damit ich mich wohlfühlen kann. Ich spüre und höre jeden Luftzug, ob ich will oder nicht. Wind ist einfach nicht mein Fall. Auch in unserem Haus spüre ich die Zugluft. Ich höre sie sogar. Wenn irgendwo ein Fenster geöffnet ist, dann nehme ich das wahr. Früher habe ich in Kauf genommen, dass ich mich nicht mehr konzentrieren konnte – auch weil ich dachte: Wenn es die anderen nicht stört, dann sollte es mich auch nicht stören. Doch diese Überreizung machte mich, obwohl ich sonst die Ruhe in Person und sehr ausgeglichen bin, richtig aggressiv. Heute nehme ich meine Empfindsamkeit an und gehe konstruktiv mit der Situation um, indem ich aktiv nach Lösungen suche. Ich habe lange versucht, anders zu sein, um für die Gesellschaft greifbarer zu werden. Das war sehr anstrengend. Heute sorge ich dafür, dass es mir gut geht, und bin dankbar für unser ganz normales Auto. Von den Cabrios können gerne andere träumen.

Franziska*, 43

Wissen – reflektieren – annehmen – anders machen. Franziskas Geschichte zeigt ganz deutlich, wie sehr manch zarter Mensch seine eigenen Bedürfnisse zurückstellt. Weil er davon ausgeht, dass er so funktionieren müsste wie die meisten Menschen um ihn herum. Wer spürt, dass er anders ist, der möchte erst recht dazugehören. Wenn wir dann merken, dass wir keinen Spaß an etwas haben, obwohl andere nur so davon schwärmen, dann braucht es Selbst-Bewusstsein für unser sensibles Temperament, damit wir die Situation für uns sinnvoll auflösen können. Wenn Sie die Zugluft stört, dann sorgen Sie dafür, dass es nicht mehr zieht. Wenn Ihnen zu kalt ist, ziehen Sie sich wärmer an, auch wenn andere sich wundern, warum Sie in Wolljacke am Schreibtisch sitzen. Wenn beim Zahnarzt die Vibration in Kombination mit dem Geräusch nur schwer zu ertragen ist, dann vereinbaren Sie vorher mit dem Zahnarzt ein »Pausezeichen«. Wenn Frauen schwanger sind, dann dürfen sie trotz Vorfreude und Liebe für das

Ungeborene jammern, weinen und fluchen, wenn der Nachwuchs im Bauch Gymnastik macht. Das tut nun mal weh und treibt einen an den Rand des Wahnsinns. Und wenn Sie sich regelmäßig unwohl fühlen, nachdem Sie beim Sport auf Vibrationsplatten geturnt haben, die den schnellen Muskelaufbau fördern sollen, dann steigen Sie auf eine andere Sportart um, auch wenn so der Muskelaufbau länger dauert.

Machen Sie sich bewusst, was Sie brauchen, damit es Ihnen gut geht.

Denn jeder Mensch hat das Recht, gut für sich zu sorgen.

Es geht um Ihr Wohlbefinden. Nehmen Sie sich die Freiheit!

Der sechste Sinn

Wir nennen es Hellsehen, Wahrsagen, Vorahnungen, Telepathie, den Blick in die Zukunft oder auch Intuition. Damit meinen wir unterschiedliche Phänomene, die aber alle eines voraussetzen: ein Gespür für Ereignisse oder Stimmungen, die wir über die fünf Sinne nicht wahrnehmen können. Manche von uns wissen intuitiv, was in anderen Menschen vorgeht, was sie fühlen oder was aktuell ihre größte Herausforderung ist. Andere sehen, wo jemand Schmerzen hat, haben Zukunftsvisionen, die dann auch eintreffen – wie zum Beispiel der Tod eines Familienmitgliedes –, oder sind innerlich unruhig, wenn irgendwo etwas »Schlimmes« passiert. Manche wissen, was passiert, andere fühlen sich einfach nur unwohl und bekommen erst später eine Erklärung für ihren seltsamen Zustand. Während sich über Intuition im Sinne eines unbewussten Erfahrungsschatzes noch weitgehend Einigkeit herstellen lässt, gibt es für alles darüber Hinausgehende sehr geteilte Meinungen. Auch deshalb ist es für viele Menschen nicht einfach, sich diesen Wahrnehmungen zu stellen, mit ihnen umzugehen und diese Fähigkeit anzunehmen.

Meine Geschichte beginnt mit einem Ereignis, das ich vor 20 Jahren erlebt habe. Damals habe ich von Freitag auf Samstag bei meinem Freund geschlafen, bin morgens wach geworden und war absolut unruhig. Ich konnte nichts essen und hatte Durchfall. Mit mir war überhaupt nichts anzufangen. Ich hatte keine Ahnung, warum das so war. Aber ich wusste, dass ich nicht »krank« im üblichen Sinne war.

Damals hatte ich noch kein Handy, und es war nicht so selbstverständlich, schnell und jederzeit zu kommunizieren. Also habe ich mich abgelenkt. Ich bin mit meinem Freund rausgegangen, weil es mir unmöglich war, zu Hause rumzusitzen. Später am Tag habe ich dann erst bei meinen Eltern und anschließend bei meiner Freundin angerufen, um nachzufragen, ob etwas passiert ist. Aber es war alles in Ordnung. Gegend Abend kam dann die Erklärung: Mein großer Bruder, zu dem ich eine intensive Verbindung habe, rief an und erzählte mir, dass er bei seiner Frau ausgezogen sei und seinen Sohn aus einer früheren Beziehung mitgenommen habe. Für ihn war die Trennung und auch die Zeit danach ein unglaublich schmerzhafter Prozess. Und ich fühlte mit. Dennoch war ich in gewisser Weise auch beruhigt und erleichtert, weil ich nun wusste, woher meine Unruhe kam. Und das war auch das erste Mal, dass mir aufgefallen ist: Ich kann es spüren, wenn bei Menschen, die ich gerne habe und liebe, intensive Veränderungen eintreten. Später passierte mir das Gleiche, als eine Freundin mit Herzproblemen ins Krankenhaus eingeliefert werden musste.

Seit ich Mutter bin, habe ich solche Vorahnungen nicht mehr so intensiv, vielleicht weil mich die Mutterschaft emotional stark bindet. Inzwischen manifestieren sich meine Ahnungen eher im Alltag. Ich spüre, wenn es jemandem am anderen Ende der Telefonleitung nicht gut geht, ich denke an jemanden, und im nächsten Moment steht die Person vor mir oder ruft mich an. Vor 20 Jahren hatte ich noch Angst vor meiner Wahrnehmung. Ich konnte zwar mit meinem großen Bruder darüber sprechen, weil er ähnliche Wahrnehmungen hat und seine Gabe inzwischen auch beruflich lebt. Trotzdem war ich im Grunde überhaupt nicht bereit, mich auf diesen Teil von mir einzulassen. Und doch bin ich immer wieder darüber gestolpert. Inzwischen zieht sich das wie ein roter Faden durch mein Leben.

Vor Kurzem bin ich nun über das Phänomen Hochsensibilität gestolpert. Das war für mich eine Erleichterung und eine erste Erklärung, die mir einen Weg aufgezeigt hat, wie ich das Thema positiv angehen kann – endlich! Denn jetzt passt es auch in mein Leben. Meine Kinder werden älter, ich komme langsam zur Ruhe und habe mit meiner jetzigen Reife eine andere Bereitschaft, mich mit dem Thema auseinanderzusetzen. Zusätzlich motiviert bin ich, weil zwei meiner Kinder auch sehr sensibel sind. Jetzt nehme ich mir die Zeit, mich dem zu nähern. Mein Lebensmotto hilft mir dabei, denn: Es hat alles einen Grund, warum es so geschieht, wie es geschieht.

Isabell*, 46

Ja, es ist eine Herausforderung, wenn wir Dinge erleben und wahrnehmen, die andere noch nicht einmal ansatzweise mitbekommen. Und ja: Es besteht immer noch die Gefahr, dass wir merkwürdige Blicke und Unverständnis ernten, wenn wir offen damit umgehen, was sich uns außerhalb der fünf Sinne erschließt. Doch damit das »normaler« wird, müssen wir einfach anfangen, es zu tun. Und wir können unsere Wahrnehmungen für uns nutzen. Wenn Sie aus unerklärlichen Gründen ein Unwohlsein spüren, dann stellen Sie sich auf emotional intensive, eventuell auch negative Nachrichten ein. Einen Vorteil im Job können Sie haben, wenn Sie spüren, wann Sie Ihr Gegenüber gut erreichen können. Was für eine geniale Fähigkeit im Vertrieb! Und einfach genießen können Sie, wenn Sie an jemanden denken und er oder sie im nächsten Moment vor Ihnen steht. Entweder weil Sie vorgewarnt sind und von einer unangenehmen Situation nicht überrumpelt werden oder weil es einfach toll ist, einem lieben Menschen gleich zweimal zu begegnen – einmal im Geiste und dann auch noch im »echten« Leben …

S I N N E: Was ich erlebt habe …

____

____

____

____

____

Gesundheit

»*Gesundheit ist ein Zustand des vollständigen körperlichen, geistigen und sozialen Wohlergehens und nicht nur das Fehlen von Krankheit oder Gebrechen.*« So definiert die Weltgesundheitsorganisation WHO »Gesundheit«. Ob wir gesund sind oder uns gesund fühlen, hängt von vielen feinen Verknüpfungen ab. Es ist, als ob unser Körper, unsere Seele, unser Geist und unser Umfeld ein feines Netz aus unzähligen Abhängigkeiten spinnen – ein System, das bis heute kein Wissenschaftler in seiner Gesamtkomplexität versteht. Lange ging die Wissenschaft davon aus, dass alle Menschen »gleich« sind. Daraus ist eine wertwolle Basis an Erkenntnissen entstanden, die für einen Großteil der Menschen gelten und der die heutigen medizinischen und psychologischen Standards zugrunde liegen. Und: Es gibt wohl kaum einen Menschen, der den Segen einer guten medizinischen Versorgung grundsätzlich infrage stellen würde. Trotz vieler kleiner unangenehmer Erlebnisse mit Ärzten und ihren Methoden weiß ich die klassische Medizin spätestens zu schätzen, seit sie mir nach der Geburt meiner ersten Tochter das Leben rettete.

Und doch wird bei aller Dankbarkeit für die Fortschritte der Wissenschaft heute mehr und mehr offenbar, dass keineswegs jede Erkenntnis für jeden Menschen passt. Alte Forschungsergebnisse werden verworfen oder weiterentwickelt. Frauen brauchen andere Behandlungen und Medikamente als Männer. Kinder und hochsensible Menschen vertragen nur wesentlich geringere Dosierungen. Manche Stoffe können in Kleinstmengen heilen und in höheren Dosierungen das Leben eines Menschen beenden. Ob Homöopathie, Placeboeffekt, Spontanheilungen, Nahtoderlebnisse, Kräuterheilkunde oder Menschen, die bei schweren Krankheiten alternative Wege gehen und auch ohne die klassischen Therapien, Medikamente und Chirurgie gesund werden – es gibt unzählige Fakten, die uns einerseits vor große Fragezeichen stellen und andererseits auch deutlich machen: Vieles ist möglich. Und: Wir können lange an den Symptomen herumdoktern. Wenn wir den Ursachen nicht auf den Grund gehen, dann können Therapien, Operationen und Co. zwar lindern, aber selten dauerhaft heilen, solange wir nicht parallel zur Behandlung durch Ärzte oder Psychologen unsere Art zu leben und unsere Gedanken über uns selbst und die Welt ändern.

Denn die Seele schickt den Körper immer wieder vor, wenn sie nicht gehört wird.

Während ich dies schreibe, ist mir klar: In der Gesundheitsthematik steckt eine große Brisanz. Einerseits verspricht die immer älter und kränker werdende Gesellschaft der Gesundheitswirtschaft ein großes Wachstum. Das schafft Arbeitsplätze. Andererseits ist das Versorgungssystem am unteren Ende der Kette – nämlich dort, wo kranke, alte und gebrechliche Menschen von gesunden Menschen gepflegt werden – kurz vor dem Zusammenbruch. Warum? Weil die gesunden Menschen, die die kranken Menschen im Akkord pflegen, selbst immer öfter krank werden. Die ZDF-Dokureihe »37 Grad« lieferte 2015 in dem Beitrag »Pflege im Akkord« erschütternde Bilder und Statements aus deutschen Krankenhäusern und Pflegeeinrichtungen. Und das ist nur ein Beispiel von vielen …

Aber eines, das uns ganz klar vor Augen führt, warum es sich lohnt, die Herzen zu öffnen und nach neuen Ideen zu suchen: Was stärkt unsere Gesundheit? Wann ist jemand gesund? Und wann krank? Welche Methoden tragen nachhaltig zur Heilung bei, wenn die Krankheit bereits da ist? Und was hat das alles mit hoher Sensibilität zu tun?

Bewegung und Sport

Zu viele Reize erzeugen Stress. Bei Stress werden Hormone ausgeschüttet, die uns in Urzeiten auf die Flucht vorbereitet haben. Doch während wir uns früher rennend vor dem Feind in Sicherheit brachten oder den Kampf aufnahmen, sodass sich der Stress körperlich entladen konnte, bleibt uns heute nach einem schwierigen Kundengespräch oder einer Auseinandersetzung mit dem Chef maximal noch ein kurzer Spaziergang in der Mittagspause. Die Spannungsenergie wird nicht abgebaut, sondern aufgestaut ... eine klassische Situation, die viele Menschen im Alltag immer wieder erleben – ganz gleich, ob hochsensibel oder nicht.

Immer mehr Schreibtischjobs und Verpflichtungen führen zu immer weniger Zeit für Bewegung und Körperwahrnehmung. Besonders für uns hochsensible Menschen ist das fatal. Denn bei der hohen Wahrnehmungsdichte steigt unser Stresslevel schon vor dem schwierigen Kundengespräch oder dem Streit mit dem Chef stark an: Die Bauarbeiten draußen vor der Tür, das viel zu intensive neue Parfum des Kollegen und die unterirdisch schlechte Stimmung im Büro sind alles Reize, die »Fluchtreflexe« und somit auch Stress auslösen können. Doch wohin flüchten? In die Ruhe auf die Couch oder in die Bewegung? Die nächste Story zeigt, welche Bedeutung Bewegung für sinnesstarke Feinfühler haben kann:

Dass es für Menschen mit einer besonderen Wahrnehmungsfähigkeit, wie ich sie habe, den Namen hochsensible Persönlichkeit (HSP) gibt, weiß ich erst seit wenigen Monaten. Das hat mich erst mal ganz schön »umgehauen«, denn ich fühlte mich ein Leben lang »irgendwie anders«. Inzwischen habe ich mich intensiv und eingehend mit dem Thema beschäftigt und bin rückblickend richtig stolz auf mich, denn ich habe ein Leben lang wohl intuitiv das getan, was hochsensible Menschen in ihrer Wahrnehmung unterstützt und stark macht: mich viel bewegt, Zeit in Körper- und Spürarbeit investiert.

Mein Elternhaus war teilweise belastet von Geldsorgen und Krankheit eines Elternteils, dennoch waren beide Eltern sehr naturverbunden und sportlich; und ich konnte nach der Schule in Wald und Wiese auftanken, meine Sinne schulen, in die Stille eintauchen, einfach »sein« und daneben ganz viel toben, klettern, balancieren und mich spüren. Genau diese Möglichkeiten wünschte ich heute als Kindergärtnerin und Lebensberaterin manchmal für die Kinder von heute. In einer reizüberfluteten Zeit von vielfältigen Medien, Internet, Zeitdruck und Schnelllebigkeit ist es vor allem als HSP doppelt wichtig, sich Möglichkeiten zu schaffen, um sich zu spüren. Und das geht vor allem über den Körper!

Ich war als Kind schon sehr sportlich und durfte als »Scanner«-Persönlichkeit – ohne diesen Begriff damals zu kennen – schon früh alle möglichen Bewegungsformen ausprobieren, dafür bin ich meinen Eltern sehr dankbar. Ich war im Turn- und im Tischtennisverein, beim Shotokan-Karate (Karate ohne Kontakt) und als Jugendliche recht erfolgreich im Schwimm- und Leichtathletikverein. Wichtig vor allem bei letzteren Sportarten war mir die Möglichkeit, den ganzen Körper, meine eigene Muskulatur, den »Kitzel« des Wettkampfs und die freie Natur auf spielerische Weise zu spüren. Dies alles war zum Glück für mich ohne Körperkontakt möglich, womit ich mich damals beispielsweise im Schulsport oft schwertat. Schwimmen und Leichtathletik waren auch hervorragende Trainings, als viel-

interessierte Person meinen Fokus zu bewahren und zu lernen, meine Ziele im Blick zu behalten. Ich trainierte außerdem meine mentalen Stärken und Disziplin, was mir im späteren Leben oft noch sehr unterstützend zugutekommen sollte, denn viele hochsensible Menschen neigen dazu, sich wegen ihrer vielen Interessen zu verzetteln.

Meine bis heute anhaltende Leidenschaft entdeckte ich jedoch erst kurz vor dem Abitur beim Tanzen. In der Disco um die Ecke traf ich mich jedes Wochenende mit der Clique zum Discofox-Tanzen. Dort konnte ich nicht nur Fitness, Rhythmus, Körperkoordination, Selbstwahrnehmung und die Dynamik zwischen Führen und Folgen lernen, sondern auch, wie ich meinem Tanzpartner nahe bin, ohne mich von der Energie des anderen überfrachten zu lassen. Der Tanz ist bis heute eines meiner wichtigsten Lebenselixiere, und er ist eine hervorragende Möglichkeit, Kommunikation (nicht nur zwischen Frau und Mann) auf nonverbale Weise zu lernen und für eine bereichernde Begegnung bewusst zu zelebrieren. Nach ein paar Jahren Pause für Beruf und Beziehung fand ich mit Mitte dreißig wieder zum Salsa und Discofox zurück, habe inzwischen eine Ausbildung als Tanztherapeutin und Focusing-Begleiterin absolviert und gebe mit meinem Tanzpartner und Kollegen Seminare zum Thema Smovey-Bewegung, Körperwahrnehmung und freies Tanzen als bewegte und zum Teil nonverbale Möglichkeit der Persönlichkeitsentwicklung.

Die Ausbildungen der letzten Jahre waren in erster Linie mir selbst eine Riesenunterstützung dabei, meiner besonderen und tiefen Wahrnehmung (wieder) trauen zu lernen, meine Intuition zu stärken und damit nicht nur andere in der Beratung gut zu begleiten, sondern vor allem auch mir selbst ein guter Coach zu sein.

Birgit Gebhard, 48

Was für ein Statement! Da habe ich doch gleich meinen Schreibfluss unterbrochen und bin zwischendurch eine Runde um den Block gegangen … Neben der stressreduzierenden Wirkung ist Bewegung ein wichtiger Faktor für eine gesunde Lebensführung. Statt zu erstarren, uns in unsere Zartheit zurückzuziehen und in unserem Stress zu erschlaffen, wagen wir also die Flucht nach vorne. Kein Leistungssport, sondern sanfte, dauerhafte Bewegung hilft uns beim Entspannen. Sensibel-stark zu sein bedeutet auch, unserem Körper ausreichend Aufmerksamkeit zu widmen, uns Zeit zu nehmen, um in uns hineinzuhorchen, zu spüren, was wir brauchen und was uns guttut, und zu integrieren, was uns stärkt.

In diesem Sinne: Bleiben Sie in Bewegung!

Burn-out

Gestresst und ausgebrannt sein – das ist ein Phänomen unserer Zeit. Es kann nicht nur die zartbesaiteten Menschen treffen, sondern auch diejenigen, die härter im Nehmen sind. Das Burn-out-Syndrom ist nach der internationalen statistischen Klassifikation der Krankheiten und verwandter Gesundheitsprobleme ICD-10, die von der Weltgesundheitsorganisation WHO herausgegeben wird, nicht als Krankheit anerkannt; vielmehr wird es als Problem der Lebensbewältigung bezeichnet. Ein Burn-out entwickelt sich meist über einen Zeitraum von mehreren Monaten und führt zu körperlicher, emotionaler und geistiger Erschöpfung. Als häufige Ursache gilt die Belastung durch den Beruf oder andere Lebensumstände, die Stress auslösen. Hochsensible Menschen sind durch schnellere Überreizung anfälliger für Stresskrankheiten als der Rest der Bevölkerung. Ein Grund mehr, genau hinzuschauen, wenn unser Körper und unsere Seele ein Zeichen geben.

Dass ich einmal im Burn-out lande, konnte ich mir nicht vorstellen. Mein Vater ist gestorben, als ich 14 war. Meine Mutter und ich haben uns danach durchgeschlagen, und ich war immer der Meinung, dass ich hart im Nehmen bin. Ich habe immer gearbeitet und arbeite gerne. Als ich mit Zwillingen schwanger wurde, war ich schon während der Schwangerschaft krankgeschrieben und musste viel liegen. Danach habe ich Elternzeit genommen. Insgesamt war ich drei Jahre zu Hause.

Die Entscheidung, wieder arbeiten zu gehen, rückte näher und war begleitet von einem zwiespältigen Gefühl. Einerseits habe ich mich gefreut. Andererseits habe ich mich gefragt, ob ich wirklich wieder arbeiten gehen will. Was würden die Kollegen sagen? Wie reagieren sie nach all der Zeit auf mich? Schaffe ich es, mich wieder einzuarbeiten? In den letzten Jahren hatte sich einiges verändert, sowohl inhaltlich als auch bei den Arbeitsabläufen. Und die Arbeit ist auch nicht alles. Da sind die Kinder, der Partner und der Haushalt. Und: Ich hatte den Anspruch, dass alles hundertprozentig laufen und funktionieren sollte. Durch die Schichtarbeit meines Mannes habe ich zusätzliche Herausforderungen, da ich öfter auch mal im Alltag mit den Kindern allein bin.

Letztendlich habe ich mich dann für ein Teilzeitmodell entschieden: drei ganze Tage Arbeit und dann – inklusive Wochenende – vier Tage frei. Ich kam in mein altes Team, in dem es inzwischen ein paar neue Gesichter gab, und saß nun mit drei Kollegen in einem Büro, die ich kannte und die mir den Einstieg erleichtert haben. Anders als erwartet hatte ich nicht viel vergessen und kam schnell wieder in meine Aufgaben hinein.

Es lief gut, und ich fühlte mich erst einmal wohl. Bis es im Unternehmen immer unruhiger wurde, weil ein Umzug anstand. Die Kollegen waren anders als sonst, und nicht nur für mich war es eine Herausforderung, dass es neue Sitzordnungen geben würde. Meine Kollegin und ich sprachen darüber, dass wir im neuen Haus wieder zusammensitzen wollen. Das war für mich ein beruhigendes Gefühl. Und dennoch nagte das alles mehr an mir, als ich mir eingestehen wollte. Als dann in Vieraugengesprächen verkündet wurde, wer im neuen Gebäude mit wem wo sitzen würde, war das für mich keine erfreuliche Nachricht: Ich sollte in einem Büro mit drei Kollegen sitzen, mit denen ich zwar recht gut klarkam, die aber bereits im alten Haus eine Zimmergemeinschaft gebildet hatten und ein eingespieltes Team waren. Ich wusste nicht, wie ich damit umgehen sollte. Und mein Körper auch nicht. Ich konnte noch nicht einmal mehr von meinem Stuhl aufstehen, ohne dass mir jeder einzelne Knochen wehtat. Ich vermutete eine Grippe und ging am nächsten Morgen zum Arzt. Als der fragte, was er für mich tun könne, brachen alle Dämme. Ich fing an zu weinen und konnte damit nicht mehr aufhören. Diagnose: Burn-out. Der Arzt schrieb mich drei Wochen krank. Zuerst war ich nicht fähig, auch nur einen Finger zu rühren. Zum ersten Mal in meinem Leben ließ ich sogar die Hausarbeit liegen. Im Laufe der drei Wochen habe ich mich erholt, und es entstand der Wunsch, wieder arbeiten zu gehen, was ich auch gemacht habe. Nach kurzer Zeit habe ich auf den Rat meines Arztes hin noch einmal meine Arbeitszeit geändert. Das ist mir nicht leichtgefallen, weil ich es gerne allen recht gemacht hätte. Meine Chefin wäre zufrieden gewesen, wenn ich einen 17-Uhr-Dienst übernommen hätte. Das war für mich aber keine Option. Und so habe ich einfach mal an mich gedacht und keinen dieser Dienste übernommen. Jetzt arbeite ich an vier Tagen jeweils maximal sechs Stunden und habe dann drei Tage frei. Mit dieser Regelung geht es mir besser, aber ich bin aufmerksamer geworden. Denn es gab auch danach noch Phasen, vor allem zum Herbst hin, in denen ich vor lauter Gedanken im Kopf kaum noch schlafen konnte. Seitdem hilft mir ein homöopathisches Mittel dabei, auch mal abzuschalten. Und ich nehme mir regelmäßig Auszeiten. Wenn ich auf dem Sofa sitze und lese, dann habe ich Zeit für mich und kann abschalten. Auch wenn dann der Haushalt mal liegen bleibt. Mein Körper und meine Seele geben mir Zeichen, wenn ich wieder mehr auf mich achten muss. Und jetzt höre ich hin!

Nicole, 38

Die Geschichte von Nicole zeigt, wie viele Faktoren für zarte Menschen in den Alltag mit hineinspielen können: der Anspruch an sich selbst und die eigene Leistung, die hohe soziale und emotionale Wahrnehmung der Menschen um uns herum, die emotionale Verunsicherung, wenn kleine oder auch größere Veränderungen anstehen. Und dabei steht doch bei allem im Grunde nur eines im Zentrum, nämlich der Wunsch, den passenden »Platz« zu finden – bei der Arbeit, in der Familie und letztendlich auch in der Gesellschaft. Und noch etwas zeigt diese Geschichte: Stärke zeigt sich bei denen, die zart im Nehmen sind, anders als bei Menschen mit normaler Sensibilität. Es fällt auf, dass Nicole nach dem Burn-out schnell wieder fit war und ihr Wille zu arbeiten trotz aller Herausforderungen ungebrochen ist. Sie sucht Wege, die für sie passen, nimmt Ratschläge entgegen und horcht in sich hinein, was sie braucht. Und nimmt sich immer häufiger die Auszeiten, die sie braucht. Das braucht nicht nur den Mut, andere Wege zu gehen, sondern auch die Bereitschaft, bewusst auf eine steile Karriere zu verzichten, dafür aber an Lebensqualität zu gewinnen.

Drogen und Alkohol

Wie bereits erwähnt, ist die Wirkung von Alkohol und Drogen bei den meisten Hochsensiblen intensiver als ohnehin schon. Insofern ist es die beste Taktik, einfach die Finger davon zu lassen. Alkohol und Marihuana können kurzfristig durchaus für Entspannung sorgen und das Ausblenden von Reizen möglich machen, doch selbst bei geringem dauerhaften Konsum erhöhen sie den Stresspegel sogar. Es werden immer größere Mengen notwendig, um den gewünschten Effekt zu erzielen. Und das kann schnell in einer Abhängigkeit oder Sucht enden.

Während der Recherchen für dieses Buch habe ich Bekanntschaft mit Anna gemacht, deren Geschichte bewegt und nachdenklich macht. Ich möchte mich bei Anna für ihren Mut bedanken, uns an ihrer Geschichte teilhaben zu lassen, denn ich bin überzeugt davon, dass sie jungen, (hoch)sensiblen Menschen helfen kann, leichtere und weniger steinige Wege zu gehen, als sie ihn geht.

Schon immer habe ich geahnt, dass ich sensibler bin als andere Menschen. So richtig bewusst geworden ist mir das Ende 2012. Ich hatte den Studienort gewechselt und bin in eine Fünfer-WG gezogen, in der wir immer viel zusammen unternommen haben. Mir ist dort im Umgang mit den Menschen aufgefallen, was ich in der Kommunikation alles wahrnehme. Jede Bewegung, jeder Blick, jedes Wort – ich versuchte alles einzuordnen und zu verstehen, was wohl dahintersteckt. Selbst wenn sich jemand anders hingesetzt hat – wahrscheinlich weil das für ihn einfach bequemer war –, habe ich das auf mich bezogen. Das hat mich belastet.

An den Wochenenden gab es häufig Partys, auf denen viel Alkohol getrunken wurde. Und ich trank mit. Mir fiel auf, dass ich nach dem Genuss von Alkohol nicht mehr so viel wahrnehme wie im nüchternen Zustand. Ich konnte mich besser entspannen und bei mir bleiben. Die vielen Signale der anderen und die Geräuschkulisse, all das konnte ich leichter ausblenden. Zu dem Alkohol gesellten sich die Joints. Für mich war das erst mal der Himmel auf Erden. Wenn ich zwei oder drei Joints geraucht hatte, konnte ich mich einfach hinlegen und mich auf mich konzentrieren. Das war die einzige Möglichkeit, einfach mal alles auszublenden.

Das ging eine ganze Zeit lang so. Dann beschloss ich, in Australien auf einer Farm ein Praktikum zu machen. Dort angekommen, befand ich mich in einer seltsamen Situation. Auf der einen Seite war es da wunderschön, aber dennoch bin ich nach zehn Tagen zurückgeflogen. Vorher hatte ich mich regelmäßig betäubt. Und hier hatte ich auf einmal ganz viel unbetäubte Zeit mit mir selbst und vielen neuen Reizen. Damit wusste ich nicht umzugehen. Die neue Umgebung überforderte mich. Zu Hause hat sich dann allerdings keiner gefreut, mich so schnell wiederzusehen. Niemand hat verstanden, warum ich so eine tolle Chance aufgegeben habe und vorzeitig nach Hause gekommen bin. Das war für mich eine schwierige Erfahrung. In der Zeit danach habe ich wieder viel getrunken und gekifft. Doch das hat irgendwann nicht mehr ausgereicht. Ich fing an, mich zu verletzen, und ritzte mich. Ich hatte diesen innerlichen Druck, die ganzen Ereignisse der letzten Zeit und auch meine tägliche hohe Wahrnehmung zu verarbeiten, und wusste nicht, wie. Das habe ich über den Schmerz beim Ritzen versucht. Und in dem Moment hat das auch geholfen, denn in dem Schmerz hatte ich das Gefühl, dass ich endlich wieder bei mir ankomme. Irgendwann tauchten Suizidgedanken auf, ich wollte den ganzen Stress einfach loswerden … Das war der Punkt, an dem ich mich einer Freundin anvertraut und mit ihr über alles gesprochen habe. Sie hat meine Eltern informiert, und die brachten mich Ende 2013 in eine Klinik. Sie waren – verständlicherweise – erst einmal völlig überfordert mit der Situation und wussten überhaupt nicht, wie sie damit umgehen sollten. Ich selbst war in dieser Zeit mir und allen anderen gegenüber völlig gleichgültig.

In der Klinik war ich fünf Wochen. Diagnose: Borderline-Syndrom. Es ging um Achtsamkeit, um den richtigen Umgang mit Gefühlen und was ich machen kann, statt mich zu verletzen. Für die Einzelgespräche hatte ich eine Therapeutin, die aus Krankheits- und Urlaubsgründen oft nicht da war. Irgendwann habe ich mich in der Klinik nicht mehr gut aufgehoben gefühlt. Daraufhin beschloss ich, mir außerhalb jemanden zu suchen, mit dem ich reden kann – auch eine Therapeutin, zu der ich bis heute gehe. Wieder in der WG, in der mein Alkohol- und Drogenkonsum begonnen hatte, fiel ich jedoch zurück in das alte Muster.

Dann kam meine Familie ins Spiel, für die ich mich wahnsinnig glücklich schätzen kann. Sie haben auf mich aufgepasst und geben mir Halt – bis heute. Mein Bruder machte mit mir einen Deal, dass ich eine Zeit lang die Joints weglasse. Das war ein tolles Zeichen, weil er mich dort abgeholt hat, wo ich gerade war. Ich hatte seit Langem mal wieder das Gefühl, dass ich so gesehen, angenommen und gemocht wurde, wie ich bin. Irgendwann kam meine Mutter mit dem Thema Hochsensibilität auf mich zu und gab mir regelmäßig etwas zu lesen. Ich habe das erst komplett abgelehnt und mich dagegen gesträubt. Ich wurde doch sowieso schon als anders und »schwach« wahrgenommen, da wollte ich nicht auch noch, dass ich jemand bin, den man mit Samthandschuhen anfassen muss. Ich habe eine hohe Sensibilität mit Schwäche gleichgesetzt. Irgendwann wurde ich dann doch neugierig und habe mich immer mehr mit dem Thema Hochsensibilität beschäftigt. Und das hat mich entspannt. Ich habe mich dort wiedergefunden und dachte: »Das kann nicht so schlimm sein. Damit gehe ich jetzt um.« Wenn ich in meine Familie schaue, dann kann ich mir vorstellen, dass mein Großvater und der Bruder meiner Mutter ebenfalls hochsensibel sein könnten. Gesprochen habe ich mit ihnen aber noch nicht darüber.

Heute wohne ich wieder in einer WG, aber in einer anderen Stadt. Ich lese immer wieder Tipps und Hinweise aus HS-Büchern, wie ich mit Reizen besser umgehen kann, und setze diese auch um. Damit fühle ich mich besser. Ich ziehe mich jetzt oft zurück in mein Zimmer, höre Musik und nehme mir abends die Zeit, mich hinzusetzen und mit niemandem zu kommunizieren. Das ist wahnsinnig entspannend. Ich mache mir selbst nicht mehr den Druck, in Gemeinschaft sein zu müssen. Meine Mitbewohner wissen inzwischen, dass ich hochsensibel bin, und nehmen es mir nicht übel. In Bezug auf Drogen und Alkohol hat sich mein Verhalten verändert. Ich trinke zwar ab und an ein Bier, aber nicht um zu entspannen, sondern weil ich dann einfach ein Bier trinken möchte. Ich trinke auch nicht, weil die anderen trinken. Manchmal trinke ich zwei, drei Wochen gar keinen Alkohol, weil sich keine Gelegenheit ergibt. Wenn ich heute auf die Zeit in der alten WG zurückschaue, dann ist es, als würde ich durch einen Schleier gucken. Ich kann nicht mehr richtig sagen, was wann passiert ist. Heute fühlt es sich so an, als ob der Alkohol und die Drogen mir das Bewusstsein und die Erinnerung an diese Zeit genommen haben. Und ich bin dankbar dafür, dass es jetzt anders ist.

Anna, 24

Dass der Alkohol und die Drogen für Anna keine Lösung waren, zeigt ihre Geschichte sehr deutlich. Aber sie zeigt noch mehr. Meinen Gedanken dazu werden viele Mediziner und Psychologen wahrscheinlich kritisch begegnen. Und doch wünsche ich mir, mit meinem »unwissenschaftlichen Querdenken« auf Offenheit zu stoßen. Auf die Offenheit, Symptome und Diagnosen aus einem anderen Blickwinkel zu betrachten und vor allem bei der Ursachenforschung anzusetzen, damit Heilung geschehen darf. Mir ist während meiner Recherchen mehrfach aufgefallen, dass sich sensible Menschen mit Verhaltensweisen, die nach ICD-10 als Persönlichkeitsstörungen, psychische Krankheiten, Abhängigkeiten oder Süchte anerkannt sind, mit diesem Stempel nicht wohlfühlen. Werden sie »nur« mit Therapien, Klinikaufenthalten und Diagnosen konfrontiert, leistet das zwar im Notfall wertvolle Hilfe, aber es bleibt ein Punkt, bei dem sich die Patienten unverstanden fühlen, nämlich die ausgeprägte Sensibilität. Und noch etwas:

Viele hochsensible Menschen fühlen sich seit ihrer Kindheit anders und nicht wirklich zugehörig. Kommt nun obendrauf noch eine Diagnose, die dem Betroffenen den Stempel einer psychischen Krankheit aufdrückt, ohne dass er von seiner Hochsensibilität weiß, dann kann das einen weiteren Knacks für das Selbstwertgefühl bedeuten. Bei vielen unbewusst hochsensiblen Menschen kehrt das »krankhafte« Verhalten nach ersten Erfolgen schnell wieder zurück, verschwindet gar nicht erst oder wird durch die Diagnose gar verstärkt.

Es ist wichtig, das Temperament der Hochsensibilität und psychische Krankheitsbilder zu differenzieren. Ein unentdeckt hochsensibles Temperament kann psychische Probleme begünstigen. Therapiert wird jedoch immer die psychische Erkrankung. Damit die Therapie greifen kann, ist es wichtig, die hohe Sensibilität zu berücksichtigen. Denn wenn der Lebensentwurf auch nach oder während der Therapie dauerhaft für Reizüberflutung und Stress sorgt, kann die Psyche nicht genesen.

Wenn ich Annas Geschichte betrachte, dann sieht es so aus,

als ob ihre Probleme mit dem Studium und dem Zimmer in der WG aufgetaucht sind. In dieser WG gab es kaum ruhige Situationen für sie; und der soziale Druck der Zugehörigkeit hat sie stark gefordert und zu ungesunden Verhaltensweisen geführt. In der Folge waren dann auf dem Weg der Heilung mehrere Faktoren wichtig für Anna:

- In der kritischen Phase hat die klassische Medizin bzw. Psychologie in der Klinik erste (wertvolle) Hilfe geleistet, im weiteren Verlauf hat dann Annas Therapeutin eine wichtige Bedeutung gehabt.
- Die Zugehörigkeit, die Anna von ihrer Familie vermittelt bekommt, die sie annimmt und dort abholt, wo sie gerade ist, gibt ihr Halt.
- Wichtig war auch die Erkenntnis, dass es in Ordnung ist, sensibel und anders zu sein und dementsprechend auch das eigene Verhalten und Gewohnheiten zu ändern, anstatt sich dem gesellschaftlichen Druck zu beugen und Dinge zu tun, die für zarte Menschen auf Dauer zu einer schwächenden Herausforderung werden können. Und damit meine ich an dieser Stelle nicht den Alkohol- und Drogenkonsum, sondern das ständige In-Beziehung-und-Kommunikation-sein-Müssen, ohne Rückzugsräume zu haben.

Es gibt Theorien, die besagen, dass die sensible Gesamtkonstitution eines Menschen durch ein (unentdecktes) Trauma verstärkt und die Psyche des Menschen dadurch anfälliger werden kann. Auch bei Anna scheint das eine Rolle zu spielen.

Sie schrieb mir kurz vor Abgabe des Manuskriptes in einer E-Mail: »*Ich mache große Fortschritte in meiner Therapie und bin gerade dabei, ein großes und unangenehmes Ereignis aus meiner Vergangenheit zu verarbeiten, und muss feststellen, wie viel Auswirkungen das doch auf das Leben haben kann.*«

Als Auslöser für ein Trauma kommen der Psychologin Sylvia Harke zufolge nicht nur Unfälle, Naturkatastrophen, Krieg, Gewalt und Missbrauch infrage. Gerade bei hochsensiblen Menschen können diese Gründe wesentlich subtiler sein und zum Beispiel im pränatalen Bereich liegen oder im Zusammenhang mit der Geburt stehen. Auch hier können Ansätze für Heilung stecken.

Genauso wichtig wie eine gute psychologische Betreuung sind auch die kleinen Veränderungen im Alltag, die für zarte Menschen Großes bewirken können, wie zum Beispiel sich in der WG regelmäßig Rückzugszeiten zu nehmen. Allerdings muss ein großes Umdenken stattfinden, damit sich diese kleinen Veränderungen für sensible Menschen, ihre Familien und Mitmenschen auch leicht vollziehen lassen. Aktuell stehen hinter der Entscheidung, andere Wege einzuschlagen, oft langwierige Prozesse, manchmal Tränen, und eine hohe emotionale und gedankliche Flexibilität. Zudem ist oft auch viel Mut erforderlich, um sich mit der ganzen Sensibilität zu zeigen. Vor diesem Hintergrund lohnt sich die Frage: Wie wäre wohl der Weg vieler zarter Menschen verlaufen, wenn das Thema Hochsensibilität bereits zu Zeiten ihrer Kindheit bekannt und anerkannt gewesen wäre? Diese Frage können wir hier zwar nicht beantworten, trotzdem macht es Sinn, darüber zu spekulieren …

Ernährung

Ob mit Paläo zurück in die Steinzeit, Glyx-Diät, Trennkost, Metabolic Balance, Vollwertküche, Rohkost, ohne Fisch und Fleisch oder gleich vegan: Wenn wir anfangen, uns mit dem Thema Ernährung zu beschäftigen, dann werden wir von tausend und einer Möglichkeit erschlagen. Doch wie finden wir heraus, welche Ernährung für uns wichtig und richtig ist? Und wie können wir alte Muster durchbrechen?

Ich bin schon lange dabei, mich kennenzulernen, an mir zu arbeiten und Dinge, die mich stören, zu verändern. Doch das Thema Ernährung habe ich lange nicht in den Griff bekommen. Also machte ich mich auf den Weg, um herauszufinden, welche Lebensmittel mir guttun und welche nicht. Von meiner Familiengeschichte her bin ich ein echter »Frustesser«. Wenn es mir nicht gut geht, greife ich zur Ersatzbefriedigung und esse Schokolade. Das störte mich bereits sehr lange, und ich hatte oft versucht, etwas daran zu ändern. Und dann habe ich für mich endlich einen Ansatz gefunden: Ich arbeite als Heilpraktikerin und weiß daher aus der Erfahrung mit meinen Patienten, wie individuell die Themen Gesundheit und Wohlfühlen sein können. Ich bin der Meinung, dass der Körper uns sagt, was er an Input braucht. In meinem täglichen Leben habe ich die Erfahrung gemacht, dass Impulse, die ich wahrnehme und denen ich folge, mich in die Richtung bringen, in die ich gehen will. Außerdem weiß ich, dass meine Bedürfnisse nach Ruhe, Nähe etc. sich laufend ändern.

Diese Erkenntnisse habe ich in den vergangenen Monaten mehr und mehr auf meine Essgewohnheiten angewandt. Ich halte also seitdem immer kurz inne, bevor ich mir etwas zu essen mache, und frage mich: Worauf habe ich Appetit, was brauche ich jetzt? Auch beim Einkaufen höre ich auf diese Impulse. So kam ich letztens mit Rucola nach Hause. Und was passierte? Nicht nur ich stürzte mich darauf, sondern auch der Rest der Familie … Natürlich liege ich noch nicht immer richtig, wenn es darum geht, was mir tatsächlich guttut, aber ich stelle fest, dass ich immer besser werde. Und noch etwas passiert: Mein überflüssiges Gewicht verflüchtigt sich, ohne dass ich mir selber Verbote für Schokolade oder andere Lebensmittel auferlege. Ich fühle mich in meinen Essentscheidungen auch nicht mehr so automatisiert wie vor diesem Experiment. Das ist ein tolles Gefühl!

Meiner Meinung nach ist es nicht hilfreich, sich von außen durch die Fülle gut gemeinter, aber doch eher Angst machender Ernährungsratschläge beeinflussen zu lassen. Grundsätzliches Wissen über Ernährung ist wichtig, sich inspirieren lassen auch, aber mehr nicht!

Mein Fazit: Es ist wohl wie überall im Leben. Wir stehen in der Verantwortung für uns selbst und müssen herausfinden, welche Nahrung gut für uns ist.

Inge, 49

Lassen wir also den Diätenwahn und den Wettkampf der Ernährungsgurus über die richtige Art der Nahrungsaufnahme hinter uns. Und besinnen wir uns auf das, was wir ohnehin gut können: in uns hineinhorchen. Bewusst, ehrlich, mit Zeit und Ruhe. Und so oft es geht. Natürlich funktioniert das im stressigen Alltag nicht immer. Mit kranken Kindern, auf Geschäftsreisen oder bei Familienfeiern wird es nicht immer möglich sein, das zu essen, was dem Körper gerade ultimativ guttun würde. Und dass es in Kinos, Theatern oder Opernhäusern in absehbarer Zeit grüne Smoothies geben wird, ist auch zu bezweifeln. Doch es geht auch nicht um Perfektion. Es geht um Bewusstsein – immer dann, wenn es uns möglich ist. Sonst tut die »neue« Ernährung uns nicht gut, sondern wird zum weiteren Stressfaktor.

Ein Praxistipp: Wenn Sie nicht allein leben, sondern oft mit Ihrem Partner oder der ganzen Familie essen, braucht es gegenseitiges Verständnis für die Essgewohnheiten der anderen und die Bereitschaft, flexibel zu sein. Sprechen Sie offen mit Ihrem Partner und den Kindern über Ihre Nahrungswünsche und respektieren Sie die Bedürfnisse der anderen. Und wenn mal wieder das Gemüse auf dem Abendbrottisch fehlt, beschweren Sie sich nicht, sondern bitten Sie Ihre Lieben, beim nächsten Mal mit daran zu denken.

Gefühle

Hochsensible Menschen fühlen viel, tief und intensiv. Unser reiches Innenleben schillert auch ohne äußere Reize in den buntesten Farben. Und wenn dann die Impulse von außen dazukommen, sind unsere Emotionen ordentlich in Bewegung. Sie prägen unser tägliches Erleben, bereichern uns und lassen uns wachsen – ein Leben lang.

Gefühle sind für mich wie Schmetterlinge. Sie entfalten sich in wunderschönen Farben, flattern davon oder fliegen weite Strecken mit mir durchs Leben. Sie weisen mir meinen Weg, immer und immer wieder, bis ich gelernt habe, ihnen zu vertrauen und hinzuschauen.

Überschäumende, hochsensible, starke Gefühle haben mich mein ganzes Leben lang begleitet. Als Kind konnte ich sie kaum bewältigen. Wenn ich traurig war, saß meine Mama stundenlang an meinem Bett und versuchte mich zu beruhigen und zu erfahren, was in mir vorging. Und doch bekam sie selten ein Wort aus mir heraus, denn ich hielt alles, was in mir vorging, für unwichtig. Entscheidend aber war, dass sie da war. Damit vermittelte sie mir eine wichtige Botschaft, die mich bis heute trägt: »Ich verstehe dich auch ohne Worte, und ich liebe dich, so wie du bist.« Diese Liebe und das Wissen, dass meine Mama zu 100 Prozent zu mir stand, hat mein Leben gezeichnet. Als junge Frau war das stärkste emotionale Erlebnis zu spüren, wie meine Tochter in mir wächst, und ihr das Leben zu schenken. Und es war mir wichtig, auch ihr das Gefühl zu vermitteln, dass sie absolut angenommen ist – so wie sie ist. Heute macht es mich glücklich, dieses Gefühl in aller Stärke von ihr zurückzuerhalten.

Schicksalsschläge, die wohl jeder Mensch zu bewältigen hat, haben auch mich wanken lassen. Der frühe Tod meiner Mama und meines ersten Mannes innerhalb weniger Monate haben meine hochsensiblen

Gefühle in ungeahnte, schattige Höhen getrieben und mich über die Maßen gefordert. Und gleichzeitig haben sie mich stark gemacht.

Stark für das Leben.

Stark für die Gegenwart.

Stark für das Hier und Jetzt, sodass ich die Tage annehmen kann, wie sie sind.

Stark für meine Mitmenschen, deren Gefühle ich wahrnehme, denen ich zuhöre und helfe, wenn sie es wünschen.

Diese Stärke lebe ich jedoch erst kurze Zeit. Bis hierher war es ein langer Weg, denn in meiner zweiten Ehe wurden meine hochsensiblen Gefühle als Schwäche ausgelegt, und ich habe dies nicht nur geschehen lassen, sondern irgendwann selbst an meine Schwäche geglaubt und mich immer mehr zurückgezogen. Die Trennung ebnete mir dann den Weg zu mir selbst.

Heute vertraue ich mir und meinen Gefühlen und freue mich über jeden bunten Schmetterling, der meinen starken Weg kreuzt oder gemeinsam mit mir ein Stück fliegt – ganz gleich, ob er Licht oder Schatten bringt. Denn ich weiß, dass jeder einzelne Flügelschlag mir Kraft gibt und mich wachsen lässt.

Ulli, 62

Gefühle können wunderschön und taghell sein oder dunkel wie die Nacht. Jede Emotion füllt unsere körperliche Hülle mit Leben, ganz gleich, wie sich die Emotion anfühlt.

Umso verheerender ist die Entwicklung, die schon mit der Aufklärung angefangen hat. Der Verstand hat die »Kontrolle« übernommen, und dabei sind die Gefühle auf der Strecke geblieben. Und jetzt haben wir den Salat. Doch immer mehr Menschen machen nicht mehr mit in dem leistungsorientierten und gefühlsfeindlichen Wirtschafts- und Gesellschaftskonstrukt. Sie steigen aus, einige freiwillig, viele aber auch unfreiwillig: aufgrund von psychischen und physischen Krankheiten, häufig begünstigt durch den Energiestau, der entsteht, wenn wir unsere Gefühle verleugnen.

Menschen sind fühlende Wesen. Wir müssen fühlen dürfen. Unsere Gefühle brauchen Platz, um sich zu entfalten, damit wir sie auch wieder ziehen lassen können. Unterdrücken wir sie, dann brechen sie sich irgendwann Bahn – in Krankheiten, Depressionen oder Selbsthass. Gerade für HSP ist es essenziell wichtig, zu lernen, mit ihrer Fülle an Emotionen umzugehen und zu verstehen, dass es keine schlechten Gefühle gibt. Je mehr wir versuchen, Angst, Trauer, Zorn, Ekel oder Verachtung wegzudrücken, desto stärker manifestieren sich diese Gefühle und desto weniger Platz ist für Freude, Staunen, Glück und Liebe. Wenn wir lernen, unsere Gefühle anzuschauen und willkommen zu heißen, dann schwimmen wir durch einen klaren See. Denn Gefühle werden nur dann zu dunklen, tiefen und stinkenden Schlammlöchern, wenn wir sie nicht zulassen.

Wer zart im Nehmen ist, der ist auch stark im Fühlen. Und Fühlen will gelernt sein!

Körperempfindungen und Schmerzen

Der Körper sagt uns, wenn die Seele weint. Er ist ein wichtiger Botschafter, der uns dabei hilft, gut für uns zu sorgen. Wenn wir Musik hören, dann lauschen wir. Genauso macht es Sinn, den Signalen des Körpers zu lauschen. Bei hochsensiblen Menschen treten diese Signale, zu denen insbesondere auch Schmerzen gehören, oft früher auf als bei normal sensiblen Menschen. Schmerzen können Boten von »echten« Krankheiten sein. Da gilt es aufmerksam zu sein und zu bleiben. Und doch müssen Schmerzen nicht zwingend bedeuten, dass wir körperlich krank sind. Denn es gibt viele hochsensible Menschen, die von einer weiteren Ebene berichten. Eine Ebene, die selbst für die HSP, denen es so geht, schwer zugänglich und verständlich ist, da wir lernen, dass Schmerzen mit Krankheit und Verletzungen gleichzusetzen sind. Wir lernen schon als kleine Kinder: Schmerzen sind böse und nichts Gutes. Einige HSP nehmen nicht nur Stimmungen und Emotionen anderer Menschen oder Lebewesen wahr. Sie spüren auch körperliche Beschwerden. Zu verstehen, wie das eigene System funktioniert, kann ein langer Prozess sein. Wie der verlaufen kann, erzählt eine Betroffene:

Es hat viele Jahre gedauert, bis ich gelernt hatte, wie mein Körper funktioniert. Mit »funktionieren« meine ich nicht meinen biochemischen Stoffwechsel oder die Funktion meiner Organe. Ich meine vielmehr die Fähigkeit, den Körper als Resonanzgefäß wahrzunehmen. Befindlichkeiten, die ich am und im Körper wahrnehme, nicht sofort als Krankheit abzustempeln, sondern als Maß dafür, wie sehr ich in meinem Körper bin. Es gab Zeiten in meinem Leben, da habe ich mich selbst sehr verloren und mich nicht gut spüren können. Stattdessen habe ich mich lieber um andere Personen und Umstände gekümmert. Ich glaube, umgangssprachlich nennt man so etwas »Helfersyndrom«. Was ich seinerzeit nicht wusste: Mein Körper dient mir offensichtlich als »Hilfsmittel« und will mich lehren, mich zu spüren und mich wahrzunehmen. Bis ich das jedoch entschlüsseln konnte, lag ein langer Prozess vor mir, der von immer wiederkehrenden Arztbesuchen geprägt war. Ich hatte ständig irgendwelche Zipperlein, mal schlimmer, mal einfach nur lästig, weil latent ein Schmerz im Körper war. Das hat mich phasenweise an den Rand der Verzweiflung gebracht. Am allerschlimmsten habe ich die Zahnschmerzen empfunden, die nachweislich ohne pathologischen Befund waren.

Nach und nach habe ich immer öfter ein zartes Stimmchen in mir wahrgenommen, das mir zugeflüstert hat: »Du bist gesund.« Mein Alltag und das Erleben der Schmerzen hat mir jedoch immer etwas anderes aufgezeigt. Es war zum Verrücktwerden. Da ich selber einen heilerischen Beruf ausübe, habe ich natürlich überwiegend mit Menschen zu tun, die ebenfalls Beschwerden haben – sei es körperlicher oder seelischer Natur. Nach den Besuchen bei mir lösen sich die Beschwerden meiner Klienten häufig in Luft auf. Das hat mich sehr nachdenklich gestimmt. Ich fragte mich immer öfter: Warum kann ich anderen Menschen so toll helfen und mir selbst nicht?

Da ich davon ausgehe, dass die Welt nach dem Resonanzprinzip funktioniert, habe ich angefangen, die Menschen, die zu mir kommen, als meinen Spiegel wahrzunehmen. Sie kommen also mit Beschwerden, und nach der Anwendung sind diese verschwunden. Nach und nach kam ich auf die Idee, dass die Beschwerden, die die Menschen hatten, gar keine manifesten Beschwerden des grobstofflichen Körpers waren, sondern feinstofflich im Energiekörper abgelegt waren. Mit meiner Fähigkeit bin ich in der Lage, diesen Energiekörper zu reinigen, sodass die Menschen nach der Behandlung keine Beschwerden mehr haben.

Nach dieser Erkenntnis begann ich, mit meinem Körper in den Dialog zu gehen. Ich hörte auf, Widerstand zu leisten, sobald Schmerzen auftauchten. Stattdessen habe ich sie wahrgenommen und für mich ein energetisches Reinigungsritual entwickelt, das ich bis heute Tag für Tag anwende. Und jetzt weiß ich genau: Wenn mein Körper wieder undefinierbare Schmerzen – meist sind es Zahnschmerzen – aufweist, dann bin ich nicht wirklich zu 100 Prozent in meinem Körper, sondern habe wieder Platz gemacht für die Energien anderer. Der körperliche Schmerz ist für mich ein Zeichen, dass ich mir selbst als hochsensibles Wesen wieder mehr Zeit schenken und für mich sorgen soll.

Danke, lieber Körper, dass du mir dienst und nicht lockerlässt, bis ich verstehe, was du von mir möchtest.

Britta Hildebrandt, 47

Für manch einen mögen Geschichten wie diese unheimlich und konstruiert klingen – und doch gibt es viele Menschen unter uns, die starke körperliche Wahrnehmungen haben und Schmerzen spüren, obwohl mit ihrem Körper alles in Ordnung ist. Schauen wir auf die Menschen, die häufig als übersensible Hypochonder gelten, mit dieser alternativen Sichtweise, dann erscheinen ganze Krankenakten in einem neuen Licht. Brittas Geschichte inspiriert einmal mehr dazu, die Erkenntnisse aus Wissenschaft und Forschung mit alternativen Ansätzen zu kombinieren – auch dann, wenn diese noch nicht komplett »durchgeforscht« sind. Wo sich Wege zur Heilung ergeben oder Möglichkeiten, das eigene System besser zu verstehen und damit eine höhere Lebensqualität zu entwickeln, da sollten wir auch hinschauen. Wie war das noch? Wer heilt, hat recht …

Medikamente und Heilverfahren

Hormone in Form der Pille oder Hormonspirale, die den eigenen Zyklus außer Kraft setzen, können depressive Verstimmungen auslösen. Antibiotika, die im Extremfall Leben retten sollen, aber viel zu häufig verschrieben werden, führen zu starken Durchfällen und Darmpilzbefall und schwächen das Immunsystem so nachhaltig, dass in der Folge eine Erkältung die nächste jagt. Narkosemittel, in der üblichen Dosierung angewandt, geben den betäubten Körperteil erst nach einer Ewigkeit wieder »frei«. Bei Schmerzmitteln reichen geringste Dosierungen, um die Kopfschmerzen innerhalb von fünf Minuten in Luft aufzulösen. Manche Therapien wirken einfach nicht, bei manchen verschlimmern sich sogar die Symptome: All das sind Beispiele, von denen viele hochsensible Menschen ein Lied singen können …

Auf der anderen Seite stehen Erkenntnisse über die stärkende Wirkung von guter Ernährung, Entspannung, Bewegung und Meditation und die Heilerfolge mit Methoden, die bis heute umstritten sind: Wer weiß, vielleicht haben Homöopathie, Akupunktur, Cranio-Sacral-Therapie, Kräuterheilkunde, Quantenheilung oder gar Händeauflegen und Schamanismus ihre größten Fans unter den hochsensiblen Menschen, weil sie die Erfahrung machen, dass es wirkt, während andere Menschen keine Veränderung spüren und solchen Methoden daher auch nichts abgewinnen können.

Jeder kann in seinem Umfeld beobachten, dass es Menschen gibt, die mit schulmedizinischen Methoden besser zurechtkommen, und andere, die unterstützt durch alternative Heilmethoden ihre Gesundheit »wiederfinden«. Die integrative Medizin führt Schulmedizin und Naturheilkunde zusammen und macht vor, dass es nicht länger um ein Entweder-oder gehen kann. Und dass es vor allem wichtig ist, nicht an den Symptomen herumzuexperimentieren, sondern den Ursachen von Krankheit und Unwohlsein auf den Grund zu gehen. Diese Entscheidung hat auch Gabriele für sich getroffen, nachdem sie lange nach Lösungen für ihre Beschwerden gesucht hat:

Ich habe MCS (Multiple Chemikaliensensibilität) und verschiedene Lebensmittelunverträglichkeiten. Nach einer jahrelangen Ärzteodyssee landete ich in einer

Arztpraxis, in der Vater und Sohn gemeinsam praktizierten. Der Senior stand schon mit einem Fuß im Rentnerleben und war dennoch immer noch hoch motiviert und sehr bemüht. Nachdem wir erst drei Wochen zuvor eine neue Medikamententherapie angefangen hatten, sagte er zu mir: »Das ist wirklich komisch, aber alles, was helfen sollte, hilft bei Ihnen nicht!« Und so beendete ich zum x-ten Mal eine Medikamententherapie, die meine Beschwerden wieder nur verschlimmert statt verbessert hatte.

Das war der Moment, in dem ich anfing, meinen Körper und meine innere Stimme ernst zu nehmen. Selbst reine Phytotherapien scheint mein Körper nicht sonderlich zu mögen; und Schüßlersalze musste ich zum Teil so gering dosieren, dass sogar Babys mehr bekommen … Um mich und meinen Körper besser zu verstehen, habe ich mich für eine Ausbildung zur Heilpraktikerin entschieden – mit dem Ziel, gesund leben zu können.

Gabriele, 48

Die Geschichte zeigt, dass es bei aller Hilfe, die wir von außen bekommen können, am wichtigsten ist, dass wir mit uns selbst in Kontakt bleiben und immer wieder in uns hineinhorchen. Auch damit der Glaube an die eigene Widerstandskraft wieder wachsen darf. Denn der kann schnell verloren gehen, wenn jahrelanges Bemühen um Gesundheit immer wieder scheitert. Und dabei zeigen neue Studien aus den USA, dass unser Glaube eine starke Medizin ist. Harold Koenig,

Professor an der Duke University in Durham, North Carolina und Leiter des Center for the Study of Religion/Spirituality and Health, forscht über den Zusammenhang zwischen Gesundheit und Religion bzw. Spiritualität – und macht dabei keinen Unterschied zwischen den Religionen und anderen Formen des Glaubens.

Ganz gleich, wie oft wir mit unseren Versuchen, für uns etwas zu verbessern, gescheitert sind: Es ist nie zu spät, aufzustehen, das Krönchen zu richten und wie Gabriele einen Weg zu wählen, den viele zarte Menschen einschlagen – den Weg in die Eigenverantwortung. Statt immer wieder neue Therapien auszuprobieren, die ihren Körper nur noch mehr belasten, hat sie begonnen, in sich hineinzuhorchen, alte Überzeugungen über Bord zu werfen und sich aktiv auf die Suche nach Ansätzen zu machen, die ihr helfen können. Eigenverantwortung heißt nicht, ab sofort keine Hilfe mehr anzunehmen. Es geht vielmehr darum, ein Gefühl für sich zu bekommen. Und darum, die Meinungen anderer, die ihre Empfehlungen mit bestem Wissen und Gewissen an uns weitergeben, nicht als Gesetz zu betrachten, sondern als Möglichkeiten.

Gehen Sie in Kontakt mit sich selbst, und lernen Sie, sich selbst zu vertrauen. Ihr Körper und Ihre Seele sprechen eine deutliche Sprache. Beobachten Sie, welche Medizin und welche Menschen Ihnen guttun und welche nicht. Sie selbst tragen die Verantwortung für sich, und Sie entscheiden.

Ruhe

> *»Ich werde eine Hymne auf die Stille schreiben … Stille, die dich bei der Entfaltung deiner Gedanken behütet … Stille der Gedanken, die ihre Flügel breiten, denn es ist schlecht, wenn du in deinem Geiste oder in deinem Herzen unruhig bist.«*
>
> ANTOINE DE SAINT-EXUPÉRY, »DER KLEINE PRINZ«

Nicht umsonst heißt ein verbreitetes Sprichwort: »In der Ruhe liegt die Kraft.« Und das gilt bis heute – obwohl (oder weil) wir in einer Gesellschaftsform leben, die alles andere als ruhig ist. Höchste Zeit, sich dem Thema Ruhe zu widmen.

Seit ein paar Jahren ist mir meine Hochsensibilität bekannt, und seitdem lebe ich sie bewusst. Ich fühle mich nicht mehr falsch in dieser Welt, gehe meinen sensiblen Weg, der von vielen belächelt wurde und jetzt mit der Zeit immer mehr akzeptiert und manchmal – so scheint es mir – sogar beneidet wird. Die mir anvertrauten Menschen in meiner Umgebung nehme ich mit auf diesem Weg und gehe ein Stück gemeinsam mit ihnen, bis auch sie sich in ihrer Sensibilität sicher fühlen. Für mich ist aus meiner hohen Wahrnehmung mit den Jahren Stärke geworden, und die Kraft dafür erhalte ich, indem ich immer wieder in die Stille gehe, die Ruhe suche und vor allem dann Pausen mache, wenn meine Seele und mein Körper mich daran erinnern. Stille, Ruhe, Pausen …

Wenn ich zurückdenke und alles unter dem Aspekt der Dankbarkeit betrachte, ist mir in meinem Leben viel Stille und Ruhe gegönnt worden. Als Kind lag ich stundenlang auf dem Rasen auf einer Decke und habe die vorbeiziehenden Wolken beobachtet und alle möglichen Formen, Gesichter und Tiere darin entdeckt. Als Frau und Mutter habe ich die geschenkte Zeit mit meiner Tochter sehr genossen. Wir sind viel gewandert, sei es in den Bergen oder am Meer. Besonders in den Bergen hat sich die unbeschreibliche Stille auf unsere Seelen übertragen. Am Meer waren es die rollenden Wellenbewegungen und -geräusche, die uns haben zur Ruhe kommen lassen.

Bei meiner Arbeit als Finanzbuchhalterin halte ich meine Pausen konsequent ein und drehe bei Wind und Wetter mittags meine Ritualrunde, um meinen Kopf wieder freipusten zu lassen von den vielen Zahlen. Dann beobachte ich den Falken, die Segelflieger und die Natur in ihrem täglichen Wechselspiel. Als Oma von zwei quirligen Enkelinnen mache ich eher keine Pause, wenn sie bei mir sind, doch ich vermittle ihnen meine innere Ruhe, und sie haben meine Aufmerksamkeit in allem, was wir gemeinsam erleben. Die Liebe, die ich dafür von den beiden Mädchen zurückerhalte, macht mich sehr glücklich.

Ulli, 62

Diese Geschichte spricht für sich. Sie trägt den Geist der Ruhe in sich und drückt aus, wie tief hochwahrnehmende

Menschen Stille empfinden. Worte, die inspirieren, Pausen nicht nur einzuhalten, sondern auch einzuplanen und sich die freie Zeit im Leben so zu gestalten, dass Ruhe und Entspannung Einkehr halten dürfen.

Schlaf

Wie schön ist es, am Ende eines Tages Ruhe einkehren zu lassen, sich ins Bett zu legen und sanft ins Reich der Träume zu gleiten ... Doch das ist gar nicht immer so einfach. Das Thema Schlaf beschäftigt sensible und hochsensible Menschen gleichermaßen. Ohne Schlaf können wir dauerhaft nicht leben. Körper, Geist und Seele brauchen regelmäßige Ruhepausen; warum genau, das weiß die Wissenschaft bis heute nicht. Wenn wir zu sehr unter Stress sind, dann schwinden die Träume – ein wichtiges Instrument des Körpers, um Erlebnisse zu verarbeiten. Für Hochsensible ist es daher umso wichtiger, regelmäßig guten und vor allem ausreichend Schlaf zu finden. Die Erfahrungen, die Menschen beim Thema Schlaf sammeln, sind sehr unterschiedlich und doch findet sich mit Sicherheit jeder in dem einen oder anderen Detail dieser Geschichte wieder:

> *Ich gehöre zu den kognitiv Hochsensiblen, die ständig den Kopf voller Gedanken haben. Auch abends beim Einschlafen. Seit ich mich mit meinen Gedanken angefreundet habe und weiß, dass sie zu mir gehören, sind sie meine Begleiter und stören nicht mehr. Ich kann für die Zeit des Einschlafens ein – angenehmes, schönes –*

Thema wählen, an das ich mich erinnern oder das ich durchdenken will. Dann lasse ich die Gedanken laufen, und meist kann ich dabei gut einschlafen. Manchmal machen mich diese Gedanken aber auch hellwach. Etwas Neues entsteht dann mitten in der Nacht, Ideen werden geboren. Dann ist es wichtig, sie auf bereitliegendem Papier festhalten zu können, um sie nicht im Kopf behalten zu müssen. Solche Nächte werden manchmal lang. Und sie sind überaus interessant. Wenn ich am nächsten Tag früh rausmuss und einen wichtigen Termin habe, dann ist das zwar ärgerlich. Ich habe allerdings inzwischen die Erfahrung gemacht, dass der Verstand wach sein kann, auch wenn der Körper müde ist. Denn diese »produktiven« Nächte möchte ich auch nicht missen. Schließlich entstehen dabei Ideen, die ich gut für meine Arbeit gebrauchen kann. Die Idee des Laufenlassens der Gedanken kam mir übrigens aufgrund einer länger zurückliegenden Erfahrung.

Bei meiner ersten Arbeit – noch in der DDR – gab es in der Produktion Maschinen aus der Vorkriegszeit. Das waren so unangenehme Fließbandarbeitsplätze mit immer derselben Handbewegung alle paar Sekunden, dass sich niemand fand, der die Arbeit dauerhaft machen wollte. Also mussten reihum Leute aus der Verwaltung jeweils einen Tag einspringen und »sozialistische Hilfe« leisten. Auch mich traf es immer mal wieder. Nach einem ganzen Tag am Fließband – also nach einem ganzen Tag im Stehen – lag ich dann todmüde im Bett, konnte aber nicht einschlafen. Denn ich machte im Halbschlaf immer noch alle paar Sekunden dieselbe Handbewegung. Dagegen lehnte ich mich auf. Doch das machte mich dann immer wieder hellwach. Am nächsten Morgen war ich wie gerädert … Irgendwann war ich den Kampf gegen die nächtliche Fließbandarbeit einfach satt. Er kostete mich zu viel Energie. Ich ließ es einfach geschehen. Das nächtliche Fließband lief, irgendwann schreckte ich hoch, schlief wieder ein – und es war vorbei. Die Eindrücke vom Vortag waren verarbeitet und ließen mich für den Rest der Nacht in Ruhe.

Reimar Lüngen, 54

Ob die Ereignisse des Tages uns am Einschlafen hindern, weil sie noch nachverarbeitet werden wollen, ob unsere Träume uns schon mal aus dem Schlaf reißen oder ob uns im Halbschlaf wertvolle Gedanken und Ideen kommen – das eigene Schlafbedürfnis zu kennen und zu beobachten kann auch zu einer sehr entspannten Art zu arbeiten und zu leben führen, wie die Erfahrung von Telke zeigt:

Früher dachte ich immer, dass ich früh im Büro sein müsste und nicht ausschlafen dürfte, da das meinem Geschäft schaden würde. Seit ich mir erlaube auszuschlafen – und das mache ich auch nicht zum Geheimnis vor meinen Kunden –, kommen mir die besten Ideen für schwierige Aufgaben oder Designs genau in der letzten Phase des Schlafens. Im Büro brauche ich das dann nur noch umzusetzen. Manchmal scherze ich mit meinen Kunden und sage, sie sollten mich für meinen Schlaf bezahlen.

Telke, 32

Seelisches Gleichgewicht

Ein Leben, in dem die Freude das Kommando übernimmt und sich alles leicht anfühlt … seit Anbeginn unserer Zeit streben wir Menschen nach Glück. Der Wunsch, ewig auf dem Gipfel zu stehen, die Freiheit zu spüren und voller Euphorie den Blick auf die atemberaubende Landschaft zu genießen – natürlich bei strahlendem Sonnenschein –, mag ganz verständlich sein. Doch genau diese Vorstellung von einem glücklichen Leben verbaut uns den Blick für das Schöne. Im Streben nach Perfektion und Glück verlieren wir nicht nur den Blick für die kleinen Dinge, die unser Leben reich machen. Es kommt noch viel schlimmer. Wenn Glück zum höchsten Gut erklärt wird und alle nur noch auf den Gipfeln der Welt rumklettern, dann ist in den Tälern niemand mehr da, um Getreide anzubauen, die Obstbäume zu pflegen und Kleidung zu nähen. Die Basis verschwindet.

Die Basis des Glücks sind die tiefen Täler: Melancholie, Traurigkeit und Tränen sind die Voraussetzung dafür, dass wir fähig sind, unser Glück wahrzunehmen.

Ich mag melancholische Musik. Langsame Melodie, getragener Rhythmus – damit komme ich am besten in Resonanz. Es ist Musik zum Hinhören, schon deshalb ein Genuss für meine Hochsensibilität. Die Melodie hat Zeit, sich zu entwickeln und zu entfalten. Die Seele hat Zeit, in ihre eigene Tiefe einzutauchen. Diese Musik macht mich innerlich besonders reich. Dennoch bin ich kein Mensch von Traurigkeit. Im Gegenteil, ich denke, gerade diese melancholische Musik hilft mir, die Freude des Lebens umso intensiver zu empfinden. Glücksforscher sagen, die Seele kann nicht immer obenauf sein. Sie muss auf und ab schwingen können. Gerade die melancholischen Tiefen machen den Menschen umso glücksfähiger. Und ich bin überzeugt: Die intensiv empfundene Melancholie bewahrt die Seele vor dem Abgleiten in die farblose Gefühllosigkeit der Depression.

Reimar Lüngen, 54

Es braucht die Schwere, um fühlen zu können, wann es sich leicht anfühlt. Krisen, die uns aus dem Alltag herausreißen, eröffnen uns neue Horizonte, lassen uns einen neuen Blick auf das Leben werfen und das Glück noch intensiver wahrnehmen. Und sie machen uns stärker. Viele hochsensible Menschen kennen Phasen von Melancholie und kommen ins Zweifeln, ob sie dem Leben gewachsen sind. Doch diese Zweifel entstehen nur aus einem Vergleich mit Strukturen und Anforderungen, die nicht auf der Grundlage (hoch)sensibler Werte entstanden sind.

Was ist verkehrt daran, wenn wir ab und zu traurig sind und den Tränen freien Lauf lassen? Niemand hat das Recht, andere als krank und depressiv zu bezeichnen, nur weil es Tage gibt, an denen sie melancholische Rückzugszeiten brauchen. Solange wir danach mit neuer Kraft und Power dankbar unseren Alltag rocken oder neue Wege gehen, ist alles in der Balance. Aufmerksamkeit ist dann geboten, wenn Kraft und Power nicht zurückkommen und das Leben stillsteht. Dann gilt es sich Hilfe zu holen, nachzuforschen, was uns die anhaltende Traurigkeit sagen will, und Raum für eine größere Auszeit zu schaffen.

Wenn aber die Traurigkeit einfach von Zeit zu Zeit an Ihre Tür klopft, schaffen Sie sich bewusst Räume, um die Tür zu öffnen. Denn Tränen reinigen unsere Seele, spülen all die emotionalen Verkrustungen davon und machen den Weg frei für die vielen kleinen, schönen Momente, die ein glückliches Leben ausmachen.

G E S U N D H E I T: Was ich erlebt habe …

____

____

____

____

Arbeit und Beruf(ung)

Die Berufswahl hat eine Dimension der Zukunft, die wir in jungen Jahren kaum überblicken können. Umso wichtiger ist es, sich so früh wie möglich mit den Stärken und Herausforderungen der eigenen Persönlichkeit auseinanderzusetzen. Denn unser Persönlichkeitsprofil besteht aus weit mehr als aus Mathe, Deutsch und Englisch.

Was für ein Segen wäre es, wenn bereits in der Schule auf Soft Skills und Persönlichkeit der Kinder geschaut würde, unterschiedliche Berufswege und Lebensmodelle vorgestellt würden und mehr Freiheit und freie Zeit zur Verfügung stünde für Ruhe und Langeweile. Denn aus Langeweile entstehen Kreativität und Neugier.

Menschen dauerhaft und frontal mit Wissen zuzuballern macht sie zu Nachahmern und Wiederholern. Aus ihnen werden fleißige Ameisen, aber keine Innovatoren und Problemlöser, die die Verantwortung für sich selbst spielend leicht in die Hand nehmen. Und ich darf das sagen, denn ich war auch mal eine fleißige Ameise, vielleicht eine ungewöhnliche, aber ich war eine. Bis mein System streikte und ich mir den Weg zum Innovator und Problemlöser mühsam erkämpft habe und endlich die Erkenntnis kam:

1. Das Leben besteht aus mehr als aus meiner Ausbildung.
2. Meine Arbeit wandelt sich mit meiner Entwicklung.
3. Ich muss mein sensibles Temperament, meine Werte und den Wunsch, der eigenen Berufung zu folgen, bewusst

in meine berufliche Entwicklung einbinden, weil ich andernfalls meine Lebenskraft verlieren und mein Körper streiken würde.

Wer in der klassischen Wirtschaftswelt landet, bei dem geht es meist rund. Es gibt zwar immer mehr agile Unternehmen mit flacheren Hierarchien und offeneren Strukturen. Doch oft genug ist der graue Alltag Gesetz: 40 bis 50 Stunden arbeiten, viele Überstunden, Großraumbüros, keine selbstbestimmten Pausen, wenig Rückzugsräume, Fremdbestimmung, vorgegebene Aufgabenbereiche ohne kreative Spielräume und ein Rhythmus, der in vielen Jobs immer gleich ist. Wozu das inzwischen immer öfter führt, geht nicht nur die hochsensiblen Menschen etwas an, sondern betrifft alle! Der BKK-Gesundheitsreport 2014 zeigt eine alarmierende Entwicklung auf: Während psychische Erkrankungen früher nahezu bedeutungslos waren, stieg ihr relativer Anteil an den Ursachen für Arbeitsunfähigkeit in den vergangenen 39 Jahren von 2 auf 14,7 Prozent. Im gleichen Zeitraum haben sich die durch psychische Krankheiten ausgelösten Krankheitstage verfünffacht. Sie sind heute die zweithäufigste Diagnosegruppe bei Arbeitsunfähigkeit und Krankschreibung, und die durchschnittliche Dauer psychisch bedingter Krankheitsfälle ist mit 40,1 Tagen dreimal so hoch wie bei anderen Erkrankungen (13 Tage). Die Bundesanstalt für Arbeitsschutz und Arbeitsmedizin hat 2011 ausgerechnet, dass die direkten Krankheitskosten für psychische Erkrankungen Volkswirtschaft und Unternehmen mit knapp 16 Milliarden Euro pro Jahr belasten. Die Prognose für das Jahr 2030 liegt bei 32 Milliarden Euro. So viel zu den Zahlen. Dahinter stehen Menschen – Menschen mit durchschnittlicher Sensibilität und Menschen mit hoher Sensibilität. Es geht um Partnerschaften. Um Familien. Um Enttäuschung. Das Gefühl, versagt zu haben. Tränen. Trauer. Und Angst.

Umso wichtiger war der Vorstoß der Regierung, die 2013 im Arbeitsschutzgesetz eine psychische Gefährdungsbeurteilung für jeden Arbeitsplatz verankert hat. Eine Vorschrift mehr, aber eine wichtige, und ein Schritt in die richtige Richtung. Die Herausforderung für alle, die sich mit dem Thema Hochsensibilität beschäftigen, wird sein, das Wissen um die unterschiedlichen Sensibilitäten von Menschen in Konzepte für psychische Gesundheit im Rahmen des betrieblichen Gesundheitsmanagements miteinzubeziehen. Denn es macht keinen Sinn, die Lösungen nur für 80 Prozent der Mitarbeiter zu stricken und 20 Prozent dabei unberücksichtigt zu lassen.

Was die 20 Prozent bewegt, was sie erfahren, womit sie kämpfen und welche Stärken sie in die Arbeitswelt einbringen – davon erzählen die Erfahrungsberichte in diesem Teil des Buches.

Berufswege und Berufung

Einen Beruf erlernen, ein Leben lang arbeiten, ab und an berufsspezifische Fortbildungen machen und irgendwann die Rente genießen. Das war die Vorstellung vom Arbeitsleben, die viele von uns mit auf den Weg bekommen haben. Für die einen haben die Eltern entschieden, was sie »werden« oder studieren sollen. Für andere gab es keine andere Chance, als beim nächstbesten Ausbildungs- oder Studienplatz zuzugreifen. Wieder andere haben nach dem Schulabschluss nächtelang Studien- und Ausbildungsführer gewälzt und sich verzweifelt gefragt, in welchem Beruf sie sich vorstellen können, ein Leben lang zu arbeiten. Die Entscheidung für einen Beruf fällt vielen HSP nicht leicht, denn sie spüren schon früh eine tiefe Sehnsucht danach, das »Richtige« zu tun. Und das ist unabhängig davon, ob wir von unserer Hochsensibilität wissen oder nicht. Sie spielt mit hinein in den Prozess der Berufswahl. Wer hochsensibel ist, ist wandlungsfähig, hat die Fähigkeit, sich anzupassen, und ist immer auf der Suche nach dem Sinn – ein Chamäleon im Beruf.

Der Hochsensible taucht völlig in seine Umgebung ein und erfasst, was dort gefragt ist. In der Folge war ich so im »Außen« beschäftigt, dass ich mich stets völlig verausgabt habe, ob im elterlichen Betrieb, beim kleinsten Nebenjob im Studium oder später in den Ausbildungen und Berufen. Stets bereit, alles mit den Augen der anderen zu sehen, verlangte ich mir alles ab, was ich leisten konnte, und war doch nie zufrieden. Denn wer freiwillig so powert, den soll man nicht aufhalten, dachten sich die Führungskräfte. Ohne das Feedback oder Lob hatte ich aber keine Grundlage für eine Bewertung. Und mich selbst hatte ich nur zu übergehen gelernt, ich spürte mich nicht mehr.

Ich habe elf Jahre lang Schulen in fünf Bundesländern mit unterschiedlichen Lehrplänen besucht. Als ich mit 17 Abitur machte, redeten mir prompt alle ein, ich müsste Medizin studieren. Brav habe ich das auch drei Semester getan. Es folgten noch zwei andere Studienfächer … Drei Berufsausbildungen mit den dazugehörigen Abschlüssen brachten mich wieder auf Erfolgskurs.

In den Studiengängen – mit Nachtarbeit zur Finanzierung – fand ich nie so viel Spaß am Leben und Lernen, wie ich zuvor in der Schulzeit hatte. Bei den Ausbildungen war das erst einmal wieder besser. Dort konnte ich mich zunächst wieder begeistern und Bestleistungen erbringen. Flugzeugmechaniker, Lokomotivführer, Fahrdienstleiter, Museumsbahnen, Privatbahngründungen, Start-ups. Oft an vorderster Front mit unzähligen Überstunden. Auf Kosten der Familie und am Ende unbefriedigt, ausgepowert, finanziell abgebrannt.

Ein Hochsensibler muss zum Überleben die Wörter »Nein« und »Stopp« lernen. Gerade das Einfühlungsvermögen für alle und die Fähigkeit, vorher zu wissen, was als Nächstes »dran« ist, gefährden einen bei entsprechender Leistungsbereitschaft und großem Verantwortungsgefühl ungeheuer. Unkonventionelle Arbeitsweisen, eine gute Portion hessescher Eigen-Sinn, eventuell auch Teilzeit sind zielführende Ansätze, um »trotz« Arbeit und hohen Anspruchs wieder Freude am Leben zu finden und Spaß an den Dingen zu haben. Wer sich sowohl für Sport (also Bewegung, Sonne, frische Luft, Wasser) als auch für genussvolles Kochen und Speisen Zeit nimmt, für herzliche Umarmungen und Zärtlichkeit, kann bei aller Sensibilität die innere Ausgewogenheit zwischen Arbeit, Lebensfreude, Verantwortung und Unsinn à la Pippi Langstrumpf (der auf keinen Fall fehlen darf) finden. Das ist meine Erfahrung und mein Credo, nachdem ich viel zu lange viel zu vieles viel zu ernst genommen habe. Das Leben geht immer weiter. Zum Glück gibt es Buchautoren wie Jonas Jonasson und andere feinsinnig humorige Skandinavier, die einem mit ihrer aberwitzigen Lebensauffassung helfen, dem Leben zu vertrauen und nicht die falschen Ereignisse zu ernst zu nehmen.

Andreas, 54

Je früher wir um unsere hohe Sensibilität wissen, desto bessere Chancen haben wir, mit dem Thema Berufswahl und Berufung adäquat umzugehen. Und es geht dabei auch gar nicht um die Frage, ob wir das, wofür wir uns entscheiden, ein Leben lang machen wollen. Beruf(ung)swege werden flexibler. Brüche oder Lücken im Lebenslauf sind keine Totschläger mehr, wenn wir zu ihnen stehen und sie souverän begründen können. Querdenker und Menschen, die über den Tellerrand hinausblicken können, sind immer gefragter. Wichtig ist, dass wir eine Grundbildung wählen, die uns im Innersten berührt und unseren Begabungen entspricht. Das ist die richtige Spur. Und die Berufung darf sich aus der Erfahrung in Job und Leben entwickeln. Bei dem einen geht das schneller, bei dem anderen dauert es länger. Wenn wir säen, brauchen wir Geduld, bis wir ernten können. Doch die Ernte kommt bestimmt. Selbst dann, wenn sich zwischendurch ein paar Schädlinge breitgemacht und einen Teil der Ernte zerstört haben. Manche Wege lohnt es sich zu gehen, auch wenn sie steinig sind.

Es kann großes Glück sein, die Signale des Gegenübers in allen Feinheiten zu spüren, empfänglich für Schwingungen zu sein, die andere aussenden oder die zwischen Menschen entstehen, und diese sozial-emotional differenziert wahrzunehmen. Manchmal kann es aber auch eine Überforderung sein – für beide Seiten. Denn nicht jeder Kontakt bedarf einer intensiven Erforschung, Analyse, langen Nachlese oder Reflexion. Zwischenmenschliche Kontakte leben auch von Spontanität und unbefangener Leichtigkeit. Und zu der bin ich oft nicht in der Lage.

Als Sozialpädagogin in einem frühpädagogischen und therapeutischen Aufgabenfeld bin ich in einem Beruf gelandet, in dem zwischenmenschliche Kontakte und Beziehungen eine hohe Relevanz haben und das tragende Element der Arbeit sind. Und: Ich habe meinen Beruf immer geliebt. Doch als Ehefrau und Mutter dreier Kinder, mit Haus und großem Garten plus Halbtagsstelle brachte ich mich gesundheitlich immer wieder an den Rand meiner Kräfte, obwohl mein Mann mir sehr viel Hausarbeit abnahm. Nie hatte ich die Zeit und Ruhe, meine vielschichtigen Wahrnehmungen im zwischenmenschlichen Bereich in Ruhe zu sortieren, einzuordnen und zu verarbeiten, geschweige denn adäquat damit umgehen zu lernen. Abschalten funktioniert aber bei mir genauso wenig. Ich drohte beinahe daran zu zerbrechen und bin krank geworden. Sei es Zufall oder Schicksal: Denn inzwischen hat sich der Kreis geschlossen, weil ich aus der Not meine Berufung entdeckt habe. Ich fand aus dieser Lebenskrise heraus die Kraft, eine therapeutische Zusatzausbildung zur Psychomotorik-Therapeutin zu machen, und habe so einen Rahmen gefunden, meine Fähigkeiten beruflich nicht nur besser zu nutzen, sondern auch besser verstehen und im positiven Sinne einfließen lassen zu können.

Selbstverständlich war dieser Prozess begleitet von einer Eigenanalyse, um meine eigene Geschichte trennen zu können von dem Erleben der Kinder, denen ich therapeutisch begegne. Entscheidend jedoch war für mich in dieser Ausbildung, mit meinen differenzierten emotionalen Wahrnehmungen konkret arbeiten zu lernen. Statt sie zu ignorieren und infrage zu stellen, begann ich bewusst mit meiner eigenen Resonanz auf das, was mir begegnete, umzugehen und sie als weiteres therapeutisches Instrument sinnvoll zu nutzen. Ich kann meine Gabe, die ich so oft als Fluch empfunden habe, nun als Schatz begreifen und sogar beruflich davon profitieren. Mir ist die Sprache des Herzens und der menschlichen Beziehungen verständlicher und transparenter geworden. Und mir hat sich eine neue, nicht kognitiv erfassbare Ebene der Interaktion und Kommunikation bewusster erschlossen. Im beruflichen Alltag begleite ich nun Kinder in Therapiestunden, damit sie ihre Geschichte in eine positive Richtung weiter- und umschreiben können. Es ist ein Geschenk, wie die Herzen der Kinder mir zufliegen, sie mir ihre Wünsche, Themen, Ängste und Konflikte auf ihre kindliche, ureigene Weise im Spiel und über den Körper mitteilen, sie mich damit ein Stück mitnehmen auf ihrem Weg des Hineinwachsens in unsere gemeinsame Welt. Manchmal kann ich einen Impuls oder eine Antwort mit auf den Weg geben, auf ihre Fragen zur Selbstfindung, dem Zurechtfinden zwischen den vielen Polaritäten des Lebens. Oft bin ich einfach nur die Zuhörende, die Teilnehmende an ihrem Leben, das menschliche Gegenüber und der Spiegel, in dem sie sich erkennen und lieben lernen. Und damit schließt sich für mich der Kreis der ursprünglichen Suche meines eigenen inneren Kindes in der Begegnung mit Kindern, die heute von ihren Gefühlen überrollt, blockiert werden, nicht so ins Bild unserer heutigen Gesellschaft passen oder sich erfolgreich verstecken und anpassen. Jedes Kind hat seine eigene Geschichte und eine wunderbare Persönlichkeit. Wie froh wäre ich damals gewesen, es hätte mich jemand in meiner Not und mit meinem Potenzial erkannt und mir erlaubt, anders zu sein und doch Teil eines Ganzen …

Gabriele, 50

Gabrieles Geschichte zeigt, welch tiefe Befriedigung wir finden können, wenn wir uns unsere Fähigkeiten im positiven Sinne bewusstmachen und sie für unsere Arbeit nutzen können. Zwischen den Zeilen steht, wie viel Kraft der Weg dorthin gekostet hat. Doch es scheint, dass sich der Weg gelohnt hat. Sie ist angekommen.

Erfolg

Was ist eigentlich Erfolg? Und wer definiert, wann jemand erfolgreich ist? Die Antwort ist einfach und kompliziert zugleich. Wenn wir uns Ziele setzen und sie erreichen, dann sind wir erfolgreich. Und im Grunde ist es an uns, Ziele zu formulieren und zu definieren, wann wir sie erreicht haben – also entweder erfolgreich oder nicht erfolgreich sind. Doch wie gehen wir damit um, wenn wir merken, dass die Ziele, die wir erreichen wollen, gar nicht zu uns passen, während wir zugleich das Gefühl haben, dass wir uns passend machen müssten? Und was, wenn wir immer und immer wieder die Erfahrung machen, dass wir mit diesen Zielen auf die Nase fallen und eben nicht erfolgreich sind? Oder umgekehrt: Wie wirkt es auf uns, wenn wir uns für ungewöhnliche Ziele entscheiden, sie erreichen, aber die anderen das nicht als Erfolg werten?

HSP sind eine Minderheit in einer Gesellschaft, in der die Mehrheit andere Ziele verfolgt als wir. Die Bildungs-, Berufs- und Bewertungssysteme in unserer Gesellschaft sind von der Mehrheit gestaltet und definiert. Und doch lohnt es sich, wenn wir uns auf den Weg machen zu eigenen Erfolgsmodellen – mit viel Zeit und Raum für Erkenntnis und ganz persönliche Ziele.

Die mangelnde Kontinuität in meinem Leben ist eines der Themen, die mich in der Vergangenheit am meisten belastet haben. In Bewerbungsgesprächen war es immer schwierig, den eigenen Lebenslauf zu erklären. Und auch ich selbst habe mich immer mal wieder gefragt: »Warum kann ich nicht mehr Kontinuität in mein Leben bringen?«

Als ich dann von dem Persönlichkeitsbild des Scanners erfahren habe, war ich zum einen total erleichtert. Da ist mir ein Riesenstein von der Seele geplumpst. Und gleichzeitig stellte sich die Frage: »Was machst du jetzt mit der Erkenntnis?« Ich wusste im ersten Moment nicht, wie mir das jetzt weiterhelfen sollte.

Dann habe ich noch mal rückwirkend meine bisherigen Stationen betrachtet und mir überlegt, wie ich das Unbeständige und den Drang, immer wieder etwas Neues zu probieren, in etwas Positives umwandeln kann. Die Antwort: Ich arbeite jetzt projektbezogen in überschaubaren Zeiteinheiten mit immer neuen Themen und Fragestellungen. Und natürlich auch mit immer neuen Menschen. Seitdem ich das so in mein Leben gebaut habe, ist im Prinzip alles eine Einheit geworden. Der Kreis hat sich geschlossen. Ich stille meine Neugier und habe gleichzeitig meine Form von Erfolg und Kontinuität gefunden. Man kann nicht auf Dauer gegen sein Naturell arbeiten. Heute berate ich Firmen in Vertriebsfragen und Menschen in Persönlichkeitsfragen. Kennzahlen sind für mich nicht entscheidend. Daran kann ich zwar messen, ob ein Konzept stimmt, aber das Konzept selbst basiert auf Persönlichkeit. Hochsensible denken eben weiter als in Quartals- und Jahreszeiträumen. Und dazu gehört es auch, andere Maßstäbe für Erfolg zu etablieren.

Arne Salig, 49

Wir werden von einer Gesellschaft und einem Bildungssystem geprägt, das sehr genau definiert, was es bedeutet, erfolgreich zu sein, und was dafür geleistet werden muss. Verkürzt formuliert geht Erfolg so: Erfolgreich ist, wer gutes Geld verdient und auf der Karriereleiter schnell nach oben steigt. Punkt. Wer diese Systematik nicht bedient, der braucht viel kreative Kraft, um sich dennoch gut zu verkaufen. Und wer aus der Systematik sogar ausbrechen möchte, der braucht Mut, Risikobereitschaft, Durchsetzungskraft und vor allem eines: Klarheit über sich selbst sowie über die eigenen Potenziale, Stärken und Werte. Dann können Selbstbewusstsein, Selbstsicherheit und Authentizität unabhängig von dem klassischen Bild des Erfolgstypen wachsen – die Basis dafür, sich passende Ziele zu setzen und im eigenen Tempo kleine und große Erfolge zu feiern. Die gute Nachricht zum Schluss: Der Arbeitsmarkt ist im Umbruch, gut qualifizierte Leute mit Persönlichkeit werden gebraucht. Wenn Sie klare Vorstellungen davon haben, wie Sie arbeiten wollen und welche Ziele Sie haben, dann werden Sie spüren, welches der nächste wichtige und richtige Schritt zu Ihrem Erfolg ist. Und wenn nicht, dann können Sie jetzt damit anfangen, auf Entdeckungsreise zu gehen. Auf die Plätze, fertig, los!

Fremdbestimmung

Hochsensible erleben im Laufe ihrer Entwicklung häufiger als andere das Gefühl, nicht dazuzugehören. Viele von uns setzen gerade deshalb auf die üblichen Wege und wollen auf dieselbe Weise wie die anderen ihr Leben erfolgreich gestalten.

Irgendwann kommen Zweifel. Die Art, wie wir leben, fühlt sich nicht richtig an, sondern irgendwie fremdbestimmt. Aufgaben, Arbeitszeiten und Bedingungen, die die meisten anderen als normal betrachten, können für uns auf die Dauer eine riesige Herausforderung sein – trotz Wille, Motivation und einem hohen Selbstanspruch, das Leben auf den ausgetretenen, vermeintlich sicheren Pfaden der Arbeitswelt zu meistern. Doch wo andere wie selbstverständlich durch die Gegend joggen, da stolpern wir und landen in dem dornigen Gestrüpp namens Selbstzweifel. Trotz der vielen kleinen wunden Punkte bleibt der Anspruch an die eigene Leistungsfähigkeit erhalten. Die unangenehme Folge: Stress und Druck nehmen zu. Es ist nur eine Frage der Zeit, bis Körper und Seele uns Zeichen geben und rufen: »Achtung, da stimmt etwas nicht mit deinem Leben.« Und die Zeichen werden immer lauter – bis wir hinhören. Darauf können wir uns verlassen.

Mein Burn-out war mein Weckruf. Ich war beinahe 40 und hatte gedacht zu wissen, was ich wollte: meinem Studium entsprechend so erfolgreich zu sein wie all die anderen. Trotz meiner Situation als Alleinerziehende, meiner permanenten kleinen »Wehwehchen« und meiner »Tagträumereien«, die mich immer wieder vom vermeintlich echten Arbeiten abhielten. Das wäre ja gelacht, ein wenig mehr Anstrengung, Anpassung, Konzentration aufs Wesentliche, dann müsste es doch möglich sein, den nächsten Schritt in meiner Leitungsfunktion im Sozialbereich zu schaffen … Aber da war ich nun: schlaflos, ausgebrannt, aufgelöst, mit

Migräne, Herzrasen und ständig im Clinch mit meiner Umwelt. Eines Tages konnte ich mich und das Leben, das ich führte, einfach nicht mehr ertragen. Was war nur aus mir geworden?!

Ich schloss einen Pakt mit mir selbst: Wenn ich dieses Ausbildungsstipendium im Bereich Coaching erhalten könnte, würde ich meinen Job kündigen! Und so geschah es; ich ließ meine Beziehung los, meinen Job, so manche Freundschaft, die Zigaretten sowie andere schädliche Angewohnheiten und machte mich auf den Weg – ohne eine Ahnung zu haben, wohin. Alles, was ich wusste, war, dass ich nur auf meine innere Stimme hören durfte. Es war ein Weg zu mir selbst, er führte über Meditation, Schweige-Retreats, viel Bewegung in der Natur und noch mehr Alleinsein zu der Erkenntnis, dass ich, wenn ich gesund sein wollte, endlich mein eigenes, selbstbestimmtes Leben führen musste. Und zu der Erkenntnis, dass ich hochsensibel bin!

Besonders zu Beginn war es nicht leicht, die Konsequenzen dieser Entscheidung zu tragen. Ich haderte mit Finanzsorgen, Behörden, Dienstgebern und Ärzten. Doch immer, wenn ich in Versuchung war, wieder auf den alten Weg der Anpassung zurückzuschwenken, sagte mir meine innere Stimme (oder eine liebe Freundin) ganz deutlich, dass ich doch auf dem richtigen Weg sei. Ich war inzwischen mehrfach ausgebildete Trainerin und Coach und hatte die lokale Gesprächsrunde für hochsensible Menschen übernommen. Langsam traute ich mich, auch dort immer mehr meine Vision eines bunten Angebots für HSP zu realisieren. Und zu meiner Überraschung wurde dieses Angebot auch angenommen! Ich erarbeitete mir ein eigenes Coachingkonzept für meine Zielgruppe und stellte wiederum fest, dass die Resonanz dann am größten war, wenn ich ganz bei mir blieb und wirklich »meins« machte! Mein Weg aus der Anpassung, Selbstaufgabe und Fremdbestimmtheit hat sich für mich echt gelohnt! Denn erst durch das Erkennen und Annehmen meiner Sensibilität lernte ich, in Selbstfürsorge meiner Bestimmung zu folgen – und so kann ich viel besser andere dabei unterstützen, zu ihrer eigenen Kraft zu finden.

Birgit Rainer, 47

Ob Burn-out oder andere Warnschüsse von Körper und Seele – wir stehen uns selbst, unseren Liebsten und der Gesellschaft gegenüber in der Pflicht hinzuhören. Je früher, desto besser. Der Wunsch nach Selbstbestimmung und die Sehnsucht danach, Wege einzuschlagen, die für unsere Eltern, die Familie oder auch (vermeintliche) Freunde erst einmal absurd klingen mögen, haben nichts mit Trotz oder der fehlenden Bereitschaft, sich in die Gesellschaft einzugliedern, zu tun. Es ist die hohe Wahrnehmung, die es uns kaum möglich macht, uns langfristig gesund in einem Umfeld zu bewegen, das uns dauerhaft überreizt. Selbst wenn unser Verstand beschließt, in einem Job zu bestehen oder einen Weg zu gehen, heißt das noch lange nicht, dass Körper und Seele diesen Weg mitgehen. Wir können uns entscheiden, dass wir uns »zusammenreißen« und uns anpassen. Und das Hauptmotiv dafür – nämlich die existenzielle, finanzielle Sicherheit – ist mehr als verständlich. Und ja: Andere Wege zu gehen erfordert Mut zur Selbstreflexion, Risikobereitschaft und manchmal auch vorübergehend materiellen Verzicht. Doch wir müssen uns entscheiden, wie wir unsere persönliche Sicherheit definieren und auf welches Fundament wir sie stellen wollen: auf Angst vor der Unsicherheit des Lebens und Situationen, die uns schwächen, Kraft kosten und krank machen? Oder auf Wege des Vertrauens, die uns zwar fordern, aber stark machen, uns zu uns selbst finden und unseren Beitrag zur Gesellschaft leisten lassen?

Geld und Finanzen

Geld gilt als anerkanntes Tausch- und Zahlungsmittel. Seltsam, dass man mit Geld auch Geld kaufen kann. Was macht das für einen Sinn? Ein kurioses System, das in diesen Zeiten wohl immer mehr Menschen infrage stellen. Jahrzehntelang predigten die Finanzprofis dieser Welt, dass das mit dem Geld ganz einfach sei: Wer alles richtig macht, kann nach den Gesetzen des Kapitalismus mehr als genug Geld anhäufen. Zinseszins hieß das Zauberwort. Jeder hätte reich werden können. Ach wirklich? Alle 7,3 Milliarden Menschen?

Heute wird mit jedem Tag, der vergeht, deutlicher, dass Geld-Reichtum für jeden nicht funktioniert. Doch der Fehler liegt nicht am Konzept Geld an sich, sondern im System. Grundsätzlich ist Geld etwas Gutes. Wir können unsere Existenz damit sichern, Nahrung kaufen und Klopapier. Was rein geht, muss ja auch wieder raus … Aber das allein reicht nicht. Wir brauchen mehr: Wohnung, Kleidung, Technik, Gesundheit, Mobilität, und inzwischen geben wir sogar Geld für Dinge aus, die virtuell sind, also eigentlich gar nicht wirklich da. Für viele Menschen ist es wichtig, immer mehr von allem zu haben, immer bessere Qualität, möglichst das Neuste vom Neusten, und das natürlich für so wenig Geld wie möglich. Die Onlinelogistik macht die Kunden zu Preisdrückern, die immer mehr Service für immer weniger Geld verlangen. Onlinehändler machen vor, was viele kleine Händler vor Ort nicht leisten können. Der Kunde ist kein dankbarer König mehr, er wird zum Tyrannen. Er drückt die Preise. Was nicht gefällt, wird zurückgeschickt. Die Unternehmen müssen immer billiger produzieren, die Qualität lässt nach. Und bei denen, die die Arbeit machen, kommt immer weniger an. Die wenigen Reichen häufen immer mehr an und können sich glücklich schätzen. Oder macht Geld allein doch nicht glücklich? Was bedeutet es, reich zu sein? Bedeutet das für jeden Menschen das Gleiche? Studien zeigen, dass Menschen ab einem bestimmten Einkommen nicht glücklicher werden, wenn sie noch mehr Einkommen erhalten.

Treffen Geld und Hochsensibilität aufeinander, dann wird Geld nicht nur als Tausch- und Zahlungsmittel betrachtet.

Die Sicht von vielen HSP auf das Geld und die Prozesse, die mit Geld zu tun haben, sind komplexer. Wir stellen uns die Frage: Wie möchte ich mein Geld verdienen? Möchte ich für ein Unternehmen arbeiten? Und wenn ja, für welches? Was kostet meine Leistung? Wofür möchte ich Geld ausgeben? Möchte ich Schulden machen? Wie viel Geld brauche ich zum Leben? Und wie viel Leben brauche ich, damit ich die Kraft habe, um Geld zu verdienen?

Meine Beziehung zu Geld ist eine besondere. Denn Geld ist für mich weniger ein Zahlungsmittel als ein Mittel der Wertschätzung, der Zuwendung, der Dankbarkeit und ein Ausdruck meiner Freude. Kein Wunder, dass es für mich ein komplexer Vorgang ist, Geld auszugeben. Ob bei Lebensmitteln, Kleidungsstücken, Möbeln oder technischen Geräten, ich stelle mir vor dem Kauf viele Fragen. Ist die Wertschätzung für die Verkäufer, für die Produzenten, für die Ware an sich und deren Inhaltsstoffe, die ich mit der Ausgabe meines Geldes zum Ausdruck bringen möchte, gerechtfertigt? Wo und wie sind die Waren produziert worden? Entsprechen sie meinen ethischen und ökologischen Prinzipien? Sind mir die Ladenbesitzer und Verkäufer sympathisch? Sind sie ehrlich und authentisch? Fühlt es sich jetzt gut für mich an, das Geld auszugeben – auch wenn es nicht unbedingt vernünftig ist?

Bis ich eine Neuanschaffung wage, kann es durchaus mal etwas dauern.

Geld ist für mich als Selbstständige auch mein größter Lehrmeister in Sachen Selbstwert. So durfte und darf ich den Wert für mein Wirken, mein Tun und mein Dasein, meine Fachkenntnis, Sensitivität und Energie selbst »schätzen« und vertreten. Meine wertvollste Erkenntnis: Als Hochsensible und Hellfühlige benötige ich viele Regenerationszeiten und meinen ureigenen Lebens- und Arbeitsrhythmus. Nur wenn ich mir diese gönne, bin ich die bestmögliche Begleiterin für meine Kundinnen und Kunden. Nachdem ich das verinnerlicht hatte, wurde meine Sensitivität zu meinem größten Erfolgsfaktor. Ich lernte sie als wahre Stärke zu nutzen und zu kommunizieren und pflege sie seither als mein kostbarstes Werkzeug. Ich trainiere meine Sensitivität täglich und gönne mir viele Auszeiten. Das bedeutet aber auch, dass ich diese Zeiten sehr ehrlich in die Stundensätze einkalkulieren muss.

Auch in Sachen Vertrauen ist mir Geld ein besonderer Lehrmeister. Denn mein Einkommen schwankt bei aller guten Planung immer wieder. Kommen unerwartet viele Reize zusammen, stehen intensive selbstreflektorische Prozesse an. Verlasse ich aus strategisch-rationalen Gründen meinen Weg, kommen weniger Aufträge. Der Geldfluss stellt sich allerdings stets wieder ein, wenn ich (aller Vernunft zum Trotz) meinem Gefühl vertraue und dem Weg folge, der sich für mich hell, leicht, warm und bunt anfühlt. Das ist immer wieder eine große Herausforderung für mich. Doch die grandiose Erkenntnis, dass nicht das Geld mir Sicherheit und Erfüllung schenkt, sondern mein Vertrauen in mich, meine Qualifikationen und mein Talent der Sensitivität, ist alle bisherigen Höhen und Tiefen wert gewesen. Und es bleibt die Dankbarkeit, dass das Talent meiner Hochsensibilität und Hellfühligkeit mir ein so reichhaltiges Leben schenkt.

Inga Dalhoff, 40

Ehrlich und transparent ist Ingas Geschichte; sie steht damit symbolisch dafür, welchen Umgang hochsensible Menschen mit Geld pflegen. Kommunikation, Authentizität und Verbindlichkeit sind uns im Zusammenhang mit Geld wichtig. Das zu erkennen und zu leben ist essenziell. Genauso wichtig ist es zu realisieren, dass nicht alle Menschen so bewusst, ehrlich und wertschätzend mit dem Geld umgehen. Ob wir nun wollen oder nicht: Als zarte Menschen in dieser »harten« Wirtschaftswelt haben wir kaum eine andere Chance, als uns kritisch und intensiv mit dem Thema Geld auseinanderzusetzen. Nehmen wir uns die Freiheit, unseren Umgang mit Geld frei zu denken und zu gestalten. Ob es mit dem Geld gerade gut läuft oder ob es stockt: Es ist wichtig, dass wir für uns eine eigene Definition von Reichtum und Geld finden. Wollen wir uns hoch verschulden, um in 30 Jahren ein renovierungsbedürftiges Eigenheim zu haben, für dessen Instandsetzung wir dann vielleicht noch mal einen Kredit aufnehmen müssen? Halten wir dem Druck der hohen Schuldenlast, die eine Immobilienfinanzierung mit sich bringt, stand? Oder sind wir glücklicher und entspannter, wenn wir flexibel bleiben?

Wenn wir ein Unternehmen gründen, stellt sich die Frage, mit wie viel Fremdkapital wir das tun wollen. Macht es vielleicht mehr Sinn, das Unternehmen langsamer aufzubauen und es organisch wachsen zu lassen? Wollen wir überhaupt ein »großes« Unternehmen? Und wenn ja, welche Partner sind die richtigen? Kann es klappen, wenn sich Menschen mit unterschiedlichen Wertesystemen zusammentun? Da prallen bisweilen Welten aufeinander: Auf der einen Seite stehen hohe ethische Ansprüche, der Wunsch, Dienstleister angemessen zu bezahlen, und die Maxime »Qualität vor Quantität«. Es geht nicht in erster Linie um Gewinnmaximierung, sondern darum, mit allen Beteiligten gute Beziehungen zu pflegen und dem Kunden ein guter Partner zu sein. Auf der anderen Seite steht jemand, der gelernt hat, dass Geschäfte nur funktionieren, wenn Gewinne maximiert und Kosten so niedrig wie möglich gehalten werden und für den Sprüche wie »Ich behandele alle Menschen gleich schlecht« kein Scherz, sondern normales Machtgehabe sind. Wenn wir in der Welt der Wirtschaft unterwegs sind, dann ist es wichtig, die eigenen Bedürfnisse im Fokus zu behalten, auf das Bauchgefühl zu achten und sich nichts schönzureden, weil es vernünftig und – aus klassisch-wirtschaftlicher Perspektive – der nächste »sinnvolle« Schritt wäre: Für viele von uns ist es besser, mehrere kleine Schritte zu gehen, die sich alle gut anfühlen und Raum lassen für Liebe und Leben, als wenige große Schritte, die zwar vernünftig sind, uns aber etwas abverlangen, was wir nicht (er)tragen können.

Bürowelten

Früher haben Menschen in Höhlen gewohnt. Und heute? Wohnen wir auch in Höhlen. Nur dass die inzwischen Häuser heißen. Manche sind kleiner, andere größer. Fakt ist: Wir brauchen unsere privaten Wohlfühlräume. Aus den Höhlen heraus kamen die Menschen früher, um sich Nahrung zu beschaffen. Oder sie sind hinaus in den Krieg gezogen. Und heute? Heute gehen wir arbeiten, um uns Nahrung kaufen zu können. Und für manche mag sich das anfühlen wie Krieg. Der tägliche Kampf ums Überleben. Eines der Schlachtfelder: das Großraumbüro. Jeder ist unter Beobachtung. Alle müssen leisten – immer. Keiner kann sich zurückziehen. Die Kommunikation soll flutschen. Bloß keine Zeit verlieren. Schließlich gilt es, die Kosten zu senken, den Umsatz zu steigern und immer mehr Wachstum zu produzieren. Auf Kosten der Menschen. Dabei ist längst offensichtlich, dass die ständige Präsenz, der Lärmpegel und das Klima in den meisten Großraumbüros besonders für introvertierte Menschen, aber auch für die extrovertierten eine Herausforderung sind. Wenn dann noch ein (hoch)sensibles Temperament dazukommt, dann ist ein Großraumbüro trotz Leistungswille und -bereitschaft kaum erträglich.

In meinem alten Job saß ich mit 20 bis 30 Leuten in einem Großraumbüro zusammen. Wir saßen an Dreierinseln auf einem Raum von ungefähr 10 Quadratmetern – da war wenig Platz für den Einzelnen. Unsere Arbeitsplätze waren durch eine halbhohe Sichtschutzwand abgetrennt. Wenn ich gesessen habe, konnte ich meine Kollegen nicht sehen, aber hören. Sobald ich aufstand, konnte ich meine Tischnachbarn auch sehen. Mein Arbeitstag fing damit an, dass ich morgens ins Büro kam und im Raum die unterschiedlichsten Emotionen und Schwingungen meiner Kollegen wahrgenommen habe. Die eine war frisch verliebt, mein Nebenmann hatte Liebeskummer, bei der Dritten war das Kind krank und der Nächste hatte einen Trauerfall in der Familie. Das löste in mir schon Chaos aus, bevor ich überhaupt angefangen hatte zu arbeiten. Und bei der Arbeit konnte ich mich selten richtig konzentrieren. Wenn mir das kurzzeitig gelang, klingelte wieder irgendwo ein Telefon. Ich setzte mich immer mehr unter Druck. Meine Arbeit wurde immer oberflächlicher. Das gefiel mir überhaupt nicht, weil ich grundsätzlich einen hohen Anspruch an meine Arbeit habe. Ich wurde immer unzufriedener, weil ich gerne leisten wollte, es aber nicht geschafft habe. Die Stresssituationen häuften sich, weil es in meinem Job auch Deadlines gab. Immer mehr Dinge blieben liegen. Meine Aufgabe war es auch, angesehene Persönlichkeiten telefonisch zu interviewen. Wenn dann im Hintergrund jemand von der letzten Party erzählt oder einen Witz reißt, dann ist das kein gutes Aushängeschild. Das ist nicht professionell, und ich habe mich in solchen Situationen immer fremdgeschämt.

Die ganze Situation führte dazu, dass ich mich regelrecht in die Enge getrieben fühlte. Irgendwann habe ich dann auch körperlich reagiert und eine Neurodermitis im Gesicht bekommen, begleitet von heftigen Schmerzen. Auf den ersten Blick eine Katastrophe. Doch letztendlich hat mich diese Situation dazu gebracht, mich mit meinen eigenen Grenzen auseinanderzusetzen, denn die Haut steht für die Abgrenzung nach außen. Ich arbeitete in einem pharmazeutischen Unternehmen und musste die Erfahrung machen, dass keine Salbe etwas nützte. Daraufhin bin ich komplett auf Naturprodukte umgestiegen – und habe gekündigt. Drei Wochen nach der Kündigung hatte sich das Gesicht erholt und alles war wieder gut. Was für eine Erkenntnis! Wenn ich die Dinge selbst in die Hand nehme und selbst steuere, dann komme ich dort an, wo ich hinwill. Als ich das begriff, habe ich mir geschworen: Das nächste Büro wird ein Einzelbüro. Und so geschah es: Bei meinem Bewerbungsgespräch für einen neuen Job habe ich offensiv formuliert: »Ich fange gerne bei Ihnen an, wenn ich ein Einzelbüro habe, wo ich die Tür schließen kann. Ich kann so besser wissenschaftlich arbeiten und in die Tiefe gehen. Natürlich bin ich bereit, die Tür von Zeit zu Zeit anzulehnen oder zu öffnen, damit die Kommunikation mit den Kollegen rundläuft. Mir geht es nicht um eine Sonderbehandlung, sondern darum, einen eigenen Raum zu haben, damit ich konzentriert arbeiten kann.« Die Reaktion der Chefin war positiv, und so hatte ich einen neuen Job mit Einzelbüro. Die Auseinandersetzung mit meinen sensiblen Seiten hat sich gelohnt und der offene Umgang damit auch.

Anne*, 42

Den eigenen Signalen lauschen, Grenzen (an)erkennen und – spätestens, wenn es nicht mehr geht – Konsequenzen ziehen: Die Geschichte von Anne zeigt deutlich, was falsche

Arbeitsbedingungen bewirken können. Und dass es ungewöhnlich mutige Schritte braucht, um Situationen für sich zu ändern. Eine Art »existenzielle Flexibilität«. Für die meisten von uns ist es eine Riesenherausforderung, einfach den Job zu kündigen. Denn schließlich kommen wir auch heute noch aus unseren Höhlen, um das Überleben zu sichern. Obwohl: Es gibt da ja inzwischen auch viele andere Lösungen … Homeoffice, freie Mitarbeit, Teilzeitlösungen oder eben Einzelbüros sind auch für sensible Menschen eine sehr gute Möglichkeit, um den täglichen Kampf in Freude am Spiel des Arbeitslebens zu wandeln.

Meetings

Wer schon einmal als Angestellter in mittleren Unternehmen oder einem Großkonzern gearbeitet hat, der kennt die Meetingkultur. Und es gibt wohl nicht wenige, die fast täglich in einem Meeting sitzen und sich – ebenfalls täglich – fragen: »Was soll eigentlich dieses ganze Theater?« Marion Knaths, Trainerin für weibliche Führungskräfte und Inhaberin des Unternehmens sheboss, hat mich in ihren Büchern und Videos sehr kurzweilig und mit einem Augenzwinkern gelehrt, was den Unterschied zwischen männlicher und weiblicher Kommunikation in Meetings ausmacht. Frauen kommunizieren verbindungshaltend; sie sind die sozialen und beziehungsfördernden Kommunikationstypen. Sie schauen immer in die Runde, beziehen alle mit ein – und keiner hört sie. Im nächsten Moment adressiert der Wunderknabe des Unternehmens die gleiche Idee noch einmal an den Chef – und punktet! Männer kommunizieren nämlich, um die Rangordnung zu klären. Wer auf der Karrieretreppe weiter nach oben will, der muss sich »nach unten« absichern, seine Position stets verteidigen und zusehen, dass er sich in Richtung der »Nummer 1« immer bestens präsentiert, ohne Rücksicht auf Verluste. Dass die Idee gar nicht die des Wunderknaben war, interessiert nicht. Er hat sie jedenfalls als Erstes so platziert, dass sie »oben« angekommen ist. So weit, so (gar nicht) gut. Für mich war diese einfache Analyse dessen, was auch ich häufig genug beobachten konnte, eine Offenbarung. Inzwischen werden Frauen in zahlreichen Führungskräftetrainings dazu angehalten, es den Männern gleichzutun. Ob das so eine gute Idee ist? Mehr Sinn würde es aus meiner Sicht machen, in jedem Meeting mindestens einen hochwahrnehmenden Menschen mit an Bord zu haben, ganz gleich, ob Mann oder Frau. Denn Hochsensible kommunizieren anders und können – ein sensibel-starkes Selbstbewusstsein vorausgesetzt – die Gruppe zum Ziel führen. Und zwar völlig unabhängig davon, in welcher Position sie sich selbst befinden.

Für mich ist es kein Problem, vor großen Gruppen zu sprechen. Und je besser ich die Menschen kenne, desto einfacher wird es. Ob ich die Leute mag oder nicht, spielt für mich keine Rolle. Wenn es sich allerdings um Situationen handelt wie in Meetings, in denen es nicht um Sachthemen, sondern um Small Talk und die persönliche Bühne Einzelner geht, dann spielt das für mich sehr wohl eine Rolle. Dann ziehe ich mich zurück, denn ich mag keinen Small Talk. Besonders spannend fand ich Meetings immer in großen Konzernen. Ich habe mich dort häufig wie ein Außerirdischer gefühlt. Als HSP habe ich im Verhältnis zu dem, was gesagt wurde, immer viel mehr mitbekommen. Nämlich all das, was tatsächlich an Stimmungen und Schwingungen im Raum unterwegs war. Ich bekomme mit, wenn Menschen lügen. Wenn Ergebnisse präsentiert wurden, war mir immer klar, wenn jemand etwas schönredete. Das schien aber außer mir niemanden zu stören. Für mich war immer offensichtlich, mit welcher Dreistigkeit zum Teil Dinge einfach behauptet wurden. Wichtiger als das echte Ergebnis war die Show. In jüngeren Jahren war das für mich eine Belastung. Bis ich mich gefragt habe: Warum bin ich eigentlich hier, und was mache ich hier eigentlich? Ich habe diese Meetings mitgemacht, weil es zum Job gehörte. Aber innerlich schaltete ich währenddessen total ab.

Anfangs versuchte ich, auch mit Kollegen darüber zu sprechen. Doch ich stellte schnell fest, dass meine Vorstöße unerwünscht waren. Meetings sind selten dazu da, ein Ergebnis herbeizuführen; sie dienen vielmehr als Bühne, auf der die Menschen sich für den nächsten Karriereschritt präsentieren. Diese Art der Selbstbeweihräucherungsmeetings ist bis heute nichts für mich.

Als ich in den großen Konzernen unterwegs war, begann ich irgendwann, mir zu den Zeiten dieser Meetings andere – sinnvolle – Termine zu legen, sodass ich einfach nicht dabei sein konnte. Bei Meetings, in denen es um Sachthemen ging und es tatsächlich etwas zu entscheiden gab, habe ich gelernt, die Gruppe zu leiten, obwohl ich nicht der Ranghöchste war. Statt durch Selbstdarstellung habe ich die Gruppe durch Fragen zum Ziel geführt. Interessant war dann, was mir nach den Meetings zurückgespielt wurde. Ich wurde als »Fels in der Brandung« bezeichnet und habe aus Sicht der Teilnehmer für ganz viel Ruhe gesorgt. Einfach die Aufregung rausgenommen. Das war ein tolles Feedback. Ich wusste damals noch nicht, dass ich hochsensibel bin, und habe diese Methode intuitiv entwickelt und eher unbewusst eingesetzt. Als ich dann von meiner Hochsensibilität erfuhr, habe ich durch die mögliche Reflexion angefangen, meine »Frage-Methode« bewusst ein- und umzusetzen.

Und es war eine Erleichterung, einen Begriff dafür zu haben, warum ich mehr und anders wahrnehme. Und nicht nur das. Im gleichen Atemzug verstand ich auch, dass die anderen eben viel weniger wahrnehmen und auch weniger hinterfragen. Heute weiß ich: In Meetings kann ich mich mit dieser erhöhten Wahrnehmung bewusst auf das konzentrieren, was nicht gesagt wird, und so sehr gut zu Lösungen steuern – eine Rolle, die ich heute gezielt einnehme.

Arne Salig, 49

Diese Schilderung von Meetings sagt viel aus über die Kommunikationskultur, die in unserer Gesellschaft vorherrscht. Doch sie zeigt auch noch etwas anderes: dass gerade hochsensible Männer mit den Kommunikationsmustern des männlichen Mainstreams nicht mithalten können und wollen, dass sie nicht mitmachen wollen beim täglichen Kampf um die Rangordnung unter lauter arroganten Pfauen, die alle stolz ihr Rad zur Schau stellen und dabei gar nicht merken, dass bei so viel aufgeblasener Show kaum Zeit und Energie für die wirklich wichtigen Themen bleibt …

Zwischen all dem Gerangel auf der »harten« Seite und Kopfschütteln auf der »zarten« gibt es eine gute Nachricht: Wer sich seiner sensiblen Stärken bewusst ist, der hat das Zeug, in Führung zu gehen bzw. diejenigen zu unterstützen, die führen, und zwar zum Wohle aller und ohne dass jemand gegen ihn kämpfen müsste. Insofern könnten wir tatsächlich das Bild des »weisen Beraters« wählen, um zu beschreiben, was Hochsensible in Wirtschaft und Gesellschaft leisten können. Ich habe mich lange gegen dieses Bild gesträubt, weil es falsch verstanden werden könnte. So als ob wir HSP die Weisheit für uns gepachtet hätten. Doch darum geht es nicht. Fakt ist, dass jeder Mensch unterschiedliche Stärken hat – und das ist gut so.

Netzwerke

Ohne Netzwerke läuft in Wirtschaft und Gesellschaft gar nichts. Jede Organisation und jedes System basiert auf Beziehungen zwischen Menschen. Nur in der Gemeinschaft können wir Ziele erreichen – ganz gleich, ob es um Projekte wirtschaftlicher, unternehmerischer, politischer, gesellschaftlicher oder privater Art geht. On- und Offline-Netzwerke haben Hochkonjunktur. In einer Zeit, in der es immer mehr neue und unterschiedliche Lebensmodelle gibt, ist das Bedürfnis nach Austausch mit Gleichgesinnten und gegenseitiger Unterstützung groß. Spätestens dann, wenn Menschen als Unternehmer in die Selbstständigkeit gehen, kommen sie an einem guten Netzwerk nicht vorbei.

Als hochsensibler Mensch ist es gut zu wissen, dass feine Antennen und eine hohe Wahrnehmung beim Netzwerken eine hohe Herausforderung sein können: viele Menschen, viel Input, viele Reize und parallel der permanente Abgleich mit den eigenen Idealen und Werten.

Viele Menschen auf einem Haufen und hochsensible Menschen – so ganz zusammen passt das nicht, oder doch? Wer sensibler ist als so manch anderer, für den sind größere Menschenansammlungen und die damit verbundene körperliche Nähe eine Herausforderung. Beim Netzwerken lassen sich solche Situationen allerdings nicht vermeiden. Bevor ich wusste, dass ich hochsensibel bin, stieg in mir bei Netzwerktreffen jedes Mal ein unbehagliches Gefühl hoch, was ich mir damals nicht erklären konnte. Angemerkt hat man mir das aber nicht. Seit ich mich mit einer Frauenmesse selbstständig gemacht habe, bin ich häufig zu Gast auf den verschiedensten Netzwerktreffen. Das allererste Netzwerktreffen werde ich nie vergessen: Eine ältere, »lebenserfahrene« Frau hatte ein Netzwerk gegründet und lud dazu ein. Schon beim Eintreten war mir komisch, obwohl ich positiv eingestimmt war, denn ich war extra 250 Kilometer gefahren und wollte nun ein paar schöne Stunden verleben. Ich wusste damals nicht, dass dieses komische Gefühl auch mit Räumen und Gerüchen zu tun hatte. Es war Herbst und – obwohl erst 15 Uhr – bereits sehr dunkel. Ein Kamin knisterte im Hintergrund, Wärme und Geruch gingen durch den ganzen Raum. Das halbdunkle Licht machte mir zu schaffen. Als die Gastgeberin anfing zu sprechen, empfand ich ihr Lächeln bzw. Lachen als unangenehm. Es wirkte auf mich einfach nur falsch. Ich dachte noch: »Mensch, stell dich nicht so an.« Bis die Frau dann auf mich zukam und ich nur noch ihre Zähne, ihr angestrengtes falsches Lächeln und ihre angespannt »gute Laune« wahrnahm. Ich fühlte mich schrecklich. Die Leiterin hatte noch eine Mitstreiterin, die wunderschön zart und nett wirkte und mit der ich mich gerne unterhalten hätte. Aber leider ließ die »Grinsedame« niemanden an sie heran. Sie hatte den Raum und die Frauen voll im Griff. Zu heutiger Zeit wäre ich gegangen oder hätte etwas getan, um mich besser zu fühlen, aber damals litt ich qualvolle drei Stunden und sah nur noch dieses Grinsen und die Zähne. In den folgenden Wochen kam mir das Gesicht immer wieder in den Sinn, und ich dachte: »Nein danke, wenn das Netzwerken ist, dann ist das absolut nicht mein Ding.« Doch ich habe auch etwas Positives von diesem ersten Abend mitgenommen: Einige Frauen kamen an dem Abend auf mich zu und sagten Sätze, die ich in meinem Leben immer wieder höre: »Komisch, ich kenne Sie gar nicht, aber irgendwie habe ich das Gefühl, ich muss Ihnen alles erzählen. Das, was ich Ihnen gerade anvertraue, habe ich noch nie jemandem so erzählt.«

Vollgepackt mit dieser Reizüberflutung, habe ich dieses schreckliche Netzwerkerlebnis in etwas Positives umgewandelt, seitdem ich weiß, dass ich hochsensibel bin. 2008 gründete ich selbst ein FrauenBusiness-Netzwerk, weil mir Netzwerken wichtig ist und weil ich es mit den Erfahrungen, die ich gemacht hatte, anders angehen wollte. Denn für Hochsensible ist Netzwerken intensiver und anstrengender als für durchschnittlich sensible Menschen. Ihre feinen Antennen ermöglichen auch einen Blick hinter die Fassade, und sie lassen sich nicht von Äußerlichkeiten und Sprüchen blenden. »Unsichtbare« Schwingungen nehmen sie wahr und spüren noch, bevor es losgeht, wie die Stimmung ist. Klirrt Geschirr? Knallen Türen? Rempeln sich die Menschen an? Verheddern sich zu große Taschen? Ist die Geräuschkulisse der Gespräche zu laut und die Gesamtsituation hektisch? In solchen Situationen nehme ich mir heute die Freiheit zu gehen. Denn die Grundstimmung strahlt meistens von den Veranstaltern bzw. Gastgebern aus. Ihre Anspannung bzw. Energie verbreitet sich in Wellen sofort in den Raum und auf die Umgebung. Und wenn das eine Energie ist, die mir nicht guttut, dann spüre ich das. Manchmal macht es aber auch in unangenehmen Situationen Sinn zu bleiben. Und so habe ich in den letzten Jahren angefangen, das Netzwerken sportlich zu nehmen. Inzwischen finde ich es total spannend, *und ich bewege mich wie ein Profiler auf solchen Treffen. Ich kann schon fast erkennen, was die Menschen voneinander wollen. Wenn wir uns der Stärken, die uns die Hochsensibilität schenkt, bewusst werden, dann haben wir so viel mehr vom Netzwerken und können nutzen, was uns gegeben ist. Mein Tipp: Wem es nicht gut geht bei einem Treffen, der soll seine eigenen Grenzen akzeptieren, selbst wenn es bedeutet, die Veranstaltung zu verlassen. Denn wenn wir darauf nicht hören, dann nehmen wir die Überreizung und den Stress leichter mit als andere. Umso größer ist die Freude, wenn das nächste Netzwerktreffen zum Erfolg wird.*

Sandra, 45

Sandras Geschichte steht mit Sicherheit stellvertretend für die Erfahrungen vieler hochsensibler Frauen und Männer, die sich auf das weite Feld des Netzwerkens eingelassen haben, ob für sich persönlich oder weil es ihr Weg von ihnen fordert. Mögen die Herausforderungen je nach Ausprägung der Hochsensibilität und auch abhängig davon, ob ein Mensch extrovertiert oder introvertiert ist, individuell unterschiedlich sein, gibt es doch einige Tipps:

Die Vorbereitung: Bereiten Sie sich in Ruhe vor, und legen Sie bewusst eine Ruhepause ein, bevor Sie losfahren. Wenn möglich und sinnvoll, schauen Sie sich die Räume vorher an. Planen Sie ausreichend Zeit ein, damit nicht schon bei der Anreise Stress aufkommt. Das sichert nicht nur eine entspannte Parkplatzsuche, sondern auch die Möglichkeit anzukommen, wenn »die Hütte« noch nicht voll ist. Es sei denn, Sie wollen gleich von allen gesehen werden … Schauen Sie – wenn möglich – vorher auf die Gästeliste, und stellen Sie zu dem einen oder anderen Menschen, der Ihnen sympathisch erscheint oder ein interessanter Kontakt für Sie sein könnte, schon im Vorfeld gezielt die Verbindung her. Das funktioniert wunderbar über soziale Netzwerke wie LinkedIn oder Facebook. Sie können auch zum Veranstalter selbst den Kontakt vorher aufbauen, vorausgesetzt, das passt zum Anlass bzw. zur Person und fühlt sich stimmig an.

Die Veranstaltung: Lassen Sie die Atmosphäre auf sich wirken und achten Sie auf Ihre Bedürfnisse. Wollen Sie sich kurz frisch machen oder brauchen Sie etwas zu trinken? Wenn es etwas zu essen gibt, dann greifen Sie nicht nur aus Höflichkeit zu, sondern überlegen Sie, was Ihrem Verdauungstrakt und Ihrem Hirn guttut. Suchen Sie sich einen Platz, der sich gut anfühlt – dazu eine kleine Anekdote: Ich war auf einer Netzwerkveranstaltung, an der auch einige bekannte Vortragsredner teilnahmen. Vor dem dritten Redner war meine Reizgrenze bereits erreicht, doch ich hatte das Gefühl, dass ich bleiben sollte. Normalerweise setze ich mich lieber in die vorderen Reihen. Doch der Umbau des Raumes und die Atmosphäre ließen mich zu einem der hinteren Plätze an der Seite gehen. Eine gute Wahl, denn der Vortrag forderte mich mit allerhand aufregender Straßenkunst, Feuer, Hochrad und Co. in dem geschlossenen Raum so heraus, dass ich hätte gehen müssen, wenn ich direkt neben dem Geschehen gesessen hätte. Und dass ich geblieben bin, war gut, denn das anschließende Gespräch mit dem Vortragsredner war der Anfang eines sehr netten Kontaktes.

Sollte sich während der Veranstaltung ein unangenehmes Gefühl bei Ihnen breitmachen, seien Sie ehrlich mit sich selbst: Hält die Veranstaltung, was Sie sich davon versprochen haben? Finden Sie das Motto oder den Zweck wieder, der Sie dazu bewegt hat, die Veranstaltung zu besuchen? Gefällt Ihnen die Atmosphäre? Sind auf der Veranstaltung Menschen, mit denen Sie etwas anfangen können? Ergeben sich gute Kontakt und/oder persönliche Impulse? Wenn ja – gut. Wenn nicht, prüfen Sie, ob es die Zeit wert ist zu bleiben. Oder brauchen Sie einfach eine kurze »energetische« Pause? Dann gehen Sie an die frische Luft und atmen Sie bewusst. Fokussieren Sie sich auf Ihren Körper und Ihre Gedanken. Das hilft, einen klaren Kopf zu bekommen.

Die Nacharbeit: Pause. Pause. Pause. Dann fokussieren Sie sich auf Ihre Aufgaben und vernetzen sich zeitnah mit den Menschen, die Sie getroffen haben. Nutzen Sie dafür Ihre bevorzugten Social-Media-Kanäle. Wenn es konkrete Anknüpfungspunkte gibt, dann schreiben Sie eine persönliche E-Mail. Bitte erwarten Sie vom Gegenüber nicht in jedem Fall eine schnelle Antwort. Hochsensible sind meist verbindlicher als viele andere Menschen. Wenn sich jemand nicht zurückmeldet, dann ist das in den allermeisten Fällen keine Kritik an Ihrer Person, sondern einfach auf die Fokussierung des anderen auf sein Tagesgeschäft zurückzuführen. Warten Sie eine Weile ab und haken Sie noch einmal nach. Wenn der Kontakt sein soll, dann wird sich daraus auch etwas entwickeln.

F A Z I T: Netzwerken für Hochsensible will gelernt sein. Packen Sie es an. Denn Netzwerke sind Übungsfelder, und Sie werden vielen Entwicklungspartnern begegnen. Haben Sie die richtigen Netzwerke gefunden, dann wird das Ihr Leben reich machen – beruflich wie privat.

Selbstwertgefühl

Mit zu hohen Erwartungshaltungen an die eigenen Leistungen können wir viel Druck erzeugen. Druck, der unser Selbstwertgefühl in Mitleidenschaft zieht, uns an uns selbst zweifeln lässt und irgendwann auch körperliche Schmerzen verursacht. Was ist zu tun, wenn wir in unseren Mustern festsitzen? Aufgeben? Sich den Schmerzen geschlagen geben? Oder an die Veränderung glauben? Und neugierig nach neuen Pfaden Ausschau halten, die uns zur Lösung führen? Die nächste Geschichte erzählt davon, wie sich eine Frau auf den Weg gemacht hat. Wie sie es wagte, tief in sich hineinzuschauen. Wie es ihr dabei gegangen ist, welche Gedanken sie hatte und was sie fühlte. Und wie sich ihr Inneres während des Schreibens wandelte. Ein mutiger, kraftvoller Prozess voller Vertrauen.

Ab Montag werde ich mich verlieren in der Arbeit. Es wird viel zu viel zu tun sein. Mehr, als ich in der Woche vor meinem Urlaub schaffen kann. Ich werde gestresst sein, angespannt und meine Bedürfnisse aus dem Blick verlieren. Ich werde nicht genug trinken und in den

Pausen nicht abschalten können. Ich werde nicht wissen, wo ich zuerst anfangen soll, weil alles so wichtig ist und noch vor meinem Urlaub fertig werden muss.

Ich werde den Eindruck haben, dass es nach meinem Urlaub keine Zeit gibt, in der ich das, was vorher und währenddessen liegen bleibt, abarbeiten kann. Ich werde unter Zeitdruck geraten, viel länger arbeiten, als ich will, und mich dafür verurteilen. Ich werde mich so richtig unter Druck setzen, und es wird mir dabei schlecht gehen. Auch körperlich.

Und dann bin ich wieder selber schuld. Weil ich nicht auf mich aufpasse und nicht wirklich belastbar bin. Ich werde wenig atmen. Ich werde mit meinem Muster konfrontiert werden und es mit aller Kraft ablehnen. Das wird neben meiner Arbeit so viel Stress erzeugen, dass ich in der Freizeit nichts anderes machen kann. Ich brauche die Zeit, um mich davon zu erholen, wie ich selbst mit mir umgehe. Und unzufrieden sein, weil ich es doch ändern könnte, statt so verbissen zu sein und das Gefühl zu haben, nicht anders zu können.

Schon beim Aufschreiben dieser Gedanken merke ich, dass ich weniger atme und mich anspanne. Die Kraft meiner Gedanken macht das alles riesig groß. So groß, dass ich am Ende der Woche total erschöpft sein werde, kaum Kraft habe zu packen und der Urlaub, auf den ich mich schon so lange freue, kaum noch eine Rolle spielt. Ich werde gestresst losfahren und erst mal nicht runterkommen. Ja, so wird es sein, und es darf so sein, ich darf so sein. Ich darf mir gönnen, mich so richtig zu stressen. Ich scheine das zu brauchen. Doch wofür? Was ist der positive Gewinn dabei?

Ich verschwinde in mir selbst. Es gibt nur mich. Ich habe den Menschen gegenüber, die ich liebe, ein schlechtes Gewissen und kann mich schuldig fühlen. Und erleben, dass sie bleiben und mich lieben, wo ich mich nicht lieben kann. Ich kann mich klein und schlecht fühlen.

Doch was ist positiv daran, mich klein und schlecht zu fühlen? Vielleicht ist es noch der letzte Rest von dem Muster, das ich brauchte, um mich überhaupt spüren zu können? Voller Anspannung und Schmerz.

Vielleicht macht es noch zu viel Angst, dieses Alte loszulassen? Wer bin ich danach? Was bliebe von mir übrig, wenn ich es loslassen würde? Ich merke, wie gut es tut, das aufzuschreiben, meine Muster in allen Einzelheiten zu erforschen. Es ganz da sein zu lassen.

Als ich alles noch einmal durchlese, wird mir plötzlich klar: Das war ich – jahrzehntelang. Ich spüre den körperlichen Schmerz in meiner Schulter. Und es berührt mich. Denn wenn ich ehrlich zu mir bin, weiß ich sehr genau, dass ich mir immer viel zu viel auf die Schultern geladen habe.

Zu meinem eigenen Leid auch noch das Leid der anderen. Jetzt spüre ich plötzlich, wie stark ich bin. Wie kraftvoll. Und ich ahne, dass ich diese Kraft leben werde, eines Tages. Oder vielleicht schon heute? Diese Kraft leben und mich gut dabei fühlen. Entspannt. Bei mir, in mir, ganz in meinem Körper. Wie ich die Bremsen löse. Stück für Stück, immer mehr.

Ich bin in mir und in Kontakt mit der Welt, mitten im Leben. Und ich höre die Vögel draußen zwitschern, fühle die frische Luft durch das offene Fenster. Es macht Lust, in den Wald zu gehen. Mich auf Entdeckungsreise zu mir, ins Leben, in die Natur zu begeben. Irland, ich freue mich auf dich! Du wirst mich überwältigen – all die Eindrücke, all die Menschen. Und gleichzeitig fühle ich schon jetzt, wie ich zur Ruhe kommen werde, ankommen. Bei mir. Mit meinem Mann. Nur wir zwei!

Martina, 46

Als ich Martinas Worte gelesen habe, bekam ich eine Gänsehaut. Denn sie sind ein Zeugnis dafür, dass tief in uns verborgen die Antworten liegen. Und wir können sie ans Licht holen – auch nach langer Zeit. Dann, wenn wir den Mut haben, nicht nur mit dem Verstand hinzuschauen, sondern mit dem Herzen. Die ganze Kraft, die in der Geschichte steckt, erklärt sich mit den Hintergründen: Martina hat sich lange Jahre für andere verausgabt. Sie arbeitet als Sozialpädagogin mit traumatisierten Menschen und hat sich lange kaum Pausen und Regeneration erlaubt. Parallel dazu gab es 25 Jahre Selbsterfahrungsarbeit, Therapie, Klinik, Aufstellungsarbeit und Supervision – ohne Erfolg. Immer wieder siegte die Überzeugung: »*Ich muss funktionieren.*«

Vier Wochen bevor Martina ihre Erfahrungen mit sich selbst aufgeschrieben hat, war sie bei einer Heilpraktikerin zu einer hypnotherapeutischen Behandlung – in ihrem Fall der Schlüssel zum Licht. Denn es kam eine eigene verdrängte traumatische Erfahrung ans Licht, die sie erkennen ließ, dass ihre Arbeit ihr all die Jahre einen Spiegel vorgehalten hat:

> *Mir ist bewusst geworden, dass mein Körper mich schützt, und ich bin so dankbar. Bisher habe ich die Botschaften nur auf einer anderen, kognitiven Ebene verstanden und jetzt ist die Erkenntnis im Gefühl angelangt.*
>
> *Mein Gefühl für mich habe ich erst durch die bewusste und sehr intensive Auseinandersetzung mit suchterkrankten, missbrauchten, psychisch erkrankten Menschen entwickelt. Ich war von einem Teil von mir unbewusst abgeschnitten und fühle mich heute so ganz wie noch nie zuvor und endlich gesund an Geist, Körper und Seele.*
>
> **Martina, 46**

Martinas Kreis hat sich geschlossen. Und ihre Geschichte ist ein Plädoyer dafür, dass sich die Suche nach der inneren Weisheit lohnt. Und zeugt davon, dass es nie zu spät ist für einen Neuanfang …

Sinnhaftigkeit

Macht meine Arbeit Sinn? Passen die Umwelt-, Produktions- und Arbeitsbedingungen bei den Zulieferern zu meinen Werten? Kann ich mich bei der Arbeit mit meinem ganzen Wesen einbringen? Steht das Management wirklich für das ein, was das Unternehmen nach außen kommuniziert? All das sind typisch (hoch)sensible Fragen, die uns, wenn auch nicht immer im vollen Bewusstsein, in unserem Arbeits- und Erwerbsleben immer begleiten. Wir müssen und wollen alle Geld verdienen, um zu leben. Warum ist es uns dann nicht egal, in welchem Gesamtzusammenhang wir arbeiten? Wichtig ist doch, dass die Kasse stimmt, oder? Weit gefehlt! Egal, ob wir uns als überzeugter Nichtraucher in einer PR-Agentur für den Großkunden aus der Tabakindustrie verbiegen müssen oder bei einem Textilunternehmen arbeiten, das gesundheitlich bedenkliche Färbemittel verwendet: Sensible Menschen, die sich lange in einem Job auspowern, dessen Sinn sie infrage stellen, überschreiten dauerhaft ihre zarten Grenzen. Und das hinterlässt Spuren.

Ich wollte schon lange ehrenamtlich arbeiten, doch mir fehlte leider immer die Kraft dazu. Mein Job im Auslandseinkauf von Kfz-Glühlampen fraß schon seit Jahren meine komplette Energie auf. Als ich dann 2011 ein Burn-out hatte und längere Zeit mit vielen Beschwerden krankgeschrieben war, zahlreiche Therapien bei zig Ärzten und Heilpraktikern kaum Besserung brachten, drei Wiedereingliederungen in der alten Firma scheiterten und auch ein Neuanfang in einer neuen Firma nicht funktionierte, fühlte ich mich miserabel und überlegte, was ich wohl tun könnte, damit es mir wenigstens psychisch wieder besser ginge. Ich überlegte genau, was ich eigentlich wollte: täglich mehrere Stunden arbeiten, geschätzt und nicht gemobbt werden, endlich mal etwas Sinnvolles tun, Spaß haben, meine Teamfähigkeit und Belastbarkeit überprüfen, keinen Druck haben. Geld musste ich nicht unbedingt verdienen, da ich in der Zeit Arbeitslosengeld bekam.

Da kam mir der Wunsch, ehrenamtlich zu arbeiten, wieder in den Sinn, und ich suchte im Internet nach Möglichkeiten bei uns in der Stadt. Krankenhaus, Altersheim und Hospiz kamen für mich als HSP nicht infrage, auch ein Tierheim nicht. Das hätte mich zu sehr belastet. Die Tafel hatte bereits sehr viele Helfer. Doch dann stieß ich auf die Seite einer Organisation, die bei uns in der Stadt die Bildungschancen von Kindern und Jugendlichen aus ärmeren Familien und Flüchtlingsfamilien unterstützt. Als ich mich dort vorstellte, waren gerade mehrere Angestellte aktuell erkrankt bzw. im Urlaub. Daher konnte ich sofort einsteigen und bis zu 15 Stunden wöchentlich helfen. Ich erledigte Büroarbeit, war verantwortlich für zwei Flüchtlingsfamilien aus dem Iran und Ägypten, übersetzte Dokumente, suchte Kindergartenplätze, ging mit ihnen zur Anmeldung in Schulen und Kindergärten oder zum Arzt, füllte Formulare mit ihnen aus, sah mich nach Sprachkursen um und besorgte ihnen Kleidung und Geschirr. Später wurde ich dann auch noch Helfer bei der Lernförderung, bei der viele Kinder kostenlose Unterstützung bei den Hausaufgaben oder auch Nachhilfe in bestimmten Fächern erhalten. Ich war endlich, endlich angekommen und total erfüllt von diesen Tätigkeiten. Anfangs war ich sogar richtig euphorisch. Endlich wurde ich gebraucht, meine Arbeit hatte Sinn, ich konnte meine eigenen Gedanken und Ideen einbringen, meine Hochsensibilität leben. Kurzum: Ich war einfach unendlich glücklich! Natürlich bekommt man bei dieser Arbeit auch ab und zu mal einen Dämpfer verpasst; es ist eben nicht alles nur schön. Man trifft dort auf schlimme Schicksale, und meine Wünsche entsprechen nicht immer den Wünschen der Menschen, mit denen ich arbeite. Als hochsensibler Mensch kann ich mich aber schnell in ihre Lage hineinversetzen und bin sensibel genug, um sie so zu akzeptieren, wie sie sind. Und um zu verstehen, dass man ihnen nichts aufdrängen darf, sondern sie nach ihren eigenen Bedürfnissen fragen muss und dann versucht, das zu erfüllen, was machbar ist. Manchmal fühle ich mich dann wie der Weihnachtsmann persönlich!

Ich »arbeite« inzwischen seit acht Monaten dort – trotz der Widerstände meiner Familie, die diese Tätigkeit nicht gut findet, weil es ja »kein Geld dafür gibt«. Und dennoch kann ich jedem wärmstens empfehlen, seinem Herzen zu folgen. Denn ich habe dort sehr viel über mich selbst gelernt, bin toleranter geworden und hatte sehr viele glückliche, erfüllende Momente. Auch wenn ich aktuell noch nicht wieder so belastbar und arbeitsfähig bin, wie ich mir das wünsche, ist es mein Ziel, in dieser Organisation einen festen, bezahlten Job zu bekommen. Denn auch das habe ich dort wieder neu gelernt: Gib nie, nie, niemals die Hoffnung auf, kämpfe weiter, denn du weißt nicht, was alles möglich ist!

Sylvia, 47

Eine Geschichte mit einer starken Botschaft und politischem Zündstoff: Zum einen zeigt der Bericht, dass hochsensible Menschen selbst in der tiefsten Finsternis nach dem Licht suchen und in für sie sinnvollen Zusammenhängen neue Kraft schöpfen können – fernab von Medizin und Therapie, die das Hauptziel haben, den Patienten wieder »leistungsfähig« im Sinne der Gesellschaft zu machen. Zum anderen bewundere ich Sylvia dafür, mit wie viel Einsatz und Hingabe sie ehrenamtlich tätig ist – in dem vollen Vertrauen, dass es Lösungswege für ihre Situation geben wird. Eine tolle Frau, die wertvolle Arbeit für unsere Gesellschaft leistet, einfach so. Als ich die Geschichte las, ist mir sofort der Ansatz des bedingungslosen Grundeinkommens in den Sinn gekommen:

Was wäre das für ein Geschenk für die Gesellschaft! Denn bei diesem Ansatz geht es um weit mehr als um die Finanzen einzelner Menschen. Es geht um Zufriedenheit, Gesundheit, die Möglichkeit, dort zu arbeiten, wo wir unsere eigenen Fähigkeiten am besten einsetzen können, um so – wie im Fall von Sylvia – einen wertvollen Beitrag zum gesellschaftlichen Miteinander zu leisten. Und vielleicht sollten wir uns auch einmal die Frage stellen, warum immer weniger junge Menschen für Ehrenämter zu begeistern sind. Liegt das am Egoismus der jungen Generation? Oder liegt es vielleicht daran, dass der Leistungsdruck in der Gesellschaft stetig steigt und weder Raum noch Kraft bleiben für ehrenamtliches Engagement?

Small Talk

Ob Schulhof, Party, Campus, Kantine oder Netzwerkveranstaltung: Wer hochsensibel ist, hat früh angefangen zu ergründen, warum die anderen sich stundenlang über – aus unserer Sicht – oberflächliche Dinge unterhalten können und dabei offensichtlich auch noch eine Riesengaudi haben. Während wir uns noch überlegen, was wir zu dem aktuellen Gespräch beitragen wollen, sind die anderen schon längst zum nächsten Thema übergegangen. Für viele HSP ist Small Talk ein Brief mit sieben Siegeln. Und doch können wir uns mit dem Small Talk aussöhnen und lernen, davon zu profitieren:

> *Früher konnte ich mit Small Talk überhaupt nichts anfangen. Für mich war das Zeitverschwendung. Und – ohne das abwertend den Menschen gegenüber zu meinen – es hat mir körperlich fast wehgetan, mich mit jemandem zu unterhalten, den ich gar nicht kenne und wahrscheinlich sowieso nie wiedersehe. Im Vordergrund stand für mich aber immer die Zeitverschwendung. Wenn es um Small Talk ging, stand ich immer vor einer Mauer. Ich fand es schwierig, dem Anspruch der Gesellschaft gerecht zu werden. Und es hat mich auch isoliert, weil ich Situationen wie Partys vermieden habe. Das wiederum hat mich dann beschäftigt, weil ich mich gefragt habe, ob mit mir irgendetwas verkehrt*

ist und warum sich offensichtlich niemand mit mir »ernsthaft« beschäftigen will. Selbstzweifel machten sich breit. Lange Zeit habe ich gedacht, ich sei schüchtern, obwohl ich auch deutlich gespürt habe, dass ich einen Unwillen hatte, in Small-Talk-Situationen zu gehen. Ich habe meine Füße in den Boden gestemmt wie ein Ochse, der in eine andere Richtung gehen möchte als der Bauer. Ich wollte meine Kraft, meine Gedanken, meine Ideen und meine Energie nicht auf solche Oberflächlichkeiten verschwenden.

Und dann habe ich für mich beschlossen, beim Small Talk einfach nicht mehr mitzumachen. Die Einsicht, dass ich nicht schüchtern bin, sondern einfach nicht wollte, war grandios. Denn das war der Schlüssel, dann doch den Weg in den Small Talk zu finden. Ich habe dann angefangen, die Gespräche in für mich erträgliche Themengebiete zu lenken – quasi halbflache Themengebiete wie zum Beispiel Fußball, Garten oder auch Kinder. Das sind alles Themen, die zwar sehr intensiv besprochen werden können, die aber auch ganz simple Gesprächsverläufe zulassen. Ich glaube, dass ich über die Jahre verstanden habe, dass es in Ordnung ist, wenn ich Small Talk nicht mag. Das gehört einfach zu mir. Aber ich habe auch begriffen, dass ich einen Nutzen davon haben kann, wenn ich mich auf Small Talk einlasse – eine bereichernde Erfahrung.

Die allerwichtigste Erkenntnis meiner Small-Talk-Entwicklung ist diese hier: Es ist wichtig zu wissen, wie ich funktioniere. Denn dann kann ich alle meine Ticks in einem produktiven Licht sehen. Dann kann ich von dem passiven Part in den aktiven Part wechseln und aufhören, Situationen wie eine Druckposition, die aus den Erwartungen anderer zu resultieren scheint, zu empfinden, und anfangen, selbst zu entscheiden, wie ich mit einer Situation umgehen will.

Tomke Müller, 40

Solange wir uns unserer Herausforderungen und Stärken nicht bewusst sind, liegt unser Fokus häufig auf dem, was uns nicht gelingt, wozu wir keinen Zugang finden und womit wir uns nicht konfrontieren möchten. Weil es unsinnig erscheint, Zeitverschwendung ist oder sogar fast körperlich wehtun kann. Doch wenn wir begreifen und annehmen, dass wir einfach andere Bedürfnisse haben als viele andere Menschen, dann kann selbst die Small-Talk-Situation zu einer Bereicherung werden. Als Selbstständige war ich früh darauf angewiesen, Netzwerkveranstaltungen wahrzunehmen – eine Situation, die ohne Small Talk nicht auskommt. Inzwischen kann ich das. Es gibt Tage, an denen halte ich mich auch heute noch zurück und höre eher zu, trumpfe dann mal mit einem zusammenfassenden Kommentar oder einfach mit meiner Stärke zuzuhören auf. An Tagen, an denen ich gut drauf bin und mein extrovertierter Anteil gerade auf den Tischen tanzt, wage ich es sogar, mit tiefgründigen, witzigen oder auch mal provokanten Bemerkungen die Runde aufzumischen. Und es ist ganz spannend zu sehen, wie die Menschen dann reagieren. Also einfach mal rein ins Getümmel und schauen, was passiert. Und bitte denken Sie dran: vorher, zwischendurch und danach unbedingt Kommunikations-, Gedanken- und Fühlpausen einlegen …

Weitblick

»Nun denk doch nicht immer so kompliziert …« Ein Satz, der dem einen oder der anderen mit Sicherheit schon einmal begegnet ist. Doch statt den Kopf zu senken und uns für unsere Denkweise zu entschuldigen, sollten wir mit stolzgeschwellter Brust und einem Lächeln antworten: *»Danke für das Kompliment. Das ist genau meine Stärke. Ich würde es allerdings etwas anders formulieren: Ich denke ganzheitlich, vernetzt und mit Weitblick!«*

Was für viele HSP selbstverständlich ist – nämlich alle Eventualitäten und Faktoren mit einzubeziehen –, ist für andere oft ein Ärgernis und zu kompliziert.

Zugegeben: Es mag Situationen geben, in denen Weitblick nicht angebracht ist und etwas mehr Pragmatismus gefordert sein mag. Doch das ist kein Grund für falsche Bescheidenheit, denn die könnte dazu führen, dass aus kleinen Herausforderungen große Probleme werden.

Viele Jahre lang war ich in der Datenverarbeitung tätig und habe Computer programmiert. Um den Jahrtausendwechsel herum habe ich für meinen heutigen Beruf umgeschult. Dennoch habe ich mit Interesse und Erstaunen beobachtet, wie heftig das Jahr-2000-

Problem hochgekocht ist, die angeblich teuerste Technikpanne der Industriegeschichte. Als Computer noch teuer und nicht so leistungsfähig waren wie heute, musste man mit Speicherplatz sparsam umgehen. Also hat man für die Jahreszahl im Datum nur zwei Stellen genutzt, so wie es auch im Sprachgebrauch üblich war.

Erst kurz vor dem Jahrtausendwechsel entdeckte man, dass viele Computer deshalb nicht in der Lage waren, von 1999 auf 2000 zu wechseln. Sie wären entweder abgestürzt oder auf 1900 gesprungen – mit Folgen, die man nicht einschätzen konnte. In fieberhafter Eile und mit viel Aufwand versuchte man, die ganze, inzwischen weitverbreitete Informationstechnik Jahr-2000-fähig zu machen, und rief dafür sogar Programmierer aus der Rente zurück. Wenn ich zu der Zeit nicht gerade meine Diplomarbeit geschrieben hätte, hätte ich mir da eine goldene Nase verdienen können. Ich konnte damals einfach nicht verstehen, warum niemand vorher daran gedacht hatte.

Was mir als Hochsensibler eigentlich gar nicht liegt, tue ich jetzt mal: mich selbst loben. Meine Programme waren schon in den 1980er-Jahren Jahr-2000-fähig. Wenn ich einen Programmierauftrag bekam, der forderte, mit einer zweistelligen Jahreszahl zu rechnen, war ganz selbstverständlich meine allererste Frage: Was passiert, wenn ich bei der Rechnung Ergebnisse jenseits der 99 bekomme? Selbstverständlich habe ich mir darüber Gedanken gemacht und selbstverständlich eine Lösung dafür geschaffen. Das war für mich so selbstverständlich, dass ich nie mit anderen Kollegen darüber gesprochen habe. Ich ging davon aus, dass diese ebenso selbstverständlich darüber nachdachten – und fiel aus allen Wolken, als ich mitkriegte, dass kaum jemand daran gedacht hatte.

Ich fand keine Antwort auf die Frage, warum die Menschen so wenig Weitblick haben. Der Jahrtausendwechsel kam ja nicht überraschend, und doch hat man ihn nicht kommen sehen. Weitblick scheint wohl keine Selbstverständlichkeit zu sein. Seit ich von der Hochsensibilität weiß und sie als Begabung sehe, betrachte ich Weitblick als einen der kostbarsten Bausteine dieses Gabenpakets. Immer wieder fallen mir seitdem Pleiten, Pech und Pannen in der Wirtschaft auf, die vielleicht hätten verhindert werden können, wenn man Hochsensiblen mehr Raum in der Arbeitswelt lassen würde – und dann auch bereit wäre, auf ihren Rat zu hören.

Reimar Lüngen, 54

Reimars Geschichte ist ein wunderbares Beispiel dafür, wie wichtig es ist, die eigenen Potenziale und Stärken zu reflektieren, sie bewusst zu nutzen und offen zu kommunizieren, damit wir sie gezielt in Wirtschaft und Gesellschaft einbringen können. Denn wir dürfen nicht davon ausgehen, dass andere genauso denken und handeln wie wir selbst, nur weil es für uns so selbstverständlich ist. Wie großartig wäre es, wenn in der Wirtschaft nicht mehr nur die Ausbildungen, der Werdegang und die fachlichen Qualifikationen einzelner Menschen bei der Besetzung von Stellen und bei der Bildung von Teams eine Rolle spielen, sondern einzelne Mitglieder darüber hinaus die Stärken ihrer Persönlichkeit gezielt einsetzen würden … Stattdessen setzen Unternehmen jetzt vermehrt auf technisch gestützte Recruitingprozesse, in denen Computer anhand von vorgegebenen Schlagworten den richtigen Kandidaten bzw. die richtige Kandidatin aussuchen. Wer einen Job haben will, schreibt in die Bewerbung einfach genau das rein, was in der Stellenanzeige steht – ein Verfahren, das wohl nicht nur bei mir auf Unverständnis trifft. Ein solches Verfahren sorgt mit großer Sicherheit dafür, dass die Bewerber nicht ihr ganzes Gesicht zeigen, dass sie stattdessen ihr Profil noch intensiver als bisher an die Stelle anpassen und alles, was darüber hinausgeht und sie eigentlich ausmacht, unter den Teppich kehren. Da würde ich mir jetzt etwas mehr Weitblick wünschen …

ARBEIT UND BERUF(UNG): Was ich erlebt habe …

____

____

____

____

____

Beziehungen und Familie

Zart im Nehmen. Stark im Geben: Ja, hochsensible Menschen haben eine Menge zu geben. Entscheiden wir uns für eine Beziehung, dann mit Haut und Haaren. Ganz gleich, ob Freundschaft, Partnerschaft oder Affäre, ob als Mutter oder Vater, Oma oder Opa, in einer Freundschaft, in einem Netzwerk oder auch im Job. Alle Menschen sind soziale Wesen und brauchen Gemeinschaft. Die Besonderheit bei der Hochsensibilität:

> **Wir treffen seltener auf höher sensible Menschen als auf Menschen, deren Sensibilität weniger ausgeprägt ist.**

Doch je mehr Verständnis wir für uns selbst entwickeln und je öfter wir Wege gehen, die gut für uns sind und uns stärken, desto mehr Menschen werden wir treffen, die ähnlich ticken wie wir. Umgekehrt funktioniert das auch: Wenn wir uns anpassen und uns nicht um unsere Bedürfnisse kümmern, dann bewegen wir uns in Zusammenhängen, in denen wir nur wenige Menschen mit feinen Antennen treffen. In Beziehungen gehen wir in Verbindung – mit uns selbst und anderen. Je intensiver der Kontakt wird, desto näher lassen wir den Menschen an uns heran. Wir öffnen uns, wir sind verletzlicher, und als sinnesstarke Empathen spüren wir unser Gegenüber mitunter sehr intensiv. All das braucht Mut. Feinfühler und Vielspürer können in der Verbindung mit einem geliebten und geschätzten Menschen das größte Glück empfinden. Im

Ausgleich dazu brauchen wir aber auch Zeiten »auf Distanz«, um bei uns selbst anzukommen, gemeinsame Erlebnisse zu verarbeiten und die eigene innere Welt getrennt von der des Partners betrachten zu können. Es geht um eine Balance aus tiefer Verbundenheit auf der einen und bewusster Wahrnehmung der eigenen Gedanken und Gefühle auf der anderen Seite.

Wer sich mit spirituellen Theorien auseinandersetzt, trifft früher oder später auf die Begriffe »Seelenverwandte« oder »Seelenpartner« – der Versuch, ein Phänomen zu benennen, das wissenschaftlich betrachtet wohl schwer zu erklären ist. Es gibt das Gefühl einer tiefen Verbundenheit zwischen Menschen, das selbst dann auftreten kann, wenn wir einem Menschen zum ersten Mal begegnen. Viele beschreiben diese besonderen Begegnungen als eine Art »Wiedersehen«. So, als träfen wir einen guten Freund nach langer Zeit wieder. Die Kommunikation ist sofort im Fluss und der Wohlfühleffekt gigantisch. Beide sprechen nicht nur eine Sprache, sondern können die Sätze des anderen zu Ende führen …

Sitzt uns nicht gerade ein Seelenverwandter gegenüber, dann gilt es ein feines Bewusstsein dafür zu entwickeln, mit anderen Menschen zu kommunizieren. Denn nicht jeder Mensch findet es toll, wenn Sie in einer illustren Runde seine geheimsten Themen offenbaren. Die mögen demjenigen zwar auf die Stirn geschrieben stehen. Doch das heißt noch lange nicht, dass Sie das auch laut aussprechen müssen. Achtung: Fettnäpfchengefahr! Ja, HSP können kommunikativ sehr schnell mal einen Fehltritt machen, nämlich dann, wenn ihnen ihre Besonderheit der hohen Wahrnehmung und die

Tiefe ihrer Kommunikation nicht bewusst ist. Wie oft habe ich mich in früheren Zeiten gewundert, warum Menschen plötzlich unangenehm berührt waren und sich von mir abwendeten. In der Reflexion habe ich das begriffen. Ich bin ihnen zu nahe getreten – und zwar, ohne es zu wollen. Denn für mich war es normal, tiefgründig zu kommunizieren, schnell in Beziehung zu gehen und auch mal vermeintlich »kritische« Punkte anzusprechen, was für viele eher unangenehm ist, für mich aber zum Leben dazugehört wie alle anderen Themen auch.

Machen Sie sich bewusst, dass Sie aufgrund Ihrer sensiblen Antennen viel schneller Beziehungen aufbauen können, als es vielen anderen überhaupt möglich ist. Die meisten Menschen brauchen Small Talk für den Verstand und das Gläschen Sekt für die Gefühle. Sie glühen erst einmal vor. Stecken Sie die Erwartungen nicht zu hoch, wenn Sie spüren, dass Ihr Gegenüber anders tickt als Sie selbst. Hochsensible Menschen bauen erfahrungsgemäß schneller Verbindlichkeit auf als ihr Gegenüber. Wird das zu oft enttäuscht, kann sich bei ihnen Angst entwickeln, mit anderen in Kontakt zu gehen – und dann besteht die Gefahr der Isolation.

In die Diskussion, ob es besser ist, sich mit HSP oder normal Sensiblen zu umgeben, möchte ich gar nicht erst einsteigen. Denn ich bin mir sicher: Die Mischung macht's! In der Gemeinschaft mit hochsensiblen Menschen können wir uns austauschen und neue Ansätze für ein sensibel-starkes Leben entwickeln. Damit wir unseren Platz einnehmen und sensible Impulse in die Gesellschaft geben können. Und von denen, die härter im Nehmen sind, können wir lernen, warum die Welt so tickt, wie sie tickt. Sie übernehmen wichtige Aufgaben in Gesellschaft und Wirtschaft, die für uns nicht geeignet wären, und sind wertvolle Entwicklungspartner, weil sie uns herausfordern, unsere Komfortzone zu verlassen, oder dafür sorgen, dass wir uns plötzlich außerhalb unserer Komfortzone wiederfinden, womit wir dann lernen dürfen umzugehen. Entwicklung, Veränderung und Flexibilität: All das sind Themen, um die wir Zarten nicht herumkommen, sobald wir mit anderen Menschen in Kontakt gehen. Vor allem dann nicht, wenn ein weiterer Beziehungsfaktor in unser Leben tritt – die eigene Familie: Sobald Kinder da sind, wird's intensiv. Familienleben ist wie die Kür im Zusammenleben mit Menschen: Wir trainieren jeden Tag, bleiben hartnäckig dran und setzen uns mit ganzem Herzen und vollem Glauben für etwas ein, was wir wirklich wollen. Wenn die Kür gelingt, dann ist das einen großen Beifall wert. Und wenn nicht, wissen wir trotzdem, dass wir alles gegeben haben und warum es sich lohnt weiterzutrainieren.

Die Gefühle der anderen

Können Sie sich vorstellen, wie es ist, erst einmal analysieren zu müssen, ob der plötzliche Wechsel Ihrer Gefühlssituation auf Ihre eigene Befindlichkeit zurückgeht oder ob Sie mit Ihren feinen Antennen die Gefühle anderer aus der Umgebung aufgefangen haben? Hochempathische Menschen sind mit solchen Situationen vertraut und wissen, wie sich das anfühlt. Unreflektiert und ohne die Erkenntnis, dass es sich um ein hohes empathisches Vermögen handelt oder sogar eine Art »Hellfühligkeit«, kann diese wertvolle Fähigkeit als Schwäche empfunden werden und dazu führen, dass Menschen anfangen, an sich zu zweifeln. Gedanken wie »Warum fühle ich mich auf einmal nicht mehr wohl? Eben war doch noch alles in Ordnung …« oder »Bin ich nicht gesellschaftstauglich oder was ist mit mir los?« können uns arg ins Grübeln bringen. Und selbst wenn wir um unsere hohe Sensibilität und gute Intuition wissen, ist es ein Prozess zu lernen, wie wir damit umgehen und das subtile Wissen souverän einsetzen können.

Szene 1: Magenschmerzen, schweißnasse, kalte Hände – warum nur? Niemand ist offensiv unfreundlich oder gar feindselig mir gegenüber. Freundliche Worte erfüllen das Großraumbüro. Und dennoch: Irgendetwas ist hier ganz und gar nicht in Ordnung. Es gibt eine Kollegin und einen Kollegen, von denen ich weiß, dass sie in festen Beziehungen sind. Zwischen ihnen herrscht jedoch eine so große Spannung, dass ich mir sicher bin, dass sie etwas füreinander empfinden. Da sie anderweitig liiert sind, ist das nicht »rechtens«, und die Harmonie, eine Form von Gleichgewicht, ist in dem Raum derart gestört, dass es mir körperlich schlecht geht. Die Verlogenheit macht mich im wahrsten Sinne des Wortes körperlich krank, ich falle für zwei Wochen auf der Arbeit aus.

Szene 2: Nach sehr langer Zeit nehme ich mir etwas vor, ohne Kind, ohne Mann, ohne Hund. Nur eine Freundin und ich. Als ich das meinem Mann erzähle, stimmt er zu. Doch seine Ausstrahlung und seine

Körpersprache verraten mir das Gegenteil: Nein, er ist gar nicht einverstanden. Doch, es macht ihm sehr wohl etwas aus. Sein wahres Empfinden und seine Unwahrheit, beides spüre ich körperlich, und meine Rückenmuskeln verkrampfen sich. Es ist schwer, ein solch subtiles Empfinden, wie wir Hochsensiblen es haben, in Worte zu fassen. Oder den Gesprächspartner – völlig frei und ohne Angst, ins Fettnäpfchen zu treten – auf das anzusprechen, was wir wahrnehmen, obwohl es nicht offen gesagt wurde. In einer Beziehung empfinde ich das als besonders herausfordernd. Denn das ist die einzige Situation, in der ich es für möglich und angemessen halte, überhaupt darüber zu sprechen. Gegenüber Fremden verschweige ich oft gänzlich, was ich fühle, da ich aus der Erfahrung heraus nicht auf Verständnis hoffen kann.

Trotz vieler schwieriger Situationen empfinde ich die Hochsensibilität im Umgang mit anderen Menschen nicht nur als Nachteil. Im Gespräch mit Freunden spüre ich im ersten Moment, wenn etwas nicht stimmt. Es genügt das erste Wort am Telefon, die Art und Weise, wie eine SMS formuliert ist, und natürlich der erste Anblick bei einem Treffen. Mir kann niemand etwas vormachen: Ich spüre alles. Seitdem ich weiß, dass ich hochsensibel bin, frage ich nach, ob ich mit meinem Empfinden richtigliege. Nach wie vor bin ich in dem Prozess, meine Wahrnehmung akzeptieren zu lernen. Und je öfter ich mein Empfinden verifizieren kann, umso sicherer kann ich damit umgehen.

Mein feines Gespür ist besonders ausgeprägt, wenn es um mein Kind geht. Der Kleine ist im Kindergartenalter und kann seine Gefühle noch nicht komplett in Worte fassen. Doch wenn für ihn etwas so ganz und gar nicht stimmt, was über normale »Wehwehchen« hinausgeht, ist mein Körper in schmerzhafter Alarmbereitschaft. Ich selbst fühlte mich als Kind anderen gegenüber oft hilflos und unverstanden oder auch deplatziert. Was, wenn mein Sohn auch hochsensibel ist und Ähnliches durchmacht? Vermutlich wird sich das zeigen. Falls es so ist, dann kann er ganz sicher sein, dass seine Mutter sich bestens in ihn hineinfühlen kann.

Julia*, 31 Jahre

Sie finden sich in dieser Geschichte wieder? Dann möchte ich Sie ermutigen, sich auf den Weg durch den Gefühls- und Informationsdschungel zu machen. Es lohnt sich herauszufinden, welche Gefühle zu Ihnen gehören und welche emotionalen Impulse oder Informationen von außen in Ihnen für Unbehagen sorgen und sogar körperliche Warnsignale entstehen lassen. Wenn Sie lernen, die verschiedenen Arten von Wahrnehmungen zu trennen, dann können Sie üben, sich auf Ihren eigenen Körper zu fokussieren und bewusst eine kurze Situationspause einzubauen, damit Sie wieder in Kontakt mit sich selbst kommen. Schaffen Sie Distanz zwischen sich und dem Geschehen. Das ist die eine Seite der Medaille. Die andere ist: Lernen Sie, Ihre Fähigkeit im zwischenmenschlichen Kontakt zu genießen. Für hochsensible Menschen ist es ein

Leichtes, Menschen da abzuholen, wo sie sind, und – auch unter Berücksichtigung der eigenen Bedürfnisse – eine angenehme Atmosphäre zu schaffen. Ob mit den Kindern, auf Familienfesten, im Job, in Meetings oder an der Kasse im Supermarkt: Vertrauen Sie auf Ihre Wahrnehmung.

Kommunikation

Sobald wir einem anderen Menschen gegenüberstehen, fangen wir an zu kommunizieren – schon lange bevor die ersten Worte unseren Mund verlassen haben. Denn unsere Körper kommunizieren mit.

> **Hochsensible verarbeiten mehr und intensiver, was sie wahrnehmen. Das gilt auch für die Signale, die andere Menschen aussenden.**

Und manche von uns neigen dazu, in das Verhalten und die Worte von anderen mehr Bedeutung hineinzulegen, als unser Gegenüber beabsichtigt. Weil wir HSP hochempathisch handeln und davon ausgehen, dass alle anderen das auch tun. Dass wir selbst auch nicht immer jede Handlung, jedes Wort und jede Reaktion durchreflektieren können, vergessen wir über der Analyse der vielen Eindrücke in hochkommunikativen Situationen gerne mal. Oft tragen wir unser Herz auf der Zunge. Viele von uns sind sehr wortgewandt und belesen und können mit ihrer Direktheit und Argumentationskunst schon mal über das Ziel hinausschießen. Und so kann es passieren, dass unüberlegte Worte andere Menschen sehr irritieren oder auch vor den Kopf stoßen. Wir wiederum stoßen dann auf Ablehnung – keine schöne Erfahrung, weil wir sowieso schon empfinden, dass wir anders sind als andere. Und das macht uns verletzlich. Umso wichtiger ist es, zu verstehen, wie wir ticken: damit unsere Kommunikation gelingt.

Früher habe ich oft viel zu schnell gesagt, was mir gerade auf der Zunge lag. Heute atme ich dreimal tief durch, wenn mich jemand verbal attackiert. Mein Motto: Before you speak, think! T steht für true, h für helpful, i für inspiring, n für necessary und k für kind. Ist es wahr, was ich sagen will? Hilft es weiter? Ist es inspirierend? Überhaupt notwendig? Und mit einem freundlichen Herzen formuliert?

Da ich mich früher in einigen Dingen selber abgelehnt habe, musste mir nur jemand auf die Füße treten oder meine Sensibilität antriggern, schon habe ich meine Krallen ausgefahren, schneller losgeplappert, als ich denken konnte, und andere Menschen schon auch mal verbal verletzt. Oder ich bin ihnen auf die Füße getreten – weil ich etwas angesprochen habe, was sie tief in sich vergraben hatten, oder weil ich kritische Zusammenhänge erkannt habe, durch die andere sich infrage gestellt fühlten. Damit bin ich dann auf Ablehnung gestoßen, und das hat natürlich auch etwas mit meinem Selbstwertgefühl gemacht. Ich habe mich in dieser Zeit regelmäßig gefragt, warum ich überhaupt so sensibel reagiere.

Mit dem Wissen über meine hohe Wahrnehmung

und über das Konzept der Gewaltfreien Kommunikation nach Marshall Rosenberg kann ich mich heute viel besser reflektieren; so habe ich einen guten Weg für meine Art zu kommunizieren gefunden. Dennoch bin ich nach wie vor jemand, der sehr direkt und ehrlich ist. Nun gibt es Menschen, die mögen Direktheit. Und es gibt andere, die damit überhaupt nicht umgehen können. Um Menschen nicht vor den Kopf zu stoßen, frage ich manchmal: Willst du eine höfliche oder eine ehrliche Antwort? Zugegeben auch schon sehr direkt – aber authentisch.

Bleibt noch die Frage, warum ich so direkt bin. Die ist einfach zu beantworten: Wenn ich lüge bzw. etwas anderes sage, als ich eigentlich sagen möchte, sieht man das auf zehn Kilometer. Und ich weiß, dass es auch anderen hochsensiblen Menschen so geht. Lügen passt nicht mit unseren Werten zusammen, und deswegen sind wir darin auch nicht wirklich gut. Was ich allerdings sehr gut kann, ist merken, wenn mir jemand etwas vormacht – zumindest seit ich meinem Bauchgefühl vertraue. Ich spüre es, wenn da irgendwer etwas anderes sagt, als er meint. Ich habe gelernt, auf die Schwingungen zu vertrauen, statt mich von den Worten davor blenden zu lassen. Menschen sind sich häufig nicht bewusst, dass das, was sie sagen, nicht nur durch Worte transportiert, sondern auch von ihrer Körpersprache begleitet wird. HSP nehmen selbst die Mikromimik von Menschen intensiv wahr, verarbeiten sie und bauen das in den Gesamteindruck eines Gespräches mit ein. Das passiert ganz automatisch. In meinem Beruf hat mir meine Art zu kommunizieren und wahrzunehmen immer geholfen. Sowohl in meiner Arbeit mit Kindern – die lieben meine direkte und offene Art – als auch als Coach und Beraterin profitiere ich enorm von meiner Wahrnehmung. Hier kann ich meine Fähigkeit als große Stärke einsetzen. Die Frage »Woher weißt du das?« begegnet mir regelmäßig.

Neuerdings nehme ich mir mit meiner reflektierten und gewaltfreien Art zu kommunizieren immer öfter die Freiheit, so zu reagieren, wie mir gerade ist. Und immer mehr Menschen sagen mir, dass das so befreiend und angenehm ist, weil man bei mir immer weiß, woran man ist. Ein schönes Feedback!

Meine innere Haltung hat sich im Laufe der Jahre geändert. Selbstbewusst war ich schon immer. Ich habe mich von meinem Weg nie abbringen lassen. Aber heute kann ich voll und ganz zu mir stehen. Authentizität ist mir wahnsinnig wichtig. Nur trage ich mein Herz heute nicht mehr auf der Zunge, sondern atme dreimal tief durch, bevor ich antworte.

Birgit Gebhard, 48

Unsere innere Haltung prägt unser Leben und somit auch unsere Kommunikation. Es macht also Sinn, wenn wir uns mit unseren kommunikativen Fähigkeiten auseinandersetzen: Wo liegen meine Stärken, was sind meine Herausforderungen? Wir Hochsensiblen sind meist sehr gute Zuhörer und oft in der Lage, einem Gespräch lange zu folgen und am Ende aus dem Gesagten zu einer Lösung zu gelangen – oft zur Überraschung aller anderen Anwesenden, denn wir waren ja vorher so still. Im Gegensatz dazu sind wir meist stark herausgefordert, wenn es um Konflikte geht. Wir versuchen sie zu vermeiden oder schreiben aus Angst vor der direkten Konfrontation Briefe oder E-Mails, die – statt den Konflikt zu lösen – meist alles nur noch schlimmer machen. Schriftliche Kommunikation ist eine große Quelle von Missverständnissen, wenn es nicht nur um Fakten geht, sondern um persönliche und emotionale Themen. Besonders dann, wenn auf beiden Seiten bereits Verletzungen vorliegen, garantiert schriftliche Kommunikation, dass der Empfänger den Text aus seiner Verletztheit herausliest und nichts von dem, was mitgeteilt wurde, so aufnimmt, wie es gemeint ist. Selbst wenn versöhnliche Elemente in den Worten stecken ... Die direkte Konfrontation hat den Vorteil, dass beide Gesprächspartner die unmittelbare Reaktion auf das Gesagte wahrnehmen können und sich so die Chance auf eine ganz andere Entwicklung des Konfliktes ergibt. Kommunikation ist ein weites Feld mit viel Potenzial. Es geht darum, eigene Bedürfnisse zu erkennen, aber auch die der anderen, und darum, das angemessen zu formulieren. Es geht um Aufmerksamkeit, um Respekt und um Authentizität. Und wie geht es Ihnen mit der Kommunikation?

Freundschaft

Unter Freunden ... Was Menschen unter »Freundschaft« verstehen, kann so unterschiedlich sein wie Feuer und Wasser. Für die einen muss es locker, unverbindlich, unkompliziert und am liebsten nicht zu nah sein. Man plaudert einfach ein bisschen, geht zusammen auf Partys, hört Musik, isst und trinkt was zusammen oder geht mal gemeinsam ins Kino. Für die anderen – insbesondere für Menschen mit feinen Antennen und einer hohen Wahrnehmung – braucht es Verbindlichkeit, Tiefgründigkeit, Gefühle, Verlässlichkeit, Vertrauen und die Erfahrung, beim nächsten Treffen sofort wieder da weitermachen zu können, wo man beim letzten Treffen aufgehört hat, selbst wenn das schon ein halbes Jahr her sein sollte. Die Freundin, mit der wir jeden Tag telefonieren, die gibt es vielleicht noch in der Schulzeit, doch ich kenne wenige hochsensible Menschen, die in ihrem Erwachsenendasein Freunde haben, mit denen sie täglich oder sehr häufig im Kontakt sind. Nicht, weil ihnen die Themen ausgehen würden, sondern weil ihre Gespräche und Begegnungen Raum brauchen und keine Oberflächlichkeiten.

Ich hatte nie viele Freunde und immer nur wenige Bekannte. Und fand das früher immer sehr schade. Wenn die sozialen Zusammenhänge sich änderten, hatte ich nie Probleme, die Menschen ziehen zu lassen, weder in der Kita noch in der Grundschule oder später.

Als ich begann, mich mit der Frage auseinanderzusetzen, warum ich da so anders bin als viele Menschen, wurde mir klar, dass manch andere schon etwas als Freundschaft oder Bekanntschaft verstehen, das ich als sehr oberflächlich empfinde. Und so passierte es mir regelmäßig, dass ich mehr erwartet habe von den Menschen, als zurückgekommen ist, weil ich von meinen

Erwartungen ausgegangen war. Und umgekehrt habe ich häufig gedacht, ich müsste mich viel mehr einbringen, und mein Gegenüber würde das auch erwarten. Extrem erleichternd war daher die Erkenntnis, dass die anderen gar nicht mehr erwarten, als sie selber geben wollen. Das hat eine große Entspannung in mir ausgelöst.

So richtig verstanden habe ich das, als ich von der Schule meine Tochter gebeten wurde, ein Interview zum Thema Hochbegabung zu geben. Das war ein Outing, mit dem ein ganz großer Teil meiner Freunde einfach wegbrach. Nach dem ersten Schock eine sehr bereichernde Erfahrung, denn diejenigen, die geblieben sind, interessieren sich wirklich für mich. Heute entscheide ich bewusster, wen ich an mich heranlasse und wen nicht. Und ich habe meine Erwartungen in die Menschen heruntergeschraubt, bin vorsichtiger geworden, aber auch aktiver in der Gestaltung meiner Beziehungen. Denn Oberflächlichkeit kommt für mich nicht mehr infrage. Meine Vorstellungen von Freundschaft sind tiefgründiger. Ich möchte in einer Freundschaft einfach ich selbst sein dürfen, mich auch mal fallen lassen können, meine »schlechten« Seiten zeigen dürfen und darauf vertrauen, dass die Freundschaft auch so etwas verträgt. Und wenn mich jemand um Rat fragt, finde ich wichtig, dass er das, was ich ihm antworte, auch durchdenkt und nicht einfach nur jammert und endlos das gleiche Thema wälzt. Umgekehrt ist das natürlich genauso. Ich mag mit Menschen zusammen sein, die sich gerne weiterentwickeln.

Der größte Schlüssel und der wichtigste Schritt im Umgang mit meiner hohen Sensibilität sind für mich die Erkenntnis meiner Eigenarten und die darauf folgende Akzeptanz. Ich musste mich erst selbst erkennen, um zu wissen, was gut für mich ist. Als ich das verstanden hatte, konnte ich auch gut mit den Konsequenzen leben, die erst einmal hart aussehen, aber im Grunde eine Erleichterung sind. Denn entweder passt du dich an und bist nicht du selbst, oder du gehst eigene Wege und hast wenige, aber gute Freunde, auf die du wirklich vertrauen kannst.

Tomke Müller, 40

Wahre Freundschaft ist ein Geschenk: Menschen, auf die wir vertrauen können. Gespräche, die uns tief berühren. Begegnungen, die unser Herz anrühren. Diskussionen, die uns und unseren Verstand fordern. Kurzum: Beziehungen, die unserer Seele wohltun. Klingt utopisch? Ist es aber nicht. Es lohnt sich, wenn wir jenseits der allgemeinen Vorstellungen »gepflegter Freundschaften« in uns hineinhorchen und uns bewusst machen, was Freundschaft für uns bedeutet und was uns wichtig ist. Warum sollten wir uns in Zusammenhängen bewegen, in denen wir uns nicht wohlfühlen, weil unsere Bedürfnisse so ganz anders gelagert sind? Manche Freundschaften unter »fühligen« Menschen können so intensiv sein, dass wir den anderen selbst dann wahrnehmen können, wenn wir nicht in seiner Nähe sind. Das ist eine Qualität von freundschaftlicher Verbindung, die besonders ist und vielen Menschen wahrscheinlich unheimlich wäre.

In der Ausbildung hatte ich eine Freundin, mit der ich mehrmals täglich telefoniert habe. Damals war das Bedürfnis von beiden Seiten da. Heute sind wir immer noch in Kontakt, aber der ist »erwachsener« geworden.

Wir hatten damals beide einen Freund. Ihr Freund war sehr introvertiert, und man wusste nie so genau, woran man bei ihm ist. Es gab einen Abend, der sich für mich und meine Freundin sehr intensiv entwickelte.

Ich war mit meinem Freund bei Bekannten eingeladen, um einen Film zu gucken. Es war nett und gesellig. Als wir bereits über die Hälfte des Films geschaut hatten, hatte ich plötzlich das Gefühl, als würde in mir eine Bombe platzen, und gleichzeitig kam mir meine Freundin in den Sinn. Ich war gar nicht richtig ich selbst. Ich drehte mich ruckartig zu unseren Bekannten um: »Kann ich mal eben telefonieren?«, platzte es aus mir heraus. Alle schauten mich entgeistert an, aber sie nickten. Ich sprang auf, rannte zum Telefon und rief meine Freundin an. Sie nahm völlig außer Atem ab und erzählte mir, dass die Situation mit ihrem Freund eskaliert war und er auf sie losgegangen war. Sie hatte sich noch in die Wohnung retten können und hatte auch schon die Polizei angerufen, aber sie war immer noch extrem aufgeregt. Sie bat mich, am Telefon zu bleiben, bis die Polizei eintreffen würde. Das haben wir dann auch so gemacht. Auch wenn wir heute nicht mehr so eng miteinander sind, reden wir noch oft über diese Situation und dass wir damals einen so engen Draht zueinander hatten. Das hatte definitiv eine besondere Qualität.

Kristina, 39

Rückzug

Was war das für ein Luxus in der Studienzeit in meiner schnuckeligen Einzimmerwohnung: keine großen Verpflichtungen außer Vorlesungen und Studienjob. Ich konnte ganz in Ruhe tanzen gehen, Freunde treffen und die Welt der Liebe erkunden. Und ich hatte noch eine ganz große Freiheit, die ich erst heute, im Nachhinein, so richtig zu schätzen weiß: Ich konnte allein entscheiden, wann ich etwas unternehmen wollte und wann ich Ruhe brauchte. Pause gefällig? Kein Problem! Jederzeit möglich … Das ist plötzlich vorbei, wenn Familie, Kinder und Job den Alltag bestimmen und Phasen des Rückzugs sorgfältig geplant und vor allem kommuniziert sein wollen. Denn: Bei den gesellschaftlichen Gepflogenheiten und Erwartungen haben viele Hochsensible schnell das Gefühl, dass sie ihr häufiges Bedürfnis nach Pausen erklären und rechtfertigen müssen. Freunde, Partner und Familie verstehen unser intensives Ruhebedürfnis oft nicht oder empfinden den Wunsch nach Ruhe sogar als Kritik.

Wenn HSP gar nicht um ihre Hochsensibilität wissen, erwarten sie von sich selbst viel mehr, als guttut, gehen zu häufig über ihre Grenzen – und brauchen dann was? Genau: noch mehr Pausen. Ohne das reflektierte Wissen über die höhere Wahrnehmung von Reizen bewegen sich viele von uns täglich in dem Konflikt zwischen dem eigentlichen Bedürfnis nach mehr Ruhe und dem Erwartungsdruck, der durch das soziale Umfeld entsteht. Und an besonderen Tagen kommen dann besondere Erwartungen dazu:

Von Haus aus liebe ich Tage, die ruhig, überschaubar, stressfrei und einfach nur friedlich sind. Nun ist es aber so, dass man jedes Jahr Geburtstag hat. Und da es für mich aufgrund von verschiedenen Lebensmittelunverträglichkeiten und Allergien gegen Duftstoffe, Waschmittel etc. fast unmöglich ist, auf Feste zu gehen, feiere ich auch meinen eigenen Geburtstag sehr, sehr ungern. Meine Familie und meine engen Freunde wissen das. Und inzwischen ist es für sie mehr oder weniger in Ordnung. Als ich erkennen durfte, dass ich hochsensibel bin, fing ich an, einiges zu ändern. Was ich auch unbedingt verändern wollte, war mein Geburtstag. Ich wollte daraus einen Tag machen, auf den ich mich freuen und den ich genießen kann. Bis dato empfand ich ihn aber eher als lästig, ja sogar als puren Stress. Jedes Jahr Telefondienst machen und keine Zeit für mich haben – das wollte ich auf gar keinen Fall mehr.

Wie geht man aber nun mit der Erwartungshaltung anderer um, dass man an seinem Geburtstag, wenn man ihn schon nicht feiert, auf jeden Fall telefonisch erreichbar ist und für Familie und Freunde Zeit hat? Ich hätte vielen Menschen viel erklären und mich für meinen Wunsch rechtfertigen können. Stattdessen beschloss ich, einfach mal an mich zu denken und richtig egoistisch zu sein. Egal, was die anderen erwarteten oder denken würden. Ich warnte all meine Lieben und engsten Freunde vor, dass ich an »meinem« Tag telefonisch nicht erreichbar sein würde (sie könnten mir ja eine Karte schreiben, ich liebe Karten!) und ich mit meiner Freundin einen Ausflug an den See machen und anschließend etwas essen gehen würde. Für all die, die es nicht wussten und nicht lassen konnten, besprach ich den Anrufbeantworter: »Hallo! Schön, dass ihr an mich denkt, aber ich bin gerade auf Bora Bora und genieße meinen Cappuccino. Ihr braucht nicht noch mal anzurufen, ich bin länger unterwegs. Tschühüs!«

Sie wollen wissen, wie die Menschen reagiert haben? Ich würde sagen, einige waren verwundert, aber die meisten reagierten wohlwollend und zustimmend. Das hat mich positiv überrascht und bestärkt, mehr auf mich und meine Bedürfnisse zu achten! Und: Ich hatte nach vielen Jahren einen superschönen Geburtstag, den ich in vollen Zügen genießen konnte!

Gabriele, 48

Besondere Tage, besondere Erwartungen, besondere Sensibilität, besondere Lösungen! Der Mut, zu den eigenen Bedürfnissen und damit zu sich selbst zu stehen, lohnt sich. Je mehr wir auf unsere Bedürfnisse achten, desto authentischer und ausgeglichener sind wir. Und das kommt auch bei unseren Mitmenschen gut an – ganz gleich, ob sie zart oder hart im Nehmen sind. Und wann ziehen Sie sich das nächste Mal konsequent und mit gesundem Egoismus zurück?

Partnerschaft

Es vergeht wohl kein Monat, ohne dass in unzähligen Frauenzeitschriften die besten Strategien für eine erfüllte Partnerschaft veröffentlicht werden oder die Boulevardpresse das Leben der Promipaare durchleuchtet, damit »das Volk« sich von den eigenen, alles andere als perfekten Realitäten ablenken kann. Medien und Werbung zeigen Idealbilder, die mit unserem Beziehungsalltag meist wenig zu tun haben. Die Welt dreht sich schneller als je zuvor. Verständlich, dass wir kaum hinterherkommen, uns selbst und unsere Partnerschaften zu entwickeln. Darüber hinaus haben wir heute unendlich viele Möglichkeiten, unser Leben zu gestalten. Lebensstil, Wohnort, Beruf, Hobbys, Partner, Glaube und selbst das Geschlecht – alles ist flexibel. Alte Rollenmuster werden über Bord geworfen, bevor neue sich überhaupt bilden und bewähren können. Zugleich wachsen (unbewusst) unsere Ansprüche an die Partnerschaft. Denn wenn die Welt schon keine Sicherheit mehr bietet, dann muss der Partner ran. Für hochsensible Menschen ist ein gemeinsames Leben eine besondere Herausforderung, weil die meisten nicht nur sich selbst fühlen, sondern auch den anderen permanent wahrnehmen. Zusätzlich haben gerade Hochsensible meist hohe Anforderungen an ihre Mitmenschen und ganz bestimmte Vorstellungen. Unsere Sensibilitäten prägen unsere Ansprüche an unsere Umgebung und den Partner. Kommen Kinder und Beruf hinzu, bleibt wenig Zeit, um die vielen Erlebnisse, Gedanken und Gefühle zu verarbeiten. Und so können selbst in glücklichen Partnerschaften schwierige Situationen entstehen, die außergewöhnliche Lösungen brauchen.

Meine Vorstellungen von Ehe sind durch meine Ursprungsfamilie vom traditionellen Rollendenken geprägt. Ich bin vor 50 Jahren in einem kleinen Dorf mit vielleicht 600 Einwohnern geboren und dort auch aufgewachsen. Schon als Kind hatte ich tausend Gedanken im Kopf und war voller Wahrnehmungen und Eindrücke, die mich überfluteten – vor allem auf der Beziehungsebene. Wie alle Kinder entwickelte auch ich Vorstellungen und Wünsche, wie ich eine Beziehung einmal anders gestalten wollte, welche Jungen und später Männer dem entsprachen und in welche ich mich verlieben würde. Nach nur wenigen anderen Beziehungen entschied ich mich mit Mitte zwanzig für meinen jetzigen Mann, einen sehr ruhigen, feinfühligen und ausgeglichenen Menschen, der gut zuhören und mit mir in alle Themen eintauchen kann. Er teilt viele Interessen und Werte mit mir, allerdings liebt er die Natur und braucht viel Zeit für sich allein. Seine Freiheit ist ihm immer schon wichtig gewesen, und er hat das Bedürfnis nach Abgrenzung und Distanz. Ich hingegen bin ein absoluter Beziehungsmensch. Und so spielten in 20 Jahren Ehe trotz der vielen Gemeinsamkeiten die unterschiedlichen Bedürfnisse in Sachen Nähe und Distanz eine weit elementarere Rolle, als wir uns eingestehen wollten. Ich hätte mir sehr viel mehr Nähe im seelischen und körperlichen Bereich gewünscht, um das Band zu stärken, das zwei Menschen verbindet, damit es nicht zum seidenen Faden wird. Mein Mann braucht das in dieser Form weniger.

Er macht viel mit sich selbst aus, findet den Ausgleich im Alleinsein in der Natur, genießt aber auch die Zeiten mit mir, also Gespräche und gemeinsame Unternehmungen. Wir haben eine Familie gegründet und drei wunderbare gemeinsame Kinder großgezogen, was das Nähe-Distanz-Thema erst einmal in den Hintergrund drängte. Ich war beruflich sehr engagiert und beileibe nicht einsam. Und doch litt ich darunter, wenn mein Mann nicht für mich offen war. Wie sehr hätte ich mir gewünscht, wenigstens abends gemeinsam im großen Ehebett noch in diese Nähe eintauchen zu können.

Mein »Nähe-Distanz-Barometer« zeigte immer wieder starke Ausschläge, ich fühlte mich oft nicht gesehen oder sogar fallen gelassen, litt immer mehr unter dem Distanzbedürfnis meines Mannes. Unfassbar für ihn, dass ich relativ sicher ausloten konnte, wie zugewandt oder offen er war im Beisammensein – und wie hochempfindlich ich, wenn das für mich nicht stimmte, was mich dann in elementare Krisen stürzen konnte. Obwohl ich grundsätzlich ein autonomer Mensch bin, litt ich sehr unter diesem Mangel. Als die Kinder immer größer und selbstständiger wurden, verstärkte sich das noch. Das gemeinsame Zubettgehen wurde für mich statt der erhofften Zuflucht und Nähe eine Zeit der Enttäuschung und Leere. Auch für meinen Mann war es schwierig und anstrengend, damit umzugehen. Natürlich hatten wir auch noch nach 20 Jahren schönen Sex und Zärtlichkeiten. Doch die Bedürfnisse danach waren eben unterschiedlich. Während es meinem Mann gereicht hätte, alle vier bis sechs Wochen mit mir zu schlafen, war mir das zu wenig. Ich hätte auch gern in seinen Armen geschlafen oder mich an ihn gekuschelt, doch er konnte so keinen Schlaf finden. Es wurde für mich zu einer täglichen Zerreißprobe, während er das Problem auf seine Weise verdrängte.

Und so war ich auch diejenige, die auf eine Lösung drängte. Eine, die so gar nicht unseren traditionellen Prägungen entsprach. Aber sie kam sowohl meiner Hochsensibilität als auch unserer Ehe entgegen. Ich zog aus dem gemeinsamen Schlafzimmer in ein eigenes Zimmer mit eigenem Bett. So konnte sich jeder zurückziehen und auf seine Weise zur Ruhe kommen. Es brauchte Überwindung, um zu dieser Lösung zu stehen, und nach wie vor wäre mir eine andere Lösung lieber. Und doch möchte ich mein eigenes Zimmer, das ich ganz nach meinen weiblichen Bedürfnissen gestaltet habe, heute – fünf Jahre später – nicht mehr missen. Zumal ich dort meine Beziehungsantennen deaktivieren und bestens mit mir alleine sein kann. Unsere sexuellen und körperlichen Begegnungen hat dieser Schritt eher belebt und bereichert, die gegenseitige Wertschätzung der gemeinsamen Zeiten ist gestiegen. Mein Mann steht nun nicht mehr unter dem ständigen Druck meiner Wahrnehmungen, und ich kann, wann immer ich will, den Fokus auf eigene Interessen legen, sei es Tagebuch schreiben, lesen, meine Musik hören oder selbst musizieren. Ich konnte immer schon gut allein sein mit mir. Nur zu zweit hat das mit dem

Alleinsein nicht geklappt. Und so hat uns die Lösung mit den eigenen Zimmern Entspannung gebracht und vielleicht sogar die Ehe gerettet.

Karin*, 50

Wenn Hochsensible sich bewusst für eine Partnerschaft entscheiden, dann steckt dahinter auch eine bestimmte Erwartung an das Leben. Wir möchten unsere Liebe mit einem Partner leben, und viele von uns wollen auch Kinder. Karins Geschichte zeigt, dass sie bereit ist, ihr Leben und ihre Partnerschaft als Prozess zu sehen, immer wieder in Kommunikation zu gehen und Lösungen zu suchen, die beide Partner einbeziehen.

Klar könnten wir uns auch für ein Leben als Single entscheiden. Und doch kann eine Partnerschaft gelingen. Das braucht den Mut, uns so zu zeigen, wie wir sind, und die Bereitschaft, uns ganz und gar auf jemanden einzulassen. Und dann kann es uns passieren, dass wir einem Menschen begegnen, der uns genauso will und annimmt, wie wir ihn wollen und annehmen, und mit dem zusammen wir alle Höhen und Tiefen des Lebens meistern können.

Sexualität

Im Gewirr der täglichen Verpflichtungen, Gedanken und Gefühle ist es wichtig, dass wir unsere eigenen Bedürfnisse in Sachen Lust und Liebe im Blick behalten. Viele Hochsensible sind durch den Alltag mit Beruf, Familie und Co. so stark gefordert, dass die Sexualität schnell zu kurz kommen kann.

Denn Überreizung und Stress sind Lustkiller. Was gerade in diesem Fall besonders schade ist, denn Menschen, die »sinnlich« intensiver und feiner wahrnehmen, können eine tief erfüllende Sexualität (er)leben. Während in Liebschaften oder Affären die partnerschaftliche Verbundenheit höchstens eine untergeordnete Rolle spielt, weil das Beisammensein eher auf die körperlichen Wahrnehmungen fokussiert ist, kommen zwei einander sehr vertraute Menschen sich nicht nur körperlich, sondern auch seelisch sehr nah. Das setzt absolutes Vertrauen voraus und die Bereitschaft, sich dem Partner zu öffnen und verletzlich zu sein.

Auf dem Weg zum Orgasmus öffnen sich ganze Universen, die sonst verschlossen bleiben, und wir tauchen ein in eine Welt aus Gefühlsexplosionen, körperlichen Wahrnehmungen und seelischer Nähe und Verbundenheit. Der Orgasmus ist eine tiefe sinnliche und energetische Erfahrung, ein Moment, in dem die Welt stillsteht, sich die Zeit auflöst und Gedanken keine Rolle mehr spielen.

Ich habe meinen Körper und das Wohlgefühl des Orgasmus schon früh entdeckt – was meine Eltern sehr irritierte. Wenn sie mich »erwischten«, verboten sie mir weiterzumachen. Daran hielt ich mich natürlich nicht. Und doch hat mir das ein »blödes« Gefühl nach dem Orgasmus beschert, das erst mit Anfang 20 verschwand, nachdem ich verstanden und verarbeitet hatte, dass diese Schuldgefühle mit dem Verbot meiner Eltern zusammenhingen. Auch wenn ich die körperliche Lust früh gelebt habe, ließ ich mir für mein erstes Mal Zeit.

Ich erlebte es mit 19, und es war ein wunderschönes Erlebnis. Mein ganzer Körper kribbelte, und mein Gefährte ging sehr zärtlich auf mich ein. Es war der Start meiner ersten längeren Beziehung, die zwei wertvolle Jahre andauern sollte – ein geschützter und guter Start in die Welt der Liebe, für den ich sehr dankbar bin. Die Beziehung ging zu Ende, weil mir bei meinem Partner zum einen die Bereitschaft zur persönlichen Weiterentwicklung außerhalb des Berufs und zum anderen die emotionale Tiefe und Leidenschaft gefehlt hat. Ich fand sie bei einem anderen Mann, der mich sexuell sehr anzog und mich Herzschmerz lehrte; diese Affäre war der Start in die erste Sturm-und-Drang-Zeit meines Lebens. Ich stolperte über meine Naivität und meine Idealvorstellungen, lernte, wie sehr es schmerzen kann, wenn vor der körperlichen Vereinigung die Erwartungen nicht klar kommuniziert sind. Der eine genießt die Lust, und der andere hofft auf Liebe. Das tut verdammt weh. Einerseits hat mir diese Begegnung neue Welten geöffnet, die ich nicht missen möchte, und andererseits hat sie mich extrem viel Kraft gekostet. Die Krönung war eine Gürtelrose … Der innere Schmerz brach über die Haut und die Nerven nach außen.

Ich hatte nie Probleme, mit Männern in Kontakt zu kommen. Einerseits habe ich die Tatsache, dass Liebe und Lust immer etwas mit Verletzlichkeit zu tun haben, schnell akzeptiert. Ich wusste, dass ich dieses Risiko immer eingehe, wenn ich mich verliebe oder körperlich auf einen Mann einlasse. Zum anderen war es durch mein hohes Einfühlungsvermögen intuitiv immer »einfach«, Männer auf mich aufmerksam zu machen. Bevor ich meinen Mann kennenlernte, erlebte ich unterschiedliche Affären und weitere Beziehungen. Die meisten meiner Gefährten haben mir gesagt, dass sie die Tiefe meiner körperlichen Empfindungen und meine Bereitschaft, mich hinzugeben, zu sagen, was ich mag und was nicht, sehr genossen haben. Mit einigen Männern bin ich bis heute in lockerem und wertschätzendem Kontakt.

Eine Herausforderung war für meine Partner in den Beziehungen die Tiefe meiner Gefühle und Gedanken außerhalb der Sexualität. Und tief in meinem Inneren habe ich mir immer einen Partner gewünscht, der ebenso tief empfindet. Als ich die Hoffnung schon aufgegeben hatte, lernte ich meinen späteren Mann kennen, und ich wusste aufgrund der vielfältigen Erfahrungen, die ich gemacht hatte, sofort: Das ist er! Wir hatten damals beide noch keine Ahnung, dass wir hochsensibel sind. Aber wir haben es sofort genossen … Der Anfang der Beziehung war geprägt von häufigem und langem Sex, der uns beiden sehr guttat. Wir zogen schnell zusammen und haben nach anderthalb Jahren geheiratet, da war ich bereits schwanger. Als unser erstes Kind zur Welt kam, veränderte das plötzlich alles. Das Wunder des Lebens hat mich glücklich gemacht, mir aber auch die Möglichkeit genommen, mich dann zurückzuziehen, wenn ich es brauche. Und das hatte ich intuitiv mein Leben lang getan. Ich entdeckte in der Zeit zwar auch, dass ich hochsensibel bin, habe die Konsequenzen aber nicht gezogen und das Wissen nicht genutzt.

Mein Bedürfnis nach Sex und Körperlichkeit veränderte sich. Darüber hinaus war die Geburtserfahrung so traumatisch, dass ich über Monate nach der Geburt überhaupt nichts empfand, wenn mein Mann mich berührte, außer Trauer und Angst. Ich fing jedes Mal an zu weinen, weil ich überhaupt nicht verstand, wohin sich meine Fähigkeit, zu fühlen und mich hinzugeben, zurückgezogen hatte. Mein Mann ließ mir Zeit und gab mir Halt, wofür ich ihm unendlich dankbar bin. Ich ging das Thema in einem Coaching an, erkannte in einem Schreibprozess ein Lebensthema und ließ mich darauf ein, in der körperlichen Nähe meiner Angst zu begegnen, und mit jedem Mal löste sich etwas. Ich konnte wieder fühlen. In dieser Zeit kamen mir mit jedem Orgasmus die Tränen. So spülte unsere Liebe die traumatische Erfahrung nach und nach einfach weg. Das hätte ein Partner, der nicht hochsensibel ist, wohl nur schwer verstehen und ertragen können. Unsere Sexualität passte sich an die familiären Gegebenheiten an, wir wurden »ruhiger«. Als der Wunsch nach einem zweiten Kind in uns aufstieg, beflügelte das auch unsere Sexualität wieder, und es fühlte sich so an wie am Anfang – allerdings nur kurz, weil ich schnell schwanger wurde. Da ich die Pille nicht vertrage, bin ich hormonell nicht beeinflusst und lebe meinen eigenen biologischen Rhythmus. Mein Verlangen scheint mir da sehr eindeutig den Weg gewiesen zu haben, wann der richtige Zeitpunkt ist. Die beiden Zeugungsakte habe ich als sehr besonders in Erinnerung: Ich kann mich an das spezielle Gefühl während der Empfängnis genau erinnern. Auch wenn die Schwangerschaft wieder eine reizüberströmende Herausforderung war: Die Geburt unseres zweiten Kindes versöhnte mich mit der Schöpfung. Es lief alles gut, und dafür bin ich unendlich dankbar. Ich habe meine Kinder beide auf dem natürlichen Wege geboren und empfinde diese Erfahrung meiner urweiblichen Kraft als wichtigen Teil der Entwicklung meiner Stärke.

Inzwischen fühlt sich unsere Familie komplett an. Weitere Kinder wollen weder mein Mann noch ich. Für mich hat das Bedürfnis nach dem Akt an sich seitdem abgenommen. Und die Tatsache, dass die Kinder immer präsent sind, beeinflusst meine Lust auf Sex ebenfalls. Mein Bedürfnis nach zärtlicher Zuneigung ist allerdings nach wie vor ungebrochen. Meinem Mann geht es ähnlich. Unser zärtliches Miteinander muss nicht mehr immer zur körperlichen Vereinigung führen, wir genießen es häufig auch einfach, uns gegenseitig zu verwöhnen. Und wenn wir beide wollen, gehen wir weiter. Eine wunderschöne, unverkrampfte Erfahrung – jenseits der von den Medien propagierten Norm. Na? Wie oft macht ihr es in der Woche? Was? Nur zweimal im Monat? Ist da was nicht in Ordnung bei euch? Oh doch, es ist sogar sehr in Ordnung. Ich habe inzwischen begriffen und angenommen, dass sich meine sexuellen

Bedürfnisse mit jeder Lebensphase wandeln. Und mit diesem Wissen schaue ich entspannt in die Zukunft, weil ich inzwischen verstanden habe, dass es in Ordnung ist, meine sexuellen Bedürfnisse und die meines Partners so anzunehmen, wie sie gerade sind, um dann gemeinsame Wege zu finden, die uns beiden guttun.

Lilli*, 40

Qualität ist wichtiger als Quantität. Es ist nicht wichtig, möglichst oft Sex zu haben. Viel bedeutender ist, ob wir die körperliche Nähe zueinander genießen können und uns mit der Sexualität, die wir in der aktuellen Lebensphase haben, wohlfühlen. Sex ist nichts, was wir losgelöst von dem Rest unseres Lebens betrachten können. Ein paar Gedanken zum Thema Sexualität möchte ich gerne mit Ihnen teilen:

- Gerade sensible Menschen brauchen Zeit, geschützte Räume und ein Bewusstsein für ihre Bedürfnisse, um erfüllende sexuelle Erfahrungen machen zu können.
- Es ist wichtig, entspannt und ohne Druck den eigenen Körper kennenzulernen und ein offenes Ohr für den Partner zu haben.
- Nicht häufiger Sex ist wichtig, sondern dass beide Partner die körperliche Nähe genießen können. Gute Energie fließt immer dann, wenn sie fließen möchte und beide sich dabei wohlfühlen.
- Im Kleinen und im Großen: Blicke, Berührungen, Küsse oder Umarmungen zwischendurch sind genauso wichtig wie ausgedehnte Wohlfühlzeiten zu zweit. Wenn wir

mit einem anderen Menschen verschmelzen, dann tauchen wir in seine Welt ein – ganz gleich, ob es aus Liebe oder »nur« aus Lust passiert. Und das hinterlässt energetische Abdrücke. Es ist wichtig, sich das bewusst zu machen, bevor Sie sich auf einen Menschen einlassen, damit daraus eine stärkende Verbindung wird statt eine, die uns Kraft raubt und Stress auslöst.

- Der Orgasmus kann eine tiefe sinnliche und energetische Erfahrung sein, die – wenn wir uns darauf einlassen mögen – alle inneren Blockaden zum Einsturz bringen kann. Und manchmal schwimmen wir danach nicht in den entspannten Wogen des Glücks, sondern in Tränen der Verarbeitung.
- Sich körperlich nah zu sein muss nicht immer bedeuten, miteinander zu schlafen. Es kann höchst befriedigend sein, wenn beide Partner sich gegenseitig verwöhnen.
- Unterschiedliche Lebensphasen bringen andere Bedürfnisse in der Sexualität mit sich. Jugendliche und junge Erwachsene haben andere körperliche Bedürfnisse als Ehepaare, die zwei kleine Kinder haben und beruflich voll eingebunden sind, oder als alte Menschen.
- Es ist okay, wenn Kinder ihren eigenen Körper entdecken.

Familienzeit

Hochsensibel sein und Familie haben: Ist das ein Widerspruch oder gar ein No-go? Während meiner Recherchen habe ich einige hochsensible Menschen kennengelernt, die aus dem Bewusstsein heraus, viel Ruhe zu brauchen, oder weil sie nicht den richtigen Partner gefunden haben, allein leben und keine Kinder haben. Andere leben in einer Partnerschaft, aber bewusst ohne Kinder. Einige wollen keine Kinder, bei anderen ist der Kinderwunsch unerfüllt geblieben. Im Grunde verhält es sich wie bei normal sensiblen Menschen auch. Doch wenn wir uns als hochsensible Menschen für eine Partnerschaft entscheiden und eine Familie mit Kindern gründen, dann finden wir uns in einer lauten und intensiven Lebenssituation wieder, die viel Entwicklungspotenzial in sich trägt. Sind wir mit einer Situation überfordert, dann gibt es zwei Möglichkeiten: Entweder die Realität ist so traumatisch, dass wir anfangen zu verdrängen und dass alles nach Jahren wieder hochschwappt – und dann mit voller Wucht. Oder unsere Seele und unser Körper reagieren relativ schnell, sodass wir gezwungen sind, Lösungen zu finden, uns weiterzuentwickeln und über uns hinauszuwachsen. So dramatisch das jetzt klingen mag, im Grunde steckt eine wunderbare Botschaft darin: Hochsensibel sein und Familie haben – das ist eine große Herausforderung und gleichzeitig ein absoluter Glücksfall.

Als ich mich in das Abenteuer Familiengründung stürzte und mir damit einen lang gehegten Wunsch erfüllte, war ich mit dem Thema Hochsensibilität noch nicht in Berührung gekommen. Mein Bewusstsein, anders zu sein, war hingegen früh ausgebildet, teils aus den Besonderheiten meiner Ursprungsfamilie heraus, teilweise aufgrund gesundheitlicher Probleme. Ich entwickelte eine Überlebensstrategie, in der es galt, nicht mit der Welt zu hadern, sondern sich möglichst zu arrangieren und freie Nischen zu finden, die meinem ausgeprägten Bedürfnis nach Ruhe, Alleinsein, Ordnung und Gerechtigkeit entgegenkamen. Beruflich schienen mir da das Jurastudium mit der Promotion und der Richterberuf ideal. Die damit verbundenen öffentlichen Auftritte stellten für mich absolut kein Hindernis dar. Kinder hingegen stehen für alles andere als Ruhe, Alleinsein, Ordnung … Solange sie klein waren, verschaffte mir ihr Schlafbedürfnis die nötigen Ruhepausen. Während jedoch andere Eltern diese Zeiten mühelos aktiv für sich nutzen, tat ich es meinen Kindern gleich und schlief ebenfalls, bedauerte aber zugleich die scheinbar verlorene Zeit. Inzwischen sind meine Kinder aus dem Alter des gepflegten Mittagsschläfchens herausgewachsen. Da muss ich mir meine Auszeiten erkämpfen; ich weiß sie deshalb so zu schätzen, weil ich spüre, dass sie mir die Ausgeglichenheit und Gelassenheit geben, die für einen gelungenen Tagesverlauf unabdingbar sind. Auch die Kinder profitieren (sicherlich unbewusst) davon, nach dem lärmenden Schultag innezuhalten und – ähnlich wie bei einem guten Wein – in der Ruhezeit zu reifen.

Die verschiedenen Definitionen von »Ordnung« bzw. »Unordnung« sowie deren jeweilige Rechtfertigungen *scheinen allerdings aussichtslos unvereinbar. Mit beginnender Pubertät und möglicherweise ebenfalls angelegter Hochsensibilität der Kinder treten weitere Herausforderungen hinzu: Der Aufstand wird geprobt. Meine Kinder grenzen sich ab und distanzieren sich von uns Eltern, üben schonungslos Kritik und testen Grenzüberschreitungen. Und das führt mich, wie wohl alle anderen Eltern auch, an eigene Grenzen.*

Trotz aller Herausforderungen ist es mir von größter Wichtigkeit, stets in einem von gegenseitigem Respekt geprägten Dialog zu bleiben, meinen Kindern aufmerksam zuzuhören, ihre Signale richtig zu deuten und sie immer meine bedingungslose Liebe zu ihnen spüren zu lassen.

Meiner Einschätzung nach verfügen gerade Hochsensible über diese besonderen Talente, um die vielleicht herausforderndste Phase der Familienzeit zu meistern – vorausgesetzt, dass der hochsensible Elternteil selbst sein inneres Gleichgewicht (wieder)gefunden hat und Raum für seine eigenen speziellen Bedürfnisse schaffen kann.

Und dann ist die Familienzeit von Hochsensiblen ein purer Glücksfall!

Margret, 46

Sich einlassen, auf sich selbst und andere. Bedingungslos lieben. Zu seiner Entscheidung stehen. Eine Entscheidung, die in romantischen Gefühlen ihren Ursprung hat und deren Tragweite wir erst im rauen Alltag begreifen und erfahren. Es geht darum, zwischen all den Erwartungen und Anforderungen, die Partnerschaft, Beruf, Haushalt, Schule und Familienleben mit sich bringen, die unterschiedlichen Bedürfnisse im Blick zu behalten und sie zu achten, sowohl die der anderen Familienmitglieder als auch die eigenen. Denn wenn wir unsere eigenen Bedürfnisse nicht achten, wie soll dann die Kraft entstehen, die der anderen wahrzunehmen und zu akzeptieren?

Wenn es eine Zauberformel für ein erfülltes, hochsensibles Familienleben gibt, dann spielt die Achtung der Bedürfnisse mit Sicherheit eine große Rolle. Machen Sie sich bewusst, was Sie selbst brauchen, um in Ihrer Kraft zu sein. Lernen Sie die Bedürfnisse Ihrer Kinder zu lesen, wenn sie klein sind. Später können wir mit unseren Kindern darüber sprechen, was sie brauchen, damit es ihnen gut geht. Immer nur Action, dreimal in der Woche Nachmittagsprogramm in Form von Sport, Musik oder Ähnlichem und an den anderen Tagen Verabredungen zum Spielen? Am Wochenende mindestens zwei Familienausflüge, um die gemeinsame Zeit irgendwie rumzukriegen und bloß keine Langeweile aufkommen zu lassen? Freizeitparks, Jahrmarktbesuche, Ausflüge zu Verwandten, die weiter weg wohnen, Kurzurlaube und Co.: Die schöne, bunte Werbewelt gaukelt uns vor, dass gerade ein Leben als Familie unglaublich aktiv sein muss. Wir müssen unseren Kindern schließlich was bieten.

Wenn so ein Familienjahr sich dann dem Ende neigt, treten wir noch einmal den Adventsstaffellauf an, um dann völlig erschöpft die Erwartungen an die »ruhige« Weihnachtszeit viel zu hoch zu stecken, uns gerade noch einmal so ins neue Jahr hinüberzuretten, bis dann irgendwann im Februar oder März die Nasennebenhöhlenvereiterung einmal durch die Familie wandert und die Ruhe durch Zwangspausen Einzug hält. Ruhe? Na ja, bis auf den Stress mit gelben Zetteln, Arztbesuchen und Schlafentzug, weil die Kinder keine Luft kriegen oder die ganze Nacht durchhusten …

Weniger Aktion, mehr Ruhe: Pausen machen, sich Zeit nehmen, einander zuhören, sich Aufmerksamkeit schenken, immer wieder in den wohlwollenden Dialog gehen, sich einfühlen in die Situation des anderen, körperliche Nähe zulassen und den Kindern kuschelige Geborgenheit geben … Es geht darum, da zu sein, wenn unsere Kinder uns brauchen, aber auch zu kommunizieren, wenn wir gerade eine Ruhezeit einbauen möchten, um danach den Tag friedlich zu vollenden.

Wenn Sie die Sehnsucht haben, Familie zu leben, dann gehen Sie das Risiko ein. Vermutlich werden Sie – trotz aller Herausforderungen – reich beschenkt werden.

Kinder

Hochsensibilität gilt als erblich, und so ist die Wahrscheinlichkeit groß, dass Eltern, die sich selbst als hochsensibel einordnen, auch Kinder haben, die mit einer höheren Wahrnehmung in diese Welt geboren werden. Hochsensible Kinder sind mehr noch als andere ein Spiegel für ihre Umwelt. Je mehr Reize, desto stärker sind kleine sensible Menschen herausgefordert. Gerade die ganz Kleinen können noch nicht reflektieren und sind mit ihrer Wahrnehmung oft völlig überfordert. Schon für die meisten von uns Erwachsenen ist es ein längerer Prozess herauszufinden, welche Wahrnehmungen unser Leben stark beeinflussen, was uns die Kraft nimmt und was uns stärkt. Wenn Sie sich darauf einlassen, auch bei Ihren Kindern genauer hinzuschauen oder anzunehmen, was offenbar ist, dann ist das eine sensibel-starke Entdeckungsreise.

Es hat eine Weile gedauert, bis wir die Puzzleteile richtig zusammengesetzt hatten und klar war: Unser Sohn ist im sensorischen Bereich hochsensibel. Bereits als Säugling war er hochgradig lichtempfindlich; ein Sonnenstrahl auf seinem Gesicht reichte aus, um ihn völlig aus der Fassung und zum Schreien zu bringen. Wenn einfach nur die Sonne hinter den Wolken hervorkam, konnte ihn das bereits aus dem Schlaf reißen. In seinem ersten Sommer – Emil war gerade ein halbes Jahr alt – waren wir zu drei Hochzeiten eingeladen. »Natürlich kommen wir, den Kleinen nehmen wir einfach mit, der kann dann im Kinderwagen schlafen«, hatten wir lange im Voraus freudig verkündet. Aber während andere anwesende Säuglinge sich zufrieden von Gast zu Gast reichen und entspannt Reden und Tänze über sich ergehen ließen oder einfach auf dem Schoß einschliefen, war unser Kind ob der Geschehnisse völlig außer sich. Abwechselnd spazierten mein Mann und ich mit ihm in der Trage in großem Bogen um die Hochzeitsgesellschaft herum. Wir lernten sehr schnell: Weniger ist mehr. Weniger Menschen, weniger Geräusche, weniger Ortswechsel – einfach weniger Reize.

Aus heutiger Sicht viel zu früh kam Emil in die Kita. Er fand die anderen Kinder sehr faszinierend und wollte immer mittendrin sein. Gleichzeitig überforderte ihn das Tagesgeschehen maßlos. Trotz Mittagsschlaf und bestem Betreuungsverhältnis holten wir nach sechs Stunden ein völlig erschöpftes Kind ab. Mit etwa 20 Monaten entwickelte Emil einen Blinzeltick. Sobald zu viele Reize auf ihn einströmten, fing er an, unkontrolliert zu zwinkern. Etwa zur gleichen Zeit begannen die Wutanfälle. Sein Ventil für die Reizüberflutung – der anscheinend einzig mögliche Stressabbau für dieses kleine Wesen. Manchmal war er so erschöpft, dass er mitten im Wutanfall innehielt, um zu gähnen, und anschließend brüllte er weiter. Was wir damals (zum Glück) noch nicht wussten: Diese heftigen Wutanfälle – etwa drei bis fünf täglich – sollten uns in dieser Intensität mehr als zwei Jahre lang begleiten. Eine unglaubliche Anstrengung für ihn und eine unglaubliche Belastungsprobe für die ganze Familie.

Mittlerweile ist vieles leichter geworden. Das mag zum einen daran liegen, dass Emil nun vier ist und besser gelernt hat, sich aus für ihn unangenehmen Situationen herauszuziehen. Und er kann reflektieren und das auch artikulieren. Er geht gern in die Kita. Doch am liebsten hätte er jeden zweiten Tag Urlaub. Denn »dort ist alles so wuselig«, und »immer sind alle so laut, das klingelt dann so doll in meinen Ohren«.

Zum anderen haben wir den Alltag so umgestaltet, dass er möglichst reizarm ist. Emil geht fünf bis sechs Stunden in die Kita, meist an nur vier Tagen in der Woche. Fast ein halbes Jahr haben wir Spielplätze komplett gemieden, denn nach einem Kitatag hatte er keine Kraft mehr, sich friedlich mit anderen Kindern auseinanderzusetzen. Stattdessen sind wir oft irgendwohin gefahren, wo wir allein waren. Und das war gar nicht so leicht, wenn man bedenkt, dass wir mitten in der Großstadt in einer Wohnung leben. Wir haben auf einsamen Wiesen Maulwurfshügel umgegraben, sind im Wald geklettert oder haben Höhlen gebaut. An einem oder zwei Tagen in der Woche treffen wir Freunde, was für mich sehr wichtig ist, weil ich den sozialen Austausch in kleinen Gruppen sehr mag.

Im Gegensatz zu fremden Kindern klappt es mit gut bekannten Kindern wunderbar. Sportkurse besucht Emil keine, und aufregende Unternehmungen dosieren wir sehr bewusst. Für uns als Eltern und für mich als hochsensible Mutter war es trotz positiver Einstellung nicht nur ein Lern- und Erkenntnisprozess, sondern auch ein Kraftakt, mit der Situation umzugehen und sie so anzunehmen, wie sie ist. Inzwischen haben wir zwei Kinder, die zwar beide viel Ruhe brauchen, aber gerade in der Kombination zusammen sehr laut und intensiv sind. Da gilt es die Bedürfnisse der Einzelnen gut abzuwägen und aufzupassen, dass niemand zu kurz kommt.

Das Schöne an dem Prozess der letzten Jahre ist, dass wir durch die Veränderungen, die wir vorgenommen haben, dem »anderen« (oder vielleicht »eigentlichen«?) Wesen unseres großen Sohnes mehr Raum geben konnten, um zu wachsen. Wir haben Eins-zu-eins-Einheiten am Wochenende eingeführt – eine mit mir und eine mit meinem Mann. Da erleben wir ein absolut weiches, kuscheliges, ruhiges, total interessiertes, begeisterungsfähiges, fröhliches und überaus charmantes Kind, das sich sensibel und sprachbegabt zeigt, mit riesiger Fantasie spielt und ein großartiger Konstrukteur ist. Das sind wertvolle Zeiten, die uns allen guttun.

Lisa*, 34

Eine starke Geschichte über eine tolle Familie, die es immer wieder wagt, sich auf diesen Prozess einzulassen – mit Hingabe, Demut, Annahme und ganz viel Verständnis und Flexibilität in Handlung und Emotion. Alles das kostet Kraft. Kraft, die aufzubringen sich lohnt, nicht nur für das Kind, sondern für die ganze Familie und letztendlich auch für die Partnerschaft. Finden Sie heraus, auf welcher Ebene Ihre Kinder besonders sensibel sind. Leiten Sie daraus Ideen ab, was ihnen guttun, Ruhe geben und sie stärken könnte. Schaffen Sie Räume, in denen Sie das Urwesen Ihres Kindes erleben, damit Sie als Eltern wieder auftanken und erleben können, für welchen kleinen Menschen Sie sich so hingeben und häufig genug über Ihre Grenzen gehen. Denken Sie auch daran, Ihre eigenen Akkus wieder aufzuladen.

Hinweise aus der Literatur und von Beratern, Ärzten und Psychologen – sofern diese das Phänomen Hochsensibilität kennen bzw. es ernst nehmen – können helfen. Und doch gilt es, dem eigenen Bauchgefühl zu vertrauen. Holen Sie sich Hilfe und lassen Sie sich helfen. Aber verhindern Sie, dass Ihren Kindern psychologische oder medizinische Stempel aufgedrückt werden, die sie für »krank« erklären, und dass sie mit Chemikalien vollgepumpt werden, die Ihr Kind »gesund« machen sollen. Achten Sie auch darauf, mit wem Sie es zu tun haben und welche Interessen Ihr Gegenüber vertritt. Vertrauen Sie darauf, dass Sie spüren, ob die Herausforderungen bei Ihrem Kind krankhaft und destruktiv sind und psychologische bzw. medizinische Hilfe notwendig ist oder ob Ihr Kind einfach nur nicht in das Schema F dieser Gesellschaft passt und Sie einige Wege anders gehen müssen, als viele andere Menschen sie gehen. Wagen Sie es und stehen Sie zu Ihren Ideen und Ansätzen! Es lohnt sich – für Ihre Kinder, für Sie selbst und für die ganze Familie!

Vater sein

Frauen sind sensibel – Männer auch. Doch was passiert eigentlich, wenn zart-starke Feintuner Kinder haben? Wie gehen sie mit ihrer Rolle als Vater um? Welche Herausforderungen haben sie? Und wie kann die Reflexion der Hochsensibilität in der Familie dabei helfen, zumindest ab und an ein Stück »Familienromantik« zu erleben? Ich habe einen Vater gefunden, der seine Geschichte mit uns teilt:

Der Herausforderung meiner Vaterrolle gerecht zu werden empfinde ich als anspruchsvoll. In der heutigen Zeit ist es aufgrund neuer Rollenbilder grundsätzlich für Väter schwieriger, ihren Platz zu finden. Die Hochsensibilität potenziert diese Herausforderung: mit dem schnellen Fortschritt mithalten, mir selbst und meinen Anforderungen gerecht werden wie auch denen der anderen … Die Erwartungen in Gesellschaft und Wirtschaft werden aktuell immer höher gesteckt. Heute verdienen Männer nicht nur. Wir sind auch gefordert, in der Kindererziehung und im Haushalt ordentlich mitzumischen – das war früher anders. Ich will nicht sagen, dass es früher besser war, aber es gab klarere Strukturen. Aktuell ist alles im Umbruch.

Durch meine Hochsensibilität sind meine Ansprüche relativ hoch, und der Hang zum Perfektionismus spielt in jede Rolle und in jede Aufgabe mit hinein. Da will es erst einmal gelernt sein, mit den vielen Reizen und Informationen umzugehen. Denn wenn mir das nicht gelingt und ich selber mit mir und meiner Welt nicht klar bin, dann sind die Kinder die Ersten, die in die Lücke springen. Die spüren sofort, wenn bei den Eltern Unsicherheiten sind, und dann wird es chaotisch.

Aber mal von Anfang an: Meine Frau und ich haben zwei Pflegekinder, die schon als Babys zu uns gekommen sind, zwei ganz unterschiedliche Charaktere. Es war ein wunderbares Gefühl, und wir haben beide sehr in unser Herz geschlossen. Wir haben keinen Vergleich, wie es sich anfühlt, eigene Kinder zu bekommen, doch für uns fühlt es sich so an, als wären es unsere eigenen. Die beiden Jungs sind jetzt zwei und vier, und unseren Großen haben wir inzwischen adoptiert.

Als die Kinder noch nicht da waren, war es immer harmonisch bei uns zu Hause. Die Kinder haben da tatsächlich etwas verändert. Von der romantischen Vorstellung, eine Familie mit Kindern zu haben, musste ich mich schnell verabschieden: Arbeit und Kinder – das ist eine doppelte Herausforderung. Als wir die Kinder bekamen, wusste ich noch nichts von meiner Hochsensibilität. Im Nachhinein erklärt sich für mich so einiges: Ich habe oft das Gefühl, dass mich die Kinder durch ihren Aktionismus belasten. Da dreht man sich um, und das Kind ist nicht da, wo man es vermutet, weil es in die entgegengesetzte Richtung läuft. Und noch etwas belastet mich. Wenn ich überreizt bin, dann werde ich aggressiv und laut – etwas, das ich überhaupt nicht mag. Und meine Frau schon gar nicht. Auch das Thema Essen ist schwierig, da habe ich ganz andere Vorstellungen als meine Kinder. Bei all den Herausforderungen, die unsere Kinder mit sich bringen, und dem Anspruch, ihnen ein gutes soziales und harmonisches Umfeld zu schaffen, kommt immer wieder die Frage auf: »Mache ich alles richtig?«

Als ich den HS-Test gemacht habe, konnte ich das erst einmal gar nicht glauben. Denn im Grunde sind wir durch eines unserer Kinder auf das Thema aufmerksam geworden. Ich war schockiert über den Inhalt der HS-Bücher, denn auf einmal standen da Antworten auf meine Lebensfragen in einem Buch, geschrieben von Menschen, die ich nicht kenne. Ich bin dann zu unserem Hausarzt gegangen. Der kannte das Thema nicht. Erst der Psychologe hat mir dann in einem unserer Gespräche gespiegelt, dass er meine Ansicht, zur Gruppe der HSP zu gehören, teilt.

Warum beschäftigt mich das alles so? Ich hatte wenige Probleme in meinem Leben, aber alle, die ich hatte, hängen mit der Hochsensibilität zusammen. Als Kind hörte ich öfter den Spruch: »Ein Indianer kennt keinen Schmerz.« Mein Vater hat oft nicht verstanden, wie ich ticke. Später kamen Selbstzweifel dazu, weil das, was ich klar und deutlich fühlen konnte, von meinen Mitmenschen abgestritten wurde oder das Gesagte nicht mit der Körpersprache übereinstimmte. Mein Bauchgefühl hat eigentlich immer das Richtige gesagt, aber das wurde eben nie laut ausgesprochen. Und das zu reflektieren war für mich immer erst im Nachhinein möglich, wenn die Dinge sich so entwickelt haben, wie ich es geahnt hatte.

Von dem Tag an, als ich meine Andersartigkeit akzeptiert hatte, hatte ich überhaupt keine Probleme mehr. Wenn man davon ausgeht, dass das Gegenüber genauso ticken muss wie man selbst, dann fällt man ständig auf die Nase. Weil ich die Erwartungshaltung nicht mehr habe, merke ich jetzt, was der andere signalisiert. Seitdem geht es mir ziemlich gut, der Druck ist nicht mehr da. Ich sorge jetzt bewusster für mich und habe einige Rituale, bei denen ich entspannen kann. Ich fahre als Sensation-Seeker sehr gerne Motorrad, was mir total guttut, oder ich gehe mit unserem Hund eine halbe Stunde spazieren. Früher war das Gassigehen immer eine Belastung. Jetzt habe ich die Pflicht zur Tugend gemacht und kann die Auszeit in der Natur mit unserem Westi Gandalf richtig genießen.

Mit meinem Job hatte ich als Vorgesetzter in einem Chemiekonzern immer Glück, weil ich in einer guten Stellung mit sehr flexiblen Arbeitszeiten tätig bin. Und doch arbeite ich seit zwei Monaten zweieinhalb Stunden weniger in der Woche. Das klingt seltsam, aber damit geht es mir so viel besser. Wir haben zwar etwas weniger Geld, dafür aber viel mehr Lebensqualität. Und wenn ich ehrlich bin, fehlt das Geld auch nicht, denn wir haben in den letzten Monaten gelernt, dass die Anzahl der Aktionen, die wir am Wochenende mit den Kindern geplant hatten, für alle eine Überforderung darstellte. Wir waren nur noch genervt, weil die Kinder ständig Wutausbrüche hatten, und die Abende waren eine Katastrophe, weil ständig Situationen eskalierten. Da geht der Spaß an den Kindern auch irgendwann verloren. Unser Weg heißt jetzt: »Weniger ist mehr!« Am Wochenende gibt es jetzt nur noch eine große Aktion statt zwei oder drei. Da bleibt nichts auf der Strecke, im Gegenteil. Denn so kann ich mein Vatersein und die Gemeinschaft mit meinen Kindern und meiner Frau richtig genießen.

Gregor Hötzel, 45

Gregor widmet sich dem Thema HS nicht nur privat, sondern leistet mit seiner Agentur für Hochsensible auch Aufklärungsarbeit in seiner Heimatregion. Seine Geschichte steht mit Sicherheit stellvertretend für die vieler hochsensibler Väter, die bereit sind, sich den neuen Rollenbildern zu öffnen. Elternschaft ist auch für normal sensible Menschen immer wieder eine Herausforderung, und es geht hier nicht darum, HS-Eltern als besondere Alltagshelden darzustellen. Dennoch gilt es hinzuschauen: Denn wenn ein Elternteil in der Familie hochsensibel ist, dann können es die Kinder durch Vererbung auch sein. Und in Gregors Fall haben sich sogar ohne Blutsverwandtschaft ein hochsensibler Papa und ein hochsensibles Kind gefunden. Klarheit und entspannte Führung der Eltern, Momente des Rückzugs und weniger hohe Ansprüche an das Verhalten der Kinder sowie die gemeinsame Freizeitgestaltung am Wochenende – »Weniger ist mehr« kann wirklich zu einem Familienmantra werden. Dann kann im Rummel des Alltags ab und an die Harmonie das Steuer in die Hand nehmen, sodass alle Beteiligten entspannte und schöne gemeinsame Momente erleben können und vielleicht doch von Zeit zu Zeit der Wunsch nach Familienromantik immer mal wieder in Erfüllung geht.

Trennungen und Tod

Das Leben ist voller Veränderungen. Es beginnt mit unserer Geburt, wir wachsen heran, Menschen kommen in unser Leben und gehen wieder. Manche Trennungen sind von uns gemacht, manche vom Leben, am Ende steht der Tod. Der Abschied für immer. Ob ein Abschied unter Lebenden oder eine Trennung durch den Tod – beides schmerzt. Doch der Schmerz bei einem Todesfall ist intensiver. Die Trauer um einen Menschen (oder auch ein geliebtes Tier) ist ein Prozess des endgültigen Loslassens. Ein Prozess, der uns erdet, uns gleichzeitig unsere Vergänglichkeit und die Schönheit des Lebens vor Augen führt. Ein Ereignis, das uns Dankbarkeit und Demut lehrt und uns auffordert, das Leben zu genießen und zu nehmen, wie es gerade ist. Der Tod bringt Veränderung und Entwicklung. Und es beginnt etwas Neues …

Ich habe Herzrhythmusstörungen. Schon manches Mal hatte ich sie. Ein ziemlich beängstigendes Gefühl. Aber woher kommen die? Ich lebe seit Jahren sehr gesund, ernähre mich bewusst, genieße das Leben in allen Alltagslücken, die sich finden lassen, und bin fröhlich. Meine drei Kinder sind pumperlgesund, sie fühlen sich wohl bei dem, was sie tun. Auch das produziert ein gutes Gefühl in mir. Macht mein Herz Freudensprünge? Es soll sich gefälligst anders freuen, denke ich.

Vier Tage später weiß ich, was mein Herz zu einer Gazelle werden ließ. Mein Hund Oskar stirbt. Er hustet. Es ist ein Husten, den ich aus der Humanmedizin kenne. Ich habe Angst. Nein, keine Angst. Ich bin traurig. Wehmut packt mein Herz, und es stolpert wieder. Ich lege meine Hand auf Oskars Herz. Es springt ohne Rhythmus in seiner Brust. Herzhusten. Er atmet schwer, schaut mich wissend an.

Sein Blutdruck muss wahnsinnig hoch sein, denn sein altes Herz klopft sehr fest und heftig gegen meine Hand. Oskar hat Angst und ich eine feste Gewissheit. Ich erzähle den Kindern, dass ihr Held, bester Freund und Prinz nun einen Weg gehen wird, auf dem wir ihn wohl begleiten können, aber den Oskar allein zu Ende gehen muss. Sie weinen. Es geht zur Schule und in den Kindergarten. Alle drei Kinder erzählen ihren Freunden von ihrer Sorge um Oskar. Wieder zu Hause, lasse ich mein morgendliches Frühstück ausfallen. Mein Herz kann sich nicht beruhigen. Es wird heftiger. Oskar sucht sich einen Platz in der Vormittagssonne und atmet schwer. Ich setze mich zu ihm und streichle ihn, lege meine Hände auf. Das macht ihn ruhig. Ich rufe den Tierarzt an, obwohl ich es nicht will. Ich schildere ihm den Verlauf, er wird in etwa drei Stunden bei uns eintreffen, sagt er. Warten. Streicheln. Reiki geben. Ich werde ruhig.

Oskar hustet Wasser, wenig später wird auch Blut dabei sein. Lungenbläschen ergeben sich dem Druck des Wassers in der Lunge und platzen. Ich gebe Reiki und werde sehr glücklich dabei. Ich habe regelrecht Schmetterlinge im Bauch, so voller Licht und Glück füllt sich mein Ich. Oskar wird ruhiger. Sein Herz schlägt schwächer. Mein Herz schlägt wieder in seinem Rhythmus, ganz normal. Oskar geht. Alles ist ruhig und still. Die Vögel in unserem Garten schweigen einen Augenblick. Die dicken Hummeln setzen sich auf die warme Erde und halten inne. Die Turmuhr schlägt Mittag. Zwölf lange, geduldige Schläge. Dann geht das Gartenleben weiter. Die Amseln und Rotschwänzchen singen mit den Spatzen und Meisen ein Lied, und die Hummeln brummen dazu. Schön. Ein Requiem für einen hochsensiblen Hund. Gütig, wissend, freundlich. Es klingelt. Der Tierarzt ist da, er kommt »zu spät«. Ich bin so froh, dass Oskar selbst entschieden hat, wann er geht. Und auch mein Herz und ich konnten in Ruhe »ausheilen«. Ich fühle mich nicht schlecht. Ich bin traurig. Dennoch bin ich gewachsen in dieser kurzen Zeit. Gewachsen an mir und meiner Hochsensibilität. Es ist nicht mehr »lästig«, so zu sein.

Es ist eine Gabe, und ich nehme sie an. Heute mehr als gestern, und das jeden Tag. Je mehr ich mich diesem Sein hingebe, desto deutlicher werden Visionen und Träume in Hellsichtig- und Hellfühligkeit, desto näher komme ich mir und kann mich mit meinem Ich umarmen.

Uta Rinne, 38

Gerade in den Grenzbereichen des Lebens, denen, die viel zu oft tabuisiert und aus dem Alltag ausgeschlossen werden, sind wir Menschen unserem sechsten Sinn und dem Übersinnlichen besonders nahe. Sowohl Geburten als auch Trennungen, Abschiede und der Tod führen uns weit über die Grenzen der »alltäglichen« Wahrnehmungen hinaus. Je enger die Bindung zu einem Menschen oder anderen Lebewesen ist, desto intensiver sind die Erlebnisse – vor allem für uns, die wir zart im Nehmen sind. Mal ist es ein Familienmitglied, das stirbt, wenn eine junge Frau aus der Familie schwanger wird oder gerade ein neues Familienmitglied zur Welt gebracht hat. Mal ist es die Traurigkeit mitten in der Nacht auf einer Party, gefolgt von der Nachricht am nächsten Morgen, dass die Oma genau in dieser Stunde die Augen für immer geschlossen hat. Und mal erreicht uns der »Ruf« des Großvaters, der bereits auf der Palliativstation im Krankenhaus liegt, und wir setzen uns gegen die wohlmeinenden Bitten der Verwandtschaft, uns »das« nicht anzutun und ihn doch lieber so in Erinnerung zu behalten, wie er früher war, durch und fahren zu ihm. Wir kommen in den Raum, er schlägt die Augen auf, richtet den Blick auf uns und sagt dankbar unseren Namen, obwohl er die Tage vorher nur noch gekeucht und gehustet hat. Und mal ist es die viel beschäftigte Mutter von drei Kindern, die mitten im Alltag wahrnimmt, dass ihr Herz poltert, und plötzlich spürt, warum … Ihr Herz spiegelt das Herz ihres Hundes, bereitet sie auf den Abschied vor und macht sie im Gewusel des Alltags darauf aufmerksam, dass ihr Hund sich Unterstützung wünscht auf seinem letzten Weg. Eine Gabe, die bewussten Abschied möglich macht. Die Fähigkeit, das Leben so zu nehmen, wie es ist, zu fühlen, wann es Zeit ist innezuhalten – sowohl, um bewusst Abschied nehmen zu können, als auch, um sich selbst ein Stück näher zu kommen.

Verbannen wir die Angst vor uns selbst und der Welt und heißen wir das Leben mit all seinen Facetten willkommen. Wenn Zeit ist für die Trauer, dann geben wir ihr Raum: als Würdigung von Abschied und Neubeginn.

BEZIEHUNGEN UND FAMILIE: Was ich erlebt habe …

Freizeit und Konsum

Ganz gleich, ob Messe oder Jahrmarkt, Großkonzert oder Sportveranstaltung, S-Bahn oder Bus, Shopping-Center, Demonstration oder Stadtfest, Disco, Musikfestival oder auch »nur« der Besuch eines Schwimmbads, in dem die Rufe fröhlicher Kinder durch die ganze Halle dröhnen: Für Hochsensible sind Freizeitaktivitäten, die für andere ganz normal sind, in vielerlei Hinsicht eine Herausforderung. Dort lauert gleich eine ganze Horde an Reizfaktoren: viele Menschen mit vielen Emotionen. Viele, oft sehr laute Geräusche. Bei einigen Veranstaltungen kommt noch die körperliche Nähe zu unbekannten Menschen hinzu, die alle ihren ureigenen Geruch oder auch den ihres Lieblingsparfums mit sich herumtragen. Und als ob das noch nicht ausreicht, gibt es auch für unsere Sehnerven eine ganze Menge an Reizen, die erst einmal verarbeitet werden wollen. Ja, das Leben ist bunt, und für viele

Hochsensible ist es ein schwieriger Prozess, sich mit dem Gedanken anzufreunden, in dieser Hinsicht nicht wirklich »gesellschaftsfähig« zu sein.

Wie gehen Sie mit lauten Situationen um? Und erkennen Sie den Zeitpunkt, an dem es für Sie genug ist? Horchen Sie in sich hinein und finden Sie es heraus. Gönnen Sie sich die Freiheit – vorausgesetzt, Sie haben darauf Einfluss –, den Absprung zu finden, bevor Sie überreizt sind. Ganz gleich, ob auf einer Großveranstaltung oder in anderen Lebenssituationen. Oder entscheiden Sie sich gleich für Ruhe statt für Trubel. Es lohnt sich, darauf zu achten, was Sie brauchen, statt dem nachzueifern, was andere toll finden. Denn wenn Sie Ihre persönlichen Grenzen annehmen, ist das der beste Beitrag zu Ihrem ganz persönlichen Stresspräventions- und Gesundheitsvorsorgeprogramm.

Und wenn doch eine laute Freizeitaktivität mit viel Trubel ansteht, dann ruhen Sie sich vorher aus, und planen Sie auch für die Zeit nach der Veranstaltung bewusst Pausen ein. Mitten im Getümmel hilft es oft, sich zu fokussieren: auf den Gesprächspartner oder auf ganz bestimmte feste Punkte. Auch der Atem hilft, um im größten Trubel Ruhe zu finden.

Welche Situationen und Aktivitäten in unserer arbeitsfreien Zeit noch herausfordern können, davon erzählen die nächsten Geschichten.

Kino und Filme

Je nach Geschmack und Sensibilität bieten Spielfilme eine Form der Kultur, bei der jeder seine ganz eigene Lieblingswelt hat. Gute Spielfilme kommen dramaturgisch ausgefeilt mit faszinierender Filmmusik daher und entführen uns in andere Welten – für viele von uns eine schöne Ablenkung zu den eigenen Geschichten und »Alltagsdramen«. Es ist für jeden etwas dabei, völlig unabhängig vom Grad der Sensibilität.

Ich mag Dokumentarfilme über Menschen, Natur, Tierwelt, (wirklich) lustige, nachdenkliche, romantische oder emotional tiefgründige Filme mit einer Botschaft, die nicht immer ein Happy End haben müssen und meist in Programmkinos laufen. Die Wimperntusche bleibt an so einem Tag im Schrank. Immer in der Handtasche mit dabei: mindestens eine Packung Taschentücher. Aber es muss ja auch nicht immer das Kino sein: Es gibt Phasen, in denen ich wunderbar bei der Sonntagsabend-Schnulze im Öffentlich-Rechtlichen entspannen kann – die mit den ganz großen Gefühlen, auch wenn die echte Botschaft meistens fehlt. Und ja, dafür zahle ich dann sogar gerne Rundfunkgebühren …

Filme mit der Altersfreigabe FSK 0 und FSK 6 liegen mir am meisten. Wenn ich gut drauf bin und mich gut abgrenzen kann, geht auch mal FSK 12 in Ordnung. Doch meistens ist das schon grenzwertig für meine feinen Antennen. Wann ich zum letzten Mal einen Horrorstreifen, Psychothriller, Gewalt- oder Kriegsfilm gesehen habe, der ab 16 oder gar 18 freigegeben war, weiß ich nicht mehr. Was ich weiß: Ich kann vielleicht sogar an einer Hand abzählen, wie viele Filme dieser Art ich in meinem Leben überhaupt gesehen habe. Ich schaue mir so was nicht mehr an. Mir war es schon zu viel, als ich nach langer Zeit in einem Hotel in einen »Tatort« reingeschaltet habe und dort eine Frau blutüberströmt in der Badewanne lag und zwei dealende Mörder dabei waren ... Grausam!!! Es ging um Frauen, die Drogen in Plastiksäckchen schlucken, sie so über Grenzen schmuggeln, um sie dann hinterher wieder auszuscheiden, wenn der Darm denn mitmacht. Was passiert, wenn es nicht gut geht und die Säckchen nicht wieder herauskommen, wurde in diesem »Tatort« gezeigt. Aufklärung über kriminelle Praktiken mag wichtig sein, wobei man sich auch darüber streiten könnte. Mich fordert es bereits über die Maßen, über solcherlei Gewaltverbrechen zu schreiben. So ähnlich, wie Sie es jetzt wahrscheinlich fordert, das zu lesen. Das Bild aus dem besagten »Tatort« werde ich bis heute nicht los, auch wenn ich weiß, dass es »nur« ein Film war. Denn irgendwo gab es ein Vorbild dafür ... in der wirklichen, reellen, echten Welt. Oder im Kopf eines Menschen, der Drehbücher schreibt. Beides ist für mich schwer zu begreifen. Als ich nach dem ersten Schock wieder handlungsfähig war, habe ich den Fernseher ausgeschaltet, Mantramusik angestellt, bewusst tief geatmet, gebetet und an etwas Schönes gedacht. Das hat geholfen und mich beruhigt.

Kathrin Sohst, 36

Wir können es zu unserer Strategie machen, Filme, die unsere Sinne und feinen Antennen zu stark herausfordern, einfach zu vermeiden. Doch was ist, wenn es da einen Partner oder gute Freunde gibt, mit denen wir regelmäßig und gerne ins Kino gehen? Da wird es zu Situationen kommen, in denen wir uns entscheiden müssen: entweder eine gemeinsame Zeit mit dem Partner bzw. mit Freunden und ein Film, den wir uns alleine nicht anschauen würden, weil er uns zu sehr fordert. Oder ein Abend ohne Partner bzw. Freunde mit einem Film, bei dem wir entspannen können, aber allein sind. Eine gute Idee, wie man mit Filmen ganz anders umgehen kann, hat Reimar Lüngen, Berater für Hochsensible und Berufungscoach. Er geht mit Filmen ganz anders um als ich. Grundsätzlich macht er sich während des Films immer wieder bewusst, dass es sich um Fiktion handelt. Und wenn ihm Bilder und Handlung zu intensiv werden, dann schließt er die Augen und verfolgt anhand der Filmmusik die Dramaturgie. Wenn die Musik ruhiger wird, weiß er, dass er die Augen wieder öffnen kann, ohne seiner feinen Wahrnehmung zu viel zuzumuten – eine clevere Strategie.

Ein Tipp zum Thema »Kino und Lautstärke«: Wenn es Ihnen im Kino grundsätzlich zu laut ist, können Sie sich im Fachhandel spezielle Ohrstöpsel kaufen, die dafür sorgen, dass Sie noch alles hören können, die Lautstärke aber gedämpft ist und Nebengeräusche verschwinden.

Kleidung

Wenn es um Konsum geht, dann sprechen wir auch über Kleidung. Und wahrscheinlich wissen eine Menge Hochsensibler sofort, um welches Thema es gehen könnte. Ein Kleidungsstück kann toll aussehen und – ja, auch toll sitzen. Doch jeder Stoff und jedes Gewebe fühlt sich anders an. Im Sommer sind leichte Stoffe, dünne Stoffe angesagt, im Winter wärmende Wolle, die viele HSP gar nicht auf dem Körper ertragen können. Für Feinfühler geht es immer darum, ob das Kleidungsstück unserer Begierde sich am Körper gut anfühlt und uns in einem Zustand belässt, in dem wir uns entspannen und wohlfühlen können.

Mich zu kleiden und Kleidung einzukaufen, stellt sich aufgrund der Haptik von Kleidung für mich schwer da. Ich bekomme die Krise, wenn Etiketten mit Waschempfehlungen und Übersetzungen in allen Sprachen in zehn Lagen übereinander so eingenäht sind, dass ich beim Versuch, die Etiketten herauszutrennen, gleich die ganze Naht zerstöre. Abschneiden ist oft ebenso ungünstig. Das macht es meist noch schlimmer als vorher. Und manchmal ist es noch nicht einmal möglich, diese Schilder rückstandslos zu entfernen.

Eins steht aber fest: Die Schilder müssen raus! Denn die Alternative – nämlich die Schilder dort zu lassen, wo sie sind – ist für mich keine. Ich spüre bei jeder Bewegung, ja fast bei jedem Atemzug die harte Kante des Etiketts im Nacken. Jucken und rotgescheuerte Stellen sind die Folge. Besonders schlimm ist es, wenn dieses mit einer Brennschere abgeschnitten ist, damit es nicht aufribbelt, oder die Schilder mit Nylongarn vernäht sind.

Eine Naht allein reicht oft schon aus, es muss noch nicht mal ein Etikett sein, das scheuert. Bei engen Hosen oder auch Oberteilen drücken sich Nähte fest in meine Haut. Der Abdruck ist rot und bleibt oft für Stunden sichtbar. Auch metallene Knöpfe werden zum Problem. Besonders am Bauch, also bei Hosen. Oder auch Reißverschlüsse, an denen ich mir schon als Kind kaum sichtbare Kratzer zuzog, die brannten und manchmal mehrere Tage brauchten, um zu verheilen. Statt Reißverschluss also Gummizug? Das ist für mich auch nicht angenehm, weil ebenfalls harte Abdrücke zurückbleiben. Besonders am Rücken trifft es mich. BH-Haken zum Verstellen an den Trägern oder am Verschluss können an manchen Tagen schlimm wehtun. Oder auch Bügel-BHs, deren Bügel auf meinem Rippenbogen aufliegen. Das ist manchmal sogar so schlimm, dass sich die Knochenhaut direkt darunter entzündet. Beispielsweise wenn ich etwas Enges darüber trage oder viel sitze. Meine Konsequenz daraus? Ich trage oft weite Sachen und besitze kaum körperbetonte Kleidung. Wenn ich die Kleidung meiner Freundinnen betrachte, ist da wenig Vergleichbares.

Aber zurück zu der besonderen Beziehung zwischen Kleidung und taktil hochsensiblen Menschen. Etiketten, Nähte und BH-Bügel sind nur die »Kleinigkeiten«, mit denen Kleidung versehen ist. Ich habe auch eine

Sperre bei bestimmten Stoffen. Schon Viskose ist mir oft nicht weich genug. Am schlimmsten sind Chiffonstoffe, die mich sofort schwitzen lassen und sich wie Schmirgelpapier auf meiner Haut anfühlen. Synthetisches Gewebe – nein danke. Baumwolle – ja bitte! Der erste Blick, wenn ich einkaufen gehe, gilt dem Etikett: Aus welchen Fasern wurde das Teil hergestellt? Ich weiß, dass ich es nicht (v)ertrage, wenn nur Acryl und Polyamide verarbeitet sind. Oft muss ich nicht einmal mehr ins Etikett schauen, ich habe bereits einen Blick dafür entwickelt, was ich kaufen kann und was nicht. Auf so Dinge wie Gürtel, Nieten, Laschen, Schnallen, zusätzliche Reißverschlüsse oder Schmucksteinchen verzichte ich vollständig. Das Problem: Die Mode ist nicht so, wie ich sie brauche. Aber ich kann ja auch nicht immerzu nur in Jogginghose und Schlabberpulli rumlaufen. Also bleibt nur weiter akribisches Suchen – nach den Teilen, die ich mir leisten kann und die mich und meinen Körper nicht stressen. Wie wäre es, wenn sich ein kluger Designerkopf mal ans Werk macht und eine Modelinie für hochsensible Menschen wie mich entwirft? Das wäre grandios!

Sophie, 26

Was Sophie beschreibt, berichten auch viele andere hochsensible Menschen. Die einen stören diese Feinheiten intensiv, die anderen weniger. Auch ganz furchtbar ist übrigens der Reiz, der entsteht, wenn viel beschäftigte Mütter mit Haar-Gen es nicht regelmäßig schaffen, ihre zarten Beine zu enthaaren, die einzelnen kurzen Härchen sich dann in die Struktur des Stoffes haken und am ganzen Bein fieses Ziepen auslösen. Wer es da nicht schafft, sich auf einen anderen Reiz zu fokussieren, den können solche Herausforderungen intensiv beeinträchtigen.

Doch was tun beim Thema Kleidung? Meine Empfehlung: die eigenen Bedürfnisse erforschen und ihnen folgen. Denn wenn die Kleidung das Wohlbefinden negativ beeinflusst, dann macht es keinen Sinn, immer mit dem neusten Trend zu gehen. Besser ist es, Lieblingskleidungsstücke gut zu pflegen, sich von einem angenehm sitzenden Teil vielleicht auch mal zwei oder drei Ausführungen in unterschiedlichen Farben oder Mustern zuzulegen. Und vor allem sich einfach bewusst zu machen, dass nicht jedes Kleidungsstück mit einer hohen Sensibilität zu vereinbaren ist.

Krisensituationen

Wenn schon Alltagsreize für Überforderung und Stress sorgen können, was passiert dann in Krisensituationen? Etwas, das zunächst überraschen mag:

Die meisten hochsensiblen Menschen managen Krisensituationen, als hätten sie nie etwas anderes getan.

Unsere feinen Sensoren, die Sinne und das Gehirn arbeiten auf Hochtouren, während wir zum Fels in der Brandung werden. Ob es um einen Unfall geht und wir, statt wegzuschauen,

Erste Hilfe leisten und die umstehenden Gaffer den Notruf wählen lassen oder ob wir bei einer überraschenden Überflutung eines Hauses blitzschnell reagieren und zuerst den Strom abschalten: Vorausschauendes Handeln ist uns in die Wiege gelegt. Auch im Job können wir als hochwahrnehmende Mitarbeiter überraschen, wenn wir in einer Notsituation den Durchblick behalten und die richtige Lösung für die Krise parat haben. Unsere feinen Antennen sind von Natur aus vorausschauend, und in unserem Hirn verknüpfen sich die wichtigen Informationen automatisch, sodass wir binnen kürzester Zeit mit einer Art Nothilfeplan aufwarten können. Davon zeugt auch der nachfolgende Bericht einer Betroffenen, die mit ihrer Tochter am Flughafen von Venedig von einem Schneesturm und seinen Folgen überrascht wurde:

> *Nach ein paar schönen Tagen in Venedig erlebten meine 18-jährige Tochter und ich, wie eine bis dahin schöne und entspannte Reise plötzlich unerwartete Wendungen nehmen kann, wenn plötzlich die Infrastruktur komplett zusammenbricht. Raus aus der Entspannung, rein ins Krisenmanagement. Wir hatten unser letztes Bargeld im Duty-free-Shop für kleine Geschenke ausgegeben – in der Annahme, dass mein Mann und mein Sohn uns am heimischen Flughafen abholen würden. Doch aus dem Regen wurde ein ausgewachsener Schneesturm. Flug um Flug wurde verschoben, es wurde immer dunkler, immer später, und die Durchsagen waren kaum verständlich. Schon da nahmen wir Kontakt mit einer anderen wartenden Mutter auf, die*

auch mit ihrer 18-jährigen Tochter unterwegs war. Sie teilte meine Bedenken, ob wir an diesem Abend noch bis München kämen, und wir besprachen, was uns für Möglichkeiten blieben. Das Gepäck war bereits abgegeben. Wir saßen in der Abflughalle fest. Dann wurden mit einem Schlag sämtliche Flüge gecancelt, und unbeschreibliches Chaos brach aus. Da hatten wir schon ein Team gebildet: Wir Mütter standen an unterschiedlichen Schaltern an, um die Chancen auf hilfreiche Informationen zu erhöhen, die Mädels schickten wir zusammen zur angekündigten Gepäckausgabe. Um uns herum spitzte sich die Situation mehr und mehr zu. Wasservorräte und Lebensmittel waren schnell vergriffen, die Smartphones liefen heiß. Ich selbst hatte keines, aber eine elegante Frau neben mir in der Schlange. Sie fragte mich um Rat, wie sie telefonisch ein Hotelzimmer buchen könne, wo sie doch kein Italienisch spreche. Gemeinsam berieten wir, welches Hotel in Flughafennähe infrage käme, ich übernahm den Anruf, und so sicherten wir für uns alle Übernachtungsmöglichkeiten.

In Venedig selbst herrschte der Ausnahmezustand: »Aqua alta«, Hochwasser! Als auch noch die Stromversorgung und damit die Taxizentrale zusammenbrachen, waren wir zu fünft schon eine funktionierende Gruppe. Zusammen gelang es uns, uns nach langem, langem Warten ein Taxi zu sichern, das uns dann – in einen Feldweg einbiegend – ans gefühlte Ende der Welt brachte. Das Hotel stand stockdunkel da, doch der Wirt kam uns mit Kerzen entgegen, in deren Lichtschein wir uns bis in die Zimmer vortasteten. Wir waren so durchgefroren, dass meine Tochter und ich uns angezogen in die Betten legten und gegenseitig wärmten, bis wir endlich für ein paar Stunden in Schlaf fielen. Am nächsten Morgen fanden wir uns in einem hübschen Landhotel mit ausgezeichnetem Frühstück vor. Wir bekamen auf mein Drängen ein frühes Taxi, mit dem wir – wie schon vorher im Urlaub in Venedig – abermals vor den Massen am Ort des Geschehens waren, diesmal am Flughafen. Dort trennten sich unsere Wege wieder.

Es sollte noch viele Verspätungen, Umwege und Umstiege brauchen, bis wir über die Schweiz endlich spätabends und ohne Gepäck zu Hause ankamen. Aber auch in Zürich hatten wir Hilfe, weil ich mit dem freundlichen Italiener neben uns im Flugzeug viel gemeinsam gelacht hatte. Als es wieder ums Anstehen ging, war er in der besseren Position, und wir konnten uns anschließen. Auch wenn wir uns den Abschluss unserer Venedigreise wirklich anders vorgestellt hatten, funktioniert mein System in Krisen doch mit einer sehr hohen Drehzahl. Auf meine Fähigkeit, auch mit fremden Menschen Teams zu bilden und frühzeitig zu spüren, auf was es ankommt, kann ich mich verlassen. Da kommt Überleben vor Überwältigung. Ein Teil von mir wollte schreiend davonlaufen, aber meine innere Stimme hatte sich schon auf die Krise eingestellt, als sich die ersten Verspätungen häuften. Ab da ging es in der Priorität nur noch darum, meine Tochter zu schützen.

Das in Zürich fehlgeleitete Gepäck, die veneziani-

schen Erinnerungsstücke und die letzte Erleichterung kamen drei Tage später wohlbehalten mit der Spedition nach Hause. Und doch waren während der Krise alle wichtigen Reiseunterlagen inklusive der Kreditkarte, die wir für die nicht eingeplante Hotelbezahlung brauchten, bei mir, denn ich hatte extra für die Reise einen »Superrucksack« gekauft, der innen für alles, was ich mitnehmen wollte, einzelne Reißverschlusstaschen hat: eine Investition, die sich – besonders in der Krise – ausgezahlt hat.

Martina Rosenberger, 52

Als umsichtige Helfer in der Not können wir uns und unsere Familie gut schützen – das ist eine Fähigkeit, die Leben retten kann. Gerade weil wir eine so hohe Kompetenz haben, mit Krisensituationen umzugehen, ist es unsere Pflicht, gut auf uns zu achten. Denn auch wenn wir in der Krise hervorragend funktionieren, brauchen wir hinterher Zeit, um das Erlebte zu verarbeiten. Während meiner Recherchen berichtete mir ein Coach von einer Frau, die eine Krise in ihrem Unternehmen gut gelöst hat und anschließend zur Krisenmanagerin bestellt wurde. Das war für sie dann zu viel Krise und nicht mehr zu verarbeiten, sodass sie wieder in ihren alten Job zurückgekehrt ist. Für zarte Menschen, die einen Beruf gewählt haben, in denen häufiger Krisen auftreten – zum Beispiel in Gesundheitsberufen als Notfallarzt oder Krankenschwester –, ist die Gefahr groß, dass sie auf Dauer mehr geben, als sie vertragen. Heute wird die Verantwortung einzelner Menschen im Gesundheitssektor immer größer, und die Arbeitszeiten aufgrund der hohen Krankheitsraten im Team sind kaum zu vertreten. Nutzen Sie die wenigen Freiräume bewusst für Pausen und Entspannung – damit Sie nicht in eine persönliche Krise geraten.

Medienkonsum

Jeden Tag sind wir mit immer vielfältigeren Medienströmen konfrontiert. Im Grunde weiß kaum noch jemand, welche Nachrichten »echt« sind und welche nicht. Und dennoch hat jede einzelne Nachricht das Potenzial, eine alles verändernde Wirkung zu erzielen.

Und Negativität scheint immer noch einer der stärksten Nachrichtenfaktoren zu sein. Allerdings gilt das nicht für alle Menschen. Denn Negativität ist ein Faktor, der bei HSP auf Ablehnung stößt. Er sorgt dafür, dass wir nicht ein-, sondern abschalten. Den Fernseher abschaffen, immer genauer schauen, mit welchen Medien wir uns konfrontieren, und sehr genau auswählen, was uns guttut und was nicht. Eine Gratwanderung für alle, die dennoch informiert bleiben wollen.

Ich dachte lange Zeit, dass ich in meinem Umfeld der einzige Mensch ohne Fernseher bin. Inzwischen ist es sogar Trend, gezielt – unabhängig vom aktuellen Programm – auszuwählen, was man sehen und worüber man sich informieren möchte. Das Internet und die sozialen Medien machen es möglich. Für mich funktioniert das sehr gut. Ich bestimme, wann ich mich über was informiere und wie viel Negativität ich in mein Leben lasse. Auslöser war ein Umzug nach einer Trennung, bei dem die Kabel vom Fernseher bei meinem ehemaligen Partner liegen geblieben waren. Ich schaute eine Woche kein Fernsehen. Ich hatte kein Interesse. Kein Interesse daran, mich von den Medien in meinem Denken und Fühlen steuern zu lassen. Und so begann ich ein Experiment. Ich schaute ungefähr ein Jahr lang kein Fernsehen und somit auch keine Nachrichten. Las nur ab und zu mal eine Schlagzeile in der Zeitung oder im Internet. Aber auch das reduzierte ich stark. Für mich war das eine befreiende, alles verändernde Erfahrung. Ich bin in einem Haushalt groß geworden, in dem Allgemeinbildung ein hohes Gut war. Damals schaute ich jeden Abend von RTL, ZDF bis hin zu ARD nacheinander alle Nachrichtensendungen. Jeden Abend. Immer, immer wieder alles Negative dieser Welt. Später flüchtete ich mich eine Zeit lang in Vorabendserien. Rauf und runter. Das schlimmste Kapitel: Big Brother … Bloß nicht die eigenen Probleme anschauen, bloß nicht reinspüren, immer schön sich mit den von den Medien künstlich erzeugten Schicksalen anderer Menschen beschäftigen. Ich habe nicht grundsätzlich etwas gegen »die Medien« – im Gegenteil, ich habe sogar zwei Studiengänge im Bereich Medien und Kommunikation absolviert. Und ich bin auch dankbar für die politische und wirtschaftliche Grundbildung, die mir dadurch zugänglich wurde. Was mich nachdenklich macht, ist, dass viele Menschen die mediale

Welt als Abbild der Realität betrachten und nicht hinterfragen. Mir hat das Medienfasten gutgetan, und es hat dafür gesorgt, dass ich mich auf mich und mein Leben konzentrieren konnte. Weniger Reize, weniger (negative) Informationen, die ich verarbeiten musste. Mehr Energie für positive, gute Gedanken und Gefühle.

Nach ungefähr einem Jahr wurde ich neugierig, was da »draußen« in der Welt der Medien wohl passiert, und ich habe wieder angefangen, ab und an Nachrichten zu schauen und ganze Artikel zu lesen. Ich weiß noch, wie seltsam es war, als ich die erste Nachrichtensendung geschaut habe: Es wurden Bilder von einem Parteitag gezeigt, und für mich fühlte es sich an, als würde ich aus einer anderen Welt in diese Realität schauen, die mir ja aus der Vergangenheit durchaus vertraut war. Aber mein Blick hatte sich geweitet. Ich hinterfragte mehr, war kritischer geworden und konnte mich besser abgrenzen als vor der Medienabstinenz. In den folgenden Wochen stellte ich fest, dass ich intuitiv die richtigen Themen aufgriff, um mich im Small Talk mit anderen Menschen gut schlagen zu können. Denn wer zwischen den Welten lebt, muss zumindest mitreden können, um in Wirtschaft und Gesellschaft mitmischen zu können. Was ich aber auch spüre, ist, wie wenig ein Großteil der Menschen das hinterfragt, was andere erzählen. Während ich diese Geschichte schreibe, ist mir vollkommen klar, dass ich selektiv aus einer bestimmten Perspektive berichte, weil Menschen grundsätzlich nur selektiv wahrnehmen können. Und doch stehen »die Medien« immer noch für Objektivität. Eine Objektivität, die es nicht gibt. Die Welt wird immer noch von dem Dogma regiert, dass die einen im Recht sind und die Wahrheit sprechen und die anderen im Unrecht sind und falsch liegen. Doch ist das ein Prinzip, mit dem wir unsere Gesellschaft heilen und unsere Umwelt erhalten können?

Viktoria*, 37

Um ein für Sie gutes Maß zu finden, sollten Sie sich zunächst bewusst machen, welchen Stellenwert Fernsehen, Social Media und Co. in Ihrem Leben einnehmen. Was tut Ihnen gut? Was nicht? Den Medienkonsum zu reduzieren heißt nicht, die Augen vor den »Realitäten« dieser Welt zu verschließen. Es hat etwas damit zu tun, eine Entscheidung zu treffen. Machen Sie sich klar, dass alles, was Sie an sich heranlassen, Auswirkungen auf Ihre Gefühle, Ihre Gedanken und Ihr Handeln – und somit auch auf Ihre persönliche Realität – hat. Entscheiden Sie selbst, worauf Sie sich fokussieren möchten.

Reisen

Raus aus dem täglichen Trott und ab in den Urlaub. Reisen ist für viele Menschen etwas Besonderes, und es gibt wohl kaum jemanden, der sich nicht darauf freut: Entspannung, Lesen, Berge, Meer, Zeit mit denen verbringen, die wir lieben. Am besten ohne böse Überraschungen, mit dauerhaft gutem Wetter und in entspannter Harmonie … Und da haben wir schon den Salat, denn was ist schon perfekt?

Urlaub heißt gerade für Hochsensible nicht immer Entspannung pur. Schon gar nicht von Anfang an.

Wir werden zu großen Planern, suchen die Urlaubsziele genau aus – damit Ästhetik, Lage, Preis und Co. stimmen. Und wenn wir mal einen Ort gefunden haben, der uns gefällt, dann neigen wir dazu, immer wieder dorthin zu fahren. Checklisten sind unsere besten Freunde, und das mit dem Packen muss sehr gut organisiert werden. Wenn uns dann die Abenteuerlust packt und wir ein seltenes oder gar neues Ziel ansteuern, dann schalten wir noch einen Gang hoch. Von außen betrachtet stelle ich es mir sehr lustig vor, hochsensible Familien beim Packen zu beobachten, meine eigene nehme ich dabei nicht aus. Sicher würden einige denken: Warum können die sich nicht einfach mal entspannen? Die haben doch Urlaub. Genau. Und damit wir den genießen können, braucht es eben bestimmte Voraussetzungen.

Ich bin hochsensibel, weiß das seit etwa sechs Jahren und bin sehr erleichtert über dieses Wissen, weil ich damit jetzt bewusster umgehen kann. Ich bin verheiratet, habe im Abstand von fünf Jahren zwei Kinder bekommen und arbeite selbstständig im eigenen Goldschmiedemeisteratelier mit meinem nicht hochsensiblen Mann zusammen. Wir sind das ganze Jahr innerhalb der Ladenöffnungszeiten mit Menschen konfrontiert und in der Freizeit liebend gern für uns.

Deshalb fuhren wir jahrelang in Ferienwohnungen in die Berge, oft ein paarmal ins selbe Quartier, weil wir dann schon wussten, wie die Infrastruktur ist, wo man einkaufen kann, wo Schwimmbäder und Möglichkeiten für Schlechtwetterunternehmungen zu finden sind etc.

Schon bevor ich um meine Hochsensibilität wusste, wurde ich zum Fan von Ordnungssystemen und übersichtlichen Strukturen. Für den Urlaub bedeutete das geeignete Packeinheiten, Checklisten, die nach dem Urlaub jeweils überarbeitet wurden, je nach Erfahrung und Status quo. Der Packaufwand mag höher sein, dafür weiß ich, dass ich auf jeden Fall die Dinge dabeihabe, die mir einen entspannten Urlaub ermöglichen.

Vor zwei Jahren schenkte ich meiner Tochter zum 18. Geburtstag eine gemeinsame Reise nach Venedig. Ich war 25 Jahre vorher schon mal da gewesen und hatte mir immer gewünscht, eines Tages zum Karneval dort zu sein. Also informierte ich mich über Hotels, Flugmöglichkeiten, besorgte einen Reiseführer mit Stadtplan und wählte anschließend ein schönes Hotel aus – mit strategischem Geschick. Nicht zu zentral, zu laut und zu teuer, und dennoch so, dass die Vaporettoanleger fußläufig gut zu erreichen waren.

Weil mich Flughäfen und die Situation dort ziemlich stressen, gehörte zur Reiseinvestition auch eine neue Rucksackhandtasche, die ich vor allem nach der Innenausstattung ausgesucht hatte. Platz für Reisedokumente, Fotoapparat, Geld, Schlüssel, Handy, alles in separaten Reißverschlussfächern. Unter Stress fange ich sonst an zu suchen und gerate in Panik, wenn ich nicht alles sofort finde. Außerdem waren wir frühzeitig am Flughafen, den Online-Check-in hatte ich vorher genutzt, aber man kann ja nie wissen … Lieber ein bisschen länger warten (mit MP3-Player im Ohr, um die Fremdgeräusche auszuschalten) und dann in der Poleposition fürs Boarding sein. Meine Tochter, ebenfalls hochsensibel, vertraute mir in der Organisation, obwohl sie meine Anspannung spürte.

Sobald wir in Venedig im Hotelzimmer angekommen waren, begann für mich der »richtige« Urlaub. Entspannen kann ich mich erst, wenn vor Ort alles bestätigt ist, was ich gebucht habe. Den Stadtplan immer griffbereit, aber eigentlich schon auswendig im Kopf, fanden wir überall gut hin, ließen uns treiben, hatten aber auch grob vorgeplant, was wann sinnvoll wäre. Beim Schlendern und Bummeln markierten wir uns die Stellen, die gutes Essen versprachen – für später am Abend, wenn wir von Murano zurückkämen.

Irgendwann fragte mich meine Tochter, ob wir »magnetisch« seien, denn egal, ob in Museen, Kirchen oder am Vaporettoanleger, fast immer waren wir die Ersten und kurze Zeit allein, fünf Minuten später standen die Massen hinter uns. Ich weiß ganz einfach, dass ich mich im Pulk unwohl fühle, und sorge dafür, dass ich da nicht hineingerate. Dabei helfen mir mein inneres Gespür und ein gutes Zeitgefühl. Am Abend, erschöpft von den vielen Eindrücken, holten wir uns noch unsere vorgemerkte Wunschpizza, die wir im Hotelzimmer genossen, bevor wir – völlig platt – mit einem Hörbuch früh ins Bett gingen.

Nach dem Rückflug waren wir trotz der guten Organisation erst einmal »überladen« mit Erlebnissen. Aber wir konnten uns und die Stadt voller magischer Kostüme und Masken echt genießen und würden diese Erinnerung nie missen wollen.

Martina Rosenberger, 52

Eine hohe Wahrnehmung macht das Reisen und den Urlaub zu besonders intensiven Erlebnissen. Sobald wir mit dem Wissen um unsere Hochsensibilität bewusst reflektieren können, dass wir als zartfühlende und sinnesstarke Wesen andere Voraussetzungen für einen guten Urlaub brauchen als andere, entsteht Entspannungspotenzial. Es ist völlig in Ordnung, wenn wir uns gründlich vorbereiten. Wir müssen nichts toll finden, was andere toll finden. Und es ist auch nicht spießig, immer mal wieder an den gleichen Ort zu fahren; vor allem für sensible Familien kann das sogar von großem Vorteil sein. Wenn es uns langweilig wird und die Kinder größer werden, dann kommt der Wunsch und auch die Bereitschaft, Neues zu entdecken, ganz von allein. Und wenn uns unsere Intuition während der Planung deutlich zu verstehen gibt, dass wir einen anderen Weg einschlagen sollen und ein anderes Ziel richtig für uns ist, dann kann es sich lohnen, dem Herzen zu vertrauen und loszulassen, was wir uns in den Kopf gesetzt haben.

Wir waren gerade dabei, unsere Hochzeitsreise zu planen, und ich wollte so gerne das »künstlerische« Licht von Venedig sehen – die Idee für unsere Flitterwochen. Doch egal, an welcher Stelle wir planten, überall kam uns etwas in die Quere. Das Hotel hatte an einem Tag unserer Reisezeit kein Zimmer mehr frei, der Flug wurde ständig mit anderen Preisen betitelt, obwohl uns ein festes Angebot vorlag. Im Grunde waren es Kleinigkeiten.

Aber jedes Mal saßen mein Mann und ich wieder zusammen und tauschten aus, welche Entscheidung wir nun aufgrund der neuen Voraussetzungen treffen wollten. Irgendwann sagte er: »Was hältst du davon, wenn wir ganz woanders hinfahren und Venedig einfach noch etwas auf uns warten darf?« Erst war ich traurig, aber tief in mir dachte ich auch: »Irgendwas fühlt sich bei dieser Entscheidung sehr gut an.« Es war, als ob eine Last von mir fiel, was ich erst einmal gar nicht richtig verstand.

Als wir Jahre zuvor auf den Orkneyinseln gewesen waren, hatten wir die Idee, auf die Shetlandinseln zu fahren. Und das war unsere neue Spur! Ich fing an, im Internet zu recherchieren, suchte nach Hotels, Mietautos, und siehe da, alles war ganz einfach, die Planungen liefen reibungslos. Das Hotel hatte in der Zeit ein Zimmer für uns frei. Als es um eine Kreditkarte ging, die wir beide nicht besitzen, sagte der Hotelbesitzer: »Kein Problem, dann kommt einfach so.« Selbst das Mietauto war per Mail zu reservieren – unfassbar.

Die Reise war ein Traum, und offenbar hatten wir das mit Abstand schönste Hotel ausgesucht, das es auf den ganzen »Shetties« gab. Beim Frühstück und Abendessen konnte man auf die hauseigene Bucht sehen, wo Robben und Fischotter sich wohlfühlten und so neugierig waren, dass man nur am Strand zu stehen brauchte, denn dann kamen die Robben, um sich die Touristen anzugucken.

Telke, 32

Shopping

Ob Supermarkt, Discounter, Parfümerie oder Modegeschäft: Konsumtempel haben alle etwas gemeinsam, nämlich die Fülle an Reizen. Farben, Formen und Gerüche mischen sich mit den Gesprächen und Emotionen anderer Menschen. Gewürzt mit etwas Hintergrundmusik, Lautsprecherdurchsagen und den zahlreichen Wunschbekundungen der eigenen Kinder, ergeben sie einen Cocktail, der uns ohne Einkaufszettel im Dschungel der Konsumgesellschaft verloren gehen lässt. Manchmal ist dieses kleine Stück Papier tatsächlich Gold wert und baut uns eine Brücke zu den eigenen Bedürfnissen und materiellen Erfordernissen.

Für viele Menschen ist Konsum zu einer emotionalen Ersatzbefriedigung geworden. Wo auch immer es die Aussicht auf Schnäppchen gibt, finden wahre Völkerwanderungen statt. Und viele Menschen scheinen in dieser Art von Freizeit- und Konsumgestaltung – zumindest kurzfristig – Erfüllung und Glück zu finden. Bei hochsensiblen Menschen ist das anders. Was uns blühen kann, wenn wir »einfach nur ganz entspannt« mit einem lieben Menschen bummeln gehen wollen, davon berichtet diese Geschichte:

Shoppen mag doch (fast) jede Frau, oder? Stimmt, nur dass ich inzwischen allein einkaufen gehe – ohne Schwester, ohne Mutter und ohne Freundinnen. Allein die Vorstellung, gleichzeitig das Überangebot zu »scannen«, wahrzunehmen, was mir gefällt, nach den richtigen Größen zu suchen, die häufig falsch eingeordnet sind, und dann auch noch entspannte Gespräche zu führen, macht mich bereits nervös. Beim Einkaufen bin ich, wie bei anderen Dingen auch, voll konzentriert. Ob ich nur stöbere oder gezielt nach etwas suche, spielt dabei keine Rolle. Ich scanne alles, höre dabei nicht nur die Gespräche der anderen Kunden, sondern auch die meist nervige Ladenmusik im Hintergrund und habe darüber hinaus das Gefühl, dass ich etwas verpasse, wenn ich nicht alles gesichtet habe.

Ein Schlüsselerlebnis hatte ich bei einer Shoppingtour in dem Outlet eines großen deutschen Versandhändlers. In einer alten, zum Loft umgebauten, nicht klimatisierten Lagerhalle wurden Kleidung und Schuhe zu günstigen Preisen angeboten. Dementsprechend hoch war die Nachfrage. Ich hatte mich damals auf diesen kinderfreien Nachmittag gefreut und mich entschieden, meine Freundin zu begleiten – aus heutiger Sicht ein Fehler. Wir reihten uns in die Massen der Schnäppchenjäger ein und schoben uns durch die Gänge mit Auslagen und Kleiderständern. Ich versuchte, die Eindrücke zu filtern, merkte jedoch, dass es mir nur schwer gelang. Ich hatte das Bedürfnis, die anderen Menschen genau zu mustern, und war zeitgleich damit beschäftigt, die nicht wirklich nach Größen sortierten Sachen zu durchforsten. Anfänglich gelang mir ein Small Talk mit meiner Freundin, nur Spaß hatte ich daran überhaupt nicht. Zunächst wünschte ich mir, ich wäre allein gefahren, später dann wünschte ich mich nach Hause. Es war stickig und heiß, und ich fragte mich, wie die Verkäuferinnen das den ganzen Tag aushalten. In der Etage mit Schuhen und Lederwaren stank es nach Leder. In der oberen Etage mit Klamotten und Umkleiden roch es nach Imprägnierung und Schweiß. Viel schlimmer noch aber war der Küchengeruch, der aus dem Restaurant im Erdgeschoss in die oberen Geschosse zog. Plötzlich bekam ich Hunger und von der Hitze Durst. Weil ich da generell eine ganz geringe Toleranzschwelle habe, habe ich für solche Fälle normalerweise immer einen Apfel oder Schokoriegel dabei; doch an diesem Tag hatte ich meinen Proviant vergessen. Eine Art Panik machte sich in mir breit. Ich versuchte, das Gefühl in den Griff zu bekommen, während ich auf einen freien Platz in der Umkleidekabine wartete. Ich machte trotz Stress eine gute Miene und wollte mir nicht anmerken lassen, dass mich das alles ziemlich anstrengte. Endlich in der Umkleide, hatte ich das Bedürfnis, mich zu setzen. Doch dort war es so eng, dass kein Hocker dort Platz fand. Also begann ich mit dem Anprobieren – der einzige Lichtblick in der Situation. Denn tatsächlich passten und gefielen mir ein paar Teile. Doch dann nahte die nächste Herausforderung: die laaaaaaaange Schlange an der Kassenzone. Alle anderen Wartenden machten einen entspannten Eindruck, und es wirkte so, als hätten sie Freude an ihrer Shoppingtour. Für mich war es das letzte Mal, dass ich mit meiner Freundin einkaufen war. Ich habe damit zwar ihr einen Gefallen getan, mir allerdings nicht. Ich helfe meinen Freundinnen gerne, Kleidung zu kürzen, da ich sehr, sehr gerne nähe, und das werde ich auch weiterhin tun. Denn das macht mir Spaß. Doch gemeinsame Einkäufe sind für mich Stress pur.

Schon immer hatte ich das Gefühl, dass ich visuell hochsensibel bin und alle optischen Eindrücke schnell abspeichere. Wie Menschen mit einem fotografischen Gedächtnis das tun. Besonders beim Einkaufen wünsche ich mir jedoch einen Filter, um nicht alles um mich herum wahrnehmen zu müssen. Dass ich oftmals an der Kasse Unbehagen spürte, hatte ich mit einer angehenden Angststörung interpretiert. Heute weiß ich, dass unsere gesamte Familie hochsensibel ist. Darum wundert es mich auch nicht mehr, dass es in unserer Familie keine »Shopping-Tradition« gibt.

Steffi, 36

Alles an einem Ort, günstige Preise, eine Riesenauswahl und sogar noch ein Restaurant für das leibliche Wohl – für viele der Himmel auf Erden. Für Steffi nicht. Zu viele Menschen, zu viel Auswahl, zu viele Gerüche, zu wenig Platz, stickige Luft, der hohe Anspruch an sich selbst, die Angst, die Freundin zu enttäuschen, eine (wahrscheinlich durch den Stress ausgelöste) Hungerattacke und der vergebliche Versuch, der Situation etwas Positives abzugewinnen. Das alles führt zu einer Entscheidung, die aus Sicht vieler Menschen völlig unverständlich erscheinen mag. Aus Sicht von hochsensiblen Menschen nicht: Reizreduzierung – zum Beispiel durch Einkaufen in kleinen Läden zu Uhrzeiten, wo nur wenig Menschen einkaufen gehen – ist eine absolut sinnvolle Methode, um notwendige Vorgänge entspannter und vielleicht sogar zu einer sinnlichen Begegnung mit sich selbst zu machen.

Wohnen

Ein Ort zum Wohlfühlen, an den wir uns zurückziehen können, um aufzutanken. Ein Schlafplatz, an dem wir entspannen können. Eine reizarme Atmosphäre, die unsere Sinne schont. Wenn wir so einen Ort zum Leben und Wohnen gefunden haben, dann können wir uns glücklich schätzen.

Als Kind und auch später in meiner Ehe habe ich immer in Häusern gewohnt – im Grünen, mit viel Platz und direkter Anbindung an die Natur. Wie gut mir das getan hat, wurde mir erst bewusst, als ich nach der Trennung von meinem Mann in eine Wohnung gezogen bin. Jetzt wohnen direkt unter, über und neben mir auch Menschen, von denen ich ziemlich viel mitbekomme. Das Einzige, was mir von der alten Wohnqualität geblieben ist, ist der Blick ins Grüne durch das große Fenster in meinem Wohnzimmer. Und dass ich ein Reich für mich habe. Das war mir auch früher schon wichtig, ein Ort, der nur mir gehört: ein eigenes Zimmer oder – wie aktuell – meine Wohnung. Ich brauche den Rückzug und bin dankbar dafür, selbst bestimmen zu können, wann ich die Tür öffne und raus ins Leben gehe und wann ich sie hinter mir schließe, um für mich zu sein. Wenn ich die Tür schließe, dann fühle ich mich an den Orten besonders wohl, an denen viele andere Menschen gar nicht gut klarkommen. Ich habe herausgefunden, dass ich meine Lieblingsplätze immer dort wähle, wo Wasseradern verlaufen. In meiner Ehe konnte ich im gemeinsamen Bett wunderbar schlafen, mein Mann hatte damit wirkliche Probleme. Klarheit bekamen wir, als wir einen Rutengänger beauftragten, der dann herausfand, dass unser Bett direkt auf einer Wasserader stand. Was mir Energie gab und wohltat, war für meinen Mann ein echter Störfaktor.

Mich stören aktuell am meisten die Schwingungen der Menschen, die über mir wohnen. Ich empfinde alle Bewegungen und Geräusche von oben intensiver als das, was unter oder neben mir in den Wohnungen passiert. Sicher wäre es angenehmer, im Dachgeschoss oder einer Endetage zu wohnen. Doch gemeinsam mit meinem jetzigen Partner habe ich ein anderes Ziel: Wir wünschen uns ein kleines eigenes Häuschen im Grünen. Kein modernes Passivhaus, in dem Zugluft und Rauschen an der Tagesordnung sind, wie in dem

Kindergarten, in dem ich eine Zeit lang zwei Vormittage gearbeitet habe, sondern einen Ort zum Wohlfühlen, draußen in der Natur, aus natürlichen Materialien gebaut, mit viel Licht und wenig akustischen Reizen. »Dort« zu wohnen ist eine wunderbare Vorstellung, die mir schon Kraft gibt, bevor sie überhaupt reell ist.

Birgit Gebhard, 48

Wer Reize aller Art intensiv wahrnimmt, für den kann die Wohnung – wenn die Bedingungen unseren Bedürfnissen nicht entsprechen – zu einem echten Krafträuber werden. Denn den Wohnort können wir nicht von heute auf morgen verändern. Allein das Bewusstsein für unsere Bedürfnisse reicht hier nicht aus. Es geht um finanzielle Ressourcen, eventuell auch um die Frage, ob wir uns hoch verschulden wollen oder nicht, denn viele hochsensible Menschen lehnen Schulden ab. Es geht um den richtigen Zeitpunkt. Und es geht darum, den richtigen Ort zu finden und, sofern wir in einer Beziehung leben, auch darum, dass der neue Platz zum Wohnen nicht nur uns gefällt, sondern auch dem Partner.

Umso wichtiger ist es, in Kontakt mit unserer inneren Heimat zu sein. Anzunehmen, was ist, statt sich dagegen aufzulehnen. Machen Sie es sich so schön wie möglich. Gehen Sie so oft wie möglich raus in die Natur, und finden Sie dort Lieblingsplätze, an denen Sie Kraft schöpfen und Ihre Akkus wieder aufladen können. Üben Sie sich in Dankbarkeit für Ihre vier Wände. Gewinnen Sie Ihre Wohnung und auch die Menschen um sie herum lieb – auch wenn die Sehnsucht nach mehr Ruhe und einer Veränderung groß ist. Denn die meisten von uns sind besser versorgt und leben in angenehmeren Verhältnissen als ein ganz großer Teil der Menschheit.

Was wäre das Leben ohne Ziele? Und wie schön kann es sein, davon zu träumen, an einem wunderbaren Ort zu leben? Wenn wir so weit sind, dass wir uns unseren Wunsch erfüllen können, dann werden wir mit Dankbarkeit und Freude gesegnet sein – eine Vorstellung, die schon Kraft geben kann, bevor die Veränderung im echten Leben geschieht.

FREIZEIT UND KONSUM: Was ich erlebt habe ...

____

____

____

____

____

Sinn und Übersinnliches

Erst die Aufklärung, dann die Wissenschaft: Die letzten drei Jahrhunderte sind stark von der Rationalität geprägt. Und doch gibt es vieles, was wir nicht wissen. Erlebnisse und Phänomene, die wir uns mit unserem Verstand nicht erklären können. Stattdessen Fragen über Fragen: Wie funktioniert das Wunder des Lebens? Was ist das für eine Kraft, die anscheinend ihre Hand über alles hält? Was treibt die Schöpfung an? Was ist es, das dieses zarte Gleichgewicht hält? Wir sind Lebewesen, in denen kleinste Einheiten von Hormonen, Nährstoffen, Mineralien, Vitaminen, Eiweißen, Blutkörperchen und Co. darüber entscheiden, ob wir uns gesund oder krank fühlen. In unseren Körpern ist alles dafür angelegt, dass jederzeit ein Wunder entstehen kann, wenn Mann und Frau sich vereinigen. Es gibt Spontanheilungen und Nahtoderfahrungen. Menschen mit Herzstillstand beschreiben nach ihrer Reanimation, dass sie während der »Körperkrise« alles miterlebt haben und bei vollem Bewusstsein waren. Inzwischen beschäftigen sich Studien mit dem Phänomen, dass das Herz stillsteht, das Bewusstsein aber weiterlebt.

Seit jeher suchen die Menschen nach Antworten und möchten erkennen, was es mit den »Realitäten« auf sich hat, die wir mit dem Verstand nicht erfassen können und die über unsere fünf Sinne hinausgehen. Bei vielen Menschen sorgt die rational geprägte Bildung dafür, dass sie alles Mystische und Übersinnliche in ihrem Leben versachlichen, vermeiden oder negieren. Kommen sie doch damit in Berührung, empfinden viele rational Unerklärliches sogar als unheimlich. Sie wollen damit nichts zu tun haben. Oder sie sprechen von Zufall. Ein mächtiges Wort, die Kraft besitzt, all die kleinen Wunder in unserem Leben zu entzaubern und uns der Fähigkeit zu berauben, Kraft aus dem Alltäglichen zu schöpfen.

Hochsensible Menschen, die eine hohe Intuition und einen ausgeprägten sechsten Sinn besitzen, stellen oft schon als Kinder Fragen, die so manchen Erwachsenen aus der Balance bringen können. Denn selbst wenn wir es versuchen: Wer zart im Nehmen ist, geht der Frage nach dem Sinn immer nach, betrachtet und lebt den Glauben ganzheitlich, hält spirituelle Erlebnisse nicht nur für möglich, sondern erlebt sie auch und setzt sich wie von selbst mit dem Thema »Werte« auseinander. Und das ist richtig so. Wir tun gut daran, wenn wir uns erlauben, diese Aspekte des Lebens zu integrieren und als einen ganz selbstverständlichen Bestandteil der menschlichen Natur zu betrachten. Und dabei geht es keineswegs um Erleuchtung oder einen Heiligenschein, sondern um einen festen Glauben, um starke Werte und eine bodenständige Spiritualität.

Glaube

Jenseits von religiösem Fanatismus und Terrorismus und jenseits von politisch motivierten Kämpfen um Länder, Weltanschauungen, Recht, Rohstoffe, Ordnung, Wohlstand und alles, was sonst noch als verteidigungswürdig gilt, leben Menschen unterschiedlichster Religionen friedlich miteinander. Nicht nur, aber auch.

Es geht nicht darum, welche Religion die richtige ist, sondern darum, dass Menschen aller Religionen Verantwortung für ein friedliches Miteinander übernehmen.

Wer den Kern des Glaubens erkannt hat, der weiß, dass es einzig und allein um die Liebe geht, die Liebe zu den Menschen und der Schöpfung. Und auch wenn die alten Schriften viel zu häufig missbraucht werden: Jede Religion hat ihre eigene Idee von einem wertschätzenden Miteinander. Es geht um Vertrauen in das große Ganze, um ein Bewusstsein für Gott, um die Kraft des Gebetes. Und es geht um Nächstenliebe und Vergebung.

Meine eigene Entwicklung und das Herausarbeiten meiner Hochsensibilität sind sehr eng mit meinem Ehrenamt als Presbyterin (Mitglied des Kirchenvorstands) verbunden, das ich sieben Jahre ausgeübt habe. Dass mir mein Glaube sehr wichtig ist, war mir zwar schon immer »irgendwie« bewusst, doch richtig klar wurde es mir erst durch die regelmäßigen Gottesdienstbesuche, durch Lesungen und andere Tätigkeiten, die ich im Rahmen des Ehrenamtes übernahm. Im Laufe der Zeit setzte ich mich intensiver mit dem Inhalt der Bibel auseinander und erkannte in vielen Geschichten Parallelen zu meinem eigenen Leben. Nicht alles, was früher geschrieben wurde, passt in die heutige Zeit. Und doch bleiben die Grundpfeiler für mich unverändert, so zum Beispiel das Gebot der Nächstenliebe. Dieses Gebot umfasst und gestaltet für mich eine Lebensform, in der die Achtung und der Respekt vor dem Nächsten nicht nur als wichtig angesehen, sondern auch gelebt wird. Durch die bei fast allen Hochsensiblen vorhandene Empathie sind wir sowieso sehr eng mit dem jeweiligen Gegenüber verbunden. Seit ich in einer Predigt von dieser »goldenen Regel« hörte, versuche ich, diese bewusst in mein eigenes Denken und Handeln zu übernehmen. Diese Regel findet man nicht nur im Christentum, sondern in ähnlicher Form ebenso in anderen Religionen bzw. Kreisen. Und es gibt auch ein Sprichwort: »Was du nicht willst, das man dir tu, das füg auch keinem anderen zu.« Oder umgekehrt: »Tu einem anderen Gutes, dann wirst du gleichfalls Gutes erfahren.« Es gibt hierzu sicherlich auch kritische Stimmen. Wer jedoch den Bezug zur Nächstenliebe erkennt, dem wird die goldene Regel weiterhelfen, so wie sie auch mir geholfen hat. Allerdings ist die Umsetzung eine längerfristige Übung, die in engem Zusammenhang mit dieser Zeile aus dem Vaterunser steht: »Und vergib uns unsere Schuld, wie auch wir vergeben unsern Schuldigern.« Wenn wir diesen Satz anwenden, führt er nicht sofort und auch nicht immer zum erhofften Erfolg. Und doch ist es möglich, dass sich nach und nach eine innere Ruhe einstellt, die wir nicht nur als Lohn für das eigene Handeln betrachten können und dürfen, sondern die sich auch positiv auf das persönliche Umfeld auswirkt.

Für mich kann Glaube und damit verbunden der Raum Kirche – nicht nur, aber insbesondere auch – in Krisenzeiten Halt und Hoffnung geben. Das Presbyteramt übe ich heute nicht mehr aus, besuche aber nach wie vor Gottesdienste und gehe, wenn mich ein Problem tiefer bewegt, in eine offene Kirche. Dort, in der ganz besonderen Atmosphäre des Kirchenraums, kann ich meine Angelegenheiten in Ruhe bedenken. Für mich persönlich ist das ein Zwiegespräch mit Gott, in dem ich alles vor ihm ablegen kann, so wie es in der Bibel geschrieben steht. Danach fühle ich mich befreiter und kann mich wieder leichter den anderen Anforderungen des Alltags widmen. Es kommt nicht selten vor, dass sich die Lösung des Problems dann von ganz allein einstellt. Aber auch hier musste ich mich ein wenig in Geduld üben.

Christiane Lobitz, 57

Für hochsensible Menschen sind Themen wie gelebte Liebe, Wertschätzung, ein harmonisches Miteinander und Vergebung existenziell wichtige Themen. Und so liegt es auf der Hand, dass der Glaube uns Halt und Antworten geben, uns begleiten und erfüllen kann. Voraussetzung ist, dass wir uns trotz all der Rationalität, von der wir durch Schule, Gesellschaft und Wissenschaft geprägt sind, darauf einlassen können. Die Bibel, das Konzept der Kirchen … vieles stammt aus vergangenen Zeiten und scheint manchem heute in seiner Art nicht mehr zeitgemäß. Die Uneinigkeit bzw. Unterschiede in den Strömungen verschiedener Religionen stehen stellvertretend dafür, wie unterschiedlich wir Menschen sind. Doch wenn wir zwischen den Zeilen lesen, dann geht es seit jeher darum, dass Menschen in sich den Glauben und die Hoffnung tragen, dass es Lösungen gibt, die uns trotz aller Konflikte immer wieder in ein friedliches Miteinander zurückkehren lassen. Im Glauben geht es um zart-starke Werte, die gerade in der harten Realität der Welt von elementarer Bedeutung sind.

Esoterik

Ursprünglich meint der Begriff »Esoterik« eine philosophische Lehre, die nur einem bestimmten »inneren«, ausgewählten Kreis von Menschen zugänglich war. Im Gegensatz dazu steht die Exoterik, also das allgemein zugängliche Wissen. Heute beschreibt der Begriff »Esoterik« in der westlichen Welt häufig irrationale und »spinnerte« kulturelle oder religiöse Strömungen. Doch ganz gleich, ob damals oder heute, der esoterische Bereich stand und steht für die Suche nach Erkenntnis und Erklärungen für mystische Erlebnisse. Es geht um althergebrachtes Wissen, das für die Esoteriker eine vergleichbare Absolutheit hat wie Religionen für Gläubige. Früher war esoterisches Wissen »exklusiv«, heute ist es für jedermann zugänglich. Und: Es rankt sich ein ganzer Wirtschaftszweig um die Esoterik. Wer schon sein Leben lang auf der Suche war, findet hier unzählige Ansätze, Gedanken und Produkte. Wer bisher für seine Wahrnehmung und »persönlichen Themen« eher belächelt wurde, der findet Anerkennung und wird gehört. Es öffnen sich neue Perspektiven.

Wenn Sie auf der Suche sind und schon immer anders waren, dann kann die esoterische Szene eine faszinierende Wirkung auf Sie haben. Wer sich in der Szene bewegt, trifft auf viele warmherzige und hochwahrnehmende Menschen, die viel zu geben haben. Doch tummeln sich in diesem Bereich auch viele »Bedürftige«, die in hohem Maße auf der Suche nach Aufmerksamkeit und Anerkennung sind und eher nehmen als geben. Fakt ist: Während meiner Recherche hat sich gezeigt, dass einige Hochsensible mit Esoterik nichts am Hut haben, weil sie selbst im wissenschaftlichen Bereich unterwegs sind oder aber fest in ihrem Glauben verankert sind. Für andere, die auf der Suche nach Glauben und Spiritualität waren, haben esoterische Gedanken zeitweilig eine größere Rolle gespielt. Für alle, die gerade auf dem Weg sind, mag die folgende Geschichte einen erkenntnisreichen Einblick liefern:

Seit ich denken kann, nehme ich Dinge wahr, die andere nicht wahrnehmen. Früher bin ich davon ausgegangen, dass alle Menschen so sehen und fühlen wie ich. Dass das nicht so ist, hat mir lange zu schaffen gemacht. Als Kind versuchte ich oft, diesen Wahrnehmungen irgendwie Ausdruck zu verschaffen. So habe ich zum Beispiel davon gesprochen, dass ein Mensch so aussieht, als fielen ihm gleich die Augen aus dem Kopf. Natürlich habe ich bis heute nicht gesehen, dass sie tatsächlich einmal rausgefallen wären. Also kann das nur ein Versuch gewesen sein auszudrücken, was ich gesehen habe. Ganz ähnlich war es beim Hören, Riechen und Schmecken. Früher bekam ich als Reaktion von meinen Eltern oft die Antwort: »Du tüdelst.« Heute weiß ich, dass ich ihnen dafür keinen Vorwurf machen kann. Denn: Wie soll ein Kind Wahrnehmungen ausdrücken, für die es keine allgemeingültigen Ausdrücke gibt?

Als ich vor einigen Jahren auf die esoterische Szene traf, stellte ich erfreut fest, dass meine intensive und andersartige Wahrnehmung hier hochwillkommen war. Ich fühlte mich sogar versucht, eine Ausbildung zum Heilpraktiker zu machen, weil unter diesen Voraussetzungen meine Fähigkeit, die Dinge anders zu fühlen und zu sehen als andere, einsetzbar gewesen wäre. Wenn es einem Menschen nicht gut geht, dann ist es für mich ein Leichtes, das zu erkennen bzw. zu »sehen«. Dazu eine Anekdote: Ich saß auf einem Mittelaltermarkt bei einer befreundeten »Kräuterhexe« am Zelt. Eine Familie blieb neugierig stehen, und wir kamen ins Gespräch. Mir fiel sofort auf, dass der Mann unter Rückenschmerzen litt, obwohl es für durchschnittlich sensible Menschen äußerlich dafür wohl keinen Hinweis gab. Das zeigte jedenfalls seine Reaktion, als ich es wagte, ihn darauf anzusprechen. Er schaute mich verdutzt an und fragte mich, woher ich das wisse. Ich zeigte daraufhin präzise auf den Schmerzpunkt an seinem Rücken und behauptete, ich könne das sehen. Ich hätte aber genauso gut sagen können, ich könne das riechen oder fühlen. Was genau mir die Gewissheit gab, weiß ich nicht. Fakt ist, dass meine feinen Antennen mir das präzise mitgeteilt hatten. So hatte ich in der esoterischen Szene mit einem Mal eine neue Identität. Meine feine Wahrnehmung, die mich bis dahin eher belastet hatte, machte mich jetzt zum »Seher«. Und das ist in esoterischen Kreisen durchaus eine Auszeichnung. Allerdings kann ich nicht sagen, dass dieser »Titel« mich in meiner Lebensentwicklung nennenswert vorangebracht hat. Ich habe mir in der Folgezeit Heilsteine, Kartensets und noch viele andere Dinge gekauft, die mich viel Geld gekostet haben und deren Nützlichkeit ich – jedenfalls für mich – heute in Zweifel ziehen möchte. Allerdings habe ich durch diesen Prozess einen Weg gefunden, mit meinen Wahrnehmungen umzugehen. Ich sehe immer noch mehr als die meisten anderen Menschen, und die Intensität meiner Wahrnehmung hat sich nicht verändert. Doch heute empfinde ich sie nicht mehr als Belastung. Stattdessen macht sie meine Welt bunter. Sie hilft mir, Dinge zu formulieren und Ziele und Möglichkeiten zu erahnen. Ganz ohne den Erwartungsdruck, dass alle anderen die Welt genauso wahrnehmen müssen wie ich selbst. Wenn mich heute jemand anspricht und mich fragt, woher ich das denn wisse, dann kann ich ganz entspannt sagen: »Ach, ich merke manchmal ein paar Sachen, die man nicht so richtig erklären kann. Mach dir darüber keine Gedanken.«

Die Esoterik spielt für mich heute keine große Rolle mehr. Ich betrachte vieles von dem, was in der Szene passiert, eher kritisch. Grundsätzlich bin ich der Meinung, dass alles gut ist, was Menschen nützt. Wenn ich einen Mondkalender an der Wand hängen habe und dort für mein tägliches Leben nützliche Handlungen ableiten kann, ohne davon »abhängig« zu sein, dann macht das für mich Sinn. Wenn mir aber ein Wahrsager vorhersagt, dass ich in fünf Jahren auf einen Menschen treffe, der mir viele Schwierigkeiten bereitet, dann nützt es mir selbst dann nichts, wenn es stimmen sollte. Labile Persönlichkeiten bekämen an solchen Stellen sogar Angst vor der Zukunft. Und genau hier liegt der Unterschied. Alles, was nur aus der Angst heraus funktioniert, was abhängig macht, Menschen schwächt und ihnen die »Erdung« nimmt, ist schädlich.

Alles, was Menschen stärkt, ihnen im positiven Sinne hilft, sich zu entwickeln und Selbstverantwortung zu übernehmen, betrachte ich als nützlich. Wann der eine oder andere Fall eintritt, mag sehr individuell sein. Wichtig ist, sich regelmäßig und ehrlich zu fragen, ob der eigene Weg noch stimmig ist oder nicht.

Stefan, 54

Die Geschichte zeigt, dass es bei all den »Möglichkeiten«, die sich in der Esoterik öffnen, enorm wichtig ist, die eigene Selbstwirksamkeit und Selbstverantwortung fest im Blick zu behalten. Da die meisten (hoch)sensiblen Menschen eine gute Intuition haben, kann ein guter Kontakt und Vertrauen in das eigene Bauchgefühl dabei sehr hilfreich sein. Wer sein Lebensglück von den Energien anderer sowie von käuflich zu erwerbenden Produkten, Ausbildungen und Heilbehandlungen, die Glück plus ewige Gesundheit und Jugend versprechen, abhängig macht, der begibt sich in eine Schleife, die zur Gefahr für die Seele werden kann. Während meiner Recherche zu diesem Buch ist mir eine Geschichte begegnet, in der eine junge Frau sich in einer esoterischen Gruppe selbst verloren hat. Von der Idee, die Welt und das eigene Leben besser zu machen, blieben wöchentliche Treffen übrig, in denen alle Beteiligten sich selbst und ihren »Weg« in den höchsten Tönen lobten und parallel darüber klagten, wie grausam die Welt und die Menschen da draußen – außerhalb dieser Gruppe – doch seien. Das Ergebnis: Depressionen. Heute geht es meiner Gesprächspartnerin wieder gut, doch alles, was mit Esoterik zu tun hat, sieht sie extrem kritisch.

Auch aus meinem eigenen Erfahrungsschatz möchte ich noch eine Geschichte beisteuern: Am Anfang meiner Selbstständigkeit habe ich auf einer Esoterikmesse als Aussteller-Betreuerin gearbeitet und dabei viele sehr aufschlussreiche Erfahrungen mit den unterschiedlichsten Menschen gemacht. Licht und Dunkel lagen auf dieser Messe immer sehr nah beieinander. Die Erleuchteten stritten meisterhaft über Standzentimeter und regten sich sofort auf, wenn mal etwas nicht so lief, wie sie es erwartet hatten. Ich bin sehr dankbar für diese Erfahrung, denn sie hat mir die Augen geöffnet und dafür gesorgt, dass ich die Bodenhaftung nie verloren habe, denn auch ich war damals intensiv auf der Suche und offen nach allen Seiten. Ich habe in der esoterischen Szene viel gesehen, erlebt und gefühlt und kann heute sagen: Die Esoterik kann gute Impulse geben auf dem Weg, die eigene Sensibilität zu entdecken und anzunehmen. Sie kann aber auch ins Labyrinth der unendlichen Möglichkeiten an Wahrnehmungen führen und einem die Bodenhaftung rauben. Also denken Sie dran: Immer gut erden!

Spiritualität

Neben dem Glauben gibt es noch eine andere »geistige Instanz«, die in den letzten Jahren immer mehr Aufmerksamkeit findet: die Spiritualität. Es gibt diesen Begriff auch innerhalb der Kirche. Doch vom klassischen Glauben und den Landeskirchen wenden sich – und das ist kein Geheimnis – immer mehr Menschen ab. Und das, obwohl Spiritualität in Mode ist. Dennoch klafft zwischen den Begriffen »Glaube«

und »Spiritualität« in der Gesellschaft oftmals noch eine große Akzeptanzlücke. Viele Menschen empfinden den Glauben aus unserer christlichen Tradition heraus als »normal«. In den meisten Fällen auch deswegen, weil er Teil der Erziehung ist. Wenn Menschen zu Gott beten, seine Präsenz spüren und mit Jesus sprechen, dann ist das gesellschaftlich akzeptiert und wird gern gesehen – wird Gott doch gleichgesetzt mit christlichen Werten und einer entsprechenden Lebensführung. Obwohl Gott nicht im physikalischen Sinne greifbar ist, bezweifeln Millionen von Menschen weltweit keineswegs seine Existenz.

Doch wie steht es um die natürliche Spiritualität von Menschen? Was, wenn uns auf einmal ein Mensch begegnet, der sich seine natürliche Anbindung bewahrt hat und dessen Fähigkeit des »geistigen Erkennens« zusätzlich durch seine hohe Sensibilität bzw. Sensitivität besonders ausgeprägt ist? Ein Mensch also, der »Energien und Präsenzen« noch klarer spürt als viele andere Menschen und der seiner Wahrnehmung vertraut. Menschen, die diese Fähigkeiten pflegen, werden oft verurteilt. In der Kindheit hören sie Sätze wie »*Das bildest du dir nur ein*« oder »*Du wieder mit deiner blühenden Fantasie …*«, und später werden sie als »Spinner« oder »Esotante« tituliert. Doch worin besteht eigentlich der Unterschied zwischen dem, was die Menschen in ihrem Glauben wahrnehmen, und dem, was Menschen fühlen, die schon seit ihrer Kindheit mehr spüren als andere? Und warum werden die einen als gottesfürchtig angesehen und die anderen selten ernst genommen oder sogar verurteilt? Letztendlich müssen wir die Frage stellen, ob es gerechtfertigt ist, einen Unterschied zu machen zwischen religiös-gläubigen Menschen und denen, die »das Göttliche« nicht klassisch über eine der Religionen definieren, sondern ganzheitlicher erfahren und aus sich heraus hohe Werte haben und ethisch leben.

Meine Schulzeit war geprägt von Außenseitertum, Mobbing und einem entsprechenden Selbstvertrauen. Oft habe ich mich einfach nicht verstanden gefühlt. Viele Mitschüler waren genervt von meinen »besserwisserischen« Beiträgen. In vielen der klassischen Schulfächer fühlte ich mich verloren und konnte nichts dabei spüren. Vieles wirkte auf mich oberflächlich und am eigentlichen Thema vorbei. Ich nahm wahr, dass Menschen nicht das sagten, was sie eigentlich sagen wollten oder fühlten, und fragte mich, warum. Mehr und mehr hatte ich den Eindruck, dass ich wenig von dem lernte, worum es in meiner (inneren) Welt wirklich ging. So gewöhnte ich mich an den Gedanken, ich sei anders, und tat mein Bestes, einfach zu gefallen. Und ich versuchte mir einzureden, dass vieles von dem, was ich wahrnahm, pure Einbildung und das Produkt meiner übereifrigen Fantasie sei. Davon hatte ich seit meiner Kindheit schließlich mehr als genug. Schulische und private Probleme waren die Folge, denn ich begann, mich immer mehr selbst zu verleugnen. Bis in die Oberstufe – dann kamen mit Altgriechisch und etwas später Philosophie und Archäologie drei Fächer, in denen ich zum Erstaunen aller Lehrer (immerhin hatte man meine gymnasiale Reife bestritten) außergewöhnliche

Benotungen erzielte. In allen drei Fächern fand ich das, was ich so lange vermisst hatte: spürbare Tiefe.

Ebenfalls in der späteren Schulzeit, mit vielleicht 14 Jahren, stieß ich auf mein erstes »Sprachrohr«: Ich fand den Einstieg in alles, was mit »Magie« zu tun hatte. So lernte ich zu zaubern und beschäftigte mich parallel mit Kartenlegen, Pendeln, Energiearbeit und Hypnose. In vielen Fällen wusste ich einfach, wie etwas ging, und so übte ich hauptsächlich für mich. Ich besprach Kassetten mit einfühlsamen Texten für mich selber und konnte meine Schulnoten innerhalb weniger Monate deutlich steigern. Nur einmal wagte ich mit den Karten den Schritt nach draußen und legte einem Bekannten ebendiese. Das Ergebnis war ein sehr unklares Bild. Meinem Gefühl folgend, dass hier etwas nicht stimmen konnte, sagte ich: »Entweder erzählst du mir hier Mist, oder ich verstehe die Karten nicht mehr.« Daraufhin schaute er mich erstaunt an und klärte mich auf: Er hatte mir tatsächlich eine erfundene Geschichte erzählt. Ich hätte gar kein »richtiges« Gefühl für ihn und seine Geschichte bekommen können. Die Erkenntnis, wie sehr ich meiner Wahrnehmung vertrauen kann, versetzte mir einen so großen Schreck, dass ich aufhörte, Karten zu legen. Eine lange Pause begann, und dennoch hörte die Suche nie auf. Ich wusste einfach mit jeder Zelle meines Körpers, dass es da eine universelle Wahrheit gab, die nur einen Wimpernschlag entfernt war.

Die Antwort ließ auf sich warten, bis ich Ende 20 war. Bedingt durch einen privaten Einschnitt beschloss ich, ab sofort »mein Leben zu leben«. Die Kraft, die diese Entscheidung freisetzte, war eine sehr tiefe Erfahrung. Ich richtete mich neu aus und begann die wissenschaftlichen Erkenntnisse im spirituellen Bereich zu studieren. Ich suchte Lehrer in vielen Teilen der Erde auf und ließ bzw. lasse mich fundiert ausbilden. Meine spirituellen Wurzeln habe ich dabei bei den Ureinwohnern Neuseelands, den Maori, gefunden. Hier fand ich endlich, mit 34 Jahren, die entscheidenden Antworten auf viele meiner Träume und Fragen, die ich seit meiner Kindheit hatte.

Heute weiß ich, dass ich völlig normal bin, und ich erlaube mir, meine Wahrheit zu leben und das, was allgemein als Spiritualität bezeichnet wird, mehr in mein Leben zu integrieren. Immer wieder staune ich dabei über die Effekte: Menschen, die auf einmal wieder mit ihrem Herzen in Verbindung stehen, Klienten, die als »Nebeneffekt« davon berichten, dass sich chronische Leiden verringert bzw. aufgelöst haben. Ich durfte viele Blockaden bei Menschen lösen und Führungskräften in der Wirtschaft zu mehr Lebenszufriedenheit verhelfen. Und meine Reise geht weiter. Für mich ist der sechste Sinn etwas ganz Natürliches, und inzwischen ist es einfacher geworden, Menschen mit ihrer Intuition und Herzenergie in Kontakt zu bringen. Ob wir unsere spirituellen Wahrnehmungen jedoch annehmen und lernen können, mit ihnen umzugehen, oder ob wir damit hadern und zum Außenseiter werden, hängt von unserer Entscheidung ab. Und von der Frage, wie stark diese Aspekte in der Kultur verankert sind. Als ich zum Beispiel in Peru war und den Menschen ganz begeistert von Quantenphysik und morphogenetischen Felder berichtete, schauten die mich gelangweilt an. Denn für sie war all das nichts Neues. Doch auch wir im Westen machen Fortschritte – und steuern zum alten Wissen etwas Wichtiges bei: die Messbarkeit.

Welcher Weg für den Einzelnen auch der richtige sein mag: Ich weiß heute, dass ein Mensch genauso viel Weisheit an einem Wochenende erlangen kann wie ein anderer in 20 Jahren. Denn Zeit spielt im Herzen keine Rolle, und genau darum geht es: den Weg in das eigene Herz zu finden und die Einzigartigkeit der eigenen Existenz zu spüren. Wenn es um Menschen und ihre Spiritualität geht, dann braucht in Wirklichkeit niemand etwas zu lernen. Vielmehr geht es darum, dass wir uns erinnern, uns angebunden fühlen und zum eigenen Urvertrauen zurückfinden. Dafür braucht es absolut keine, oft in die Abhängigkeit führenden, esoterischen Angebote. Vielmehr reicht ein einfaches Fühlen im Herzen und das Wissen darum, dass unser Auslieferungszustand bereits das Glücklichsein ist. Ich fühle mich heute tief mit mir selbst verbunden, und meine Wahrnehmungen sind für mich keine Besonderheit mehr. Im Gegenteil: Sie gehören selbstverständlich zu mir und meinem Leben dazu. Ebenso wie die Menschen, die ich heute zu meinen Freunden zählen darf und die mich ermutigen, immer noch tiefer zu spüren.

Ulf, 36

»*Spiritualität ist Wahrheit, die von innen kommt.*« So bringt es Prof. Dr. Markolf H. Niemz, Biophysiker, Direktor der Mannheim Biomedical Engineering Laboratories und Spezialist für Lasermedizin, Patientenmonitoring und Nahtodforschung, auf den Punkt. Als Autor verbindet er in seinen Büchern Physik, Religion und Spiritualität. Er geht davon aus, dass in unserem Körper eine Seele wohnt, die nach dem Tod samt ihrer Liebe und ihrem Wissen auf Lichtgeschwindigkeit beschleunigt wird und ins Jenseits übergeht. Für viele mag das wie Irrsinn klingen. Und so ist diese Theorie ein gutes Beispiel dafür, wie wenig greifbar Spirituelles für manche Menschen ist. Es bleib die Frage: Wie steht es um die Menschen in unserer Gesellschaft, die schon seit ihrer Kindheit aus sich heraus Zugänge zu Liebe und Wissen haben? Machen sie anderen vielleicht auch ein wenig Angst, weil sie Dinge wahrnehmen, die sonst verborgen bleiben könnten? Andererseits: In einer Gesellschaft, in der die Zahl psychischer Erkrankungen stetig steigt, werden spirituelle Fähigkeiten immer wertvoller: Sie können dabei helfen, Menschen wieder in Kontakt mit ihren Gefühlen und ihrer inneren Wahrheit zu bringen, und Ansätze für neue Wege zu Heilsein und Ganzheitlichkeit liefern … Wenn die Menschen anfangen, ihrer natürlichen Anbindung an das »große Ganze« wieder mehr zu vertrauen. Und vielleicht ist das genau der Punkt, an dem Spiritualität beginnt.

Werte

Leistungsorientierung (bei immer weniger Wertschätzung), Durchhaltevermögen, finanzieller Erfolg und Belastbarkeit – in einer Welt, die jeden Tag ein Stück mehr um ihr Wachstum ringen muss, stehen die harten Werte im Vordergrund. Doch im Langstreckenrennen der Werte holen die Sanft-Sensiblen langsam auf. Denn ihren harten Kollegen geht seit längerer Zeit die Puste aus. Wer immer höher hinauswill, der spürt irgendwann, dass die Luft dünner wird. Ohne die lebensnotwendigen Essenzen Gerechtigkeit, Besonnenheit, Nächstenliebe, Nachhaltigkeit, Ruhe, Einkehr, Verbindlichkeit, Wertschätzung, Verantwortung, Mitgefühl und all ihre zart-starken Partner geht es nicht. Es geht um das richtige Maß in der Gemeinschaft der Werte. Denn sie sind die Basis unseres Lebens. Und ob wir uns ihrer bewusst sind oder nicht, sie begleiten uns ein Leben lang. Wir wandeln uns mit ihnen, sie prägen uns, und manchmal müssen wir unser Wertesystem überdenken und weiterentwickeln.

Bereits zu Schulzeiten hatte ich einen starken inneren Drang, mich für Gerechtigkeit einzusetzen, ohne genau zu wissen, woher dieser Wunsch überhaupt kam. Dieses für HSP typische innere Bestreben nach Ausgleich und Gerechtigkeit blieb mein ganzes Leben lang erhalten. Erst in den letzten Jahren lernte ich, welche Stärke – trotz aller Herausforderungen – damit auch entstehen konnte: nämlich eine klare innere Haltung, die auf den gelebten und verinnerlichten Werten basiert, die ich meinem Leben zugrunde lege. Mein Weg war ein Prozess, ein Prozess, in dem ich gelernt habe anzunehmen, dass ich innere und äußere Wahrnehmungen in vollem Umfang auch körperlich fühle. Dieser Weg hat meine Kraft und Stärke unterstützt, mich immer wieder zu hinterfragen, weiterzuentwickeln und dennoch meinen Grundwerten treu zu bleiben. Dadurch konnte ich lernen und wachsen und zu der werden, die ich heute bin – ein spannender Weg.

Als hochsensibler Mensch befinde ich mich oft im Spannungsfeld gegensätzlicher Werte. Bei mir spüre ich zum Beispiel ganz intensiv die Spannung zwischen dem Wunsch nach Nähe und Kontakt zu anderen einerseits und dem Bedürfnis nach Distanz und Rückzug andererseits. Als extravertierte Person bin ich sehr gesellig, als HSP jedoch auch manchmal in Gruppen rasch überfordert. Beide Werte sind schon mein Leben lang in mir präsent, sie sind Teil meiner Grundbedürfnisse, die hin und wieder auch kollidieren. Um aus diesem vermeintlichen Fluch einen Segen werden zu lassen, war einiges an Ausbildung und Selbstreflexion nötig. Erst durch intensive Tanz-, Körper- und Focusing-Prozesse habe ich gelernt, achtsam in mich hineinzuspüren und meine tiefsten Bedürfnisse und Werte bewusst wahr- und ernst zu nehmen, so wie sie im Moment gerade sind. Ich fand dabei über mich heraus, dass Gegensätze, wie sie Hochsensible so oft spüren, sich nicht ausschließen müssen, sondern sich wunderbar ergänzen können. Im Grunde habe ich über diese intensive Beschäftigung mit meinen widersprüchlichen Werten viel Tiefe erfahren, die mich heute dabei unterstützt, meine Klientinnen und Klienten zu begleiten. Ich habe gelernt, mich selbst, meine Mitmenschen und aktuelle Lebenssituationen aus verschiedenen Blickwinkeln zu betrachten und vor allem zu erspüren. Entsprechende Übungen dazu kann ich zudem zielführend in meinen Seminaren weitergeben; das ist also ein doppelt positiver Effekt. Durch diese aktive Körperarbeit – basierend auf der inneren Haltung der Gewaltfreien Kommunikation nach Marshall Rosenberg – kann ich heute in Situationen, in denen Werte aufeinanderprallen, tolerant, interessiert und neugierig in Beziehung bleiben, wo ich früher vielleicht den Kontakt abgebrochen hätte. Die vier Elemente der GFK – 1. Situation beobachten, 2. Gefühl wahrnehmen, das in mir ausgelöst wird, 3. mich mit dem Bedürfnis dahinter verbinden und 4. eine einfühlsam formulierte Bitte aussprechen – sind gemeinsam mit der intensiven Wahrnehmung der vier Bereiche zur Basis meiner Selbstreflexion und zum Tor zu meinen Werten geworden.

Diese Haltung macht nicht nur mein Leben an sich reicher und vielfältiger, sondern vor allem auch meine Beziehungen entspannter. Es gibt durch mein Werteverhalten nun viel öfter ein Sowohl-als-auch anstelle von einem Entweder-oder. Durch die intensive Beschäftigung mit meinen Werten und dem bewussten Umgang damit habe ich zu Kongruenz und Ganzheit gefunden. Es ist so, als hätten Yin und Yang – aus chinesischer Weltsicht die Polaritäten im menschlichen

Dasein – aufgehört, einander zu bekämpfen. Ich habe gelernt, Polarität als Stärke zu nutzen und mich dennoch als Ganzes wertvoll zu fühlen, eben als eine Medaille mit (mindestens) zwei Seiten.

Birgit Gebhard, 48

Hochsensibilität wird mit einem hohen ethischen Anspruch, sozialem Verständnis, einem starken Gerechtigkeitsempfinden und Empathie in Verbindung gebracht. Dem gegenüber stehen die Herausforderungen der hohen Wahrnehmung. Damit wir uns in dem Chaos aus Wahrnehmung und Werten nicht selbst verlieren, ist es ein Muss, sich mit den eigenen Werten auseinanderzusetzen. Was ist mir wichtig? Von welchen Werten ist die Gesellschaft geprägt, in der ich lebe? Und werden diese Werte nach wie vor gelebt? Entsteht daraus ein Spannungsverhältnis für mich? Und wenn ja: Wie gehe ich damit um? Sich mit den eigenen Werten auseinanderzusetzen und eine eigene Wertebasis zu schaffen, heißt nicht, die Werte anderer zu verurteilen. Wichtig ist, dass wir uns selbst reflektieren, uns auf unsere eigenen Werte hin prüfen, die Werte anderer hinterfragen und unsere ganz eigene Position finden, mit der wir uns wohlfühlen. Wir können nie die anderen verändern, sondern immer nur uns selbst. Und wenn wir gefestigt sind in unseren Werten und unserer Persönlichkeit, dann können wir unseren Platz einnehmen, für unsere Werte werben und Wirkungen erzielen … im Sinne einer wertvollen und lebenswerten Zukunft.

SINN UND ÜBERSINNLICHES: Was ich erlebt habe …

Fazit

1. Ganz gleich, welchen Lebensbereich wir betrachten: Hochsensible Menschen treffen weniger oft auf Gleichgesinnte als auf andere Sensible. Und genau deshalb ist es so wichtig, Geschichten zu erzählen. Geschichten, die deutlich machen, wie wir die Welt erleben und mit den Höhen und Tiefen unserer hohen Wahrnehmung umgehen. Nur dann können wir Gemeinschaft finden, einander zuhören, uns gegenseitig inspirieren und durch unsere Erzählungen für unsere Mitmenschen neue Perspektiven schaffen.

2. Jede einzelne Geschichte macht deutlich, dass es wichtig ist, sich die eigenen Bedürfnisse, Eigenarten und Stärken bewusst zu machen. Die »Erkenntnis Hochsensibilität« hilft dabei, Erfahrungen zu verarbeiten. Wichtig ist, dass wir den Wert dessen, was wir dabei lernen, erkennen und Schritt für Schritt in unser Leben integrieren, was uns guttut. Menschen mit anderen Bedürfnissen brauchen andere Lebenswege – und das ist gut so!

3. Es macht keinen Sinn, wenn Hochsensible sich verstecken und versuchen, ihre Sensibilität zu verbergen. Es muss nicht jeder gleich zum Botschafter für Hochsensibilität werden. Aber Mut, Authentizität und entspannte Aufklärung sind gut und wichtig. Dabei geht es weder darum, die anders Sensiblen für ihre »Rücksichtslosigkeit« zu verurteilen, noch darum, sie mit unserer »Überempfindlichkeit« abzuschrecken. Stattdessen können wir unsere Gaben einsetzen, um Werbung zu machen für einen sensiblen Weg des Miteinanders. Das Ziel: Vorurteile auf allen Seiten abbauen und das Phänomen Hochsensibilität allgemein bekannt machen.

3. Strategien und Impulse: Was die Zarten stark macht

Stärke – (nur) eine Frage der Haltung?

Die Erlebnisse und Erzählungen der hochsensiblen Geschichtenerzähler zeugen von dem Phänomen Hochsensibilität. Sie zeugen vom Frust mit der Reizüberflutung genauso wie von der tiefen Erfüllung, die HSP in ihrer hohen Wahrnehmung finden. Und sie erzählen von den Aha-Erlebnissen, die zarte Menschen haben, wenn ihr Anderssein plötzlich einen Namen und eine Struktur bekommt. Ein verständlicher Effekt, denn darin steckt die große Chance, eigene Stärken und Herausforderungen erkennen und benennen zu können. Und das wiederum ist die Voraussetzung dafür, nicht mehr passiv und mit Fragezeichen in den Augen vor einer Situation zu stehen und an sich selbst zu zweifeln, sondern aktiv das eigene Leben zu gestalten, Selbstvertrauen zu entwickeln und selbstsicher den eigenen Weg zu gehen.

Wer sich als hochsensibel erkennt, kann das eigene Leben neu reflektieren und Erlebtes positiver verarbeiten. Die Gefühle, die in solchen Prozessen aufsteigen, können bisweilen sehr schmerzhaft sein. Und doch lohnt sich der Weg. Denn es gibt da etwas, das die Hochsensiblen vereint: eine große innere Kraft, der absolute Wille zur ständigen Weiterentwicklung und der tiefe Wunsch, ein sensibel-starkes Leben zu führen. Wer sich auf den Weg begibt, der wird spüren, dass es für uns nicht um Quantität und Leistung im Sinne des Mainstreams gehen kann, sondern um Qualität und die Fähigkeit, wichtige und andersartige Ideen beizusteuern und die Welt ganzheitlich zu betrachten. Wir leben in einer Zeit, in der sich

Menschen aller Couleur zusammentun müssen, um Intelligenz und Begabungen der Gemeinschaft zu nutzen.

Wenn HSP versuchen, auf den ausgetretenen Pfaden zu gehen, dann wächst meist der Frust; und Körper und Seele ziehen ihnen früher einen Strich durch die Rechnung, als das bei durchschnittlich Sensiblen der Fall ist. Also können wir uns auch gleich für den gesunden Weg entscheiden – bewusst und mit offenen Augen für unsere Bedürfnisse. Dieser Weg sieht vielleicht auf den ersten Blick nicht so aus wie ein Schnellzug hin zu den Zielen, die gemeinhin als erstrebenswert gelten. Aber mal ehrlich: Wieso sollten wir auch in einen fremdgesteuerten Zug steigen, wenn direkt vor uns ein wunderschöner Pfad liegt, auf dem wir selbstbestimmt Schritt für Schritt die Schönheit des Lebens mit all ihren Facetten genießen können? Starten wir also durch und folgen wir der Sehnsucht unseres Herzens. Wir können das Geschenk der hohen Wahrnehmung einfach annehmen, unseren Frust in echte Lebenslust verwandeln, den Mut zu unserem besten Freund machen und losgehen. Alles, was wir mit auf unsere Reise nehmen müssen, sind ein paar Strategien, Impulse und Starkmacher, die uns helfen, unterwegs unsere Akkus wieder aufzuladen und unsere Selbstkompetenz stetig weiterzuentwickeln.

Wie ist das denn mit der Stärke? Eine starke Haltung einnehmen, das »richtige« Selbstvertrauen entwickeln und noch kurz einen Motivationsworkshop buchen – dann klappt das schon mit Selbstakzeptanz, Leistungsfähigkeit und gesunder Stärke, oder? Wer hochsensibel ist und immer wieder an seine Grenzen stößt, der weiß, dass es so nicht funktioniert.

Die Haltung ist entscheidend, ja! Selbstvertrauen ist wichtig, wird aber regelmäßig überschätzt. Und Motivation nach Schema F kann tolle Impulse liefern, hat meiner Erfahrung nach bei tiefgründigen, ganzheitlich denkenden Menschen jedoch keine nachhaltige Wirkung. Auf dem Weg zur sensiblen Stärke zählt vor allem eines: nämlich der Moment, in dem wir eine kraftvolle Entscheidung treffen, eine, die unser Leben nachhaltig verändern wird:

Es ist die Entscheidung, den zarten Stärken und allem, was uns stark macht, mehr Aufmerksamkeit zu schenken als all den sensiblen Herausforderungen.

Das ist der initiale, erste Schritt auf dem Weg hin zu einer nachhaltig starken Haltung und gelebter Kraft. Oder kennen Sie einen Schalter, der von heute auf morgen die Haltung verändert und uns ein in Beton gegossenes stabiles Selbstvertrauen schenkt?

Betrachten wir den Weg zur Stärke als einen Prozess, für den die Formel so lauten könnte:

Wahrnehmen → vertrauen → zulassen → erleben → verarbeiten → vergeben → wachsen → fokussieren → genießen

Und wenn die nächsten Schritte anstehen, dann beginnt ein neuer Zyklus: wahrnehmen, vertrauen, zulassen, erleben … Es geht also nicht in erster Linie um die Haltung an sich, sondern darum, wie wir unsere Sicht auf uns und die Welt

Schritt für Schritt zart-stark verändern. Nehmen wir das Steuer selbstverantwortlich in die Hand und lassen all das aus unserem Leben gehen, was uns schwächt; und integrieren wir stattdessen, was uns stärkt. Es braucht Veränderungsprozesse im Innen und ein anderes Verhalten im Außen. Das Ziel: selbstbestimmte Aktionen statt passiver Reaktionen. Gerade für hochsensible Menschen ist das aufgrund der Fülle der Reize ein Schlüssel zu Stärke und Gesundheit. Professor Joachim Bauer, Internist, Psychotherapeut und Psychiater, sieht in der Anpassung an den Mainstream und in unserer Unterordnung unter äußere Impulse die Gefahr eines Verlusts des Selbst – mit fatalen Folgen. Denn Studien belegen, dass Menschen, die sich im Leben überwiegend von kurzfristigen Stimmungen und äußeren Impulsen leiten lassen, auf Dauer in ihrem Körper Prozesse in Gang setzen, die krank machen.

Machen Sie sich auf den Weg. Es ist an Ihnen, ob Sie Ihre Hochsensibilität als »Reizallergie« wahrnehmen, die Sie belastet, oder als Geschenk, das Ihrem Leben Stärke verleiht und Sie reich macht.

Vertrauen – (auch) in die eigene Intuition

Worauf können wir vertrauen? Was hilft uns hochsensiblen Menschen, die komplexe Wahrnehmungsstruktur zu entwirren? Wie stellen wir sicher, dass wir aus dem Geschichten- und Gefühlschaos um uns herum unsere eigenen Bedürfnisse und Gefühle herausfiltern können?

Noch mehr Gedanken wälzen? Das Leben bis ins kleinste Detail analysieren? Rationalität und Objektivität haben, wie bereits ausgeführt, in unserer Weltanschauung einen hohen Stellenwert. Aus Bildung, Wissenschaft und wirtschaftlichen Prozessen sind diese Prinzipien nicht wegzudenken. Aber da gibt es eben noch etwas: die Intuition. Sie gehört zum Leben dazu, ganz gleich, wie hoch die Sensibilität eines Menschen ist. Sie weist uns den Weg durch den Dschungel an rational-objektiven Erkenntnissen und die komplexe Informationsflut der heutigen Zeit. Ohne sie sind wir verloren und orientierungslos.

Objektiv ist, was nicht von Gefühlen, Vorurteilen und Voranahmen bestimmt ist, richtig? Doch welcher Mensch kann von sich behaupten – egal, ob es um Wissenschaftliches oder Zwischenmenschliches geht –, dass er einen »objektiven« Blick auf etwas werfen kann? Einen Blick, der frei ist von Gefühlen, Vorurteilen und Voranahmen? Wer bitte wagt es, eine für die gesamte Menschheit gültige Aussage darüber zu machen, was eine objektive Wahrheit ist und wo sie anfängt oder aufhört? Was ist wahr? Was genau richtig? Um uns der Antwort für solcherlei Fragen zu nähern, hilft uns die Intuition: Wer sich für seine Intuition öffnet oder sie schult, erhält regelmäßig Impulse aus seinem Inneren – entweder bewusst abgerufen oder auch ganz plötzlich und unerwartet. Mit diesen Eingebungen hilft uns unser Bauchgefühl dabei, Situationen und Zusammenhänge zu erfassen, ohne lange reflektiert oder sachliche Zusammenhänge analysiert zu haben. Und oft führt die Intuition eines Laien sogar weiter als das fundierte Wissen eines Experten.

Viele große Wissenschaftler arbeiten auch stark intuitiv. Sie haben eine Eingebung oder »Idee«, die es dann wissenschaftlich zu erforschen und zu belegen gilt. Und inzwischen ist das Prinzip Intuition auch in der Wirtschaft angekommen. Sie entdeckt die Intuition gerade als Möglichkeit, in der immer komplexer werdenden Businesswelt entscheidungsfähig zu bleiben, und unterstützt Führungskräfte und Manager dabei, ihre Intuition zu schulen. Da dürften hochsensible Menschen im Management doch herzlich willkommen sein. Denn wir haben einen natürlichen Vorsprung in Sachen Intuition. HSP haben gar keine andere Chance, als aus sich heraus eine hohe intuitive Fähigkeit zu entwickeln, um all die Informationen, die uns die hohe Wahrnehmung beschert, zu sortieren und zu verarbeiten. Eine Fähigkeit, die wir hegen und pflegen dürfen. Und der zu vertrauen sich lohnt. Trotz der vielen Kritiker, die uns in unserem Leben begegnet sind und die unsere Ideen und Lösungen infrage gestellt haben, weil wir sie nicht rational-logisch herleiten und durchgängig erklären konnten. Ja – auch die Intuition macht Fehler. Dennoch machen wir immer wieder die Erfahrung, dass die Intuition uns ein guter Freund sein kann, wenn es um Antworten auf wichtige Fragen und gute Lösungen für den nächsten Schritt in unserem Leben geht.

Zweifel ade. Das Zeitalter der Intuition bricht gerade an, und wir haben allen Grund, unserer Intuition zu vertrauen – zu unserem eigenen Wohle und um dabei zu helfen, die komplexen Herausforderungen unserer Zeit zu bewältigen.

Zulassen – dem Leben ein Lächeln schenken

»Ich kann mich nicht abgrenzen.« Das ist ein Satz, mit dem viele hochsensible Menschen eine ihrer größten Herausforderungen beschreiben. Die zahlreichen Eindrücke unseres eigenen Erlebens und auch unsere Wahrnehmung der Gefühle und Geschichten anderer Menschen sorgen für eine Flut an Reizen. Trotz unserer Erfahrung ist es immer wieder überraschend, welche Fülle an Realitäten um uns herum existiert. Wenn wir beginnen, das zu akzeptieren, und wenn wir gleichzeitig aufhören, die Gedanken und Gefühle festzuhalten, wenn wir sie stattdessen wieder gehen lassen, dann brauchen wir uns nicht mehr abzugrenzen, sondern können wahrnehmen und wieder loslassen, wahrnehmen und wieder loslassen. Einige hochsensible Menschen nennen das Durchlässigkeit.

> *»Jenseits von richtig und falsch gibt es einen Ort.*
> *Hier können wir uns begegnen.«*
> Rumi

In meinem Verständnis spricht Rumi von einem Ort der Achtsamkeit, an dem wir einfach zulassen können, was gerade ist, ohne zu bewerten, und an dem wir uns gleichzeitig unserer eigenen Bedürfnisse bewusst sind und gut für uns sorgen. Denn dann entsteht ein Raum, in dem wir den Menschen und der Welt entspannt begegnen können.

Doch wie gehen wir mit den Gefühlen um? Denn es wird

neben den schönen auch immer Gefühle geben, die unangenehm sind.

Nehmen wir ein Beispiel: Wenn wir plötzlich tiefe Trauer spüren, dann heißt das nicht, dass das für uns irgendeine tiefere Bedeutung haben muss. Es ist einfach nur ein Gefühl, das wir geschehen und auch wieder gehen lassen können. In dem Moment, wo wir anfangen, darüber nachzudenken, wird es kompliziert. Wir halten das Gefühl fest, stellen uns automatisch Fragen oder beginnen uns gegen das Gefühl zu wehren: *Ist mit mir irgendwas nicht in Ordnung? Was ist denn bloß los mit mir? Das passt mir jetzt gerade gar nicht in den Kram!* Und damit geben wir dem Gefühl viel mehr Raum, als es eigentlich brauchen würde.

Gefühle, die für uns wichtig sind und uns etwas über uns selbst erzählen wollen, werden sich den Raum nehmen und wieder anklopfen. Und wenn das Gefühl an unsere Tür klopft, können wir entscheiden, ob wir es in diesem Moment reinlassen wollen oder nicht. Wichtig ist, dass wir uns für ein Gefühl, das immer wieder vorbeikommt, Raum nehmen, es zulassen und durch uns durchfließen lassen – auch dann, wenn es schmerzt. Denn wenn wir zu oft Nein sagen und die Tür geschlossen halten, dann gewinnt das Gefühl an Kraft. Irgendwann tritt es dann völlig unkontrolliert die Tür ein und fängt an zu randalieren. Oder es beginnt an unserer Gesundheit zu kratzen …

Damit wir unsere Wahrnehmung als Geschenk empfinden können, uns die Freude am Leben erhalten bleibt und wir uns guter Gesundheit erfreuen, ist eine Erkenntnis besonders wertvoll:

Wir brauchen weder vor unseren eigenen noch vor den Gefühlen anderer Angst zu haben. Es gibt keine Pflicht, alles zu verstehen und zu interpretieren.

Lassen Sie uns das Leben annehmen, wie es ist – bunt und vielseitig.

Lassen Sie es uns achtsam wahrnehmen, ohne zu bewerten … Und dem Leben ein Lächeln schenken.

Vergeben – der Weg in die Freiheit

»Der Schwache kann nicht verzeihen.
Verzeihen ist eine Eigenschaft des Starken.«
Mahatma Gandhi

Das Leben könnte so harmonisch, schön und friedlich sein, wenn die Kollegen, der Chef, die blöden Nachbarn, der bzw. die Ex, die Politik, die Behörden und überhaupt und sowieso die ganze Welt da draußen nicht so roh, grob und einfach nur unsensibel wären, oder? Viele zarte Menschen wissen, was es bedeutet, sich so zu fühlen, als wären sie vielen anderen Menschen und der harten Welt »da draußen« nicht gewachsen. Doch Achtung! Die Welt ist nicht »irgendwo da draußen«. Wir leben in dieser Welt, sind ein Teil von ihr. Wenn wir so eine Haltung einnehmen, dann ist unser Opferdasein vorprogrammiert. An jeder Ecke lauern Verletzungen, das Selbstbewusstsein schrumpft, und der Glaube daran, dass wir als zarte Menschen stark leben können, schwindet mit jedem Tag mehr. Es braucht immer kleinere Auslöser, um eine Verletzung hervorzurufen – ein Teufelskreis.

Der einzige Weg, um aus diesem Schlamassel herauszukommen und Heilung und Ganzheit zu erfahren, ist der Weg der Vergebung – die Versöhnung mit den Menschen und mit der Welt. Wenn wir vergeben, dann beginnen wir, unsere Energie in die richtige Richtung zu lenken. Sie geht nicht mehr für unsere Verletzung drauf, sondern wir haben wieder »Luft« für andere Dinge. Vergeben heißt neu anfangen.

Je kleiner die Verletzung, umso leichter ist der Vergebungsprozess. Ein falsches Wort, Kränkungen oder ein Streit sind einfacher und schneller zu bewältigen als Missbrauch und Gewalt. Doch selbst dann, wenn es aussichtslos scheint und der Schmerz groß ist, also selbst bei schwerwiegenden Verletzungen bleibt uns als Schlüssel für die Tür zum Glück nur eine Wahl: uns mit Mut und Zuversicht auf den Weg der Vergebung zu machen. Dazu gehört auch, dass wir uns mit uns selbst versöhnen und uns annehmen, wie wir sind. Denn die Vergangenheit können wir nicht verändern. Sie wird immer Teil unserer Geschichte sein.

Solange wir mit uns selbst im Unreinen sind, werden wir auch mit anderen im Unreinen sein. Aber Urteile zu sprechen macht keinen Sinn – weder über sich selbst noch über andere. Schießen wir den Perfektionismus zum Mond. Auf Nimmerwiedersehen! Wichtig ist, dass wir die Verantwortung für uns selbst übernehmen, ganz gleich, ob wir selbst einen Fehler gemacht haben oder andere. Fangen wir an, uns selbst zu akzeptieren und die Unterschiede der Menschen und die Fülle des Lebens wertzuschätzen: Hochsensible sind nicht besser als die anderen 80 bis 85 Prozent der Menschheit. Jeder ist mal Opfer und mal Täter. Wir verletzen andere, und andere verletzen uns. Wir erlauben uns ein Urteil über andere und vergessen dabei uns selbst.

»Richtet nicht, und ihr werdet nicht gerichtet werden; verurteilt nicht, und ihr werdet nicht verurteilt werden. Lasst los, und ihr werdet losgelassen werden.« Lukas 6:37

Dieses Bibelzitat aus dem Lukas-Evangelium spiegelt für mich die Verbindung von allem Sein wider. Alles hängt mit allem zusammen. Wir sind alle miteinander verbunden. Das bringt mich auf zwei Gedanken:

- Es täte uns gut, genauer hinzuschauen, was das Urteil, das wir über andere sprechen, mit uns selbst zu tun hat. Denn oft regen wir uns am lautesten über Verhaltensweisen auf, die wir an uns selbst am wenigsten mögen.
- Wenn wir Verletzungen nicht loslassen, dann halten wir fest. Wir richten unsere Gedanken und Gefühle immer wieder auf das Erlebte. Wir fokussieren uns darauf, geben der Verletzung Energie und stärken die Verbindung zum Täter. Lassen wir jedoch los, sind wir frei.

Was mit uns passiert, wenn wir nicht vergeben, wissen wir alle. Unsere Lebensenergie schwindet, die Melancholie hält Einzug. Und wenn sich die Melancholie mit der Verletzung festsetzt, dann ist die Depression nicht weit. Für hochsensible Menschen ist echte Rache keine Wahl (und das ist gut so). Und sollten doch Rachegedanken aufkommen, sorgen die aufgrund des hohen Wertesystems noch für zusätzliche Schuldgefühle. Die Opferposition verstärkt sich. Das Gefühl, nichts tun zu können, nimmt uns die Freude am Leben. Dabei brauchen wir uns mit der Rache nicht auseinanderzusetzen, denn um die Täter kümmert sich das Prinzip der Resonanz: Wer Schlechtes tut, der wird früher oder später selbst Schlechtes erfahren. Und wenn ein »Täter« etwas mit Absicht getan hat, dann macht ihm sein schlechtes Gewissen selbst dann zu schaffen, wenn er seine Schuld verdrängt. Auf das Unterbewusstsein ist Verlass.

Die meisten Verletzungen und Kränkungen geschehen allerdings nicht bewusst und schon gar nicht bösartig. Gerade Menschen, die sich sehr nahestehen, können sich gegenseitig schnell verletzen, beispielsweise Eltern und Kinder. In den meisten Fällen tun Eltern das, was sie tun, weil sie ihre Kinder lieben, und nicht, weil sie ihnen schaden wollen. Jeder Mensch ist so, wie er ist. Und die meisten Eltern geben in jeder Situation das Beste, was sie gerade geben können. Auch Eltern haben eigene unverarbeitete Themen, haben Angst um ihre Kinder, vielleicht weil sie es selbst schwer hatten, und entwickeln aus ihrem eigenen Lebensweg heraus ganz bestimmte Vorstellungen davon, was ihre Kinder glücklich machen müsste oder sie auf keinen Fall glücklich machen kann. Gehen die Kinder dann ihre eigenen Wege und bauen ihr eigenes Wertesystem auf, dann kann es schon mal sein, dass Eltern mit Ablehnung, Verurteilung und Unverständnis reagieren: Achtung, Kinder! Verletzungsgefahr! Es sei denn, wir nehmen unser inneres Kind schützend in den Arm, hören auf zu urteilen, übernehmen Verantwortung für uns selbst und üben uns im Verzeihen …

Vergebung ist ein Prozess. Es ist kein rein gedanklicher Akt, keine bloße Entscheidung des Verstandes. Richtig vergeben können wir erst dann, wenn wir ein Erlebnis auch emotional verarbeitet haben. Vergebung heißt nicht, über die Fehler anderer hinwegzusehen, sondern genau hinzuschauen und gut für uns zu sorgen, statt dem »Täter« die Macht zu geben, uns unser Leben zu versauen.

VERGEBUNG IN DER PRAXIS

1. Zeit und Raum

Sie entscheiden, wann Sie den Vergebungsprozess einleiten. Prüfen Sie, ob Sie den Prozess allein gestalten möchten, ob Sie einen lieben Menschen dabeihaben möchten oder ob Sie einen Psychologen, Heilpraktiker, Seelsorger oder Coach Ihres Vertrauens hinzuziehen. Wählen Sie einen Ort, an dem Sie sich wohl- und sicher fühlen.

2. Hinschauen, Verletzungen benennen, Gefühle zulassen

Schreiben Sie auf: Was hat Sie verletzt? Was können Sie verzeihen? Und was nicht? Finden Sie ehrliche Worte für das, was Sie bewegt. Die Dinge, die Sie verzeihen können, sind schnell vom Tisch. Bei den Dingen, die Sie auf den ersten Blick nicht vergeben können, brauchen Sie Mut, Gefühle zuzulassen und genau dorthin zu fühlen, wo es wehtut.

3. Gefühle durchleben, Distanz aufbauen

Gefühle können sich gerade für hochsensible Menschen übermächtig und lebensbestimmend anfühlen. Doch Gefühle kommen und gehen. Und auch negative Gefühle haben eine reinigende Funktion. Lassen Sie die Tränen raus, schluchzen Sie laut, gehen Sie in den Wald und schreien Sie Ihre Wut raus, prügeln Sie auf ein Kissen ein. Wenn Sie dem Gefühl Raum geben, dann kann es auch wieder gehen – die Voraussetzung dafür, dass Sie auch innerlich Distanz zu der Situation oder dem Menschen aufbauen können.

4. Der Blick hinter die Kulissen

Öffnen Sie Ihre Wahrnehmung für sich selbst. Können Sie erkennen, was hinter der Verletzung steckt? Welches Urteil? Welcher Glaubenssatz? Welche alten Wunden spielen eine Rolle? Und was können Sie aus der Situation lernen?

5. Situation loslassen

Lassen Sie die Verletzung los. Wir können uns entscheiden, aus der Opferrolle rauszugehen und uns dafür nicht mehr zur Verfügung zu stellen. Und je besser wir uns kennenlernen, desto einfacher wird es, mit schwierigen Situationen umzugehen.

6. Abstand halten

Geben Sie Ihrem Körper und Ihrer Seele Raum, schmerzhafte Erlebnisse nicht nur mental zu durchleben. Lassen

Sie den Prozess auch emotional wirken, und gehen Sie eine Zeit lang auf Abstand zu dem Menschen, der Sie verletzt hat.

7. Offenheit ohne Erwartungen
Je enger die Beziehung zu einem Menschen ist oder war, desto weniger Sinn macht es, ihn auf ewig aus dem eigenen Leben verbannen zu wollen. Abstand ist wichtig. Und doch wird die Verbindung zwischen Ihnen bestehen bleiben. Bauen Sie eine Haltung der Offenheit auf – ganz ohne Erwartungen an Ihr Gegenüber. Schaffen Sie Raum für positive Gedanken. Denn mit unseren Gedanken prägen wir unsere eigene Realität.

Vergebung ist eine wunderbare, klärende Kraft. Sie dient dazu, dass wir auch die schwierigen Erlebnisse unseres Lebens integrieren können und lernen, mit ihnen zu leben. Vergeben heißt annehmen, was geschehen ist. Denn wenn wir etwas verdrängen, heißt das noch lange nicht, dass es auch aus unserem Herzen und unseren Emotionen verschwindet … Janine Bonk, Coach, Meditations- und Qigong-Lehrerin und Begleiterin für HSP, gibt ihren Klienten oft folgenden Hinweis mit auf den Weg:

Wenn ein Thema nach dem Vergebungsprozess wiederkommt – und es kommt häufig vor, dass ein Thema wiederkommt –, dann gilt es, nicht zu verzweifeln. Schauen Sie genau hin. Was hat sich verändert? Sie brauchen nicht noch einmal von vorne anzufangen. Sie sind bereits eine Ebene weitergekommen. Denn Entwicklung ist wie eine Spirale. Viele Menschen haben das innere Bild eines linearen Entwicklungsweges und gehen davon aus, dass sie Themen grundsätzlich abschließen können. Dieses Bild kann jedoch Stress bewirken, wenn nach einiger Zeit Themen sich wieder zeigen. Wer verstanden hat, dass Entwicklung eine Spirale ist, in der man immer wieder an ähnliche Stellen kommt, nur auf anderen Ebenen, kann leichter mit diesem Prozess umgehen.

Wenn Ihr Thema wiederkommt, fühlt es sich schon leichter an. Je erfahrener wir werden, desto gelassener können wir dem Lauf des Lebens begegnen und desto eher können wir uns frei machen von ungesunden Erwartungshaltungen. Ich erzähle dazu meinen Klienten gerne eine alte Geschichte aus dem tibetischen Buch vom Leben und Sterben:

Ich gehe die Straße entlang. Da ist ein tiefes Loch im Gehsteig.
Ich falle hinein. Ich bin verloren … Ich bin ohne Hoffnung.
Es ist nicht meine Schuld.
Es dauert endlos, wieder herauszukommen.

Ich gehe dieselbe Straße entlang. Da ist ein tiefes Loch im Gehsteig.
Ich tue so, als sähe ich es nicht. Ich falle wieder hinein.

Ich kann nicht glauben, schon wieder am gleichen Ort zu sein. Aber es ist nicht meine Schuld. Immer noch dauert es sehr lange, herauszukommen.

Ich gehe dieselbe Straße entlang. Da ist ein tiefes Loch im Gehsteig.
Ich sehe es. Ich falle immer noch hinein … aus Gewohnheit.
Meine Augen sind offen. Ich weiß, wo ich bin.
Es ist meine eigene Schuld. Ich komme sofort heraus.

Ich gehe dieselbe Straße entlang.
Da ist ein tiefes Loch im Gehsteig.
Ich gehe darum herum.

Ich gehe eine andere Straße entlang.

Wachsen – raus aus der Komfortzone

»Du musst genau das machen, wovon du glaubst, das kann man nicht machen.«
Eleanor Roosevelt

Wenn die Sonne der Harmonie scheint und keine dunklen Wolken am Himmel hängen, dann wähnen wir uns in Sicherheit. Manch sensibler Mensch mag denken: Wie schön wäre das Leben ohne Konflikte und Kritik – gemütlich in der

Komfortzone einmummeln und auf den gewohnten Pfaden durchs Leben hüpfen. Und am besten noch die anderen für unsere Probleme verantwortlich machen. Diejenigen, die »immer« die Konflikte anzetteln und uns und unsere zarten Werte damit infrage stellen.

Doch wie können wir damit umgehen, wenn eine Krise an unserer Komfortzone kratzt und unsere Welt ins Wanken bringt? Wenn die Druckverhältnisse zwischen uns und einem Mitmenschen oder der Realität des Lebens so verschieden sind, dass ein Gewitter aufzieht, der Sturm mit aller Kraft an uns rüttelt und der Starkregen das Fundament unserer Harmonie einfach wegspült? Wir könnten uns unter der Decke verkriechen und den Sturm, das Gewitter und den Regen einfach an uns vorbeiziehen lassen. So tun, als wäre nichts. Bloß nicht hinschauen. Und schon gar nicht hinfühlen. Auf keinen Fall einen Millimeter mehr raus aus der Balance als nötig ... Doch was finden wir dann vor, wenn das Gewitter vorbeigezogen ist und die Sonne die neue Situation in vollem Glanz erstrahlen lässt? Das Licht wird offenbaren, dass wir uns im Grunde selbst im Stich gelassen und nicht für unsere Bedürfnisse eingestanden haben. Denn die neue Balance ist nicht unsere, weil die anderen sie gestaltet haben. Unsere Komfortzone hat Löcher, und oft genug sind wir schwer getroffen oder fühlen uns verloren.

Wenn es um Konflikte geht, dann fühlt sich manch zarter Mensch seinem Gegenüber sogar mehr verpflichtet als sich selbst – damit die Wogen sich schnell wieder glätten oder weil es Übung braucht, um sich selbst in der Situation richtig wahrzunehmen. Und Konfliktvermeider haben keine Übung.

Das führt dazu, dass die Situation für uns selbst immer unangenehmer wird und aus dem äußeren Konflikt ein innerer wird. Doch ganz gleich, ob es um Konflikte mit Freunden, Familie oder Partner geht oder um einen Streit mit uns selbst oder »dem Leben« – solange wir Konflikte als etwas Schlechtes betrachten, werden wir ihnen aus dem Weg gehen. Wir hören der starken Stimme tief in uns nicht zu. Stattdessen machen wir weiter wie vorher. Selbst wenn unsere Intuition zur rot blinkenden Alarmleuchte mutiert, halten wir an etwas fest, das nicht mehr zu retten ist. Wir verleugnen uns damit selbst und sorgen auf Dauer dafür, dass wir uns in einer Situation wiederfinden, die ausweglos erscheint. Doch Konflikten aus dem Weg zu gehen heißt, ihnen die Macht zu geben, so groß zu werden, dass wir unter ihrer Last kaum noch atmen können.

Konfliktvermeidung sorgt dafür, dass Sie immer wieder die Erfahrung machen, dass Konflikte Sie überfordern.
Und dann verlieren Sie nicht nur das Vertrauen in sich selbst, sondern auch in Ihre Mitmenschen.

Perspektivwechsel: Situationen verändern sich, und Menschen sind unterschiedlich. Ein Leben ohne Konflikte würde voraussetzen, dass das soziale Miteinander und auch unsere inneren Prozesse unter einer dicken Eisdecke erstarrt sind. Wenn wir uns aber Sonne und Regen, Licht und Schatten, Sturm, Blitz und Donner aussetzen, dann wird das Leben zu einem spannenden Prozess. Es geht immer weiter. Situationen und Beziehungen verändern sich. Und das ist gut so. Genauso gut ist es, dass wir Menschen so facettenreich sind und unterschiedliche Bedürfnisse, Interessen und Ideen haben.

Hier ein Expertentipp von Janine Bonk:

Konfliktfähigkeit setzt voraus, dass wir in der Lage sind, Unterschiede anzuerkennen. Jeder Mensch ist ein Universum, und da können Welten aufeinandertreffen. In der Begegnung spielt die unterschiedliche Wahrnehmung eine große Rolle.

Konflikt- und kritikfähig werden wir dann, wenn wir uns selbst so annehmen können, wie wir sind. Gerade hochsensible Menschen haben die Tendenz, sich nicht gegenüber den Meinungen anderer abzugrenzen. Um das zu lernen, ist die Pubertät eine wichtige Phase. Viele Hochsensible gehen nicht oder nur sehr gedämpft durch diese Phase der Abgrenzung von den Eltern – aus Angst, sie zu verletzen, und weil sie sie schützen wollen. Doch was wir in dieser Zeit nicht lernen, das müssen wir dann später erfahren, denn es gilt das eigene Gefühl wahrzunehmen und anzuerkennen, auch dann, wenn es zu dem Befinden und den Bedürfnissen unseres Gegenübers gerade nicht zu passen scheint. Solange wir die Erwartungen und Urteile anderer übernehmen, sind wir dauerhaft im Konflikt mit uns und der Welt. Mit dem Erkennen des Eigenen fällt es uns leichter, den anderen in seiner Wahrnehmung anzuerkennen, und wir kommen aus unserer Abwehr- und Schutzhaltung heraus. Solange wir uns selbst nicht spüren und wertschätzen, kann der andere uns treffen. Denn dann übernehmen wir die Erwartungen und Urteile anderer und sind dauerhaft im Konflikt mit uns und der Welt.

Kennen Sie die Affenübung? Schauen Sie jeden Abend, bevor Sie zu Bett gehen, welche Affen heute an Ihnen hängen. Die Affen stehen für die Erwartungen und Urteile anderer. Wem gehört welcher Affe? Die Affen, die nicht zu Ihnen gehören, bringen Sie in Gedanken einfach zu ihrem Besitzer zurück.

Ja, Konflikte und Krisen können eine stachelige Angelegenheit sein und uns verunsichern oder auch verletzen. Für Menschen, die viel wahrnehmen und häufig erfahren, dass andere ihnen nicht so wertschätzend, herzlich, offen und verbindlich begegnen, wie sie es von sich selbst und anderen erwarten, ist das eine Herausforderung. Doch wenn wir uns dieser Herausforderung bewusst sind, dann können wir uns auf den Weg in die Konfliktfähigkeit machen – darum geht es. Nehmen Sie sich auf dem Weg durch den Konflikt die Freiheit, gut für sich zu sorgen. Es gibt allerdings auch Situationen, in denen es Sinn macht, einen Konflikt aufzuschieben, um neue Kraft zu sammeln oder zu akzeptieren, dass es keine Lösung gibt. Auch wenn Sie eine gute Konfliktfähigkeit entwickelt haben, heißt das noch lange nicht, dass alle anderen auch konfliktfähig sind. Wichtig ist, keine faulen Kompromisse einzugehen und zu sich selbst zu stehen.

Voraussetzung dafür, offen für Konflikte zu sein, sind die Bereitschaft, sich zu verändern, und der Glaube daran, dass Entwicklung gut ist und Lösungen möglich sind. Konflikte bereichern unser Leben. Sie eröffnen uns neue Perspektiven und bringen uns weiter. Sie klopfen an, fordern uns auf, unsere Komfortzone zu verlassen und unsere Grenzen neu abzustecken. Konflikte und Kritik gehören zum Leben dazu. Schauen Sie also nicht auf die Stacheln und die dunklen Wolken, die über Ihnen schweben, sondern schauen Sie einmal von oben, von einer Metaebene, auf das, was gerade passiert, und vertrauen Sie darauf, dass Krisengewitter immer Chancen sind, die Situationen und Beziehungen in neuem Licht erstrahlen zu lassen, nachdem der Regen die Saat gut gewässert hat. Etwas Neues darf jetzt wachsen und gedeihen – ein neuer Zyklus beginnt.

Fokussieren – Qualität statt Quantität

Schritt für Schritt gehen wir also voran auf dem Weg zur richtigen Haltung, mit Vertrauen im Gepäck, mit der Idee zuzulassen, ohne zu werten, und mit der Bereitschaft, alte Wunden zu heilen, zu vergeben und Konflikte als Chance zu betrachten. Dabei erweitert sich einerseits unsere Komfortzone, und andererseits schärft sich unser Fokus. Quantität verliert an Bedeutung, und Qualität wird wichtig. Für unsere Gesundheit, in unseren Beziehungen, bei der Arbeit und in der Freizeit. Unsere Tendenz, nach Perfektion zu streben, löst sich auf, und wir entscheiden uns für das Leben – ohne immer alles schaffen zu müssen. Wir lernen, Nein zu sagen, und katapultieren uns so raus aus der Multitaskingfalle und dem Gefühl, fremdgesteuert durchs Leben zu hetzen. Gelassenheit kehrt ein. Es gelingt uns besser, im Jetzt zu bleiben und uns auf das zu fokussieren, was gerade wichtig ist. Weniger Überreizung, weniger Stress, weniger Selbstzweifel und Verletzungen, weniger Angst und keine übersteigerten Schuldgefühle mehr. Stattdessen wächst die Kraft, und wir können beginnen, unsere Stärken zu leben. Unser Leben nach und nach umzukrempeln. Mit Mut. Schritt für Schritt. Erst kleine Veränderungen und dann größere. Wir machen uns bewusst, was wir vom Leben erwarten, statt mit dem Mainstream zu schwimmen, und gestalten es aktiv, statt es passiv zu ertragen.

Wir machen nicht mehr mit beim »Besser-schneller-mehr-Wahnsinn«, sondern kümmern uns um den nächsten Schritt. Wissend, was wir vom Leben erwarten und welche Werte uns wichtig sind.

Es geht nicht darum, Erwartungen zu erfüllen, sondern darum, Erfüllung zu finden.

Es geht darum, sich darauf zu fokussieren, was jetzt gerade wichtig ist. Für sich selbst zu definieren, was »Erfolg« heißt, eigene Ziele zu haben und Sinn zu finden und zu stiften. Einen Beitrag zu leisten – genau da, wo wir uns berufen fühlen, schöpferisch tätig zu werden.

Da das Leben nicht perfekt ist, wird das nicht immer funktionieren. Doch darum geht es auch nicht. Es geht um eine Entscheidung. Es geht um die Veränderung der Haltung. Und es geht darum, Vertrauen in das Leben und sich selbst zu haben, und zwar auch dann noch, wenn neue oder überraschende Situationen dafür sorgen können, dass wir uns so fühlen, als würden wir gerade wieder komplett am Anfang stehen.

Wahrnehmen → vertrauen → zulassen → erleben → verarbeiten → vergeben → wachsen → fokussieren → genießen. Wahrnehmen …

Und damit uns die Kraft dafür zur Verfügung steht, uns zu fokussieren und uns auf die Zyklen des Lebens einzulassen und sie zu genießen, brauchen wir im Alltag Starkmacher, die uns dabei unterstützen, dass wir das Leben in vollen Zügen genießen können.

Starkmacher – in Verbindung mit der Kraft

Damit die Stärke bleibt und all unsere inneren Entwicklungswege ihre ganze Kraft entfalten können, braucht es Starkmacher, die wir in unser Leben integrieren. Denn um innerlich andocken und jederzeit mit unserer inneren Kraftquelle in Verbindung sein zu können, brauchen wir Methoden, mit denen wir regelmäßig Stress reduzieren. Wir brauchen einen festen Platz dafür. Und wir brauchen Pausen, in denen wir unsere Zwischenablage leeren können. Die allerwichtigsten Methoden sind diese hier:

- Pausen + Schlaf: abschalten, träumen, auftanken
- Musik + Gesang: Klang spüren, Emotionen leben, Schönheit genießen
- Bewegung + Sport: Stress abbauen, fit bleiben, Natur erleben

Bewegung nimmt in diesem Dreiklang eine besonders wichtige Funktion ein. Denn Bewegung baut Stress ab. Selbst wenn wir k.o. sind, kann ein dreißigminütiger entspannter Spaziergang in der Natur mehr bewirken als eine halbe Stunde auf der Couch. Bewegung schafft Raum, um das, wofür es im Alltag keinen Raum gibt, an die Oberfläche zu bringen und den Druck, der dadurch entsteht, abzubauen. Birgit Gebhard, Lebensberaterin mit Schwerpunkt Körperarbeit, empfiehlt hochsensiblen Menschen den Tanz und bewusste Körperarbeit:

> *HSP neigen dazu, ihre Gefühle innerlich auszuschalten oder sie links liegen zu lassen, da sie sie so oft überlasten. Mit Tanz, Körperarbeit und Bewegung wird der Zugang zur Eigenwahrnehmung auf sanfte und dennoch tiefe Weise wieder geöffnet. Als angenehmer Nebeneffekt wird der Bewegungsapparat vitalisiert und das Spürbewusstsein gestärkt. Und das ist so wichtig, um die eigenen körperlichen und auch seelischen Grenzen gut wahren zu können. Körperarbeit ist sehr entspannend, da viele Achtsamkeitsübungen dazugehören. Für besonders offene Menschen sind in der Körperarbeit auch stimmige Begegnungen mit Gleichgesinnten möglich. Körperarbeit und Tanz kann ich somit jedem HSP wärmstens empfehlen. Für mich sind sie bereits zu täglichen Begleitern meines Lebens und unterstützendem Impuls für ein zufriedenes Leben geworden*

Ähnlich geeignet wie der Tanz ist die Yogapraxis, der ich ein ganzes Starkmacher-Kapitel widme. Ganz wichtig ist, dass die

Tätigkeiten, mit denen wir uns entspannen wollen, keinen neuen Stress auslösen. Nehmen Sie sich deswegen die Zeit herauszufinden, was Ihnen wann und wie oft guttut. Betrachten Sie die folgenden Anregungen als Schatzkiste. Schauen Sie hinein, probieren Sie ein paar aus und entdecken Sie neben den drei Säulen Schlaf, Musik und Bewegung weitere Starkmacher für Ihr Leben. Viel Freude beim Entdecken!

Achtsamkeit

> *»Du kannst die Wellen nicht stoppen,*
> *aber du kannst lernen, sie zu reiten.«*
> Jon Kabat-Zinn

Jeden Tag strömt eine Fülle an Reizen und Erlebnissen auf uns ein, und manchmal verlieren wir den Überblick: Was gehört zu mir? Und was gehört zu dir? Mache ich das jetzt aus mir heraus, oder möchte ich eigentlich etwas ganz anderes? Sind das meine Gefühle, oder gehören die zu einem anderen Menschen? Wohl alle zarten Menschen sehnen sich das eine oder andere Mal danach, gerade mit den kleinen, alltäglichen Stresssituationen gelassener umgehen zu können und aus einer inneren Ruhe heraus zu leben.

Einen Ansatz dazu liefert Professor Jon Kabat-Zinn mit der Idee der Achtsamkeit. Er entwickelte die Methode als Anti-Stress-Programm in den 1970er-Jahren an der Universitätsklinik in Worcester: »Mindfulness based stress reduction« ist wissenschaftlich erforscht und wird weltweit in vielen

Kliniken, Gesundheitszentren sowie in sozialen und pädagogischen Einrichtungen eingesetzt. Forschungsergebnisse zeigen, dass Menschen nach zwei Monaten praktischer Anwendung …

- weniger körperliche und psychische Symptome haben,
- besser mit Stresssituationen umgehen können,
- eine größere Fähigkeit entwickeln, sich zu entspannen,
- ein wachsendes Selbstvertrauen haben,
- sich selbst besser akzeptieren können und
- über mehr Energie und Lebensfreude verfügen.

Doch was bedeutet es, achtsam zu leben? Einfach gesagt basiert Achtsamkeit auf dem Prinzip, die Aufmerksamkeit immer wieder auf das zu lenken, was jetzt ist. Oder wie Buddha sagte: »*Verweile nicht in der Vergangenheit, träume nicht von der Zukunft. Konzentriere dich auf den gegenwärtigen Moment.*«

Meditation und sanfte Körperübungen stärken im Achtsamkeitstraining die Fähigkeit, Atmung, Körperempfindungen, Gedanken und Gefühle wahrzunehmen, das eigene innere Geschehen zu ergründen und gleichzeitig auch das sein zu lassen, was im Außen stattfindet – ohne zu bewerten, was uns begegnet. Das »Nicht-Bewerten« ist zu Beginn die größte Hürde. Es geht darum, offen zu sein und geschehen zu lassen.

In der Achtsamkeit können wir unseren Geist trainieren, innerlich ruhig und ausgeglichen zu sein. Und die Achtsamkeit kann uns dabei helfen zu unterscheiden, welche Empfindungen aus uns selbst heraus entstehen und welche Wahrnehmungen von außen beeinflusst sind.

Achtsamkeit gibt uns die Chance zu erkennen, durch welche Muster unser Umgang mit Stress, schmerzhaften Emotionen, körperlichen Schmerzen oder schwierigen Kommunikationssituationen geprägt ist, und zu lernen, wie wir anders, ruhiger und gelassener mit alldem umgehen können. Untersuchungen haben gezeigt, dass dank dieser Methode die Erregung des vegetativen Nervensystems sinkt, Körper und Geist sich beruhigen und eine größere Gelassenheit einkehrt.

Beim Prinzip der Achtsamkeit geht es darum, sich selbst besser zu verstehen, Akzeptanz zu entwickeln für das, was ist, und den Herausforderungen des Lebens mit Ruhe und Klarheit begegnen zu können.

> *»Lebenskunst … ist weder ein sorgloses Dahintreiben noch ein angstvolles Festklammern an der Vergangenheit … Sie besteht darin, in jedem Augenblick ganz einfühlsam zu sein, ihn als völlig neu und einzigartig anzusehen und das Bewusstsein offen und ganz und gar empfänglich zu halten.«*
>
> ALAN WATTS

Arbeit mit Sinn und Berufung

Mit der Sehnsucht nach sinnvollem Tun und dem Wunsch, Potenziale zu leben und die eigene Berufung zu finden, sind die meisten HSP früher oder später in ihrem Leben konfrontiert. Oft genug scheint es so, als wären die berufliche Realität und die Sehnsucht, die wir in uns spüren, nicht miteinander kombinierbar. Fragen wir unsere Vernunft, dann leuchten die Alarmlämpchen dunkelrot. Was? Du willst aus der »Sicherheit« raus und Risiken eingehen? Einen anderen Weg einschlagen? Vielleicht sogar noch mal von vorne anfangen? Wie soll denn das gehen? Bei all den Verpflichtungen, die uns im Nacken sitzen?

Je länger wir den Ruf unserer inneren Stimme unterdrücken, desto mehr rutschen wir in ein Leben, aus dem heraus es immer schwieriger zu sein scheint, der Sehnsucht zu folgen, die in uns steckt. Und doch ist es jederzeit möglich, sich dieser Sehnsucht zu öffnen. Step by step. Denn je länger wir weghören, desto größer wird die Sehnsucht. Und wenn wir ihr kein Gehör verschaffen, dann raubt uns das den inneren Antrieb. Es sind wohl eher wenige HSP, die gleich zu Anfang ihres Weges ein klares Bild von ihrer Berufung haben. Bei den meisten ist es wirklich ein Weg, der Schritt für Schritt gegangen werden will. Und genau deswegen ist es wichtig, allen Mut zusammenzunehmen, uns unserem Inneren zu öffnen und zu lernen, die kleinen Signale nicht nur wahrzunehmen, sondern ihnen auch Bedeutung beizumessen. Denn sie zeigen uns den nächsten Schritt.

Fest steht, dass das Thema Arbeit mit Sinn und Berufung für HSP enorm wichtig ist. Ich habe mit Reimar Lüngen über seine Erfahrungen gesprochen, denn er hat sich dieses Themas als Berufungscoach für Hochsensible angenommen.

Reimar, warum sind Sinn und Berufung für Hochsensible wichtig?

Ich kann erst einmal nur feststellen, dass diese Dinge wichtig sind und dass der Wunsch, die eigenen Gaben einzusetzen, bei allen Menschen, die zu mir kommen, stark ist. Warum das so ist, kann ich nicht sagen. Betrachtet man das, was ich bei Hochsensiblen beobachte, anhand der Maslowschen Bedürfnispyramide, dann liegt der Schwerpunkt bei Hochsensiblen einfach »weiter oben«. Die Pyramide stellt grafisch dar, in welcher Reihenfolge uns verschiedene Bedürfnisse bewusst werden: körperliche oder materielle Bedürfnisse, Sicherheit, Zugehörigkeit, Anerkennung und – an der Spitze – die Selbstverwirklichung.

Üblicherweise erwarten wir vom Job Befriedigung auf den vier unteren Bedürfnisebenen: Bezahlung, Sicherheit, Zugehörigkeit, Anerkennung. Hochsensiblen ist mehr als anderen auch die Selbstverwirklichung wichtig, oft sogar wichtiger als die Bezahlung. Die Selbstverwirklichung als solche spielt eine besondere Rolle unter den Bedürfnissen. Hier herrscht erstaunlicherweise kein Mangel mehr, sondern Fülle. Hier fehlt mir nichts, sondern ich habe etwas zu geben. Es geht also um nichts Egoistisches, sondern um das »Wirkenlassen des Selbst«. Also das Fließenlassen der Fülle, die in uns steckt. Das ist tatsächlich ein Bedürfnis, und es hat viel mit Berufung zu tun, auch wenn beides nicht deckungsgleich ist.

Auf der Suche nach der Berufung hilft es, auf den untersten Ebenen der Pyramide einmal »lockerzulassen«, Verzicht zu üben, Mangel zuzulassen, Risiken einzugehen. Vor 2000 Jahren lebte einer, der die Pyramide sogar komplett auf den Kopf gestellt hat: Jesus Christus lenkte den Fokus von den Basisbedürfnissen weg auf die höheren Werte: »Trachtet zuerst nach dem Reich Gottes, dann wird euch das andere zufallen.« Das Reich Gottes ist ein großer Begriff – für mich steckt darin auch: Schau mal von deinen eigenen Bedürfnissen weg auf die Bedürfnisse anderer! Lass deine Fülle fließen, um dem anderen zu geben, was er braucht! Das ist das Zentrum von Berufung, und hier liegt ganz viel Sinn.

Viele Menschen leiden an unerfüllten Bedürfnissen, bleiben also in der Pyramide irgendwo weiter unten »stecken«. Nach Maslows Beobachtungen sind es nur zwei Prozent der Menschen, die es bis »ganz oben« schaffen, wo die eigene Fülle zu fließen beginnt. Das ist schon tragisch. Denn Maslow hat unzählige »Selbstverwirklicher«, wie er sie nannte, beobachtet und erforscht. Und er hat so viele gute Eigenschaften und Werte bei ihnen gefunden, dass er mit Blick auf sie von nicht weniger als der »Vollmenschlichkeit« sprach. Wenn das keine Motivation ist, den Weg in die eigene Berufung zu wagen …

Was brauchen hochsensible Menschen, um aus ihrem bisherigen System auszusteigen? Was sind deine Erfahrungen?

Perspektive, Mut, Geduld und den einen oder anderen Stupser. Viele Menschen, die zu mir kommen, haben das Gefühl, in ihrer Situation festzustecken. Sie haben das Gefühl, nur das zu können, was sie gerade tun, und das noch nicht mal gut. Da sie ihre Bedürfnisse als Hochsensible nicht kennen – oder sie nicht zulassen, weil sie

sie für egoistisch halten –, sind sie oft überreizt und erschöpft. Ihnen fehlen Energie, Sinnerleben und Perspektive. Sie haben die Berührung mit ihren Gaben verloren.

Voraussetzung ist zunächst, die Hochsensibilität und die damit einhergehenden Bedürfnisse zu verstehen. Ich muss erschöpfte Hochsensible oft sehr ermutigen, sich selbst Pausen und Auszeiten zu gönnen, um ihre mit noch unverarbeiteten Reizen und Erlebnissen überfüllte »Zwischenablage« allmählich zu leeren. Solche Auszeiten sind ja nicht egoistisch, sondern sie sind die Voraussetzung, um das für andere tun zu können, was sie gern tun möchten.

Um an einen Punkt zu kommen, an dem es gelingt, neue Perspektiven zu gewinnen, ist es hilfreich zu entdecken, was alles in einem steckt. Im Coaching nehmen wir uns viel Zeit dafür, nicht nur Stärken und Begabungen zu entdecken, sondern sich auch das bereits Geleistete und Erreichte bewusst zu machen. Diese Berührung mit den eigenen Potenzialen stärkt das Selbstvertrauen und ermöglicht die Kreativität, die nötig ist, um neue Perspektiven zu entwickeln. Hier geht es dann um – oft radikales – Umdenken und Infragestellen, das manchmal ganz überraschende Auswege eröffnet.

Wer Altes verlassen und einen neuen Weg einschlagen will, braucht Rat und viel Ermutigung. Denn man betritt unbekanntes Neuland, probiert Dinge aus, die man noch nicht getan hat, geht so manches Risiko ein. Man erlebt Zeiten, in denen es nicht vorwärtszugehen scheint. Und natürlich kann es Rückschläge geben. Die

Rolle des Ratgebers und Ermutigers kann der Coach einnehmen, aber er sollte nicht der einzige Helfer bleiben, da Coaching eine zeitlich begrenzte Wegbegleitung ist. Gefragt sind Menschen, mit denen die Chemie stimmt und die im Denken oder im Handeln kühn und positiv sind. Solche Menschen im eigenen Umkreis zu finden und in die Beziehungen mit ihnen zu investieren ist für viele Hochsensible zunächst eine große Herausforderung, kann aber auf dem neuen Weg zum kostbaren Schatz werden.

Doch nicht jeder muss gleich etwas ganz Neues versuchen. Es gibt den schönen Spruch: Love it, change it, or leave it. Wenn ich es schaffe, meine Situation zu lieben, indem ich etwa meine Einstellung dazu ändere, ist viel gewonnen. Gelingt mir das nicht, sollte ich versuchen, die Situation zu ändern. Bringen andere Arbeitszeiten etwas? Gibt es einen ruhigeren Arbeitsplatz? Würde ich gern bestimmte Aufgaben abgeben und dafür andere übernehmen? Lässt sich die E-Mail-Zeit einschränken? Oft sind es kleine Stellschrauben, die den Job schon viel erträglicher machen können. Über diese Dinge sprechen wir im Coaching auch. Doch wenn das nicht geht, weil etwa der Chef da nicht mitmacht, bleibt nur, über ein Verlassen der Situation nachzudenken und etwas Neues auszuprobieren.

Ist eine Selbstständigkeit für hochsensible Menschen die Lösung?

Selbstständigkeit kann eine Lösung sein, aber es ist in der Regel keine schnelle Lösung. Der Vorteil der Selbstständigkeit ist, dass man Arbeitsplatz und Arbeitstempo selber gestalten kann. Doch nicht jeder mag die finanzielle Unsicherheit, die damit verbunden ist. Sinnvoll kann eine Teilselbstständigkeit neben dem Angestelltenjob sein. Viele meiner Kunden finden es spannend, wenn ich ihnen vorschlage, einen angestellten »Brotberuf« und einen selbstständigen »Herzensberuf« miteinander zu kombinieren. Der eine bringt das Geld, der andere die Erfüllung. Aber auch ein Ehrenamt oder Hobby kann ausreichend Erfüllung bringen, die auch in den wenig erfüllenden Beruf hineinstrahlt und ihn erträglicher macht.

Und wenn die Situation wieder erträglicher wird, dann weicht der Druck. Wenn der Druck weicht, kommen Kraft und Stärke zurück. Und dann passiert etwas Wunderbares. Dann entsteht Raum und Freude daran zu forschen, wo die eigene Berufung liegt, wohin uns unsere Sehnsucht treibt. Haben wir die richtige Spur gefunden, erkennen wir das auch. Denn dann entsteht ein starker, innerer Antrieb, die nächsten Schritte fühlen sich dringlich an, und vor allem wird das Thema, mit dem wir uns beschäftigen, nicht langweilig. Wenn wir diesen Zustand erreicht haben, dann ist das ein sicheres Zeichen dafür, dass wir unsere Berufung gefunden haben und ihr mutig folgen dürfen – mit allen Risiken, Entwicklungspotenzialen und Schritten zum inneren Wachstum. Und mit ganz viel Spaß, Freude, Erfüllung und vielen liebenswerten Menschen, die uns auf diesem Weg begegnen und begleiten.

Coaching und Therapie

Ein wichtiger Starkmacher ist die Erkenntnis, dass es in Ordnung ist, sich in schwierigen Situationen Unterstützung von einem Coach oder Berater zu holen. Wenn wir spüren, dass der Zustand unserer Seele uns immer mehr daran hindert, ein angenehmes Leben zu führen, und vielleicht sogar körperliche Symptome hinzukommen, dann ist es wichtig, psychologische Hilfe in Anspruch zu nehmen. Hochsensible, die phasenweise oder dauerhaft über ihre Kräfte leben, haben einen extrem hohen Stresslevel, was die Entstehung psychischer Probleme begünstigen kann.

Niemand ist perfekt. Und nur weil wir schon unser Leben lang das Gefühl haben, anders zu sein, müssen wir uns unsere Stärke nicht dadurch beweisen, dass wir alles alleine schaffen und am besten auch noch genauso tough sind wie »alle anderen« auch. Aus eigener Erfahrung weiß ich, wie heilsam es sein kann, Hilfe in Anspruch zu nehmen. Ich habe lange gebraucht, bis ich so weit war. Doch dann fing ich an, an den entscheidenden Stellen in meinem Leben ins Coaching zu gehen – auch als ich das Thema »Hochsensibilität« noch nicht auf dem Plan hatte. Meine Erfahrung hat gezeigt, dass immer Menschen in meinem Umfeld waren, an die ich mich richten konnte, die für den Moment gepasst und mir den richtigen Impuls gegeben haben.

Ist die »Erkenntnis Hochsensibilität« erst einmal an der Oberfläche, macht es Sinn, einen Experten zurate zu ziehen, der das Thema Hochsensibilität kennt. Der Hamburger Gregor Specht ist einer der wenigen Psychotherapeuten, die sich mit dem Thema Hochsensibilität intensiv auseinandersetzen.

Er integriert das Wissen um HS in seine Arbeit mit den Menschen, die zu ihm kommen:

> *Das Thema Hochsensibilität war in meinem Psychologiestudium nur eine Randerscheinung, die mir im Bereich der Wahrnehmungspsychologie begegnet ist. Dort haben wir Experimente mit der Wärmeempfindlichkeit der Hautoberfläche gemacht. Statistisch gesehen gibt es bei solchen Experimenten eine Gruppe von 15 bis 20 Prozent, die wesentlich sensibler und früher auf Wärme reagiert als der Rest. Das Wissen über Hochsensibilität habe ich mir außerhalb des Psychologiestudiums selbst angelesen. Aufgrund der Erfahrungen aus meiner Praxis halte ich es für sehr sinnvoll, wenn hochsensible Menschen, die psychologische Betreuung brauchen, sich eine Kollegin bzw. einen Kollegen suchen, der mit dem Thema Hochsensibilität vertraut ist. Warum? Ein Therapeut, der nichts über Hochsensibilität weiß, würde die Therapiephänomene isoliert aufgreifen – also an Ängsten, Depressionen, Süchten oder Zwängen arbeiten, ohne Hintergründe, mögliche Ursachen und Lebenszusammenhänge wirklich zu verstehen. Die pure Diagnose einer psychischen Störung oder Krankheit kann für den Patienten auch zu einem wenig förderlichen Stigma werden. Der hochsensible Patient weiß dann zwar, dass er an Depressionen oder anderen psychischen Krankheiten leidet. Aber er hat immer noch keine Erklärung dafür, warum er so anders ist, als es die Welt scheinbar von*

ihm verlangt. Wenn man aber erkennt, dass eine Hochsensibilität vorliegt, gibt es einen positiven Effekt. Die Erkenntnis »Ich bin nicht komisch, sondern ich habe einfach das Charaktermerkmal der Hochsensibilität« verändert die Perspektive komplett. Das gibt Hoffnung und einen großen Schub in der Therapiemotivation. Und hilft im Therapieverlauf. Wobei die Hochsensibilität selbst nie therapiert wird. Hochsensibilität ist keine Krankheit. Bei der Therapie geht es immer um die Krankheiten, die im Zusammenhang mit der Hochsensibilität entstehen können.

Wenn jemand zu mir kommt und die Vermutung äußert, dass er hochsensibel ist, aber keine tief greifenden Probleme hat, dann mache ich grundsätzlich ein Coaching. Ich rate den Menschen, selbst zur Fachfrau oder zum Fachmann für das Thema zu werden – hier geht es um Psychointegration und um die Veränderung von Bewertungsstrukturen und Glaubenssätzen. In der Psychologie nennen wir das Schemata. Denn die »Mit-mir-stimmt-was-nicht-Brille« kann Menschen sehr negativ beeinflussen. Im Coaching ist es wichtig, solche Sätze durch positive neue zu ersetzen. Es geht um einen achtsamen, akzeptierenden Umgang. Darum, Stärken und Schwächen zu erkennen. Das Coaching ist dafür da, Impulse zu geben, mit der »Erkenntnis Hochsensibilität« bewusst und positiv umzugehen. Hochsensible Menschen haben grundsätzlich gute Voraussetzungen, Dinge in ihrem Leben zu verändern. Denn Wahrnehmung, Aufmerksamkeit und Empfindungen sind bei HSP immer stark aktiv. Das betrifft sowohl die gedanklichen Prozesse als auch die emotionalen und sozialen. Auf der einen Seite kann genau das auch den Leidensdruck erzeugen, auf der anderen aber liegt hier das Potenzial für eine hohe Reflexionsdichte, die für Veränderungsprozesse wichtig ist.

Wichtig ist, den Aspekt der Hochsensibilität in die Persönlichkeit zu integrieren und zu verstehen, dass es gar nicht so ungewöhnlich ist, hochsensibel zu sein. Andere Menschen haben andere Fähigkeiten, sind zum Beispiel sehr musikalisch oder sportlich. Und HSP sind eben sehr sensibel. Es geht darum, genau das hinzunehmen, ohne es zu bewerten, und nicht dagegen anzurennen. Wer sich selbst erkennt und entsprechend seinen Möglichkeiten lebt, der kann mit der Hochsensibilität ein superglückliches Leben haben.

Während meiner Recherchen hat die Aussage einer Betroffenen mich besonders bewegt:

Wenn ich bei der ersten Sitzung beim Psychologen gewusst hätte, dass meine Art der Wahrnehmung speziell ist, dann wäre die Diagnose »Sie sind Angstpatientin« nur halb so schlimm gewesen. So hatte ich mich sowieso schon mein ganzes Leben lang anders gefühlt und habe dann auch noch einen Stempel bekommen, der meinem Selbstvertrauen zu dem Zeitpunkt den Rest gegeben hat.

Conny, 41

Was für ein Statement! Es ist zugleich ein Appell an die Welt der Psychologie und Medizin, sich intensiver mit dem Thema Hochsensibilität auseinanderzusetzen, damit es Einzug in die Lehrpläne an den Universitäten und Berufsschulen halten kann und mehr hochsensible Menschen, die psychische Probleme haben, einen anderen, gesunden Zugang zu ihrer Andersartigkeit und auch zu möglichen Erkrankungen, die durch die Hochsensibilität begünstigt sind, bekommen. Es gibt viel zu tun … packen wir es an!

Ernährung

Esskultur. Kulinarisches. Gastronomie. Kochsendungen. Rezeptportale. Und immer wieder neue Ernährungskonzepte. Das Essen hat für uns Menschen eine besondere Bedeutung. Mit unserer Nahrung stillen wir nicht nur unseren Hunger. Wir nähren unser System. Dabei ist für HSP entscheidend, welche Qualität das Essen hat und ob die Lebensmittel zu ihrem Wohlbefinden beitragen oder ob sie sie eher belasten. Und: Wenn HSP Hunger haben, kann das je nach Tagesform schon mal mehr an ihrer Konzentrations- und Leistungsfähigkeit nagen als bei durchschnittlich sensiblen Menschen. Durch die hohe Empfindsamkeit bei inneren körperlichen Reizen kann so ein Hungergefühl sich stark in den Vordergrund drängen. Doch die wenigsten Menschen in unseren Breiten leiden wirklich an Hunger – treten wir also achtsam einen Schritt zurück, und schauen wir entspannt auf unser Hungergefühl, statt uns darüber zu definieren … Dann isst es sich entspannter.

Neben einer möglichen Dominanz des Hungergefühls lässt sich beobachten, dass HSP auf einige Stoffe intensiver reagieren können als durchschnittlich sensible Menschen:

- Koffein und Teein
- Alkohol
- Nikotin
- Drogen
- histaminhaltige Lebensmittel

Beim Konsum dieser Stoffe ist für HSP Vorsicht geboten. Denn sie können dazu führen, dass Reize noch intensiver wahrgenommen werden und der Stresslevel steigt statt sinkt. Als Schokoladenfreak weiß ich, wie schwer es ist, die Finger von alten Gewohnheiten zu lassen. Ein Tipp: Reduzieren Sie den Konsum bestimmter Stoffe und Nahrungsmittel auf ein Minimum oder lassen Sie diese komplett weg, um dann zu sehen, wie es Ihnen damit geht. Beobachten Sie Ihren Körper, Ihre Leistungsfähigkeit und Ihren Stresslevel. Wie geht es Ihnen morgens? Sind Sie ausgeschlafener? Ist Ihr Hautbild besser? Haben Sie mehr Energie als sonst? Wie ist Ihre Stimmung? Wenn Sie das Gefühl haben, dass Sie bestimmte Nahrungsmittel nicht gut vertragen, verzichten Sie möglichst darauf, denn bei vielen HSP spielen Unverträglichkeiten eine Rolle. Wissen Sie nicht, auf was Sie reagieren, dann holen Sie sich Unterstützung bei einem Arzt oder Ernährungsexperten. Wichtig ist, dass Sie sich auch damit auseinandersetzen, welche »guten« Stoffe in den »verbotenen« Nahrungsmitteln stecken, damit Sie diese durch andere Nahrungsmittel ersetzen und einem Mangel vorbeugen können.

Neben den Stoffen, die unser hochempfindsames System noch empfindlicher machen, spielen auch ideologische Aspekte in die Ernährung mit hinein. Einige HSP tendieren dazu, sich vegetarisch oder vegan zu ernähren, weil sie sich wohler fühlen, wenn keine Tiere für ihre Ernährung sterben müssen. Treiben wir die Ideologie auf die Spitze, dann müssten wir allerdings auch auf Getreide und Gemüse verzichten. Warum? Zum einen sorgen die Bauern grundsätzlich dafür, dass Insekten auf ihren Feldern keine Chance haben. Zum anderen zeigen neue Studien, dass auch Pflanzen intelligente Lebewesen sind und auf ihre ureigene Art miteinander kommunizieren. Und wer sich schon einmal mit dem Thema Soja beschäftigt hat, der weiß, dass für den Anbau von Sojabohnen Regenwälder abgeholzt werden und die bei Veganern so beliebten Sojaprodukte ebenfalls hochverarbeitete, ressourcenfressende Lebensmittel sind. Wir könnten das Thema Ernährung endlos problematisieren …

Oder wir besinnen uns auf ein gesundes Maß und darauf, was wir wirklich brauchen. Grundsätzlich ist die Idee, weniger Fleisch zu essen, gut – denn das schont nicht nur die Tiere, sondern auch die Ressourcen unseres Planeten. Wer gar kein Fleisch und keinen Fisch isst, muss einen (industriell hergestellten) Vitamin-B_{12}-Ersatz als Nahrungsergänzungsmittel zu sich nehmen, weil bei einem dauerhaften B_{12}-Mangel ernsthafte Schädigungen der Nerven auftreten können. Auch den Eisenwert gilt es im Auge zu behalten. Und wer sein Eiweiß nicht mehr aus Fleisch und Fisch bezieht, der braucht eine Alternative. Milchprodukte, Soja, Nüsse, Getreide und Hülsenfrüchte stoßen bei vielen Menschen auch auf Unverträglichkeiten oder Allergien. Hier wird schon deutlich: Das Thema Ernährung ist ganz schön kompliziert …

Was also ist der Schlüssel zu einer gesunden, ausgeglichenen Ernährung? Worum geht es wirklich? Wichtig ist, dass wir einen guten Kontakt zu uns haben und bewusst in uns hineinhorchen – fernab von den Verlockungen der Werbung, den Angeboten der Konservierungsstoff-Gastronomie, Heißhungerattacken, emotionalen Ersatzhandlungen und erfolglosen Versuchen, den Frust in Alkohol zu ertränken oder die Müdigkeit mit Kaffee oder schwarzem Tee wegzuspülen. Wenn wir essen, obwohl wir keinen Hunger haben, oder – obwohl wir es besser wissen müssten – etwas Ungesundes essen oder trinken, dann können wir sicher sein, dass wir ungestillte emotionale oder körperliche Bedürfnisse in uns tragen, die gehört werden wollen. Doch statt uns den Raum zu nehmen und in uns hineinzufühlen, stopfen wir plötzlich Nahrung in uns hinein, die der Körper gar nicht verwerten kann. Zugegeben, das geht meist schneller und scheint auf gewisse Weise effektiv zu sein, ist aber trotzdem keine gute Wahl. Denn das ist es, was auf Dauer nicht nur dick macht, sondern auch unsere physische und psychische Gesundheit gefährdet.

Beim Thema Ernährung geht es um Bewusstsein, Bedürfnisse, Werte und das richtige Maß.

Und es geht darum, sich Zeit zu nehmen: Habe ich überhaupt Hunger? Oder esse ich, obwohl ich keinen Hunger habe? Was brauche ich gerade? Was würde mir jetzt guttun? Fehlt mir etwas? Worauf habe ich jetzt Appetit? Welche Lebensmittel kommen mir gerade in den Sinn? Unsere Intuition und unser Bauchgefühl sind präzise Instrumente.

Auf sie ist Verlass. Wichtig ist, dass wir lernen, der inneren Stimme im Stress des Alltags zu lauschen. Ob Diätenwahn, hippe Ernährungsformen, kostenpflichtige, individualisierbare Abnehmprogramme mit klassischem Jo-Jo-Effekt oder gut gemeinte Tipps von Freunden – für mich stellt sich seit einigen Jahren die Frage: Welche Ernährung ist für mich die richtige? Nachdem ich einiges ausprobiert habe, komme ich immer mehr zu dem Ergebnis, dass ich für mich selbst und meinen Körper Verantwortung übernehmen und schauen darf, welche Nahrung mir guttut und welche nicht. Die Sache wird rund, wenn ich das dann noch in Einklang mit meinen Werten bringe. So gibt es zum Beispiel Menschen, die gerne vegetarisch essen würden, aber fürchten, dass ihnen dann das tierische Eiweiß fehlt. Eine mögliche Lösung ist, nur wenig Fleisch zu essen. Und zwar von Tieren, die artgerecht gehalten wurden. Und vor dem Essen können wir im Geiste ein Dankesritual sprechen. Wir sollten übrigens für noch etwas dankbar sein: Eine so große Auswahl an Nahrungsmitteln zu haben, dass wir darüber nachsinnen können, was uns besonders guttut und was nicht, ist echter Luxus. Machen wir uns bewusst, wie gut es uns geht!

Wer Verantwortung für seine Ernährung und die Bedürfnisse seines Körpers übernimmt, braucht Orientierung – hier ein paar Tipps:

- Täglich zwei bis drei Liter trinken; ideal sind stilles Wasser und Kräutertees.
- Viel Gemüse und etwas weniger Obst (Stichwort Fructose) essen, damit die Zufuhr von Vitaminen, Mineralstoffen und Spurenelementen gesichert ist.
- Bei einer ausgewogenen Ernährung sollten 50–60 Prozent der Nahrung aus Kohlenhydraten, 15–20 Prozent aus Eiweiß und 25–30 Prozent aus Fett bestehen. Andere Empfehlungen gehen davon aus, dass Menschen, die körperlich nicht so aktiv sind, den Anteil der Kohlenhydrate niedriger halten sollten. Doch unabhängig von diesen konkreten Empfehlungen steht fest: Der Körper braucht alle drei Stoffe, damit der Stoffwechsel funktioniert.
- Gute Fette sind wichtig, damit Vitamine gut aufgenommen werden können. Wertvoll sind Omega-3-Fettsäuren, wie sie zum Beispiel in Walnüssen, Oliven- und Leinöl oder Lachs enthalten sind.
- Für Veganer und Vegetarier gilt: Vitamin B_{12} als Nahrungsergänzung zuführen und auf die Eisenwerte achten!
- Wer es sich leisten kann, achtet auf die Herkunft von Produkten: Informieren Sie sich über Gütesiegel wie zum Beispiel Bioland und Demeter.
- Abends ist leichte Kost ideal, damit der Körper über Nacht nicht belastet ist und gut regenerieren kann.
- Rohkost ist nicht immer die beste Wahl. Viele HSP vertragen gedünstetes Gemüse besser als rohes.
- Industriezucker und Weißmehl (erst recht in Kombination) auf ein Minimum reduzieren und Transfette (Pommes, Chips, alle frittierten Gerichte, Blätterteig) meiden.

- Nehmen Sie sich ungefähr 20 Minuten oder auch mehr Zeit zum Essen und bereiten Sie Ihr Essen liebevoll und mit Wertschätzung zu. Und konzentrieren Sie sich auf das Essen, statt nebenher im Internet zu surfen, zu lesen oder fernzusehen.
- Gehen Sie so oft wie möglich an die frische Luft und damit in natürliches Licht, um die Vitamin-D-Produktion sicherzustellen – auch das gehört zu einer gesunden Ernährung.

Übernehmen Sie Verantwortung für sich und Ihren Lebensraum. Und machen Sie sich bewusst, was Ihnen guttut. Denn die Nahrung spielt eine große Rolle für unsere körperliche, geistige und seelische Kraft.

> *»Der Mensch ist, was er isst.«*
>
> Ludwig Feuerbach

Tun wir uns etwas Gutes – im Einklang mit unserer Umwelt. In diesem Sinne: Guten Hunger!

Gewaltfreie Kommunikation

> *»Man kann nicht nicht kommunizieren.«*
>
> Paul Watzlawick

Das ganze Leben besteht aus Kommunikation. Selbst wenn wir nicht sprechen, kommunizieren wir. Und gerade wir

Hochsensiblen nehmen feinste Nuancen in der Mimik und Gestik anderer Menschen wahr, also auch kommunikative Impulse, deren sich unser Gegenüber noch nicht einmal bewusst sein muss. Bekommen wir so ein Signal in den falschen Hals und machen dem anderen vielleicht auch noch einen Vorwurf daraus, gerät die Kommunikation sofort ins Stocken. Der Konflikt ist da, Verletzungen hängen in der Luft – keine guten Voraussetzungen für ein entspanntes Miteinander. Die Gewaltfreie Kommunikation (GfK) – sie wird auch empathische Kommunikation genannt – sorgt dafür, dass Kommunikation fließt und wir dabei respektvoll mit uns selbst und anderen umgehen. GfK wurde von dem US-Amerikaner Marshall B. Rosenberg entwickelt. Er ist Konfliktmediator und Gründer des internationalen Center for Nonviolent Communication. Um zu erfahren, was genau es mit der Gewaltfreien Kommunikation auf sich hat, habe ich mit Markus Asano gesprochen; er ist Coach und Trainer für Gewaltfreie Kommunikation:

Gewaltfreie Kommunikation ist eine Haltung. Es geht darum, wie ich mir begegne und wie ich meinen Mitmenschen begegne. Die Basis von GfK ist, sich selbst mit einer liebevollen Haltung zu begegnen, den Blick nach innen zu richten und zu schauen, was in mir lebendig ist, welche Gefühle da sind und welche Bedürfnisse ich habe. GfK ist ein schöner Weg, um sich selber kennenzulernen und in Kontakt mit den eigenen Bedürfnissen zu kommen, sie benennen zu können, anzuerkennen, dass Bedürfnisse da sind, und sich selbst damit anzunehmen. Gerade Bedürfnisse wie Entspannung und Ruhe kommen in unserer Gesellschaft oft viel zu kurz. Es geht um ein Gleichgewicht und darum, dafür zu sorgen, dass ich ein Leben führe, in dem meine Bedürfnisse erfüllt sind. Viele von uns haben es nicht mit auf den Weg bekommen, auf ihre eigenen Bedürfnisse zu schauen, sondern darauf, was von außen an Erwartungen gestellt wird. Im Verlauf unseres Lebens gibt es dann immer mehr schwierige Situationen mit anderen Menschen, was zur Folge hat, dass unsere eigenen Bedürfnisse nicht erfüllt sind.

Gewaltfreie Kommunikation basiert auf vier Schritten: Beobachtung – Gefühl – Bedürfnis – Bitte.

Beobachtung mitteilen: *Bei der Beobachtung geht es darum, eine Handlung oder Aussage eines Mitmenschen so zu beschreiben, dass wir ihn nicht verurteilen. Keine Allgemeinplätze, keine Verallgemeinerungen. Nicht »Immer wenn ich nach Hause komme, steht die ganze Küche voller Töpfe«, sondern »Ich komme nach Hause und sehe, dass da drei Töpfe in der Küche stehen«. Sobald ein Mensch einen Vorwurf hört, hat er keine Lust mehr, etwas für den anderen zu tun. Die Beziehung leidet. GfK sorgt dafür, dass unsere Beziehungen stabil bleiben.*

Gefühl benennen: *Bei der GfK machen wir uns bewusst, welche Gefühle unser Gegenüber oder eine Situation in* *uns auslöst, und drücken diese Gefühle auch aus. Häufig ist der entscheidende Punkt, dass wir keine Gefühle benennen, sondern Pseudogefühle. Nicht »Ich fühle mich ausgenutzt« oder »Ich fühle mich nicht ernst genommen«, sondern »Ich habe Angst«, »Ich bin traurig« oder »Ich fühle mich allein«. GfK betrachtet unsere Gefühle als Hinweise auf unsere Bedürfnisse. In diesem Sinne gibt es keine positiven oder negativen Gefühle – nur unangenehme oder angenehme. Lerne ich, auf diese Gefühle zu hören, dann ist das ein ermächtigender Schritt. Denn wenn ich weiß, was mir fehlt, dann kann ich besser für mich sorgen.*

Bedürfnis erkennen: *Wichtig ist, sich klarzumachen, was Bedürfnisse sind. Das Kaffeetrinken oder der Spaziergang sind keine Bedürfnisse, sondern Handlungen. Es geht darum zu schauen, aus welcher Motivation heraus ich diese Handlung tun möchte und ob die Handlung, die ich gerade wähle, überhaupt dazu geeignet ist, das Bedürfnis zu erfüllen. Essen Sie zum Beispiel immer nur dann, wenn Sie wirklich Hunger haben? Wenn Sie keinen Hunger haben, aber dennoch etwas essen möchten, schauen Sie hinter Ihren Appetit. Was brauchen Sie wirklich? Marshall Rosenberg, der Vater der Gewaltfreien Kommunikation, sagt:*

> »Jeder Mensch tut in jedem Augenblick seines Lebens das Beste, was er für sein Leben tun kann.«

Wenn wir ein Bedürfnis haben, dann gibt es viele Möglichkeiten, dieses Bedürfnis zu erfüllen. Oft kennen wir aber nur wenige Möglichkeiten. Mir persönlich hat die GfK geholfen, mein Spektrum an Handlungsoptionen zu erweitern. Meistens geraten wir über Handlungen in Streit und nicht über die Bedürfnisse. Der eine will spazieren gehen, der andere ins Kino. Spricht man dann über die Bedürfnisse, kommt heraus, dass beide das Verlangen nach Zweisamkeit haben. Das eröffnet ganz neue Spielräume! GfK will eine Lösung finden, mit der es beiden gut geht. Es ist erstaunlich, wie schnell man Lösungen findet, wenn man seine Bedürfnisse kennt. Menschen neigen dazu, sich abhängig voneinander zu machen, weil sie vom anderen erwarten, dass er ihre Bedürfnisse erfüllt. Doch sofern ich ein gesunder, erwachsener Mensch bin, ist niemand verpflichtet, mir meine Bedürfnisse zu erfüllen. Jeder ist für sich selbst verantwortlich. Dennoch ist es natürlich schön, wenn wir freiwillig etwas für andere Menschen tun und ihnen eine Freude machen können.

Bitte formulieren: *Bei der Bitte geht es darum, zu sagen, was ich gerne von meinem Gegenüber hätte. Ein Beispiel: Ihr Partner sitzt vor dem Computer, und das stört Sie. Sie fühlen sich gerade allein und hätten gerne mehr Kontakt. Jetzt geht es darum, Ihre Bitte an den Partner zu formulieren. Damit die Bitte überhaupt eine Bitte ist, ist die Voraussetzung, dass ich auch offen bin für ein »Nein«. Sonst ist es eine Forderung. Je* *mehr ich gelernt habe, offen für ein Nein zu sein, desto eher tun andere Leute das, was ich mir von ihnen wünsche. Stelle ich hingegen eine Forderung, erzeugt das Widerstand. Denn das berührt beim anderen das Bedürfnis nach Selbstbestimmung und Freiheit. Dann gibt es nur noch zwei Möglichkeiten: Rebellion oder Unterwerfung – keine gute Voraussetzung für eine respektvolle Beziehung auf Augenhöhe. Und doch gibt es viele Menschen, die in die Unterwerfung gehen, denn dann muss man nicht in die Verantwortung gehen. Das Konzept der GfK enthält drei Empfehlungen, eine Bitte zu formulieren:*

- *Formulieren Sie Ihre Bitten positiv. Es geht darum, zu formulieren, was Sie möchten, und nicht darum, was Sie nicht möchten.*
- *Bitten Sie um konkrete Handlungen. Stellen Sie nicht darauf ab, wie der andere sein soll, sondern darauf, was er tun kann. »Bringst du mir bitte einen Blumenstrauß mit?« ist besser als »Kannst du bitte ein bisschen liebevoller sein?«.*
- *Eine Bitte muss hier und jetzt erfüllbar sein. Fragen Sie nicht: »Wollen wir uns irgendwann mal treffen?«, sondern trinken Sie jetzt einen Kaffee miteinander oder machen Sie einen festen Termin.*

Als Fazit der GfK lässt sich festhalten: Wenn wir lernen, uns selbst zu verstehen, dann lernen wir auch, uns in andere hineinzuversetzen. Dann hören wir auf, zu (ver-)urteilen, und erkennen, dass die anderen genauso wie wir versuchen, ihre Bedürfnisse zu erfüllen.

Es geht darum, ein Gleichgewicht zu halten aus den eigenen Bedürfnissen und denen der anderen – eine gesunde Balance zwischen der Einfühlung in mich selbst und in andere. Raus aus dem »Entweder-oder«, rein in ein »Sowohl-als-auch«.

Das Konzept der Gewaltfreien Kommunikation eröffnet gerade hochsensiblen Menschen neue Perspektiven: fort vom Frust mit anderen Menschen und hin zur Lust am Beisammensein. Davon erzählt auch Birgit Gebhard, die sich mit dem Thema Hochsensibilität und Gewaltfreie Kommunikation eingehend befasst hat:

Das Konzept der Gewaltfreien Kommunikation ist mir in den letzten Monaten und Jahren zu einem stärkenden Werkzeug im Umgang mit meiner hohen Sensibilität geworden. Gewaltfreie oder empathische Kommunikation, wie ich sie lieber nenne, führt mich weg von Aussagen wie »Du bist schuld, dass es mir nicht gut geht« und hin zu der Frage: »Welches meiner Bedürfnisse ist im Miteinander mit meinem Gegenüber nicht erfüllt worden?« Die Antwort auf diese Frage dann an mein Gegenüber zu kommunizieren entspannt nicht nur mich, weil ich gut mit mir und dem in Kontakt bin, was mir wichtig ist, sondern es entspannt auch die Gesprächsatmosphäre. Denn wenn ich Beobachtungen statt Bewertungen äußere und mehr von mir als vom anderen spreche, kann das Gegenüber viel leichter und positiver darauf eingehen. Mit der GfK entsteht eine Basis, auf der sich zwei Menschen einander annähern können – selbst wenn sie unterschiedliche Bedürfnisse und Werte haben.

Gerade hochsensible Menschen können aus der GfK eine wahre Kraftquelle werden lassen, denn sie spüren oft intuitiv, was sie selbst und was ihre Gesprächspartner gerade brauchen. Dabei ist es jedoch enorm wichtig, die eigenen Grenzen zu kennen, um sich nicht zu überfordern. Wenn ich im Gespräch daher nachfrage: »Was brauche ich gerade?«, oder: »Was brauchst du gerade?«, schafft dies Klärung und hilft mir nebenbei, meine Grenzen zu wahren. Wenn beide sich verstanden, gesehen und gehört fühlen, entsteht positive Resonanz. Und das wiederum führt zu Beziehungen, die auf Verbundenheit und Vertrauen basieren – Verbindungen, nach denen sich so viele Menschen sehnen. Mich befreit und stärkt es, wenn ich empathisch kommuniziere. Und es führt im besten Fall zu einem bewussten Zuwenden zu den eigenen Werten und zu wunderbaren zwischenmenschlichen Begegnungen und Beziehungen.

Birgit Gebhard, 48

Glaube und Spiritualität

Rationalität hin oder her, gerade hochsensible Menschen haben spirituelle Erlebnisse und spüren, dass es eine göttliche Kraft gibt, die uns Menschen auf unsere Plätze verweist.

Wenn wir in die Welt schauen, sehen wir, dass die Suche nach dem Sinn des Lebens ungebrochen ist. Parallel ist der Wertewandel in vollem Gange, Rollen verändern sich, und jeder Tag, der vergeht, offenbart mehr von dem, woran es in der Welt krankt. Das Finanzsystem wankt, in den Bereichen Wirtschaft, Politik und Sport kommen immer mehr unangenehme Details ans Licht: Das Prinzip »Wachstum um jeden Preis« hat keine Zukunft mehr. Sowohl das Recht einzelner Staaten als auch die sicherheitspolitischen Organisationen auf der Welt scheinen in einigen Zusammenhängen wie ausgehebelt. Sicherheit? Fehlanzeige! Es ist an der Zeit, unser Leben nicht mehr nur an den Fortschritt zu koppeln, sondern wieder in Verbindung mit den natürlichen Zyklen zu bringen.

Es gibt unzählige Religionen, Glaubensrichtungen, philosophische Ansätze und Weisheitslehren. Die meisten zielen darauf, im Frieden mit sich selbst und anderen zu leben, dankbar wahrzunehmen, was die Schöpfung für uns bereithält, und demütig Verantwortung dafür zu übernehmen, dass alle Menschen teilhaben können an dem, was da ist. Natürlich wird es immer Menschen geben, die das anders auslegen und leben. Doch mir geht es um den Kern des Glaubens – die Liebe!

Damit der Glaube eine Kraftquelle sein oder werden kann und Spiritualität uns nicht abheben lässt, sondern unsere Verbindung zum großen Ganzen stärkt, ist es wichtig, einen eigenen Zugang zum Glauben zu finden. Gerade für hochsensible, vernetzt denkende Menschen kann ein selbstbestimmter Glaubensweg eine große Bedeutung haben. Denn wenn es um Glaube und Spiritualität geht, dann denken wir nicht an ein starres Korsett aus Regeln, Vorschriften, Schuld und

Sünde, sondern an Liebe, Verantwortung, Werte, Frieden und ein Leben in Gemeinschaft und Freiheit. Janine Bonk, Meditations- und Qigong-Lehrerin, Coach und Begleiterin für HSP, hat mir in unserem Interview zum Thema Meditation auch etwas über ihren spirituellen Glaubensweg erzählt:

> *Ich hatte das große Glück, in einer sehr tragenden Familie groß zu werden, in der eine Vielfalt von Weltanschauungen und Religionen vereint war: Christen, Atheisten, Buddhisten, Taoisten, Anthroposophen, Wissenschaftler, Lebenskünstler – mit diesem Reichtum bin ich aufgewachsen. Und ich bin durch diese Fülle von Impulsen letztendlich auf meinen ganz eigenen Weg gekommen. Je tiefer du eintauchst, desto mehr erkennst du, dass da etwas ist, das in allen Wegen steckt, eine Essenz, ein inneres Leuchten, das überall zu finden ist. Es ist wie bei einem Berg, auf den unterschiedliche Wanderwege führen. Man muss sich nur auf den Weg machen. Mich erfüllt dann immer ein Gefühl von Freiheit und Verbundenheit – Kraft und Weite gleichzeitig. Eine Quelle, in der keine Wertungen mehr sind. Wenn wir uns dem öffnen, haben wir plötzlich einen Alltag voller Wunder; dann werden die Kleinigkeiten zu dem, was uns reich und stark macht.*

Wenn wir über Glaube und Spiritualität sprechen, dann bedeutet das nicht, Wissenschaft, Forschung und Rationalität zu verbannen. Es geht vielmehr darum, beides miteinander zu kombinieren. Genauso wichtig ist es, Verstand und Gefühl in Einklang zu bringen und von der Kraft dieser Partnerschaft zu profitieren. Bodenständige Spiritualität gibt Kraft und öffnet Herzen, und ein fester Glaube prägt unsere Werte und trägt uns voller Vertrauen durchs Leben. Glaube und Spiritualität können für hochsensible Menschen ein Anker sein, der uns nicht nur in schwierigen Zeiten hilft. Ein fester Glaube stärkt nachweislich die Gesundheit und hilft uns immer wieder, uns zu fokussieren und dankbar zu sein für das, was wir haben. Und wenn wir uns Raum für Glauben und Spiritualität nehmen, dann spüren wir regelmäßig, dass es da etwas Übergeordnetes gibt, das allem einen Sinn verleiht und sowohl unsere Herausforderungen als auch unsere Stärken ins rechte Licht rückt. Glaube macht Mut, die Dinge beherzt anzugehen, sich selbst anzunehmen, schwierige Zeiten zu bestehen und gute Zeiten dankbar wahrzunehmen – ein echtes Geschenk! Wie wir unseren Glauben leben, mag sehr unterschiedlich sein. Die einen beten laut, die anderen leise. Die einen gehen in Kirchen und Gemeinden, andere spüren die Verbindung zu dem, was die Christen Gott nennen, in der Meditation, im Tanz oder in der Natur. Es gibt viele Wege, um dieses Gefühl aus Kraft und Weite, wie Janine es beschreibt, zu erleben. Ob wir es als Licht wahrnehmen, ob es uns die Tränen in die Augen treibt, durchschüttelt, ins Schwanken bringt, einen ordentlichen Kraftschub gibt, ob von einer Sekunde auf die andere Dinge passieren, die wir im Gebet erbeten haben, oder ob wir in einem überwältigenden Gefühl der Demut aufgehen – jeder, der das schon einmal erlebt hat, weiß, dass diese Erfahrung mit keiner anderen zu vergleichen ist und wir für jede einzelne dieser Erfahrungen unendlich dankbar sein können.

Lieblingsplätze und Wohnwelten

Wie wir wohnen, wo wir leben und an welchen Plätzen wir uns wohlfühlen, ist für uns alle von großer Bedeutung. Wir alle wünschen uns ein Zuhause, ein Stück Heimat, einen Ort der Geborgenheit, wo wir geschützt sind und uns sicher fühlen. An dem wir Stress ausgleichen und entspannen können. Ein Platz, an dem wir Kraft tanken und unsere Akkus wie von selbst wieder aufladen, weil wir uns dort uneingeschränkt wohlfühlen. Für die Wohnpsychologin und Autorin Dr. Barbara Perfahl ist das der Ort, an dem die Seele zu Hause ist. Die Wohnung teilen die meisten von uns mit einem oder mehreren anderen Menschen. Deswegen empfiehlt die tiefgründige Wohnexpertin, einen Raum oder Ort in der Wohnung einzurichten, den nur wir selbst gestalten:

> *Ich halte es für sehr wichtig, dass jeder innerhalb der Wohnung seinen eigenen Platz hat. Einen Ort, an dem er sich sicher sein kann: »Das ist meiner, hier gestalte nur ich.« Es geht um die Erfahrung, dass es einen Ort gibt, den ich nach meinen Vorstellungen erschaffen und kontrollieren kann. Einen Platz auf der Welt, der nur mir gehört, von allen anderen akzeptiert wird und dessen Grenzen niemand überschreitet.*
>
> *Viele Menschen wohnen so, dass sie noch nicht einmal eine Ecke für sich haben. Und manchmal lässt sich das auch gar nicht so leicht organisieren. Und doch glaube ich, dass es für alle Menschen wichtig ist, einen ganz eigenen Platz zu haben. Einen Ort, an dem ich einerseits ganz so sein kann, wie ich bin. Einen Platz,*

wo ich mit jeder Faser meiner Seele ankomme und andocke. Wo nichts ist, was mich stört. Wo ich mich mit Dingen umgeben kann, die ich gern habe und die mir guttun. Meine Privatsphäre. Ein Rückzugsort. »Rückzug« heißt, alle Rollen und alle Masken fallen lassen zu können. Es hat etwas damit zu tun, sich in einem Rahmen zu bewegen, den man selbst geschaffen hat. Ein Raum, der den eigenen Bedürfnissen entspricht und der uns Schutz bietet und an dem wir gut mit uns »allein« oder besser »pur« sein können. Wo wir uns ganz fallen lassen können und uns nur mit Dingen umgeben, die positiv besetzt sind, entsteht ein Kraftraum, der positive Gefühle auslöst. Räume sind Gefühlsräume. Und für den eigenen Rückzugsraum gilt das ganz besonders.

Ein Rückzugsort, an dem wir uns wohlfühlen und der ganz allein uns gehört, kann gerade im Familienleben dazu beitragen, dass jeder seinen Schutz- oder Lebensraum findet – sei es für Meditation, Gebet, Yoga, um in Ruhe zu schreiben und zu lesen oder um etwas zu erschaffen, mit Materialien kreativ zu sein und Musik zu machen. Auch der Garten kann ein ganz eigener Raum sein, der uns nicht nur selbst einen Rahmen bietet, sondern uns auf ganz besondere Weise erfahren lässt, wie wir uns nähren können: entweder durch die farbige Schönheit der Pflanzen oder durch Nahrung, die wir selbst gesät bzw. angebaut haben.

Darüber hinaus gibt es weitere Faktoren, die beim Wohnen wichtig sind. Die österreichische Lebensberaterin Birgit

Gebhard gehört selbst zu den HSP und arbeitet mit vielen sensiblen Menschen zusammen. Sie hat mich an ihren Erfahrungen teilhaben lassen, die ich an dieser Stelle gerne weitergebe:

Material + Schwingungen
Wer viele Schwingungen aufnimmt, ist gut beraten, auf ein natürliches Umfeld zu achten und in einem gemauerten Haus oder Holzhaus zu leben, also in einem Haus aus lebendigem Material mit natürlichen Schwingungen. Beton- und Billigbauweise können sich für Menschen, die viel wahrnehmen, negativ auswirken. Fragen Sie auch nach den Verarbeitungsmaterialien des Baus – je weniger Gifte, umso besser.

Bauweise + Einrichtung
Passivhäuser mit Lüftung sind nicht ideal. Sie können Geräusche und Zugluft verursachen. Beides sind Störfaktoren für HSP. Bei den fixen Einrichtungsgegenständen wie Küche und Bad achten Sie darauf, sich möglichst neutral einzurichten. Farbkleckse können besser mit Accessoires geschaffen werden als mit fest eingebauten Elementen. Sonst besteht die Gefahr, dass die Einrichtung überladen wirkt, und das lässt sich dann auch nicht so schnell ändern. Accessoires können Sie ganz leicht auswechseln.

Schall + Akustik

Achten Sie auf den Schallschutz. HSP benötigen Ruhe. Da ist hellhöriges Wohnen nicht ideal. Ziehen Sie in ein Mehrfamilienhaus, dann achten Sie darauf, dass Sie ins Obergeschoss ziehen. Körperschall wirkt von oben unangenehmer als von unten. Nehmen Sie sich schon bei der Besichtigung einen Augenblick Zeit in der Wohnung und horchen Sie in die Welt hinaus. Rauscht es irgendwo, oder ist eine stark befahrene Straße in der Nähe? Das sind keine guten Voraussetzungen für ruhiges Wohnen.

Wohlfühlfaktoren

Achten Sie auf viele Fenster und einen schönen Blick nach draußen – am besten ins Grüne. Denn Licht und die Anbindung an die Natur sind nicht nur angenehm, sondern spielen auch für die Gesundheit eine wichtige Rolle. Ist die Wohnung vom Geruch her vorbelastet, können Aromaöle helfen, um unangenehme Gerüche zu neutralisieren.

Umwelteinflüsse

Auf Schimmel, Wasseradern, Hochspannungsleitungen oder Funkmasten für das mobile Netz reagieren manche HSP besonders stark. Wohnen Sie bereits an einem Ort und stellen fest, dass das Leitungswasser Probleme macht, kümmern Sie sich um ein passendes Filtersystem, das Ihr Wasser wieder aufwertet.

Reinigung
Nutzen Sie – wie bei der Körperpflege auch – schonende Mittel aus natürlichen Materialien für den Hausputz.

Wohnen Sie bereits so, wie Sie es sich immer vorgestellt haben? Glückwunsch! Wenn nicht, überlegen Sie, was Sie verändern können. Wollen oder müssen Sie gleich umziehen? Macht es Sinn, den Fokus auf die eine Schwachstelle der Wohnung zu legen? Oder gibt es Lösungen, die helfen anzukommen, auch wenn der Ort nicht perfekt ist? Nehmen Sie sich Zeit und Ruhe, um herauszufinden, was Sie brauchen, um Ihre Wohnung zu einem Ihrer Lieblingsplätze zu machen. Vielleicht ändern Sie die Raumverteilung oder misten einfach erst mal aus? Haben Sie schon einen Platz in der Wohnung, der nur Ihnen gehört? Welche Materialien brauchen Sie, um sich wohlzufühlen? Lüften Sie zu wenig? Ist eine Renovierung notwendig? Gibt es ein Thema, das Sie mit dem Vermieter klären müssen? Wenn all die Ansätze aussichtslos erscheinen sollten, dann klären Sie für sich, welche Faktoren bei der Suche nach einem neuen Heim wichtig sind, und legen Sie los! Wer sucht, der findet …

Meditation

Es gibt wohl kaum einen Weisheitsweg, der in der westlichen Welt mit so großer Offenheit begrüßt wird wie die Meditation. Sie ist überreligiös; und ganz gleich, in welche Tradition man schaut – ob ins Buddhistische, in die japanische Zen-Tradition, in den Taoismus (Qigong) in China, ins Christentum (Kontemplation) oder in die indischen Traditionen –, überall finden sich Formen der Meditation. Der Weg der Meditation kann auch frei von jedem religiösen Bekenntnis gegangen werden.

Sogar Manager meditieren. Da muss was dran sein: Wer meditiert, kommt zur Ruhe. Hirnforscher haben herausgefunden, dass Meditation sich positiv auf die Gehirnnerven auswirkt, Stress abbaut, Konzentration und Entspannung fördert und sogar Schmerzen lindern kann. Auch die Mediziner und Psychologen sehen Meditation als gesundheitsfördernde Maßnahme und als große Chance für Heilerfolge bei physischen und psychischen Erkrankungen.

Was genau also hat es mit der Meditation auf sich? Janine Bonk beschreibt Meditation als einen ganz natürlichen Weg zurück zu sich selbst. Und sie macht Mut:

Viele Menschen verbinden Meditation mit Disziplin und Zwang. Doch das muss gar nicht sein. Im Gegenteil. Die Freude ist bei der Meditation ganz wichtig. Es ist ein Moment, in dem weder etwas erreicht noch gestaltet noch losgelassen werden muss. Es bedarf nur der inneren Erlaubnis, in diesem einen Augenblick »zu sein« – mit alldem, was gerade innerlich und äußerlich da ist. Meditation passiert. In unserem Alltag sind wir es gewohnt, Erwartungen und Aufgaben zu erfüllen und ständig zu funktionieren. So kann die Einfachheit dieser achtsamen, wahrnehmenden Präsenz auch eine große Herausforderung sein. Wie schön, wenn wir uns dabei ein Lächeln schenken – im Innen wie im Außen!

Janine Bonk empfiehlt, sich einfach hinzusetzen und es auszuprobieren. Meditation ist ein Weg zum »Sein«, zum Wesentlichen und zu sich selbst. So kann Meditation in ihrer Tiefe gerade Hochsensiblen eine wunderbare Unterstützung sein und ihre innere Haltung und Kraft stärken. Was zählt, sind Klarheit und Großzügigkeit sich selbst gegenüber. Meditation machen Sie nicht für andere, sondern für sich selbst. Schenken Sie sich diesen Augenblick. Meditation ist ein Zustand des Nichtstuns, in dem wir auf eine andere Art präsent sind, als wir es aus dem Alltag kennen.

Dabei gibt es viele Brücken und Wege, die uns helfen, in dieses »Nichtstun«, zu dieser Achtsamkeit zu kommen. Den Atem zu zählen oder zu beobachten kann helfen, in die Meditation hineinzukommen. Sie können auch in eine Kerze schauen und so in eine meditative Präsenz finden oder im Gehen in der Natur meditieren, indem Sie sich ganz auf den Vorgang des Gehens konzentrieren: Fuß abheben, eine Vorwärtsbewegung machen, aufsetzen und abrollen. Im Christentum ist die Kontemplation verankert, bei der es darum geht, sich intensiv mit einem Text oder Spruch zu beschäftigen, um die Gedanken zu zentrieren. Das Ziel all dieser Methoden ist es, die eigenen Denk- und Verhaltensmuster zu knacken. Geht Ihnen jetzt der Gedanke durch den Kopf: »Ich dachte, man soll beim Meditieren nicht denken.«? Bei dieser Annahme handelt es sich um eine Information, die aus einem Übersetzungsfehler aus dem Sanskrit hervorgegangen ist. Es geht nicht darum, nichts zu denken, denn die Natur unseres Geistes ist das Denken.

In der Meditation geht es darum, ruhig zu werden und die Gedanken zu beobachten, statt sich mit ihnen zu identifizieren.

Gedanken kommen, wir bemerken sie, und sie dürfen wieder gehen. Es ist wie eine Wellenbewegung. Die Gedankenwellen steigen auf und gehen wieder zurück. Meditation führt uns aus der Automation und ist der Ausstieg aus dem unkontrollierten Denken.

Sie werden erleben, wie es ist, wenn Ihnen das »Denken« nicht mehr nur passiert, wenn Sie stattdessen entscheiden, ob Sie sich mit einem Gedanken identifizieren möchten oder nicht. Meditation bringt Freiheit, innere Beweglichkeit und schafft letztendlich eine tiefe Stille und Ruhe.

Auch Gefühle steigen während der Meditation auf. Und die dürfen wir genauso beobachten wie unsere Gedanken. Probieren Sie es einfach aus. Meditation passiert Ihnen, wenn Sie einfach dasitzen, alles kommen und gehen lassen, was Sie denken und fühlen, und präsent bleiben. Es geht darum, immer wieder den Moment zu erwischen, in dem Sie abschweifen, und die beobachtende Präsenz erneut aufzubauen. Das ist der Punkt, an dem Sie das automatisierte Denken knacken.

BUDDHISTISCHE ANEKDOTE

Schüler: »Meine Meditationen sind furchtbar. Ich bin dauernd abgelenkt, denke an alles Mögliche, meine Glieder tun weh, und ich schlafe immer ein.«

Der Lehrer antwortet schlicht: »Das geht vorüber.«

Eine Woche später kommt der Schüler wieder und sagt: »Meine Meditationen sind herrlich, ich bin total klar, konzentriert und im Frieden.«

Der Lehrer antwortet schlicht: »Das geht vorüber.«

Meditation bekommt eine größere Tiefe, je öfter wir meditieren; die positiven Effekte der Meditation verstärken sich. Regelmäßigkeit ist wichtig. Und dennoch macht es Sinn, klein anzufangen und sich zwei- oder dreimal die Woche Zeit zu nehmen. Wenn uns das gelingt, dann haben wir schon viel gewonnen. Wer sich mehr vornimmt, läuft Gefahr, in Stress zu geraten, weil er etwas schaffen will. Für Meditationsanfänger kann es auch hilfreich sein, in einer Gruppe zu meditieren. Das bringt Tiefe und trägt.

Grundsätzlich kann man überall meditieren. Meditation funktioniert auch im Kleinen, etwa wenn wir uns tagsüber eine Pause gönnen. Nehmen Sie sich einfach Zeit, um dort, wo Sie gerade sind, kurz innezuhalten und bewusst zu atmen.

Wenn Sie sich mehr Zeit nehmen wollen, dann setzen Sie sich am besten hin. Spüren Sie in sich hinein. Wo bin ich? Wie sitze ich? Wie fühlt sich mein Körper an? Welche Gefühle sind da? Ist mein Rücken gerade, damit meine Atmung frei ist und ich nicht verspanne? Geht mein Blick geradeaus? Möchte ich meine Augen offen halten oder schließen?

Sie haben Lust, das gleich auszuprobieren? Dann nehmen Sie sich ein paar Minuten und tun Sie es.

Meditation ist eine heilige Pause. Eine Pause, die wir integrieren können, ganz gleich, wo wir gerade sind, zum Beispiel auch auf dem Weg zur Arbeit. Denn wer schreibt uns eigentlich vor, dass wir uns schon mit den Arbeitsthemen beschäftigen müssen, bevor wir in der Situation sind? Viel besser ist es, den Moment zu genießen und im Jetzt zu bleiben. Für den Fall, dass das nicht gelingt, gibt es einen Trick aus dem Buddhistischen: Ersetzen Sie Ihre Gedanken durch ein einfaches »Ja, danke«. Das ist kraftvoll und positiv. Und: Es wirkt.

Annehmen, was ist, und Ja zu sich selbst und der Situation sagen – darin liegt die Essenz der Meditation.

Natur und Nachhaltigkeit

Seit jeher zieht es uns Menschen in unserer freien Zeit nach draußen in die Natur. Wir spüren intuitiv, dass die Natur uns Kraft gibt. Die Gedichte großer Wortkünstler vergangener Zeiten zeugen von den beeindruckenden Landschaften, durch die sie ihre Wanderschaft führte. Kinder sind draußen in der Natur viel ausgeglichener als drinnen. Und Katrin Oldenburg, die heute als Waldpädagogin arbeitet, hat schon in ihrem früheren Job, in dem sie Weiterbildungen für Führungskräfte von Pflegeeinrichtungen leitete, festgestellt, dass ihre Seminare im Erzgebirge an der frischen Luft die besseren Ergebnisse erzielten. Die Köpfe der Teilnehmer waren sofort frei, die Teams schnell gebildet und die Kommunikation in den Gruppen funktionierte reibungsfrei. »*Es ist viel einfacher, sich aufeinander einzulassen, wenn du nicht in dem Mief eines sterilen Tagungshotels sitzt und durch Wände begrenzt bist, sondern dich draußen im Licht und umgeben von viel Grün von der Natur inspirieren lässt.*« Ihr Seminarkonzept wurde zum Erfolg. Das Feedback war großartig. Und die Teilnehmer nahmen das Wissen nicht nur in ihrem Kopf mit nach Hause, sondern setzten es auch um. Aus dieser Erfahrung hat Katrin Oldenburg ihre Selbstständigkeit als Waldpädagogin entwickelt, bei der sie ihre hochsensiblen Fähigkeiten wunderbar einsetzen kann. Heute lebt und arbeitet die Naturliebhaberin in ihrem »WunderWald« im mystischen Harz zwischen Wurmberg und Höllstein – sprechende Ortsnamen, die viel über die kraftvollen Sagen und Legenden des Harzes erzählen. Eine Region, in der die Kraft der Natur gegenwärtig ist …

Und es ist tatsächlich so: Die Natur fördert die Begegnung und die Offenheit von Menschen, wirkt sinnstiftend und stärkt das Gemeinschaftsgefühl. Eine US-amerikanische Studie zeigt, dass die Testgruppe auf einer Wanderung bei Kreativitätstests deutlich besser abschneidet als vor der Tour. Britische Forscher entdeckten, dass das Selbstwertgefühl sich im Grünen bereits nach fünf Minuten verbessert – vor allem wenn die Menschen jung und psychisch belastet sind.

Was passiert also, wenn uns immer weniger Zeit bleibt, in

die Natur zu gehen? Wir verlieren den Kontakt zu uns selbst, denn wir sind ein Teil der Natur. Je weniger wir uns dessen bewusst sind, umso mehr treten wir uns selbst und unseren Lebensraum mit Füßen. Wir verlieren den Blick für das, was uns nährt. Bewegen wir uns viel in der Natur, geht es uns besser, und wir kommen wieder in Kontakt zu unserem Ursprung.

Das Bundesamt für Naturschutz empfiehlt auf seinen Internetseiten als Ausgleich für krank machenden Stress die Natur: »*Die Natur wirkt positiv auf Stimmung und Konzentration des Menschen, schafft Kontrasterlebnisse und ermöglicht Stressabbau durch umfassende psychische und emotionale Entspannung.*« Was so gestelzt klingt, ist einer der wichtigsten Schlüssel zur Gesundheit aller Menschen und für HSP im Speziellen. Denn was dann kommt, klingt gar nicht mehr gestelzt, vielmehr erscheint der Wald wie eine Akkuladestelle für die Spezies Mensch: Die Bäume filtern den Staub aus der Luft und lassen uns befreit durchatmen. Das Klima im Wald ist angenehm durch Schatten, Windschutz und die Verdunstung bei Pflanzen sowie bei Boden- und Wasseroberflächen. Die Waldluft enthält Spuren ätherischer Öle, die unser Wohlbefinden steigern. Die Bäume wirken wie ein akustischer Filter und schaffen – außer im Frühling, wenn die Vögel aufgeregt durch die Baumwipfel toben und ihre Paarungskonzerte gnadenlos durch die Lüfte tönen – eine ruhige, entspannte Atmosphäre. Im Wald bewegen wir uns fast wie von selbst – ein weiteres Plus für unser körperliches Wohlbefinden. All das senkt den Blutdruck und den Pulsschlag, fördert den Stressabbau, lenkt uns von unseren alltäglichen Problemen ab. Kurzum: Wir fühlen uns wohl. Und selbst wenn wir nicht im Wald sind und stattdessen in den Bergen wandern und den grandiosen Ausblick genießen, mit nackten Füßen am Strand spazieren gehen, in einem See schwimmen, Schmetterlingen bei ihrem Tanz durch die Lüfte zusehen oder in der Abendsonne über ein Getreidefeld schauen und die Fülle spüren können, die die Natur für uns als Teil von ihr bereithält – all das ist Nahrung für Körper, Seele und Geist. Gehen wir regelmäßig in die Natur, dann fällt es uns auch viel leichter, dem Ruf nach Nachhaltigkeit zu folgen und umweltbewusster und im Einklang mit unseren Werten zu leben. Also nichts wie raus und ab in die Natur! Das findet auch die Waldpädagogin Katrin Oldenburg:

> *»Alles fließt«: Schon der griechische Philosoph Heraklit lehrte die Einheit aller Dinge. Alles hängt miteinander zusammen, doch wir Menschen tun so, als stünden wir »außerhalb« der natürlichen Zyklen. Viele Städter leben ihren Alltag so weit von der Natur entfernt, dass sie den Kontakt zu ihrem Ursprung verlieren und zu dem, was sie ernährt. Grüne Weiten, goldene Felder, stille Seen – Fehlanzeige. Dabei ist die Natur für uns und unsere Körper ein wahrer Segen. Wenn wir durch Wald und Feld streifen, entspannen wir uns, unser Atem wird tiefer, die Farbe Grün beruhigt unser System, und unser Kopf wird frei. Das Licht wirkt wohltuend auf unsere Seele, und die Sonne bildet das für den Körper so wichtige Vitamin D. Draußen wird uns der Lauf der Dinge bewusst. Frühling, Sommer, Herbst und Winter erzählen uns etwas über die Zyklen des Lebens,*

von der Geburt, dem Wachsen, dem Blühen und vom Welken und Vergehen. Alles hängt miteinander zusammen. Wir leben in Zyklen. Eines resultiert aus dem anderen. Abschnitte gehen vorbei und neue beginnen. Die Natur ist ein weiser Lehrmeister. Zu hohe Erwartungen und der Wunsch nach ewiger Jugend haben nichts mehr mit dem natürlichen Fluss des Lebens zu tun. Wir sind Lebewesen wie alle anderen Wesen auf dieser Erde auch. Es kann heilsam und klärend sein, sich das wieder bewusst zu machen. Also: Raus in die Natur, denn die ist eine echte Kraftquelle! Hochsensible Menschen können die Natur durch ihre hohe Wahrnehmung noch intensiver erleben und von der positiven, entspannenden und heilsamen Wirkung profitieren.

Stärkende Beziehungen

Wir leben in einer Zeit, in der in den westlichen Zivilisationen die Familien immer kleiner werden. Immer mehr Menschen führen ungewollt oder bewusst gewählt ein Leben ohne Partner bzw. ohne Kinder. Je höher die Qualifikation und die Ansprüche an den Job sind, umso größer werden die Anforderungen an die örtliche Flexibilität – die sozialen Netze können mit einem neuen Job von einem Tag auf den anderen wegbrechen oder in die Ferne rücken. Wenn familiäre Netzwerke existieren, sind die häufig zu weit weg, als dass sich die Generationen im Alltag unterstützen könnten. Doch damit wir flexibel bleiben, nicht auf uns allein gestellt sind und uns Unterstützung holen können, wenn die Luft gerade raus ist, brauchen wir Netzwerke. Früher gaben Nachbarschaft, Vereinsleben, Kontakte durch ehrenamtliche Tätigkeiten Halt im Alltag. Heute wird echtes menschliches Miteinander vor allem in den Städten immer mehr zur Ausnahme. Es lohnt sich, persönliche Netzwerke aufzubauen, in denen es selbstverständlich ist, sich gegenseitig zu helfen.

Die Voraussetzung dafür, gute, stärkende Beziehungen aufbauen zu können, ist unser Bewusstsein für uns selbst. Je authentischer wir sind, desto eher werden wir Menschen begegnen, die uns deswegen mögen, weil ihnen unsere Persönlichkeit mit allen Stärken, Macken und Ticks gefällt. Nur wenn wir uns für uns selbst öffnen, können wir Menschen finden, die zu uns passen, oder auch diejenigen identifizieren, die uns nicht guttun, uns die Kraft rauben und uns das gute Gefühl für uns selbst nehmen. Wir brauchen soziale Bindungen, die uns stärken und uns den Raum geben, uns unseren Bedürfnissen zu öffnen. Wir brauchen Menschen, die uns so annehmen, wie wir sind. Eine Partnerschaft oder Freundschaft, in der unser Gegenüber uns zu verstehen gibt, dass er uns nicht weinen sehen kann, und uns spüren lässt, dass tiefe Gefühle ihn überfordern, wird eher von Frust als von Lust geprägt sein. Denn wenn wir uns in dem Kontakt zu einem Menschen, der uns nahesteht, dauerhaft unverstanden fühlen und unsere Bedürfnisse weder zeigen noch äußern »dürfen«, wird die Beziehung zum Stressfaktor.

Jeder Mensch braucht stärkende Kontakte. Das können der Ehemann oder die Ehefrau sein, der Partner oder die Partnerin, Freunde, Netzwerkkontakte, Geschäftspartner oder auch Menschen, bei denen wir Hilfe suchen, zum Beispiel Ärzte,

Therapeuten, Coaches oder Heilpraktiker. Schauen Sie hin, ob Ihr Gesprächspartner Sie erkennt, Sie sieht und ernst nimmt oder ob er Sie in ein Schema pressen möchte, weil er mit Ihrer Realität überfordert ist.

Wichtig ist, dass wir Verantwortung für unsere Beziehungen übernehmen, statt andere dafür verantwortlich zu machen, ob es uns gut geht oder nicht.

Schließlich ist es unsere freie Entscheidung, ob wir mit jemandem in Verbindung sein wollen oder nicht!

Schauen wir uns die andere Seite der Medaille an: Hochsensible Menschen haben viel zu geben. Wir sind sehr gute Zuhörer, spüren, wie es anderen geht; und die Bedürfnisse des anderen wahrzunehmen ist für viele von uns ein Leichtes. Das ist ein großer Reichtum. Doch Achtung: Wenn unser Gegenüber ein Mensch ist, der uns dauerhaft Kraft kostet und die Verantwortung für sich selbst nicht übernehmen will, dann stärkt uns das nicht, sondern es schwächt uns. Denjenigen, die keinen Respekt haben, auf unseren Gefühlen herumtrampeln oder dazu neigen, unsere Empathie auszunutzen, gilt es Lebewohl zu sagen. Denn für gute Verbindungen braucht es ein Geben und Nehmen, ein Annehmen ohne Bewertung und ein So-sein-Lassen. Das ist die Basis, auf der Beziehungen sich entwickeln und alle Beteiligten wachsen und gedeihen können.

Liebesbeziehungen, Ehen und Lebenspartnerschaften sind die schönsten und gleichzeitig herausforderndsten Verbindungen im Miteinander zwischen Menschen. Was braucht es da, und welche Besonderheiten gilt es zu beachten, wenn ein oder beide Partner hochsensibel sind?

- Kommunikation ist das A und O in jeder Beziehung, und zwar in jeder Situation – vor allem in denen, die herausfordernd sind. Hochsensible neigen dazu, Konflikte zu vermeiden. Tipp: Lernen Sie, für sich und Ihre Bedürfnisse einzustehen, und haben Sie keine Angst vor den Gefühlen Ihres Gegenübers. Es ist normal, dass Menschen in engen Beziehungen in Krisensituationen verletzlich sind.
- Egal, ob mit oder ohne Trauschein, und ganz gleich, ob Kinder eine Rolle spielen oder nicht: Wer sich für einen gemeinsamen Weg entscheidet, braucht die Bereitschaft, zusammen durch Höhen und Tiefen zu gehen und sich zu entwickeln: als Individuum und als Paar. Das Leben besteht aus Zyklen – »in guten wie in schlechten Zeiten«.
- Machen Sie sich bewusst, dass jeder Mensch andere Bedürfnisse hat. Es gibt kein Patentrezept. Beziehungen zu hochsensiblen wie zu normal sensiblen Menschen haben beide ihre Stärken und Herausforderungen. Wichtig ist, dass Sie einen Menschen finden, der zu Ihnen steht und dessen Einstellung Ihnen gegenüber grundsätzlich wohlwollend, verbindlich, positiv und stärkend ist – egal, welche Krisen sich Ihnen in den Weg stellen.
- Hochsensible Menschen scheinen offen für ungewöhnliche Lösungen zu sein: Ob getrennte Schlafzimmer oder Wohnungen, eine bewusste Entscheidung gegen Kinder

oder die Entscheidung für einen älteren bzw. jüngeren Partner, weil es einfach passt: Fühlen Sie in sich hinein, was Ihnen wichtig ist und wie eine Liebesbeziehung für Sie funktionieren kann, und bleiben Sie flexibel, denn Menschen und Partnerschaften entwickeln sich immer weiter.

- Vertrauen Sie auf Ihr Bauchgefühl, achten Sie nicht nur auf die Bedürfnisse Ihres Partners, sondern sorgen Sie auch gut für sich. Hochsensible neigen dazu, ihre eigenen Bedürfnisse hintanzustellen, doch das ist auf Dauer die Garantie für Stress und ein Gefühl von Einsamkeit trotz Partnerschaft.
- In einer guten Partnerschaft fließt die Energie hin und her. Es ist ein Geben und Nehmen. Es gibt immer Zeiten, wo der eine mehr gibt als der andere. Achten Sie dennoch darauf, dass sich über längere Zeit die Balance hält und Sie sich in der Beziehung von Zeit zu Zeit mit Ihrer ganzen Sensibilität zeigen und fallen lassen können.

Beziehungen brauchen Offenheit und Verletzlichkeit. Gerade für Menschen, die bereits viele Verletzungen in ihrem Leben erfahren haben, ist es schwer, sich auf Beziehungen einzulassen, alte Muster zu erkennen, zu durchbrechen und neue zu etablieren. Damit es trotzdem klappen kann, kann es Sinn machen, den Scheibenwischer anzustellen und all die Idealbilder und Erwartungshaltungen, die Gesellschaft, Werbung, Film und Fernsehen für Beziehungen zwischen Menschen zeichnen, wegzuwischen, auf Entdeckungsreise zu gehen und sich selbst zu fragen: Was habe ich für Bedürfnisse? Welche Art von Beziehung könnte ich mir vorstellen? Was brauche ich? Und wie möchte ich leben? Von allergrößter Bedeutung für die Beantwortung all dieser Fragen ist das Fundament: Liebe und Respekt für uns selbst und andere.

Tierische Gesellen

> *»Dass mir der Hund das Liebste sei, sagst du, oh Mensch, sei Sünde. Der Hund bleibt mir im Sturme treu, der Mensch nicht mal im Winde.«*
>
> Franz von Assisi

Was Assisi da in Worte gefasst hat, das würden wohl viele Menschen so bestätigen und HSP im Besonderen. Viele zarte Menschen beschreiben sich selbst als tierlieb und fühlen sich in der Nähe von Tieren wohl. Zu Hunden haben sie häufig einen natürlichen Zugang, sodass sie automatisch mit ihnen in Interaktion gehen. Die Masken, die wir im Beisammensein mit Menschen zuweilen aufsetzen, fallen dann, und wir sind ganz wir selbst. Viele HSP haben bereits die Erfahrung gemacht, dass sie in der Gemeinschaft mit Tieren neue Kraft schöpfen. Warum das so ist? Ich habe nachgefragt. Birgit Schmitz von HerzHunde arbeitet mit Hunden und Menschen und widmet ihre Arbeit den Themen Respekt und Vertrauen:

> *Hunde, die »gesund« sozialisiert sind, nehmen uns an, wie wir sind – ohne Vorurteile und einfach so. Das hat nicht viel mit »Liebe«, wie wir Menschen sie verstehen,*

zu tun, was etwas unromantisch klingen mag. Es ist der Instinkt, der die Tiere immer wieder neu das Grundvertrauen zu uns Menschen herstellen lässt. Selbst wenn wir den Hund mal anschreien, schüttelt er sich einmal kurz und guckt uns dann mit diesem unverwechselbaren Blick an, der so viel heißen mag wie: Na, wie geht es dir jetzt? Ein Hund kann immer wieder neu in diese Herausforderung reingehen.

Gerade für hochsensible Menschen, die in ihrem Leben oft die Erfahrung machen, dass sie eben nicht so angenommen werden, wie sie sind, kann die Erfahrung der Bedingungslosigkeit in der Begegnung mit Tieren ein sehr kraftvolles und stärkendes Erlebnis sein. Wer einen Hund hat, wird wahrnehmen, dass der uns den ganzen Tag beobachtet. Hunde lassen uns nicht aus den Augen, selbst wenn sie ruhen. Sie merken, wie es uns geht. Entstehen in einer Partnerschaft oder Familie Konfliktsituationen, dann kommt der Hund von alleine dazu und beruhigt und beschwichtigt, denn Hunde streben in ihrem Rudel nach Ruhe und Harmonie. Hunde merken, wie es uns Menschen geht, und reagieren adäquat – für sensible Menschen ist das ein tolles Feedback mit Entspannungseffekt. Nicht zuletzt auch deswegen, weil Hunde durch ihre Wirkung und ihre »stille« Anwesenheit es uns ermöglichen, dass wir unsere emotionalen Schleusen einfach mal öffnen und ihnen unser Herz ausschütten. Denn sie hören zu, ohne zu kommentieren oder unsere Geheimnisse auszuplaudern. Und noch etwas: Hunde sorgen dafür, dass wir uns bewegen – sowohl äußerlich, denn mit Hunden müssen wir raus, als auch innerlich. Sie lassen uns keine Chance, uns in unserem stillen Kämmerlein einzubuddeln und komplett aus sozialen Zusammenhängen rauszugehen, wenn es uns mal schlecht geht. Denn irgendjemand begegnet uns auf dem Spaziergang mit dem Hund immer, selbst wenn wir gerade versuchen, uns unsichtbar zu machen. Der positive Effekt auf die menschliche Psyche kann also gerade in Krisenzeiten Welten bewegen.

Der Umgang mit Katzen ist zwiespältiger, denn sie suchen sich den Menschen aus und entscheiden, wann sie etwas annehmen oder ablehnen. Da braucht es eine selbstbewusste Haltung seitens des Menschen.

Denn Katzen können zwar eine sehr beruhigende Wirkung haben, aber im Zweifel tun sie, was sie wollen.

Nun gibt es noch eine Menge mehr Tiere. Beim Hund ist die Verbindung so intensiv, weil Hunde durch die Abstammung vom Wolf eine hohe Sozialstruktur in sich tragen. Je höher die soziale Struktur einer Rasse ist, desto besser können Tiere mit Menschen kommunizieren. So fühlen wir uns zum Beispiel Delfinen, Elefanten oder Affen sehr nahe. Die bieten sich allerdings als tierische Gesellen für den Alltag weniger gut an. Da ist es dann doch entspannter, auf den Hund zu kommen …

Tiere sind nicht nur Gesellen, wir tragen auch Verantwortung für sie – bei aller Tierliebe und allen romantischen Vorstellungen sollten wir uns immer bewusst machen, dass sie nicht nur eine sehr ursprüngliche Energie in unser Leben bringen, sondern dass auch Verpflichtungen für uns entstehen. Die Entscheidung für oder gegen ein Tier ist sehr individuell. Wichtig ist, dass wir uns bewusst machen, welchen Stellenwert Tiere in unserem Leben haben. Ob es tierischer Familienzuwachs, regelmäßige Urlaube mit den Kindern auf dem Bauernhof oder die Tierpatenschaft im Tierheim ist, Möglichkeiten gibt es viele. Und wenn die Sehnsucht groß ist, dann wird sich der richtige Weg zeigen …

Yoga

> *»Wenn man die Strahlen der Sonne mit einer starken Linse konzentriert, kann man damit Holz anzünden. Ebenso konzentriert die Yoga-Praxis den Geist so, dass der Vorhang des Zweifels und der Ungewissheit verbrennt und das Licht der inneren Wahrheit manifest wird.«*
>
> Paramahansa Yogananda

Yoga ist in der westlichen Welt angekommen, allen Kritikern zum Trotz. Immer mehr Menschen praktizieren Yoga, und wem es gelingt, sich dem Wesen des Yogas zu öffnen und auszusteigen aus dem Geist der westlichen Welt, der wird eine Philosophie entdecken, die anders ist. Und schnell die harmonisierende, stärkende Wirkung auf Körper, Seele und Geist erleben. Doch was ist Yoga eigentlich? Zunächst mal eine philosophische Lehre, die ihren Ursprung in Indien hat. Es gibt zahlreiche unterschiedliche Yogarichtungen. Die einen beruhen auf dem philosophisch orientierten klassischen Yoga, die anderen stammen aus dem eher körperlich orientierten Hatha-Yoga (wie zum Beispiel Kundalini-Yoga, Iyengar-Yoga, Vinyasa-Yoga).

Viele Menschen verbinden mit Yoga die – oft sehr kompliziert anmutenden – Körperübungen. Doch Yoga ist mehr und setzt sich aus verschiedenen Elementen zusammen:

- Asanas (Körperübungen)
- Tiefenentspannung (Savasana und Yoga Nidra)
- Konzentrationstechniken als Vorbereitung auf die Meditation, zum Beispiel Atemachtsamkeit oder Nispanda Bhava – die Achtsamkeit auf Laute oder Objekte
- Meditation

Welche Elemente was bewirken und warum Yoga für hochsensible Menschen ein Segen sein kann, darüber habe ich mit Bettina Thomas gesprochen. Sie hat in der Nähe von Berlin ein Yogastudio, in dem sie selbst unterrichtet und Yogalehrer ausbildet.

Was sind Asanas?

Asanas sind Körperübungen, die uns Menschen in Positionen bringen, in denen wir unseren Körper gut spüren können. Sei es in Form von Kraftaufwand und Dehnung oder einfach, weil die Position ungewohnt ist. Aufgrund dieser intensiven Wahrnehmung des Spürens wird unser Körper selbst zum Konzentrationsobjekt. Je komplizierter die Übung, desto schneller macht unser Geist Pause. Mit den Asanas können wir unseren Geist vorübergehend beruhigen. Unser Denkbewusstsein schalten wir vorübergehend aus. Stattdessen schalten wir unser Fühlbewusstsein ein. Weg vom Multitasking hin zur Einpünktigkeit – zur Konzentration auf einen Punkt. Beim Yoga gibt es immer diese Schritte: Rückzug der Sinne, Konzentration, Meditation und eins sein mit sich selbst. Asanas helfen Menschen, die in einer Unruhe sind, schneller in die Konzentration zu kommen. Sich direkt aus einer Unruhe heraus hinzusetzen oder hinzulegen kann die Unruhe verstärken, weil sie durch die ruhende Position noch intensiver ins Bewusstsein dringt. Wir empfinden dann so, als würde sich die Unruhe noch intensivieren. Das kann aber nicht jeder verkraften. Die Asanas sind dazu geschaffen worden, von der Unruhe in die Ruhe zu kommen und nach und nach seinen Körper auf allen Ebenen fühlen zu können. Die wichtigste Körperhaltung im Yoga ist der Meditationssitz. Die Asanas halten die Wirbelsäule und den Körper so stark, dass man lange in der Meditation sitzen kann. Denn das Ziel von allem Yoga ist, dass der Mensch durch die Meditation immer näher an das herankommt, was ihn ausmacht – ohne Ablenkung durch Krankheiten, Schmerz und Schwäche.

Was passiert bei der Tiefenentspannung?

Bei der Tiefenentspannung – sie wird Savasana genannt – legt man sich einfach in die normale Rückenlage, um zu entspannen. Es ist eine Art Autosuggestion.

Im Yoga Nidra dauert die Tiefenentspannung nicht 15, sondern 45 Minuten. Hier wird der Körper nach und nach tief entspannt. Man wandert, angeleitet vom Yogalehrer, in ganz kleinen Schritten von einem Körperteil zum anderen. So wird die Konzentration eine Dreiviertelstunde lang durch den Körper gelenkt. Wer das schon einmal gemacht hat, weiß, dass es eine ganze Weile dauert, bis man sich wieder bewegen möchte und aus der Entspannung in das »Hier und Jetzt« des Alltagsbewusstseins zurückkommt.

Beim Yoga geht es darum, sich zu fokussieren, um meditative Momente zu erleben. Welche Techniken gibt es noch, um den Zustand der Meditation zu erreichen?

Um sich zu fokussieren und in die Konzentration zu kommen, ist der Atem eine gute Möglichkeit. Die Atmung dient auch dazu, Blockaden zu lösen und körperlich weich zu werden. Yoga geht davon aus, dass das Körperliche auch auf seelisch-geistiger Ebene wirkt. Und wenn der Körper weich ist, wird auch das Innere weich.

Als Konzentrationsobjekte können auch Objekte wie eine Kerze oder ein Blick über eine schöne Landschaft dienen. Sie bilden dann eine Art Filter – einen Filter, wie ihn ein nicht hochsensibler Mensch ohnehin schon hat. In dem Moment der Konzentration wird der Rest der Welt leiser oder gar nicht mehr wahrgenommen. Wir lernen, uns zu fokussieren. Und das wirkt nicht nur in der Meditation, sondern es wirkt auch außerhalb in unser Leben hinein. So können wir uns selbst einen Filter geben.

Nispanda Bhava ist eine Technik, mit der wir uns etwas Störendes zunutze machen können, um tiefer in die Konzentration zu kommen. In der Praxis des Nispanda Bhava nutzen wir wiederkehrende Geräusche, zum Beispiel Vogelgezwitscher oder das Schnarchen des Partners, um uns zu fokussieren. Das fordert etwas Übung. Doch so gelingt es, etwas Störendes in einen Fokuspunkt umzuwandeln, der unsere Gedanken beruhigt und uns in einen meditativen Zustand bringen kann. Denn wenn die Konzentration sehr hoch ist, dann wird uns der Zustand der Meditation geschenkt. Yoga ist der Weg zum eigenen Wesenskern. Mit dem einen Ziel, sich selbst zu erkennen.

Schlagen wir die Brücke zur Hochsensibilität. Warum ist Yoga für hochsensible Menschen zu empfehlen?

Wenn hochsensible Menschen Yoga praktizieren, dann werden sie innerhalb der konzentrierten Phasen, in der Meditation und in dem Verbundensein mit sich selbst ihre Besonderheit erkennen. Yoga sorgt dafür, dass wir uns unserer selbst bewusst werden. Yoga lehrt uns, nicht zu werten und offenzubleiben für Neues, in diesem Fall speziell für das eigene innere Erleben.

Während des Yogaprozesses lernt man, mehr und mehr das zu umkreisen, was man selbst ist. Je näher man an das herankommt, was einen selbst ausmacht, desto besser kann man das Außen dem anpassen, was man braucht. Es geht tatsächlich darum, das Gegenteil von dem zu machen, was wir normalerweise machen. Wir leben in einer Gesellschaft und passen uns dieser an. Wenn wir regelmäßig Yoga praktizieren, gelingt es leichter, sich der Umwelt nicht mehr so sehr anzupassen, sondern die Umwelt für sich passend zu machen. So, dass es möglich wird, den Fokus wegzulenken von den Schwächen und hin zu den Stärken. Zu Stärken, die immer schon vorhanden, aber meist nicht entdeckt waren. Und mit diesen Stärken können wir dann in die Welt hineinwirken. Wer vorher an der Schnelligkeit und dem Multitasking der Welt gelitten hat, bringt nun Tiefe, Nachdenklichkeit, Kreativität, Präzision und Reflexion in die Welt. Menschen, die sich anders fühlen und daran verzweifeln, können durch die Yogaerfahrung ihren Wesenskern spüren und wieder in ihre Kraft kommen. Und das ist es auch, was alle Techniken des Yogas gemeinsam haben.

Yoga ist Meditation in Aktion. Es geht darum, wahrzunehmen und nicht zu werten. Und es geht darum, eins zu sein mit sich und der Schöpfung. Yoga kann auch helfen, das Selbstwertgefühl zu stärken, indem wir uns kennenlernen und uns fühlen lernen. Das sorgt dafür, dass immer weniger Verunsicherungen eintreten. Und mit dem gestärkten Selbstwertgefühl gibt es weniger Vereinsamung im Inneren. Wir hören auf, an uns zu zweifeln. Aus dem Glaubenssatz, nicht belastbar zu sein, entsteht eine völlig neue, wunderbare Entdeckung, nämlich das Bewusstsein darüber, eine intensivere Wahrnehmung zu haben als andere und das auch zu genießen.

Im Yoga gehen wir tief in uns hinein, um dann aus uns heraus wieder in die Welt zu kommen.

Am Ende unseres Interviews kamen Bettina Thomas und ich noch zu einem spannenden Thema, das ich mit den Worten »*Denken oder fühlen – das ist hier die Frage*« zusammenfasse. Bettina Thomas sagt:

> *Wichtig ist, dass wir uns selbst kennenlernen und unser Wissen über uns selbst vergrößern, um der Welt so begegnen zu können, dass es für uns und die Welt gut ist. Der Mensch in der westlichen Welt denkt über solche Dinge nach, zieht sich vielleicht auch zurück und kommt dann wieder. Mit einer Erkenntnis, die er denkend erwirkt hat und dann versucht umzusetzen. Das ist richtig und wichtig, um das eigene Wesen zu finden. Yoga versucht jedoch, auf einer anderen Ebene zur Selbsterkenntnis zu gelangen – nämlich indem der Mensch in sich hineinhorcht und schaut, was er dort findet. Und zwar nicht über die Gedanken, sondern über das Gefühl. Meditation will die Gedankenwelten deswegen zur Ruhe bringen, damit der Zugang zum Fühlbewusstsein sich öffnet. Rauskommen aus der Reaktion, damit die Gedanken zur Ruhe kommen. Denn dann fühlen wir uns intensiv. Aus diesem Bewusstsein heraus kann man wieder zurück ins Denken kommen und mit einer klaren Strategie aktiv handeln. Mit einer Strategie, die frei gewählt ist.*

S T A R K M AC H E R: Was mich stark macht …

____

____

____

____

____

Hochsensible Lebenskunst: Wie zart-starke Macher ticken

Bei der Recherche für dieses Buch habe ich viele wunderbare hochsensible Menschen kennengelernt. Sie alle vereint eine hohe, sensible Wahrnehmung, starke Werte wie Gerechtigkeit, Wertschätzung und Respekt sowie ein liebevoller Umgang mit anderen. Sie sind hochempathisch, intuitiv und haben einen ausgeprägten sechsten Sinn.

Und für die meisten sind ihre Eigenschaften nur deshalb etwas »Besonderes«, weil sie die Welt und viele ihrer Mitmenschen so anders erleben. Für uns selbst ist unsere Art zu sein, zu fühlen und zu denken ein ganz normaler Teil unseres Lebens und ein Potenzial, das wir immer schon nutzen. Die einen eher unbewusst, die anderen setzen ihre Fähigkeiten und Stärken ganz bewusst ein. Manche sind noch auf der Suche nach sich selbst und ihren Stärken, und wieder andere haben echte Leidenswege hinter sich. In der Diskussion um das Phänomen Hochsensibilität wurde bisher oft auf die »Herausforderungen« geschaut. Es sind eher die Menschen aufgefallen, bei denen die Herausforderungen im Fokus stehen.

Jetzt gilt es auf die Stärken zu schauen und publik zu machen, dass hochsensible Menschen trotz oder eben wegen ihrer hohen Sensibilität ein großes Potenzial haben, Verantwortung zu übernehmen und Leistung zu bringen.

Die HSP, die mir bisher über den Weg gelaufen sind, kann ich drei Lebenskunst-Phasen zuordnen – den Lastenträgern, den Sinnsuchern und den Performern. Doch ganz gleich, in welcher Phase wir uns gerade befinden, dürfen wir eines nicht vergessen: Wir sind alle immer im Prozess und wachsen mit unseren Aufgaben, selbst wenn es sich gerade nicht so anfühlt. Ich glaube fest daran, dass jeder Lastenträger ganz tief in seinem Herzen den Performer schon fühlen kann und sich danach sehnt, sein ureigenes Potenzial zu leben. Ebenso gibt es Sinnsucher, die in manchen Lebenssituationen noch Lasten tragen und in anderen schon Performer sind. Und es gibt Performer, die sich plötzlich in einer Lastensituation wiederfinden, mit der sie erst einmal lernen müssen umzugehen.

Wer jünger ist an Jahren, dem sei gesagt: Es wird besser, und jeder neue Tag kann uns so viel Erfahrung, Reife, Heilung und Entscheidungskraft bringen, wie wir es uns in den letzten drei Jahren gewünscht haben. Wer an Jahren bereits älter ist, wird wissen: Es ist nie zu spät, um neu anzufangen, sich neu auszurichten und sich dem Fluss des Lebens anzuvertrauen. Es geht nicht darum, den »Alles-ist-möglich-Motivationstrainer-Hymnen« zu folgen. Mich persönlich setzen die stark unter Druck, sodass sie eher destruktiv als konstruktiv wirken. Wichtig ist, dass wir mit uns selbst in Kontakt kommen, uns Ziele setzen, die zu uns, unseren Werten und unserem Leben passen, und dann geduldig einen Schritt nach dem nächsten setzen – und zwar im Vertrauen. Das Leben verläuft nicht linear, sondern in Zyklen. Lassen wir uns darauf ein, und freuen wir uns auf die kleinen und großen Herausforderungen und Wunder, die das Leben für uns bereithält …

Lastenträger

Hochsensible Lastenträger empfinden die Herausforderungen des hochsensiblen Lebens öfter als Frust denn als Lust. Oft fühlen sie sich durch die vielen Reize und Wahrnehmungen fremdbestimmt. Sie sind keine notorischen Nörgler. Und im Grunde jammern sie auch nicht gerne. Aber natürlich haben sie das Bedürfnis, über ihr Leben mit seinen Herausforderungen zu sprechen. HSP, denen es so geht, sind durch ihre hohe Wahrnehmung stark herausgefordert und leisten dabei meist Unglaubliches. Sie sind Künstler im Aushalten, Durchhalten und Immer-wieder-auf-die-Füße-Kommen. Viele wissen nichts von ihrer Hochsensibilität. Ihnen fehlt häufig die Reflexion ihrer Eigenschaften bzw. Stärken. Oder ihnen fehlen echte Ansätze, wie sie die Idee, besser für sich zu sorgen, in ihren Alltag integrieren können. Wenn sie sich als hochsensibel erkannt haben, finden sie keine Kraft bzw. sehen keine

Möglichkeit, sich ein Umfeld zu schaffen, in dem es ihnen besser geht. Zu solchen Situationen kann es auch kommen, wenn verdrängte Traumata unbearbeitet vor sich hinschlummern. Körperliche und seelische Probleme manifestieren sich und können sich verfestigen – ein Teufelskreis.

Und dennoch tragen die meisten HSP selbst dann, wenn sie durch ihr Umfeld, ihr seelisches Befinden und körperliche Probleme stark herausgefordert sind, eine sanft-starke Kraft in sich. Der Alltag gelingt mal mehr und mal weniger gut. Und bei einigen mag es Situationen gegeben haben, in denen sie gewagt haben zu denken: »*Ach, wie schön wäre es, wenn ich jetzt einfach nicht mehr hier wäre. Dann hätte ich meine Ruhe.*« Aber in der Praxis sind selbst stark belastete Hochsensible alles andere als (lebens)müde und geben die Suche nach Heilung und dem richtigen Platz in ihrem Leben nicht auf.

Sinnsucher

Sinnsucher haben den Wunsch, ihr Leben zu verändern, sie möchten den Fokus nicht mehr auf die herausfordernden Seiten der hohen Wahrnehmung setzen, sondern auf ihre Stärken und Potenziale. Und sie suchen nach neuen Lebenswegen, fangen noch einmal neu an, reduzieren ihre Arbeitszeit, suchen sich einen neuen Job, machen sich selbstständig oder folgen dem Ruf ihrer Berufung. Sie holen sich Inspiration aus Literatur und World Wide Web und gehen ins Gespräch, um von den Erlebnissen und Erfahrungen anderer zu profitieren. Weil sie sich selbst und die Welt besser verstehen und ihre eigene Geschichte neu einordnen und positiv bewerten wollen, reflektieren sie sich selbst und ihre Umwelt sehr intensiv. Sie übernehmen Verantwortung, leben immer bewusster und spüren, dass die Zeit reif ist, der Berufung zu folgen und nicht nur gut für andere, sondern eben auch gut für sich selbst zu sorgen. Einige von ihnen haben vielleicht auch eine Zeit als Lastenträger erlebt und nach der »Erkenntnis Hochsensibilität« oder angeregt durch andere Impulse Schritt für Schritt neue Pfade eingeschlagen und begonnen, ihr Leben umzukrempeln.

Sie stehen für die Veränderungen und ihre Andersartigkeit ein. Alte Beziehungen schwinden, dafür kommen neue Menschen in ihr Leben. Für viele hochsensible Sinnsucher, mit denen ich gesprochen habe, war die »Erkenntnis Hochsensibilität« ein wichtiger Meilenstein auf dem Weg zu sich selbst und raus aus den Selbstzweifeln.

Performer

Das Leben der Performer ist hochsensibel geordnet. Sie wissen um ihre Herausforderungen, und ihre Kraftquellen haben einen festen Platz in ihrem Leben. Sie sind mental stark, gehen reflektiert mit ihren Emotionen um und haben eine ganzheitliche Sicht auf die eigene Persönlichkeit. Sie haben gelernt, mit ihrer hohen Wahrnehmung positiv umzugehen, und leben ihre Stärken. Sie agieren aktiv, sind selbstbewusst und finden es (inzwischen) völlig normal, anders zu sein. Mit dem Thema HSP gehen sie eher zurückhaltend und dennoch selbstbewusst und selbstreflektiert um – genauso wie mit Potenzialen und Sichtweisen. Die Strategie ist: Erst Vertrauen aufbauen bzw. die eigene Position stärken und dann nach und nach mehr von sich zeigen. Das ist konsequent, denn der Begriff »Hochsensibilität« hat noch keine lange Tradition, und erst jetzt wird bekannt, dass 20 bis 30 Prozent der Menschen sensibler sind als andere. Sensibilität ist – vor allem unter Männern – noch immer nicht populär und wird nach wie vor von vielen als Schwäche ausgelegt. Doch der Wandel hat begonnen. Sensible Persönlichkeiten müssen sich in Zukunft nicht mehr mit Tarnkappe durch Wirtschaft und Gesellschaft bewegen. Es ist Zeit, sich zu zeigen und die eigenen Potenziale und Ressourcen gezielt einzubringen und anzubieten.

Für die hochsensiblen Performer, mit denen ich gesprochen habe, war es nicht in erster Linie die »Erkenntnis Hochsensibilität«, die sie in ihre Kraft gebracht hat, sondern eher die Auseinandersetzung mit und die Fokussierung auf ihre Stärken und Bedürfnisse. Dennoch gab es auch für die hochsensiblen Performer einen mehr oder weniger großen Aha-Effekt, als sie von dem Phänomen Hochsensibilität gehört haben. Viele Situationen und Ungereimtheiten klären sich plötzlich. Zusätzlich lieferte die Erkenntnis einige Ideen, mit der einen oder anderen kleinen Herausforderung besser oder anders umzugehen. Und die Erkenntnis kann dafür sorgen, dass die hochsensiblen Performer ihre eigenen Potenziale bewusster reflektieren und zielstrebiger einsetzen.

Hochsensible Performer können sich mit dem HS-Konstrukt identifizieren, aber sie definieren sich nicht darüber.

Verständlich, denn bei ihnen gab es auch ohne Kenntnis des Konzepts Hochsensibilität mehr Lust als Frust. Meine Gesprächspartner haben ihre Andersartigkeit früh akzeptiert und angenommen. Und sie kennen ihre Kraftquellen nicht nur, sie nutzen sie auch. Über die Gründe dafür, dass die hochsensiblen Performer so früh und ohne die »Erkenntnis Hochsensibilität« einen Sinn dafür entwickelt haben, positiv mit ihren Potenzialen umzugehen, können wir nur spekulieren: Spielt ein stärkendes Umfeld in der Kindheit oder viel Freiheit und Raum für die eigene Entwicklung eine Rolle? Haben die Eltern ihre Andersartigkeit auch ganz selbstverständlich gelebt? Ist es von Vorteil, wenn hochsensible Menschen früh Antworten auf ihre sehr umfassenden und ganzheitlichen Fragen zur Betrachtung der Welt bekommen? Können frühe »Krisen«, gute Coaches oder Therapeuten und stark machende Methoden wichtige Meilensteine auf dem Weg in die hochsensible Stärke sein?

Ich bin gespannt, welche Ergebnisse die Forschung und die weiteren Erfahrungen und Erlebnisse hochsensibler Menschen in den nächsten Jahren liefern werden. Fakt ist: Die »Erkenntnis Hochsensibilität« liefert kombiniert mit den Erfahrungen hochsensibler Performer ein kraftvolles Paket an Impulsen und macht Mut, das Leben als Hochsensibler ebenfalls auf die eigenen Stärken auszurichten – allen Herausforderungen zum Trotz. Denn es geht darum, die eigene Andersartigkeit anzunehmen, reflektiert zu leben, sich an den eigenen Stärken zu orientieren und einen guten Kontakt zu sich selbst und anderen zu haben. Das zeigen auch die Geschichten von Helene, Christoph und Thomas:

»Ich konzentriere mich auf die positiven Dinge in meinen Leben.«

Der erste Bericht stammt von Helene (38). Sie hat einen Sohn, lebt in einer Beziehung und ist selbstständig. Ihr Arbeitsort wechselt: Mal arbeitet sie von zu Hause aus, mal ist sie für Projekte unterwegs. Sie liebt ihren Job und die Freiheit, ihre Arbeit selbst zu gestalten:

Dass ich anders und reizsensibler bin, habe ich als Teenager relativ früh in einer Stresssituation erfahren, in der ich einen Tinnitus bekam. Es folgte eine Angststörung, die mich zu einer Therapie bewegte. Dort habe ich gelernt, dass es Methoden gibt, mit denen ich mich fokussieren und störende Reize ausblenden kann, sodass ich nur noch selektiv wahrnehme – die Tinnitus-Strategie. Ich weiß, es ist da, aber es bringt mich nicht um …

Ich konzentriere mich grundsätzlich auf die positiven Dinge in meinem Leben statt auf das, was mich stört. Wenn das gerade nicht geht, versuche ich mich darauf zu konzentrieren, dass es gleich wieder vorbeigeht. Oft sind es ja vorübergehende Reize, die uns stören und stressen. Genauso wie ich akzeptiert habe, dass der Ton in meinem Ohr da ist, akzeptiere ich auch meine hohe Sensibilität. Dass es dafür einen Namen gibt, habe ich erst vor wenigen Monaten auf einer Netzwerkveranstaltung erfahren. Ich habe dann auch einen HS-Test gemacht, und die Punktzahl war eindeutig. Doch die Berichte vieler anderer Hochsensibler, die ihre Wahrnehmung als Belastung empfinden, konnte ich so für mich nicht nachvollziehen. Ich genieße die hohe Wahrnehmung und nutze sie in meinem Beruf. Mit dem Konzept HSP kann ich mich identifizieren, aber ich definiere mich nach wie vor nicht darüber. Ich bin der Herr über meine Eigenschaften. Ich bin auch der Herr über meine Sinne. Und dann schließt sich der Kreis wieder: auf das Gute fokussieren und einen Schritt nach dem anderen gehen.

Multitasking ist für mich zum Beispiel ein echter Stressfaktor. Ich mache immer nur eine Sache. Wichtig ist, sich bewusst zu machen, was einen wirklich stresst. Dann kannst du dein Leben entsprechend einrichten. So, wie es dir guttut. Auf Stadtfesten und auf dem Rummelplatz wird man mich vergeblich suchen. Und den Reizverstärker Kino brauche ich zum Beispiel auch nicht. Ich bin glücklich, wenn ich mich gemütlich auf der Couch einmummeln und mir bei einem Gläschen Wein in Ruhe einen Film anschauen kann. Ich sehe gar keinen Sinn darin, Geld für etwas zu bezahlen, was mich im Grunde zu stark fordert. Mit einer Ausnahme: laute Konzerte. Die sind immer noch meine Leidenschaft, trotz Tinnitus.

Meine Kindheit war gut, wenn auch manchmal etwas verrückt. Meine Mutter hatte hochemotionale Züge und ein extrem hohes Selbstwertgefühl. Es gab Zeiten, in denen sie extrem präsent war, und andere, wo sie tagelang nur schlief. Ich bin dankbar, dass ich so einen verrückten Vogel als Mutter hatte. Mein Vater hat mir Freiraum gegeben und den Rücken gestärkt. Und er war ein Typ, der den Satz »Das Leben ist eines der schwersten« sagte und sich gleichzeitig kaputtlachte. Diese Art hat mich geprägt und mir eine gewisse Leichtigkeit mitgegeben. »So schnell bringt einen das alles eben auch nicht um …«

Was meine Werte und die Themen angeht, die mich interessieren, fühle ich mich viel älter als 38. Ich merke oft auch, dass ich reflektierter bin als viele andere in meinem Alter. Aktuell fasziniert mich die Weisheit alter Menschen – das finde ich sehr anziehend und spannend.

Helene, 38

»Nichts muss, alles kann … Am Ende geht es mir um die Menschen, die meinen Weg kreuzen.«

Spannende Einblicke liefert auch die nächste Geschichte. Christoph (46) ist verheiratet und hat einen Sohn. Er ist Mathematiker, Farb- und Meridiantherapeut, Berater, Coach und Trainer. Sein Weg führte ihn durch Wissenschaft und Anthroposophie in die Personalabteilungen unterschiedlicher Konzerne. Heute arbeitet er selbstständig als Berater, Business-Coach und Führungskräfteentwickler. Und das ist seine Geschichte:

Was meine hohe Sensibilität angeht, habe ich niemanden gebraucht, der mir sagt, dass ich so bin. Die

Erkenntnis habe ich mir selbst und mithilfe der Menschen erarbeitet, die mir über den Weg gelaufen sind oder mich begleitet haben. Der Einstieg in die Thematik Hochsensibilität ging über die von mir empfundene Unfähigkeit einiger Pastoren, denen ich begegnet bin. Als Junge – ich hatte als Kind sehr viel Freiraum, weil meine Schwester viel Aufmerksamkeit gebraucht hat – hörte ich in der Kirche Geschichten, die für mich nicht schlüssig und nicht tief genug waren. Und stellte Fragen, auf die mir niemand eine klärende Antwort geben konnte. Der Weg, der mir die Augen geöffnet und Antworten gegeben hat, führte über die Anthroposophie. Ich bin mit Anthroposophen ins Gespräch gegangen – und da waren sie plötzlich: die Antworten, nach denen ich seit frühester Kindheit gesucht habe. Ein Beispiel: Ich hatte schon als Kind das Gefühl, dass ich nicht nur ein Leben habe. Stellst du diese Frage in den üblichen Kreisen, hörst du irgendetwas über den Himmel, was für mich immer schwammig blieb.

Meine Querflötenlehrerin hingegen, eine Anthroposophin, konnte mir alle meine Fragen beantworten. Das war der Anfang. Schon als kleiner Junge habe ich die in der Anthroposophie »Herzkräfte« genannten Energien wahrgenommen. Ich kann spüren, ob ein Herz offen ist oder geschlossen. Das Herz ist das sensibelste Wahrnehmungsorgan des Menschen. Sprich darüber mal mit einem Allgemeinmediziner … Für mich haben sich die Ansichten der Anthroposophie über mein Gefühl und meine Wahrnehmung immer deutlich erschlossen. Und sie haben mir erklärt, was ich fühle. Viele Menschen sind sehr sensibel und wissen nicht, wohin damit. Ich habe von vornherein eine Basis gefunden, in der sich das alles widergespiegelt hat.

Ich setze mich ernsthaft damit auseinander, seit ich 19 bin, und habe diesen Prozess von Anfang an als vollkommen natürlich empfunden. Ich habe nicht nur Mathematik studiert, sondern auch Farb- und Meridiantherapie gelernt (eine Verbindung von chinesischer und anthroposophischer Medizin), wo ich mein Gespür für das Feine noch viel weiter ausgebildet und gelernt habe, meine Gabe als Geschenk und auch als Ergebnis meiner Arbeit zu verstehen. Meine Strategie, mit meiner hohen Wahrnehmung umzugehen und den Spagat zwischen meiner inneren Welt und der Wirtschaft zu meistern, ist relativ einfach:

1. Schritt: Ich halte mich zurück, bis ich merke, dass die Menschen, die mir gegenübersitzen, einen Zugang dazu haben, ein Thema auf sensible Art und Weise zu beleuchten, und mein Gefühl mir sagt: Jetzt ist es Zeit, darüber zu reden.

2. Schritt: Wenn ich merke, dass die Menschen offen sind, gehe ich mit ihnen ins Gespräch und nehme sie mit. Ich laufe mit dieser Methode nie vor Wände, weil ich mich auf dieses Gefühl sehr verlassen kann und mit anderen ein geduldiger Mensch bin.

3. Schritt: Seit ich selbstständig arbeite, bin ich viel freier in dem, was ich tue. Jetzt integriere ich meine Hellfühligkeit und die Bilder, die ich bekomme, über das Coaching. Da kann ich diese Fähigkeit sehr gut einsetzen.

Und da sind wir beim Thema Stärken. Ich habe eine gute Fähigkeit zur Empathie, wobei ich gelernt habe, mich selbst abzugrenzen. In Seminaren oder in einer Gruppe habe ich häufig körperliche Reaktionen darauf, wie es den Menschen geht. Irgendwann ist mal ein Mensch zu mir gekommen und wusste nicht, ob er sich den Arm gebrochen hatte. Für mich war der Bruch fühlbar, was der Arzt dann auch bestätigte. Ich spüre, wenn Menschen nicht im Gleichgewicht sind. Und ich empfange Bilder, die ich bei meiner Arbeit gut einsetzen kann, und bezeichne mich selbst als so etwas wie hellfühlig. Meinen Tastsinn und mein Gespür für Energie habe ich bei der Ausbildung zum Meridian- und Farbtherapeuten weiter ausgebaut. Darüber kann ich die Energie des anderen wahrnehmen, ohne ihn zu berühren. Irgendwann im dritten Lehrjahr hat es einen Sprung gegeben. Da bin ich über eine Schwelle gegangen, und danach ist die Fähigkeit in neuer Qualität da gewesen und geblieben.

Eine meiner großen Stärken ist es, die »zwei Welten« zu verbinden – allein schon durch meine unterschiedlichen Ausbildungen. Ich bin gerne als Wirtschaftsexperte in Ausbildung, Trainings, Seminaren und in der Arbeit mit Führungskräften tätig. Als ich zu stark in den Themen der geistigen Welt unterwegs war, hat mir der Bodenkontakt gefehlt. Ich habe das Gefühl, beide Seiten zu brauchen. So bildet sich ein Gleichgewicht. Und der vorsichtige Umgang mit diesen Fähigkeiten ist für mich der Schlüssel. Sonst ist die Gefahr groß, dass ich ganz schnell in eine Ecke gestellt werde, wo ich nicht mehr ernst genommen werde. Mir ist häufig dieser Satz hier begegnet: »Wenn mir das jetzt jemand anders als du erzählt hätte, dann würde ich den für verrückt halten.«

Meine Grundhaltung: Es gibt keine falschen Entscheidungen … Es braucht Zeit, und es braucht Entspannung damit. Nichts muss, alles kann. Und noch etwas ist interessant: Bisher sind 95 Prozent der Menschen, die ich auf sensible Themen anspreche, Frauen. Und ich kann mich darauf verlassen, dass ich in meiner freien Zeit heute viel leichter Menschen finde, mit denen ich über diese Themen sprechen kann, als noch vor ein paar Jahren. Und am Ende geht es mir – privat wie beruflich – um die interessierten Menschen, die meinen Weg kreuzen.

»Der Schlüssel ist, mir selbst die Wertschätzung entgegenzubringen, die ich mir von anderen erhoffe …«

Die dritte Geschichte erzählt Thomas Gelmi (47), der einen wirklich spannenden beruflichen Werdegang hat und heute als selbstständiger Coach und Trainer arbeitet. Sein Spezialgebiet: Entwicklung von Selbst- und Beziehungskompetenz in Führung, Zusammenarbeit und Kundenkontakt. Zu seinen Kunden zählen große internationale Unternehmen und Klienten, die er in vier Sprachen betreuen kann. Er ist verheiratet, hat zwei Kinder und lebt in der Schweiz:

In meiner Kindheit hatte ich häufig das Gefühl, nicht wirklich dazuzugehören. Es gab immer dieses unterschwellige Gefühl, anders zu sein. Ich wusste nur nicht genau, wie. In der Schule war ich nicht der, der die Schlägereien angezettelt hat, sondern der, der den harten Jungs eher aus dem Weg gegangen ist.

In meiner Familie galt ich als überempfindlich; den Satz »Sei doch nicht so eine Mimose« habe ich von meiner Mutter häufig gehört. Trotzdem hat sie keinen gesteigerten Wert daraufgelegt, dass ich ein »starker Junge« sein muss. Auch mein Umfeld nahm wahr, dass ich anders bin.

Aus diesen Erfahrungen heraus habe ich mein »Anderssein« lange negativ mit mir herumgetragen – so, als sollte das nicht sein. Aus meinem heutigen Verständnis heraus sind meine Eltern beide HSP. Meine Mutter ist sehr empathisch und nah am Wasser. Mach ihr ein schönes Kompliment, und sie hat sofort Tränen in den Augen. Mein Vater eher sensorisch. Er war bei vielen auditiven Reizen schnell gestresst. Und so habe ich ihn als sehr angespannt in Erinnerung, ständig überreizt, das Klappern von Besteck am Tisch hat schon ausgereicht.

In der Schule war ich zum einen gut und zum anderen auch nicht. Alles, was mit Sprachen zusammenhing, war top – ich mache meinen Job heute in vier Sprachen –, Mathe und Logik hingegen waren eher nicht mein Fall. Nach der Primar- und Sekundarstufe habe ich angefangen mit einer Handelsschule, die zum Abitur führte. Während mein Vater mich gerne in der Bank sitzen und seinen Sohn auf eh und je abgesichert gesehen hätte, wurde mir nach einem Jahr klar: Da will ich nicht hin. Ich muss was anderes machen. Innerhalb weniger Tage stand für mich fest: Ich mache eine Friseurlehre. Ich erzählte das meinen Eltern, brach die Schule ab, besorgte mir eine Lehrstelle. Denn ich wollte mit Menschen arbeiten, etwas Schönes, Ästhetisches machen und meine Kreativität ausleben. Das hat mir Spaß gemacht, und ich habe dort vor allem ein Talent entdeckt und entwickelt: das Zuhören. Die Menschen haben sich mir anvertraut, oft mehr als ihrem Lebenspartner. Meinen Eltern bin ich heute dankbar dafür, dass sie mir diesen Handlungsspielraum gewährt und mich nicht in eine bestimmte Richtung gezwungen haben. Ihre Aussage war immer die, dass ich selbst entscheiden müsse, was für mich das Beste sei.

Nach der Lehre hatte ich das Gefühl, dass es das noch nicht gewesen sein kann. Ich war nie wirklich in der Lage, eine klare Berufswahl zu treffen. Ich habe mich immer am Kopf gekratzt und mich gefragt: »Wie machen die anderen das?« Ich hatte immer einen 360-Grad-Blick und immer viele Interessen und Ideen, was ich machen könnte. Geben Sie mir eine Montag-bis-Freitag-nine-to-five-Routinetätigkeit, und Sie können zuschauen, wie ich eingehe … Die nächsten Steps im Überblick:

- *Telefonverkauf von Werbeflächen in einem Verlagshaus und von Papier in einem Großhandels-*

unternehmen: erste Führungsposition. Innerhalb von vier Jahren Team von sieben auf 40 Leute erweitert. Sehr erfolgreiches Führen über Beziehung, Kontakt, Spaßfaktor. Aber auch klassische »Ich-will-ein-beliebter-Chef-sein-und-es-allen-recht-machen-Führungsfehler« früh gemacht: gute Erfahrung! Neuorientierung aufgrund fehlender Identifikation mit Hard Selling.

- *Kurze Phase der Orientierungslosigkeit in einer Personalvermittlung mit der Sehnsucht, den Tätigkeitsbereich zu finden, wo ich mich wohlfühle und meine Kompetenzen einsetzen kann.*
- *Pressesprecher beim Zirkus: zwei Jahre lang Leben im Wohnwagen, körperlich schwere Arbeit und auch Pressearbeit. Lerneffekt: Körperlich hart arbeiten kann guttun – Komfortzone erweitert.*

Was dann kam, war mein absoluter Traumjob, in dem ich endlich meine ganze Beziehungsfähigkeit und Empathie einbringen konnte. Ich hatte eine Stellenanzeige der Swissair entdeckt, die Flugbegleiter suchte. Das war ein echter Lichtblick mit Wow-Gefühl. Ich bewarb mich, bekam die Stelle und war dort insgesamt sieben Jahre. Drei davon habe ich als Purser bzw. Maître de Cabine gearbeitet – in der Gesamtverantwortung für die Passagiersicherheit und den Service an Bord und als Schnittstelle zwischen Kabinenbesatzung, Bodenpersonal, Piloten und Passagieren.

Ich habe mit Klarheit und Orientierung erfolgreich

geführt und konnte dabei all meine Sprachkenntnisse einsetzen. Besonders spannend war es, in den großen Maschinen zu führen, deren Teams für jeden Flug wieder neu zusammengestellt wurden. Dieser Job fordert eine hohe Teambildungs- und Konfliktfähigkeit: Du bist auf 10 000 Metern Höhe gemeinsam mit 300 Menschen in einer unnatürlichen Situation auf engstem Raum. Das ist wie eine eigene kleine Biosphäre, in der man sehr achtsam sein muss: Was passiert um mich herum, wie geht es mir, und was läuft in den anderen ab? Früherkennung ist da das Thema: Wo lauern Konflikte, Gefahren, Probleme? Ganz gleich, ob jemand ausflippt, auf dem Klo raucht, gesundheitliche Probleme hat oder ein Kind geboren wird, es gilt schnelle Lösungen zu finden und dabei alle Beziehungen aufrechtzuerhalten. Es gibt keine externe Hilfe. Deeskalation ist das Stichwort.

2001 ging dann der Swissair das Geld aus, und das war für mich ein riesiger persönlicher Verlust. Doch obwohl ich – im Gegensatz zu vielen Kollegen, die gehen mussten – hätte bleiben können, weil sofort eine neue Gesellschaft gegründet wurde, lehnte ich ab. Denn da war etwas in mir, das mir sagte: »Jetzt ist der richtige Moment, um ein Kapitel zu schließen und etwas anderes zu machen.«

In den acht Jahren danach habe ich mich vom Assistenten der Geschäftsführung zum operativen Leiter eines kleinen Beratungsunternehmens hochgearbeitet und auch in puncto Weiterbildung richtig Gas gegeben: Coachingausbildungen, Trainerausbildung, staatlich geprüfter Führungsfachmann und Management-Diplom. Zusammengearbeitet habe ich in der Zeit mit einem sehr speziellen Vorgesetzten: sehr dominant und anspruchsvoll in der Zusammenarbeit bei gleichzeitig nicht sehr gut entwickelter Beziehungskompetenz. Nach sieben Jahren hat er geheiratet. Ein Jahr später bekam ich die Kündigung, weil seine Frau meine Position übernahm. Das war der Moment, wo ich mich selbstständig gemacht habe.

Heute gibt es rückblickend zwei Tiefschläge, die sich im Nachhinein als große Glücksfälle herausgestellt haben – die Pleite der Swissair und die Entlassung nach acht Jahren. Ohne diese beiden Ereignisse wäre ich nicht da, wo ich heute bin. Um uns weiterzuentwickeln, zu lernen und zu wachsen, müssen wir raus aus der Komfortzone. Für die wirklich großen Schritte wurde ich immer rausgestoßen, von selbst wäre ich nicht aus diesen Situationen gegangen. Es war, als wenn mir das Leben sagen wollte: »Nun mach endlich!« Heute bin ich im fünften Jahr selbstständig und positioniere mich mit dem Thema »Interpersonal Competence«, der Symbiose aus Selbstkompetenz und Beziehungskompetenz. Darunter verstehe ich die Fähigkeit, aus einer selbstsicheren Gelassenheit heraus stabile Beziehungen schnell aufzubauen und auch unter schwierigen Bedingungen zu erhalten.

Es geht darum, in einem echten Kontakt zu sich selbst und zu anderen zu sein. Das ist das Thema, mit dem ich heute unterwegs bin. Nur wenn ich mit mir selbst in einem guten Kontakt bin, kann ich andere Menschen führen, mit anderen Menschen gut zusammenarbeiten und auch mit Kunden in einem echten und authentischen Kontakt sein.

Was hat das nun alles mit meiner Hochsensibilität zu tun? Ich schätze mich selbst als empathisch und sensorisch hochsensibel ein. Stimmungen bei anderen Menschen nehme ich sehr schnell wahr. Wenn ich in einen Raum komme, erfasse ich sofort, was dort zwischen den Menschen auf der Beziehungsebene abläuft. Der emotionale Mix bleibt mir nicht verborgen. Und sensorisch? Da bin ich – genau wie mein Vater – auch sehr lärmempfindlich, vor allem an Orten, wo viele Menschen zusammenkommen. Ich merke, dass ich dann schneller gesättigt und in der Überreizung bin als die meisten anderen. Und dann muss ich raus und tanke wieder auf, wenn ich allein bin. Ich hatte noch nie Probleme damit, allein zu sein. Allerdings habe ich im Laufe der Zeit lernen müssen, meine Bedürfnisse zu erkennen und auch anzunehmen, dafür einzustehen bzw. mir die Zeiten auch zu nehmen und dies den Menschen in meinem Umfeld zu kommunizieren.

Schon mit 20 habe ich angefangen zu meditieren. Und ich habe eine Zeit lang auch Kurse für autogenes Training geleitet. Mir geht es nicht nur um die äußere Ruhe, sondern auch um die innere Stille. Und ich meine damit gar nicht nur eine regelmäßige Meditationspraxis, bei der ich mich jeden Morgen oder

Abend hinsetze, sondern vor allem dann für Balance zu sorgen, wenn es wieder einmal besonders »laut« war. Wenn ich voll drin bin im prallen Leben, dann ist es wichtig, zum Ausgleich ins andere Extrem zu gehen. Wenn ich viel unterwegs bin und einen »heißen« Monat mit vielen Aufträgen in verschiedenen Ländern habe, dann meditiere ich auch viel. In »ruhigeren« Zeiten gehe ich eher achtsam durch den Tag, nehme mir bewusst Auszeiten im Tagesverlauf und schaffe damit Abstand zwischen dem, was auf mich einprasselt, und meiner Innenwelt.

Achtsames Autofahren funktioniert bei mir wunderbar. Da bin ich wie in einem Kokon. Es läuft keine Musik, ich gehe in die Stille und fahre einfach nur Auto, ohne zugleich noch Gedanken zu wälzen. Es geht um Gewahrsein, eine gleichzeitig nach innen und außen gekehrte Rundum-Achtsamkeit. Was machen meine Beine, Rückspiegel, Seitenspiegel, wann schalte ich, welche Verkehrsschilder stehen am Straßenrand … Überhaupt bin ich am meisten zentriert und balanciert, wenn ich unterwegs bin. Und ich bin selten so produktiv wie in der Bahn oder auf einem Langstreckenflug. Dann habe ich meine Ohrenstöpsel drin und kann mich ganz auf die Aufgabe fokussieren. Das physische In-Bewegung-Sein hilft dabei, auch gedanklich in den Fluss zu kommen. Ich habe mich sogar schon bewusst in den Zug gesetzt, weil ich nicht weiterkam mit einem Text bzw. Konzept. Und als ich nach zwei Stunden ausstieg, hatte ich die Lösung.

Das Thema HSP ist mir erst vor zwei Jahren über den Weg gelaufen. Allerdings ist es mir da wie Schuppen von den Augen gefallen. Plötzlich bekam ich für alles eine Ordnung. Ah, okay. It's all good. Und meiner Frau hat das ebenfalls geholfen, weil sie verstanden hat, dass mein regelmäßiges Rückzugsbedürfnis mit ihr gar nicht so viel zu tun hat. Sondern vor allem etwas mit mir. Und da ist sie wieder, die Selbstkompetenz. Es ist meine Verantwortung, in einem guten Kontakt mit mir zu bleiben, zu sein und wahrzunehmen, wo meine Bedürfnisse sind, damit ich auch mit anderen in gutem Kontakt und im Dialog sein kann.

Das ist, wie wenn man sich selbst der beste Freund ist. Wenn ich erkenne, was die Bedürfnisse eines Freundes sind, und ihm helfe weiterzukommen, warum gehe ich dann nicht mit mir genauso um? Einfach nach innen horchen, sich selbst zuhören, schauen, was ich gerade brauche, und das auch ernst nehmen und entsprechend handeln. Das hat nichts mit Egoismus, aber viel mit Selbstfürsorge zu tun. Sich selbst ein Freund zu sein heißt auch, für sich einzustehen und nach außen zu kommunizieren, was man braucht. Das ist wichtig, damit Beziehungen in Takt bleiben. Das muss nicht immer bedeuten, gleich über HSP zu sprechen, sondern einfach nur ehrlich zu kommunizieren, zum Beispiel, dass ich eine Pause brauche und eine Runde um den Block gehen möchte. Oder wenn man am Abend nach einer Konferenz gefragt wird, ob man noch mit essen geht, sich seiner selbst bewusst zu sein und – selbstsicher und ohne das Gefühl, sich rechtfertigen zu müssen – sagen zu können: »Nein danke, ich habe andere Pläne.«

Selbstsicherheit entsteht aus Selbstvertrauen, und Selbstvertrauen entsteht aus Selbstbewusstsein.

Meine Reise geht weiter. Aktuell bin ich auf dem Weg, mich neu zu positionieren, und zwar so, dass ich schon jetzt weiß: Das wird polarisieren. Und natürlich steht die Frage im Raum: Will ich das? Will ich mich wirklich der Kritik anderer Menschen stellen? Doch die treibende Kraft in mir sagt: »Ja!« Denn ich möchte mich von dem Urteil anderer unabhängiger machen. Wenn man sich unabhängig von dem Urteil anderer macht, dann ist man wirklich frei. Bringen wir uns also selbst die Wertschätzung entgegen, die wir uns von anderen erhoffen. Das ist die größte Aufgabe, die wir alle haben, ob HSP oder nicht. Das lernen wir nicht. Wir lernen, wie wir uns selbst zu immer größeren Leistungen antreiben. Aber nicht, uns selbst auf die Schulter zu klopfen und einfach mal zu sagen: Du bist gut, so wie du bist.

Beruflich bin ich als Coach und Trainer unterwegs. Doch worum es mir wirklich geht, ist, andere dabei zu unterstützen, das zu sein, was sie wirklich sein können und was sie eigentlich sind – mit Leidenschaft, mit Freude und mit Energie. Im Job und zu Hause. Denn die Trennung von Privatleben und Beruf ist nur eine künstliche.

Als ich 15 oder 16 war, hätte ich mir gewünscht, dass sich jemand mit mir hinsetzt und mit mir schaut: Was macht mir Spaß? Was kann ich gut? Ich hätte mir gewünscht, dass sich jemand mit mir hinsetzt, mich an die Hand nimmt und mit mir schaut, wo meine Stärken und Fähigkeiten liegen, so wie ich es heute im Beruf mit anderen Menschen mache.

Inzwischen nutze ich meine Hochsensibilität bewusst als Ressource. Meine hohe Empathie und mein Einfühlungsvermögen ermöglichen es mir, überhaupt so erfolgreich zu sein, wie ich es jetzt bin: als Coach in Eins-zu-eins-Situationen oder als Trainer und Coach von Gruppen. Bei der Arbeit ist es für mich immer am wichtigsten, selbst in Balance zwischen meiner nach innen gerichteten und meiner nach außen gerichteten Achtsamkeit zu sein. Gewahrsam sein nach beiden Seiten hin. In Verbindung sein. Und in Kontakt sein und bleiben mit mir selbst und mit dem oder den Klienten. Ich konnte das auch schon, bevor ich von meiner Hochsensibilität wusste, doch jetzt kann ich das als Ressource bewusster und intensiver nutzen.

Ohne die Stille und Meditation wäre ich viel weniger fokussiert. Wenn ich unausgeglichen bin, merke ich, dass es schwieriger ist, im Fluss zu sein und »leer« zu bleiben. Die Aufmerksamkeit fokussiert sich dann zu sehr auf eine Seite – entweder zu sehr auf den Klienten oder auf mich selbst. Beides führt dazu, dass ich meine Arbeit nicht mehr so gut machen kann. Und deshalb ist es so wichtig, diese Selbstkompetenz zu entwickeln, denn: Nur auf Basis einer gut entwickelten Selbstkompetenz kann echte, nachhaltige Beziehungskompetenz entstehen.

Fazit

1. Ja, Stärke ist auch eine Frage der Haltung. Die richtige Haltung können wir zwar nicht herbeizaubern, aber wir können eine starke Entscheidung treffen. Nämlich die, den Fokus ab sofort auf die Potenziale und Stärken zu legen. Machen Sie sich bereit für das Abenteuer Entwicklung. Nehmen Sie Ihre Art der Wahrnehmung an, vertrauen Sie sich selbst und schenken Sie dem Leben ein Lächeln. Denn es geht darum, die Welt zu erleben, zu verarbeiten, was uns begegnet, und auch darum, uns selbst und anderen zu vergeben, wenn mal was schiefgelaufen ist. Denn das lässt uns wachsen und erweitert unsere Komfortzone. So lernen wir, uns zu fokussieren, werden innerlich stark und können Schritt für Schritt anfangen, unsere hohe Wahrnehmung zu genießen.

2. Im Alltag und für unsere Entwicklung brauchen wir Kraft. Umso wichtiger ist es, all das in unser Leben zu integrieren, was uns stark macht. Kennen Sie Ihre Starkmacher? Wissen Sie, wie, wo und mit wem Sie auftanken können? Was brauchen Sie, damit es Ihnen gut geht und Sie Ihre Akkus regelmäßig wieder aufladen können?

3. Weg mit dem Frust und her mit der sensiblen Lebenslust! Ganz gleich, ob Sie Ihre hohe Sensibilität aktuell als Last empfinden oder gerade auf Sinnsuche sind, gehen Sie los und machen Sie sich auf den Weg in ein sensibel-starkes Leben. Denn es gibt sie, die zart-starken Macher: Hochsensible Performer setzen ihre sensiblen Stärken ein, achten auf ihre Bedürfnisse und sind echte Leistungsträger. Ihre Strategie: Sie finden sich in dem Konzept der Hochsensibilität zwar wieder, aber sie definieren sich nicht über ihre besondere Art der Wahrnehmung. Stattdessen nehmen sie sich so an, wie sie sind, und gehen unbeirrt ihren ganz individuellen Weg. Und Sie? Wohin geht Ihre Reise?

Leuchtfeuer:
Das Zart-stark-Manifest

Acht zart-starke Thesen

»Vergiss Sicherheit. Lebe, wo du fürchtest zu leben. Zerstöre deinen Ruf. Sei berüchtigt.«

RUMI

1. **Hochsensibilität ist eine wertvolle Wahrnehmungsbegabung.**
2. **Hochsensible sind Teil des Ganzen – wie alle anderen auch.**
3. **Hochsensible sind die Grenzwertsensoren der Menschheit.**
4. **Hochsensible sind zart im Nehmen und stark im Geben.**
5. **Hochsensible sind zutiefst soziale und verantwortungsvolle Menschen.**
6. **Hochsensible, die ihre eigenen Bedürfnisse anerkennen, können ihre Stärken wahrhaft leben.**
7. **Hochsensible, die ihre Träume leben, geben den Sehnsüchten der Menschheit eine Chance.**
8. **Hochsensibilität ist eine Stärke.**

Andersartigkeit ist keine Last. Sie sorgt für Diversität und ist ein Geschenk der Schöpfung. Also Schluss mit den Selbstzweifeln und her mit der Verantwortung! Fangen wir an, unsere eigenen Bedürfnisse ernst zu nehmen.

Es ist Zeit, anders zu leben statt artig.
Es ist Zeit für (Hoch-)Sensibilität und Empathie.

Es ist Zeit für weniger haben wollen und mehr sein dürfen. Es ist Zeit, mithilfe unserer feinen Sinne die wichtigen Themen dieser Zeit zu kommunizieren und die Massen für die zarte Balance unserer Welt zu sensibilisieren, die Balance der Welt, die unser Lebensraum ist.

Inspiration Tierwelt

Warum jede Art von Wahrnehmungsfähigkeit so bedeutend ist, lässt sich im Tierreich gut beobachten. Prof. Dr. Martin Wikelski, Leiter des Max-Planck-Institutes für Ornithologie und Professor in Konstanz, beobachtet gechipte Tierpopulationen über Satellit und nutzt ihre Wahrnehmungsfähigkeiten, um zu verstehen, ob sie Naturkatastrophen wie Vulkanausbrüche und Erdbeben voraussagen könnten. Schon heute beobachtet das Team der Wissenschaftler um Martin Wikelski das Verhalten der Ziegen am Ätna auf Sizilien und kann so bis zu sechs Stunden im Voraus einen Ausbruch des aktiven Vulkans vorhersagen.

Martin Wikelski bestätigte mir, dass es auch unter den Tieren immer Individuen gibt, die stärker auf bestimmte Reize reagieren oder spezifisch sensitiv sind. Inspiriert von seinen Forschungen, rief Martin Wikelski das Projekt ICARUS ins Leben, mit dem er das Selbstverständnis des Menschen zum Leben auf der Erde verändern möchte. Die Forscher suchen nach Antworten auf die Frage nach dem Überleben von Individuen im Tierreich. Das Ziel ist es, die Intelligenz im globalen Verhalten der Tiere zu decodieren. Die Verhaltensökologie spricht bei den Tieren nicht von Hochsensibilität. Aktuell wissen die Forscher noch nicht, wie die Informationen der Tiere generiert werden. Die Arbeitshypothese: Grundsätzlich wissen die Tiere im Kollektiv, also in der Gruppe oder im Schwarm, mehr als einzelne Tiere. Übertragen wir das auf uns Menschen, dann wird das Bild rund:

> **Ganz gleich, welche Begabungen und Fähigkeiten Menschen mitbringen, sie sind für das Kollektiv wichtig und sichern unser Überleben!**

Ein inspirierender Impuls, der uns Menschen etwas spiegelt, was für den Erhalt unserer Art von immenser Bedeutung ist: Es macht absolut Sinn, dass manche Menschen auf bestimmte Reize intensiver reagieren. Und es macht noch mehr Sinn, dass wir HSP uns einbringen und uns von der Gesellschaft einbeziehen lassen. Warum? Damit wir unseren Teil zur Vervollständigung der Intelligenz der Gruppe beitragen können – damit die Menschheit geheilt werden und unser Lebensraum erhalten bleiben kann.

Wirtschaft und Bewusstseinswandel

> *»Psychosoziale Gesundheit ist die Dampfmaschine der neuen Zeit.«*
>
> REIMAR LÜNGEN

Was passiert mit Menschen, die ihr Leben lang jeden Tag acht Stunden am Stück oder mehr arbeiten: Woche für Woche, Monat für Monat, Jahr für Jahr? Mit starren, vordefinierten Aufgabenfeldern und viel zu wenigen Pausen? Ohne Raum für eigene Entscheidungen und Flexibilität? Mit einem Mangel an Wertschätzung und Wohlwollen? Wie wirken solche rationalisierten Strukturen, die die individuellen Rhythmen und Bedürfnisse der Menschen völlig außer Acht lassen, auf Kreativität, Motivation, Produktivität, Zufriedenheit und Gesundheit? Ist das förderlich? Einige Menschen arrangieren sich mit diesem System, so gut es eben geht. Für HSP ist in kürzester Zeit klar: So ein Tagesablauf ist Gift.

Was treibt uns zu Bestleistungen? Wann haben wir Spaß? Wenn wir bei der Arbeit unser ganzes Potenzial einbringen und aktiv mitgestalten können? Oder wenn wir uns – ohne Ecken und Kanten – in vorgefertigte Muster zwängen? Fremdbestimmung und Druck machen krank und tun weder dem Einzelnen noch der Gemeinschaft gut. Selbstbestimmung und Freiheit sorgen für Ganzheit und Heilsein. Glückliche, kraftvolle Menschen, die ihr Können eigenverantwortlich austoben können, sind echte Zugpferde für Wirtschaft und Gesellschaft. Sie sind innovativ und motivierte Schöpfer neuer Ideen für die Zukunft der Menschheit. Also: Keine Angst vor Andersartigkeit, keine Angst vor bunten Lebensläufen und keine Angst vor intuitiven und emotionalen Menschen!

In einem Gespräch mit Birgit Trappmann-Korr – Psychologin und Expertin für Hochsensibilität/Hochsensitivität der ersten Stunde – erfahre ich, dass Therapeuten, Krankenkassen und auch die Unternehmen Alarm schlagen: Immer mehr (auch junge) Menschen, ob hochsensibel oder nicht, sind wegen Burn-out, Bossing, Mobbing oder psychischer Krankheiten nicht mehr arbeitsfähig. Der Druck ist so groß, dass sich jetzt auch Therapeuten und Kliniken neuen Themen wie zum Beispiel dem der Hochsensibilität öffnen. Erste Anfragen von renommierten Kliniken für Vorträge und Weiterbildungen zum Thema Hochsensibilität für Ärzte und Therapeuten liegen auf dem Tisch der Vorsitzenden des Verbandes pro Sensitivität und Empathie im Beruf e.V. (VSEB). Was die Wirtschaft betrifft, sagt Birgit Trappmann-Korr: »*Es braucht andere Managementsysteme. Es braucht einen Kulturwandel in den Unternehmen. Und es braucht eine grundsätzlich andere Einstellung, bevor Hochsensible ihr ganzes Potenzial in der Wirtschaft leben und in die Unternehmen einbringen können. Nur die Botschaft ›Stellt Hochsensible ein!‹ reicht nicht aus und ist viel zu kurz gegriffen.*«

Die Idee des Feel-good-Managements ist ein erster Ansatz der Weiterentwicklung. Langfristig sind jedoch sensible Counselors in den Unternehmen notwendig, die das Arbeitsleben humanisieren, dem Massenphänomen Burn-out vorbeugen und sich für so banale Dinge wie Ruheräume, selbstbestimmte Pausen, Bewegungsmöglichkeiten und Achtsamkeitstraining starkmachen. Es sind zunehmend andere Qualitäten gefordert, mit denen ältere Chefs weniger anfangen können. Die Wirtschaft beginnt sich für flexible Arbeitszeitmodelle, Jobsharing, Homeoffice und andere Konzepte zu öffnen. Hochsensible können Brücken schlagen zwischen den Generationen und Motivationstypen in den Unternehmen. Intuition und Emotionen sind Stärken, die der Wirtschaft guttun. Menschen, die schon viel in ihrem Leben gemacht haben, sind keine Versager, sondern Innovatoren, die in der Lage sind, sich flexibel immer wieder neu zu erfinden und Lösungen für innere und äußere Entwicklungen zu finden.

Die Botschaft: Wir müssen weg von der Ausnutzung der Ressourcen hin zur Entfaltung von Potenzial!

Bodo Janssen, innovativer Unternehmer und Direktor der Hotelkette Upstalsboom, kann Vorbild für viele Manager sein. Denn er geht einen Weg, der für mehr Menschlichkeit sorgt und zu einer besseren Unternehmenskultur hinführt. In dem Kurzfilm »Der Upstalsboom-Weg« sagt er: »*Dieser Paradigmenwechsel weg von Ressourcenausnutzung hin zur Potenzialentfaltung wird uns ein Spektrum erschließen, das wir noch gar nicht absehen können, so groß ist das.*« Der Hoteldirektor weiß, wovon er spricht. Denn drei Jahre nachdem er sein Unternehmen umgekrempelt und allen Mitarbeitern Persönlichkeitsentwicklung in Klosterseminaren sowie Corporate-Happiness-Weiterbildungen angeboten hat, hat sich der Umsatz des Unternehmens nahezu verdoppelt. Sein Resümee: »*Wertschöpfung durch Wertschätzung funktioniert – und zwar ganzheitlich.*«

Wissenschaft und Wahrheit

In Wissenschaft und Forschung gibt es Erkenntnisse, die für die meisten Menschen gelten und die auch viele Menschen unterschreiben würden. Aber das ist nicht alles. Denn letztendlich gibt es kein Richtig oder Falsch, keine Absolutheit, keine endgültigen wissenschaftlichen Wahrheiten. Es gibt faktisches Wissen und Regeln, die uns helfen, einen gemeinsamen Nenner zu finden, damit wir miteinander leben und unser Leben gestalten können – das ist gut, wichtig und richtig. Und dennoch gibt es auch unter diesen »allgemeingültigen« Erkenntnissen Impulse, die den meisten Menschen helfen mögen, anderen aber großen Schaden zufügen können. Denn jeder bringt seine ganze Individualität mit ins Leben, seine eigene Geschichte, seine eigenen Fähigkeiten, Anlagen und seine eigene Konstitution. Jeder hat seine eigene Wahrheit, ob bewusst oder unbewusst. Es gibt weder Objektivität noch ein Patentrezept, das allen Menschen Gesundheit und Glück verspricht. Wenn es nach Ed Diener und Martin Seligman, den Begründern der jungen Glücksforschung geht, dann ist Glück ohnehin kein Dauerzustand, der uns ein Leben lang erhalten bleibt, wenn er erst einmal erreicht ist. Sie sagen: Das Glück liegt in den kleinen Dingen des Lebens. Wir können Dinge verändern, die sich leicht verändern lassen. Uns einfach etwas gönnen. Sport zum Beispiel – ein paar Minuten täglich reichen aus. Oder wir gehen öfter raus ins Grüne. Je grüner die Umgebung, desto glücklicher sind die Menschen. Wir können lächeln, Zeit mit unserer Familie und unseren Freunden verbringen, beten, meditieren oder einfach nur entspannen. Wahrnehmen. Ruhig werden und in die Stille horchen. Sensibel sein und unseren zarten Seiten lauschen …

Die Weisheit in uns

Wir müssen wieder lernen, der Stimme zu lauschen, die in uns steckt. Und ich glaube, sie steckt in jedem Menschen. Sie erzählt uns, welcher Weg für uns der richtige ist. Es gilt zu lernen, die Zeichen unseres Körpers zu sehen, unsere Bedürfnisse ernst zu nehmen und unsere Gefühle richtig zu deuten. Wenn wir das nicht tun, dann werden immer wieder Steine auf unserem Weg liegen – erst kleine und dann größere. Bis wir auf einmal vor einem riesigen Berg mit Steilwand stehen, die es dann zu erklimmen gilt. Den einen passiert das früher, den anderen später. Wir haben die Wahl, ob wir schon die kleinen Steine wahrnehmen oder erst hinschauen, wenn sich vor uns ein riesiges Gebirge auftürmt und eine wilde, anstrengende Kletterpartie vor uns liegt, die wir dann in einer Situation bewältigen müssen, in der wir ohnehin schon völlig erschöpft sind. Wir können unserem Körper und unseren Emotionen dankbar sein, dass sie uns Hinweise geben, was (für uns) richtig oder falsch ist. Hochsensible haben den großen Vorteil, dass sie all diese Zeichen sehr deutlich und meist früher spüren als normal sensible Menschen. Wenn wir hinhorchen und uns für uns selbst öffnen, wissen wir schnell, wo wir stehen. Da, wo es Spaß macht, wo wir voller Energie bei der Arbeit sind, wo sich die Türen öffnen, statt zu schließen – da sind wir richtig.

Da sind wir in unserer Berufung. Und da, wo sich die Türen deutlich schließen, ist es wichtig, dass wir das innere »Nein« annehmen und das äußere »Nein« zu formulieren lernen. Und uns, wenn es erforderlich ist, ohne Schuldgefühle und trotz Konfliktpotenzial von Menschen und Projekten trennen, die uns nicht guttun, und stattdessen mit ganz großer Klarheit nach vorne blicken. Das braucht die Bereitschaft, Risiken einzugehen, sich auf unbekanntes Terrain zu wagen, neue Netzwerke aufzubauen und auf Menschen zuzugehen, was für viele HSP eine Riesenherausforderung ist. Doch wenn wir einfach losgehen – Schritt für Schritt mit wohlwollenden Menschen an unserer Seite und den richtigen Strategien und Starkmachern sowie einer guten Mischung aus Gefühl und Verstand im Gepäck –, dann werden wir uns selbst das Staunen lehren. Denn wenn wir zurückschauen, dann wird uns bewusst, welche Strecken wir zurückgelegt und was wir dabei geschafft haben. Getragen von unserem unbändigen Willen zu gestalten und dem guten Gefühl, das Richtige zu tun.

Und nur allzu oft wird uns bei der Rückschau bewusst, dass wir dann unseren Aktionsradius vergrößert haben, wenn wir nicht in unserer Komfortzone geblieben, sondern achtsam einen Schritt weitergegangen sind. Wenn wir das getan haben, wovor wir immer schon großen Respekt hatten, was uns aber schon seit Jahren immer wieder durch Kopf und Herz geht. Wenn wir lernen, den Menschen zu begegnen, die uns zwar faszinieren, aber irgendwie »unheimlich« sind. Wenn wir mal den Stimmen in uns zuhören, die wir gerne auf lautlos drehen. Denn dann erreichen wir einen neuen Level und bekommen Impulse, die uns weiterbringen. In unseren Wegen und Prozessen offenbart sich das ganze Potenzial unserer zart-starken Kraft.

Wenn wir aufhören, uns zu vergleichen und die Ziele anderer zu verfolgen, wenn wir stattdessen den Mut aufbringen, unserer ganzen inneren Größe mit Liebe zu begegnen, offenbart sich eine schlichte, kraftvolle Wahrheit:

So wie du bist, bist du gut – zart im Nehmen und sensibel-stark!

Anhang

Danke!

Wie Sie sich schon denken können, gehöre ich zu den Autoren, die ein ausführliches und persönliches Kapitel zum Thema Dankbarkeit schreiben. Denn ich bin zwar die Autorin, aber ich hatte viele Unterstützer, Motivatoren, Fürsprecher und Mutmacher. Los geht's:

Der innigste Dank gilt meinen Eltern, die mir mein Leben geschenkt und immer ihr Bestes gegeben haben. Und dafür bin ich ihnen unendlich dankbar. *Meine Mutter* begleitet und unterstützt mich und meine Familie mit ihrer Liebe und Fürsorge für meine beiden Töchter jeden Tag – entweder im Herzen oder mit ganz praktischer Alltagshilfe. Das ist ein großes Geschenk. *Mein Vater* hat mir, kurz bevor ich die Buchidee hatte, deutlich gemacht, dass ich endlich das umsetzen muss, was in mir steckt – völlig unabhängig davon, ob er das gut findet oder nicht. Ich bin ihm tief verbunden, obwohl die letzten Jahre konfliktreich waren und unsere Weltanschauungen unterschiedlicher nicht sein könnten.

Der größte Dank und meine Bewunderung gehen an meinen Mann *Stefan Sohst* und meine beiden Töchter, ohne die ich dieses Buch nicht hätte realisieren können. Stefan hat mich bestärkt, diesen Weg zu gehen, und ist ihn mitgegangen. Er hat sich nicht nur um sein Business gekümmert, sondern auch um die Kinder, den Haushalt, den Einkauf – ja einfach um alles, für das ich über mehrere Monate kaum Raum hatte. Und er hat meine Launen und meine »Abwesenheit« ausgehalten und die Kraft aufgebracht, mich aufzubauen, wenn gerade mal die Luft raus war. Er hat mir zugehört, mitgelesen und mit mir gefachsimpelt, während ich für seine Themen nur selten ein offenes Ohr hatte. So viel Liebe und Demut. Danke!

Meine beiden sensibel-starken Mädels haben super durchgehalten und oft ohne Murren auf ihre Mama verzichtet, manchmal sogar auf das Gute-Nacht-Küsschen. Denn abends habe ich oft geschrieben, telefoniert, geskypt oder mein Netzwerk erweitert. Und da kommen wir zum nächsten Dankeschön. Denn ohne die Begeisterung anderer Menschen für mein Buch wäre es nicht zu dem geworden, was es ist:

Dr. Michael Jack, der Präsident des Informations- und Forschungsverbundes Hochsensibilität (IFHS), hat mich mit einem Rundschreiben an die Mitglieder unterstützt, viele der Geschichtenerzähler für mein Buch zu finden. Vielen Dank für die Unterstützung und das Vertrauen. Und auch an mein »Hochsensibilitätsnetzwerk« ein großes Dankeschön für alle Einschätzungen, Gespräche, Informationen und Impulse!

Und jetzt, liebe *Geschichtenerzähler*, ein dickes Dankeschön an euch!!! Ihr seid grandios. Denn ohne euch wäre dieses Buch nicht zu dem geworden, was es ist. Dank euch zeichnet das Buch ein umfangreiches Bild davon, wie hochsensible Menschen die Welt erleben, und ist ein tolles, emotionales Nachschlagewerk geworden. Danke für euer Vertrauen, euren Mut, eure Offenheit, eure Zeit und eure Geduld. Denen, deren Geschichte ich aufgrund des Umfangs des Buches nicht mehr mit aufnehmen konnte, danke ich für ihr Verständnis!

Auch »meinen« *Experten* sage ich allergrößten Dank für ihre Unterstützung dieses Projektes. Die vielen unterschiedlichen

Impulse, Perspektiven, Erfahrungen und Sichtweisen machen das Buch zu einem echten Schatz an Inspirationen. Ein Schatz, der von einem außergewöhnlichen Verlag auf den Markt gebracht wird. Die Zusammenarbeit mit GABAL ist partnerschaftlich und wertschätzend, und ich danke allen Beteiligten und dem ganzen Team – sei es im Verlag oder »um den Verlag herum«. Ihr seid einfach toll! Mein Dank geht an *Ute Flockenhaus*, die mir nicht nur nahegebracht hat, wie der Buchmarkt funktioniert, sondern auch das Buch in das Verlagsprogramm aufgenommen hat und mir während der ganzen Entstehungszeit ein vertrauensvoller Sparringspartner war – ermutigend, klar und direkt. Danke für die exzellente Betreuung! Ein großer Dank geht auch an die Lektorin *Anke Schild*, die meinen Texten den »Feinschliff« und mir ein paar sehr gute Impulse gegeben hat.

Meinen *Freundinnen und Freunden* danke ich dafür, dass sie mich von Anfang an bestärkt haben, dieses Buch zu schreiben. Und dafür, dass es für sie völlig selbstverständlich war, dass ich ein paar Monate abgetaucht bin und wir danach einfach da weitermachen konnten, wo wir aufgehört hatten. Ich bin sehr dankbar, dass es euch gibt! Und es gibt noch mehr, wofür ich sehr dankbar bin. Für die vielen tollen Menschen, die ich durch dieses Buchprojekt kennengelernt habe und die ich noch kennenlernen werde. Für das *tolle Elternbeiratsteam*, in dem wir die Aufgaben immer so verteilt haben, dass das Ehrenamt auch in dieser Zeit für mich gut zu bewältigen war. Für all die *Gebete*, die den Entstehungsprozess des Buches begleitet haben. Und danke *für alles und jeden, der mich auf diesem Weg unterstützt und mitgefiebert hat.*

Last but not least: Ich bin dankbar für jeden einzelnen *Leser*. Denn mein Wunsch ist, dass die Botschaft um die ganze Welt geht! Für einen sensibel-starken Wandel, mehr Achtsamkeit und ein friedvolles Miteinander. Ich freue mich auf Feedbacks und Rezensionen.

Gute Reise, liebes Buch! Danke für die intensive Schreibzeit. Lass mal was von dir hören. Ich bin gespannt, wohin dein Weg dich führen und was dir unterwegs begegnen wird ...

Quellenverzeichnis

Allgemeine Quellen

www.wikipedia.de – die freie Online-Enzyklopädie Wikipedia

www.zitatezumnachdenken.com – Sammlung von Zitaten

Teil 1 – Infopoint Hochsensibilität: Wie zarte Menschen sind

Literatur

Aron, Elaine N.: *Sind Sie hochsensibel? Ein praktisches Handbuch für hochsensible Menschen. Das Arbeitsbuch.* MVG Verlag 2014. Seite 23 f.

Harke, Sylvia: *Hochsensibel. Was tun? Der innere Kompass zu Wohlbefinden und Glück.* Verlag Via Nova 2014. Seite 23 ff.

Heintze, Anne: *Außergewöhnlich* NORMAL. Ariston Verlag 2013. Seite 50 ff. und Seite 69 ff.

Hensel, Ulrike: *Mit viel Feingefühl – Hochsensibilität verstehen und wertschätzen.* Junfermann 2013. Seite 56 ff.

Klages, Wolfgang: *Der sensible Mensch – Psychologie, Psychopathologie, Therapie.* Enke. 2. Auflage 1991. Seite 48 ff.

Konrad, Sandra: *Hochsensibilität ist keine psychische Störung, sondern ein besonderes Temperament.* Beltz Verlag. Psychologie heute. Ausgabe 9/2015. Seite 24 ff.

Mönks, Franz J.; Rogalla, Marion (Hrsg.): *Sensitivität nach Dabrowski*. Studienverlag. Journal für Begabtenförderung – für eine begabungsfreundliche Lernkultur. Ausgabe 2/2010. Seite 4 ff.

Parlow, Georg: *Zart BESAITET – Selbstverständnis, Selbstachtung und Selbsthilfe für hochsensible Menschen*. Festland Verlag 2003. Seite 35 ff.

Schorr, Brigitte; Schirrmacher, Thomas (Hrsg.): *Hochsensibilität. Empfindsamkeit leben und verstehen*. SCM Hänssler 2011. Seite 8 ff. und Seite 20

Sellin, Rolf: *Wenn die Haut zu dünn ist. Hochsensibilität – vom Manko zum Plus*. Kösel Verlag 2011. Seite 124 f.

Sher, Barbara: *Du musst dich nicht entscheiden, wenn du tausend Träume hast*. dtv 2012. Seite 11 f.

Tomschi, Petra: *Das Vielfühler-Buch Hochsensibilität*. 2014. Seite 16 ff. und Seite 76 ff.

Trappmann-Korr, Birgit: *Hochsensitiv: Einfach anders und trotzdem ganz normal*. VAK Verlag 2010. Seite 117.

Internet

»*Hilfe für Hochsensible. Von Reizen überflutet.*« Stuttgarter Zeitung, 24. August 2014 – www.stuttgarter-zeitung.de/inhalt.hilfe-fuer-hochsensible-von-reizen-ueberflutet.4ea00a69-8007-4fc0-853e-271610b6bac5.html

»*Hochsensibel oder nicht? Unterschiede zwischen Hochsensibilität und anderen Persönlichkeitsmerkmalen.*« TypenTestBlog von Lars Lorber – 27. April 2015 – www.typentest.de/blog/2015/04/hochsensibel-oder-nicht-unterschiede-zwischen-hochsensibilitat-und-anderen-personlichkeitsmerkmalen/

»*High Sensation Seeker*« – www.eliane-reichardt.de/themen/sonderfall-hss/ Bornemann, Stefan: *Hochsensible Mitarbeiter – introvertierte Tarnkappenträger mit großem Talent zum Wertschätzen* – www.lead-conduct.de/2015/02/24/hochsensible-mitarbeiter-introvertierte-tarnkappentraeger-mit-grossem-talent-zum-wertschaetzen/

Wyrsch, Patrice: »*Wie ist Sensitivität in der Bevölkerung verteilt?*« 18. Juli 2018. https://www.sensitivitaet.info/2018/07/18/wie-ist-sensitivit%C3%A4t-in-der-bev%C3%B6lkerung-verteilt/

Teil 2 – Erfahrungsberichte und Perspektiven: Was hochsensible Menschen erleben

Authentische Geschichten

Die Erfahrungsberichte beruhen auf echten Erlebnissen, die eigens für dieses Buch recherchiert worden sind. Alle Erzähler haben ihr Einverständnis für die Veröffentlichung ihrer Geschichte gegeben. Die Geschichten sind entweder mit Vor- und Nachnamen, nur mit dem Vornamen oder unter Pseudonym (gekennzeichnet mit *) veröffentlicht.

Literatur

Harke, Sylvia: *Hochsensibel. Was tun? Der innere Kompass zu Wohlbefinden und Glück*. Verlag Via Nova 2014. Seite 45 ff. und Seite 251 ff.

Hensel, Ulrike: *Mit viel Feingefühl – Hochsensibilität verstehen und wertschätzen*. Junfermann 2013. Seite 141 ff.

Knaths, Marion: *Spiele mit der Macht. Wie Frauen sich durchsetzen*. Hoffmann und Campe 2007

Parlow, Georg: *Zart BESAITET – Selbstverständnis, Selbstachtung und Selbsthilfe für hochsensible Menschen*. Festland Verlag 2003. Seite 73 ff.

Internet

psyGA – ein Angebot der Initiative Neue Qualität der Arbeit: www.psyga.info/psychische-gesundheit/daten-und-fakten/

Teil 3 – Strategien und Ressourcen: Was die Zarten stark macht

Literatur

Bauer, Joachim: *Selbststeuerung. Die Wiederentdeckung des freien Willens.* Karl Blessing Verlag 2015

Feist, Silvia: *Nimm dein Leben in die Hand.* Emotion. Das Frauenmagazin. 06/2015. Seite 48 ff.

Hensel, Ulrike: *Mit viel Feingefühl – Hochsensibilität verstehen und wertschätzen.* Junfermann 2013. Seite 120 ff.

Martens, Andree: *Klüger spüren. Intuition im Management.* managerSeminare. Heft 209, August 2015. Seite 30 ff.

Perfahl, Barbara: *Ein Zuhause für die Seele – In fünf Schritten zum Wohlfühl-Zuhause.* Kreuz Verlag 2015

Rinpoche, Sogyal: *Das tibetische Buch vom Leben und vom Sterben. Ein Schlüssel zum tieferen Verständnis von Leben und Tod.* Fischer Verlag, 5. Auflage 2004

Rosenberg, Marshall B.: *Gewaltfreie Kommunikation. Eine Sprache des Lebens.* Junfermann, 6. Auflage 2005

Scherer, Marianne: *Die heilende Kraft der Vergebung.* Bio. 2011/3. Seite 84 ff.

Westphalen, Jutta: *Hilfe zur Selbsthilfe – Emotionale Krisen meistern.* Vianova 2015. Seite 32

Internet

Bühr, Bernhard: *Richtig ernähren bei Hochsensibilität. Starke Kost für sanfte Gemüter.* 01. November 2013: http://ernaehrung-heilen.de/richtig-ernaehren-bei-hochsensibilitaet/#more-1042

Bundesamt für Naturschutz. Naturschutz & Gesundheit: http://natgesis.bfn.de/natgesis_erholung-wohlbefinden.html

Dalhoff, Inga: *Gesunderhaltung für Hochsensible – Sanfte Wege der Heilung:* www.inga-dalhoff.de/blog/item/gesunderhaltung-fuer-hochsensible.html#ernährung

Deutsche Gesellschaft für Entspannungsverfahren: www.dg-e.de

Grün, Anselm: »*Die Kraft der Vergebung*«. Die Welt. 01. Juni 2010: www.welt.de/7869463

Grundbausteine gesunder Ernährung: www.gesundheit.de/ernaehrung/gesund-essen/ernaehrungswissen/grundbausteine-der-gesunden-ernaehrung

Haas, Maria: »*Warum die Natur der Psyche guttut*«. Apotheken Umschau. 31. Juli 2014: www.apotheken-umschau.de/Psyche/Warum-die-Natur-der-Psyche-guttut-347417.html

Heintze, Anne: *Kaffee und Hochsensibilität: Wer löscht ein Feuer mit Kerosin?:* http://open-mind-akademie.de/2014/05/kaffee-und-hochsensibilitaet-wer-loescht-ein-feuer-mit-kerosin/

Icarus – Decoding the intelligence of global animal behaviour: www.orn.mpg.de/Abteilung_Wikelski und www.tiersensoren.mpg.de

Kern, Anna-Barbara: *Ideologiefreie Ernährung für Hochsensible*: http://hochsensibelsein.de/ideologiefreie-ernaehrung-fuer-hochsensible-2/

Kersig, Susanne – Website der Autorin und Psychologin mit Schwerpunkt Achtsamkeit und emotionale Kompetenz: www.achtsamkeit.info MBSR-MBCT Verband e.V. – Achtsamkeit im Leben: www.mbsr-verband.de

»*Psychologie: Meditation verbessert Gehirnzellen*«. Spiegel Online. 12. Juni 2012: www.spiegel.de/wissenschaft/mensch/hirnforschungmeditation-verbessert-nerven-a-838296.html

Leuchtfeuer

Backhaus, Anne; Czogalla, Alexander: »*Glück – Die Erforschung unserer größten Sehnsucht*«. Die Welt, 16. Oktober 2014: www.welt.de/gesundheit/psychologie/article133414925/Glueck-Die-Erforschung-unserer-groessten-Sehnsucht.html

Gründling, Kristian: *Der Upstalsboom-Weg*. Kurzfilm der Grünfilm Medienproduktion. 2014: https://vimeo.com/77430089

Informationen und Empfehlungen zur Hochsensibilität

Websites der Forscherin Dr. Elaine N. Aron

www.hsperson.com

www.sensitivethemovie.com

Vereine und Organisationen in Deutschland, Österreich und der Schweiz

Informations- und Forschungsverbund Hochsensibilität e.V. (IFHS): ww.hochsensibel.org nova Lebensraum Sensibilität – Die Plattform für eine sensible Lebensweise: https://nova-lebensraum.de

Zart besaitet – Verein zur Förderung hochsensibler Menschen: www.zartbesaitet.net

Das Potenzial der Hochsensiblen – Infoplattform: www.hochsensibilitaet.ch

Empfehlungen Deutschland

Agentur für Hochsensible – Gregor Hötzel: www.agenturfürhochsensible.de

Markus Asano – Coaching: https://dein-inneres-kind.com

Aurum Cordis – Kompetenzzentrum für Hochsensibilität: www.aurum-cordis.de

Janine Bonk / ZENtrum Mockenhöhe – Zentrum für Meditation und Ruhe, HSP-Begleitung, Coaching, Meditation und Qigong: www.weg-zur-ruhe.de

Tomke Lübeke Coaching – Begabungspädagogisches Coaching und Lerncoaching: www.tomkemuellercoaching.de

Inga Dalhoff, Marketingberaterin für Therapeuten, Coaches und Berater: www.inga-dalhoff.de

Oliver Domröse – Blog für bewusstes Fühlen und Leben: www.simplyfeelit.de

EQTing-Akademie für emotionale Bildung / Stefan Sohst und Christoph Theile: wwweqting.com

ETAIN corporate health / Conny Mohr – Partner für psychische Gesundheit: www.etain-corporate-health.de

heart working / Ulf Zinne – Authentisches Wachstum: www.heart-working.de

HerzHunde / Birgit Schmitz – Potenzialentwicklung mit tierischer Unterstützung: www.herzhunde.com

Britta Hildebrandt – Berührende Heilung von Herz zu Herz: www.ich-bin-hochsensibel.com

HSB-Set – Hochsensiblen-Begleiter-Set: www.hsb-set.de

KlaarKimming.org / Reimar Lüngen, Berufungscoach und Coaching für Hochsensible: www.klaarkimming.org

Kraftgedanken / Arne Salig – Beratung und Coaching für hochsensible Personen (HSP) und Eltern hochsensibler Kinder: www.kraftgedanken.com

kreani / Telke Nieter – Design & Werbeagentur: www.kreani.de

Stefan Kunkat alias Matthias Wiese – Autor: www.hochsensibel-test.de

Gabriele Marcks – Berufungscoach und Coach für introvertierte / hochsensible Frauen: www.gabriele-marcks.com

Barbara Perfahl – Wohnpsychologin und Autorin: www.die-wohnpsychologin.de

Antje Rach – Coaching und Training rund ums Elternsein: https://worteundwandel.de

Petra Moira Schmidt: www.hochbegabt-hochsensibel.com

Psychologische Praxis Gregor Specht – Diplom-Psychologe und Heilpraktiker für Psychotherapie: www.gregor-specht.de

Martina Rosenberger – Persönlichkeitsunterstützender Schmuck: www.ideenschmuck.de

Martina Rosenberger – Heilsames Singen und ganzheitliche Kinesiologie: www.singlebendig.de

Trappmann Institut / Birgit Trappmann-Korr – Die Expertenadresse für Hoch-sensitivität und Hochbegabung: www.trappmann-korr.de

Yogaschule Kleinmachnow / Bettina Thomas – Yogaunterricht, Lehrerausbildung, Coaching, Meditation: www.yoga-kleinmachnow.de

Empfehlungen Österreich

Birgit Rainer – Inner Wealth Coaching: www.innerwealth.at
Solea / Birgit Gebhard – Kommunikation, die verbindet: https://wertschaetze.at

Empfehlungen Schweiz

Institut für Hochsensibilität (IFHS) – Website der Autorin Brigitte Küster: www.ifhs.ch

Thomas Gelmi – InterPersonal Competence: www.thomasgelmi.com

Über die Autorin

Kathrin Sohst ist Autorin, achtsame Beraterin und Coach. In ihren Büchern schreibt sie stärkenorientiert, emotional, persönlich und fachlich fundiert über sensible Themen. Ihr Buch »Zart im Nehmen« ist in mehreren Ländern erschienen.

Als Gesprächspartnerin und Coach begleitet sie Menschen dabei, ihre Sensibilität als Basis für innere Stärke zu entdecken und ihre Potenziale zu entfalten. Besonders wichtig ist ihr, eine Atmosphäre zu schaffen, in der tiefgründige und gefühlvolle Begegnungen möglich sind.

Ruhe und Entspannung findet Kathrin Sohst in der Natur, die ihr jedes Mal wieder den Blick für die natürliche Vielfalt öffnet. Der Wald dient ihr und ihren KlientInnen häufig als Raum, um in Kontakt mit Wahrnehmung, Gefühlen und Bedürfnissen zu kommen und negativen Stress zu reduzieren.

Die Mutter von zwei Kindern hält Vorträge über Sensibilität und hat 2017 den 1. Kongress für Hochsensibilität in Deutschland organisiert.

www.sensibel-und-stark.de

Personenregister

Aron, Elaine N. 15 f., 27, 29, 37, 48, 60, 72
Asano, Markus 262

Bauer, Joachim 320
Bonk, Janine 331, 336, 370, 377 f.
Böttcher, Jutta 83

Dabrowski, Kazimierz 64 f.
Dalhoff, Inga 179
Diener, Ed 16 435

Feuerbach, Ludwig 361

Gardner, Howard 64
Gebhard, Birgit 126, 221, 289, 311, 341, 367 f., 374
Gelmi, Thomas 413

Harke, Sylvia 77, 138
Heintze, Anne 64
Hensel, Ulrike 60
Hesse, Hermann 85
Hildebrandt, Britta 147
Hötzel, Gregor 255

Jack, Michael 31, 37, 101, 442
Janssen, Bodo 434
Jung, C.G. 59

Kabat-Zinn, Jon 342
Klages, Wolfgang 69 f., 72, 74, 76, 88
Knaths, Marion 184
Koenig, Harold, 150 f.
Küster, Brigitte 42, 57

Lobitz, Christiane 295
Lüling, Christa und Dirk 49
Lüngen, Reimar 49, 156, 158, 209, 265, 345, 432

Maslow, Abraham
Müller, Tomke 206, 225

Niemz, Markolf H. 307
Nieter, Telke 157, 283

Oldenburg, Katrin 381 f., 384

Parlow, Georg 15, 30, 37
Perfahl, Barbara 372
Pfitzer, Thomas 71

Rainer, Birgit 174
Rinne, Uta 259
Rinpoche Sogyal 332
Roosevelt, Eleonor 17, 77, 333
Rosenberg, Marshall B. 220, 310, 362, 364
Rosenberger, Martina 273, 281

Salig, Arne 170, 187
Schmitz, Birgit 390
Seligman, Martin 435
Sher, Barbara 64
Specht, Gregor 351

Thomas, Bettina 394, 399
Tolle, Eckhart 87
Trappmann-Korr, Birgit 433

Uphoff, Karin 18

Watzlawick, Paul 361
Wikelski, Martin 430

Sachregister

Achtsamkeit 91, 133, 308, 323, 325, 341–344, 377, 379, 394, 420, 434, 444
Akkus wieder aufladen 93, s.a. Entspannen
Alkohol 14, 69, 131 f., 135, 356, 358
Andersartigkeit 13, 18, 70, 75, 355, 404, 406, 429, 433
Angst 65, 78 ff., 96, 144, 162, 175, 213, 222, 260, 325, 328, 339, 388, 433
Anpassung 10, 19, 71, 77, 84, 175, 210 f., 320
Anthroposophie 409 ff.
Arbeit 39 f.,66, 86, 160 ff., 164, 171 f., 181, 184, 199 f., 338, 344 f., 349 f., 407, 432 ff., s.a. Großraumbüro, Meeting
mit Sinn und Berufung 344 ff.
Arbeitswelt 15, 39 f., 54, 81, 161, s.a. Job
Asanas 394 f.
Ästhetik 43, 86, 107, 278
Aufmerksamkeit 59, 63, 126, 159, 222, 246, 296, 319, 343
Authentizität 77, 99, 171, 179, 221 f., 314

Bauchgefühl 45, 55, 101, 180, 250, 300, 321, 389, s.a. Intuition, sechster Sinn
Bedürfnispyramide, Maslowsche 346 f.
Begeisterungsfähigkeit 91, 96
Beruf(ung) 52 f., 76, 86, 90, 100, 127, 160 ff., 165, 230, 273, 344–347, 350, 403 f., 437
Bewegung 93, 122 f., 149, 164, 340 f., s.a. Sport
Beziehungen 14, 58, 83, 100, 180, 211, 213, 215, 225, 338, 349, 368, 385–389, s.a. Partner, Familie
Borderline-Syndrom 153
Buch, tibetisches, vom Leben und vom Sterben 332
Burn-out 27, 126 f., 130, 174, 433
Büro 123, 180, 184
Großraum- 15, 103, 161, 181

Coaching 351, 353

Dankbarkeit 153, 159, 177 f., 257, 289 f., 359, 371
Datenverarbeitung bei hochsensiblen Menschen 49 f.
Denken, vernetztes 83, 89, 90 f., 96, 207, 369
Depressionen 70 f., 144, 158, 300, 327, 352
Desintegration, positive 65
Diätenwahn 140
DOES-Formel 48
Drogen 14, 69, 131, 135, 137, 356

Ehrenamt 203 f., 386, 443
Einkaufen 284, 287, s.a. Shopping
Eltern 40, 162, 174, 246, 250, 255 f., 328, 406

Emotionen 53, 55, 64 f., 87, 91, 141, 143 f., 213
Empathie 13, 41, 48, 57, 79, 82 f., 96, 311, 387, 430
Entspannung 47, 92 f., 131, 149, 154, 274, 277 f., 281, 363, 377, 383, 391, 394
Tiefen- 395 f.
Entwicklung (Persönlichkeits-) 16, 56, 62, 65, 70, 160 f., 214, 257, 317, 332, 337, 340, 406, 424, 433 f.
Erfolg 39, 62, 169, 171, 308, 339
Erkrankungen, psychische 27, 136, 161, 307, 377
Ernährung 139 ff., 149, 355, 357–361
Tipps 360 f.
Erschöpfung 27, 47, 53, 73, 127, 245, 436
Erwartungen 41, 75, 213, 227 f., 330, 339
Esoterik 296, 300 f.
Extraversion 59 f.

Familie 39, 41, 54, 100, 138, 141, 211, 214, 227, 242, 245 f., 250 f., 256, 281, 373, 385
Feel-good-Management 433 f.
Feinfühligkeit 36, 48, 87
Flexibilität 109, 138, 184, 214, 250, 385, 432
Frauen 16, 28, 38–41, 100, 121, 184 f., 192
Freiheit 157, 227, 325, 366, 370, 379, 406, 432
Fremdbestimmung 161, 171 f., 402, 432
Freunde 13 f., 40, 102, 113, 174, 223, 227, 265, 386, 436
Freundschaft 54, 210, 222, 225, 386

Gefühle 39, 77, 79, 140, 143 f., 222, 234, 244, 306, 320 f., 323 f., 329 f., 343, 379, 386 f., 436
–, unangenehme 16, 317, 324, 330
G. benennen 363 f.
G. der anderen 79, 91, 214, 217, 223, 225, 324, 388
Körper- 145 f., 381
Gelassenheit 74, 338, 342, 344
Geld und Finanzen 39, 170, 175–179, 200, 203, 289, 308, 350
Gerechtigkeit (Sinn für G.) 52, 82, 85, 308, 311, 400
Gesellschaft 38, 41, 53, 70, 81, 130, 144, 152, 169, 171, 174 f., 187, 189, 203, 213 f., 251, 295, 302, 337, 389
Gesundheit 27, 30, 67 ff., 100, 120, 122, 149 ff., 162, 176, 202, 300, 320, 324, 338, 358, 371, 375, 383, 432, 435
Gewissenhaftigkeit 79, 81, 86, 96
Glaube 59, 230, 292, 295, 297, 301 f., 368–369, s.a. Religion, Spiritualität
Gleichgewicht, seelisches 157 f.
Glück 16, 43, 46, 80, 92, 144, 157 f., 211, 241, 283, 326, 435

Harmonie (-bedürfnis) 13, 43, 52, 75, 79, 82 f., 256, 333 f.
Helfersyndrom 146
Hellfühligkeit 29, 179, 215, 259, 411
Hellhörigkeit 29
Hellsichtigkeit 29, 116

High-Sensation-Seeker 61
Hochbegabung 61–65
Hochsensibilität 27 ff.
–, empathische 58
–, kognitive 58
–, sensorische 58 f., 247, 414, 419
–, spirituelle 59
Definition 27 ff.
Eigenschaften/Merkmale 36 f., 41 f., 89
Onlinetests und Infoportale 37 f.
Selbsttest 32–36
und Hochbegabung 63 ff.
Unterschiede 57 ff.
Hochsensitivität 28 f.
Hören 43 f., 103–106
Hunger 45, 50, 355 f., 358, 364
Hyperaktivität 66
Hypersensibilität 28
Hypochondrie 70, 148

ICD-10 127, 136
Idealismus 77,89
Innovationsfähigkeit 82, 89
Intelligenz 61
–, kognitive 62
–, multiple 64
Introversion 59 f.
Intuition 45, 87 f., 90, 116, 215, 281, 291, 300, 320 ff., 335, 359, 434, s.a. Bauchgefühl, sechster Sinn
IQ 61 f.

Job 10, 15, 46, 51, 64, 100, 119, 161, 165, 174, 184, 200, 210 f., 218, 227, 270, 385, s.a. Arbeitswelt

Kinder 19, 40, 120, 141, 214, 218, 220, 226, 234, 242, 246, 323, 381, 388
–, hochsensible 11, 40, 66, 79, 82, 89, 160, 216, 244 f., 246 f., 250 f., 256, 291
Kindheit 11, 31, 41, 54, 73, 87, 136, 138, 302, 307, 406
Kino 103, 108 f., 141, 223, 263, 265
Kleidung 45, 110, 176, 266, 269
Koffein 69, 356
Kognition 57,f., 154
Kollegen 15, 308, 325, s.a. Arbeitswelt, Job
Komfortzone 42, 214, 333 f., 338, 416, 424, 437
Kommunikation 14, 47, 137, 179, 184, 187 f., 207, 209, 212 f., 218 f., 221 f., 246, 344, 362, 382, 388
Gewaltfreie K. 310, 361–367
Konflikt 16 f., 55, 79, 83 f., 222, 295, 333–338, 362, 437
-fähigkeit 336 f., 417
-vermeidung 17, 79, 222, 334 f., 388
Krafträuber 47, 289
Kreativität 82 f., 89 f., 96, 160, 348, 382, 398, 432
Krisen 69, 90, 158, 269, 273, 337 f.
Handlungsfähigkeit in K. 90

Langeweile 42, 73, 160, 245
Lastenträger 100, 401 ff.
Lehrer 13, 30, 66
Leistung 25 f., 36, 39, 41, 51, 62 f., 66, 73 ff., 130, 172, 181, 105, 203, 308, 317 f., 355 f., 401, 432
Liebe 83, 144, 180, 227, 234, 241, 292, 295, 307, 369 f., 390

Lieblingsplätze 289, 372, 376
Lösungskompetenz 90, 96

Männer 16, 28 f., 38–41, 121, 185, 188, 192, 251, 405
Medien (-konsum) 47, 230, 274, 277
–, soziale 193, 274, 385
Medikamente 69, 121, 148
Meditation 88, 149, 343, 370 f., 373, 376–381, 349–354
Medizin, klassische/alternative/integrative 121, 137, 149
Meeting 50, 184 f., 187, 218
Müdigkeit 27, 45, 50
Multitasking 395, 398
Musik 14, 44, 51, 85, 90, 103

Nachhaltigkeit 43, 84, 308, 381, 384
Nächstenliebe 293, 308
Natur 52, 67, 85, 289, 340 f., 371, 375, 378, 381–394
Netzwerke 40, 188 f., 192 f., 195, 385 f., 437
Neugier 89, 91, 160, 195
Nikotin 69, 356

Oberflächlichkeit 54, 92, 223
Objektivität 321, 435
Ohrstöpsel mit Filter 106, 265

Partner 14, 19, 25, 53 f., 109, 128, 141, 162, 212, 227, 235, 237, 240 f., 265, 335
Gesprächs- 93, 216, 222, 262, 368, 387
-schaft 24, 54, 211, 230, 234, 242, 244, 250, 371, 386, 389
Partys 14, 56, 103, 132, 204, 222
Pausen 15, 36, 51, 67, 74 f., 93, 106, 154, 161, 194, 227, 246, 262, 274, 340, s.a. Ruhe
Perfektion (-ismus) 15, 53, 77, 86, 141, 157, 326, 338
Performer 401, 404 ff., 425
Potenziale und Stärken 62, 69, 80 f., 83, 93, 96, 171, 209, 344, 400 f., 403–406, 424, 432 ff.

Qualität statt Quantität 86 f., 180, 240, 317, 338

Reflexion 19, 42, 56, 91, 166, 213, 251
Selbst- 175, 309 f.
Reisen 140, 277, 281, s.a. Urlaub
Reize, äußere 47, 61
Religion 150 f., 292–296, 303, 369, s.a. Glaube, Spiritualität
Resonanzprinzip 147
Respekt 13, 52, 66,82, 141, 222, 362, 366, 387, 390, 400
Riechen 43 f., 110–113, 261
Risikobereitschaft 77, 171, 175
Rückzug 55, 60 f., 138, 159, 161, 227, 256, 373
Ruhe (-pausen) 40, 60 f., 74, 92, 102, 123, 141, 152 ff., 192, 227, 242, 246, 262, 308, 342, 344, 375, 377, 379

Scanner (-persönlichkeit) 64, 124, 170
Schlaf (-störungen) 27, 154, 156, 286, 340, 342

Schmecken/Geschmack 43 f., 110–113
Schmerzen 18, 45, 116, 145 f., 148, 195, 344, 376
Schuldgefühle 79, 96, 328, 339, 437
Schule 12 f., 303, 354
Sehen 43 f., 106–109
Lichtempfindlichkeit 73
Selbstbestimmung 66, 174, 366, 432
Selbstbewusstsein 171, 185, 325, 404
Selbstsicherheit 77, 171, 317, 422
Selbstständigkeit, berufliche 189, 206, 349 f., 382, 403, 409, 413
Selbstvertrauen 75, 317 ff., 343, 348
Selbstverwirklichung 346
Selbstwertgefühl 12, 19, 72, 75, 136, 195, 382
Selbstzweifel 75 f., 96
Sensibilität 19, 25 f.
Sexualität 234 f., 240 f.
Shopping 261, 283 f., s.a. Einkaufen
Sinn, sechster 43, 45, 101, 116 ff., 259, 291, 400, s.a. Intuition, Bauchgefühl
Sinne 26, 43 ff., 87, 10–103, 106, 110, 113, 269, 287
–, feine 29, 45 ff., 59, 85, 102, 430
Sinnhaftigkeit 51 f., 199
Sinnsucher 52, 100, 401, 403 f.
Small Talk 54, 204, 206, 213
Sozialverhalten 12 f., 53 f., 82
Spiritualität 57, 86 f., 151, 292, 297, 301 f., 306 f., 368–371, s.a. Glaube, Religion
Sport 116, 122, 164, 340, 369, 436, s.a. Bewegung
Spüren/Tasten 43 ff., 113
Stärke, seelische 92 f.
Stärkenbarometer, persönliches 94 f.
Starkmacher 318, 340 ff., 351, 424, 437
Stimmungen wahrnehmen 53, 56, 83, 116, 122, 145, 320, 383, 419
Stress 19, 27, 36, 42 ff., 47, 72 ff., 93, 96, 101, 122 f., 126 f., 141, 172, 235, 262, 339–344, 356, 377, 383
Suizidgefährdung 70

Tanzen 14, 125, 341, 371
Temperament 41, 68, 92, 96, 115, 136, 160, 181, 211
Therapie 136, 148 f., 202, 351
–, alternative 121, 149
Thesen, acht zart-starke 429
Tiefgründigkeit 54, 87, 91, 96, 206, 213, 223, 319
Tiere 256, 357, 359, 390 ff., 430 f.
Tod 78, 116, 256 f., 259 f.
Trauer 19, 144, 157, 162, 256, 260, 324
Traumata 69, 138
Traurigkeit 157 ff., 259
Trennungen 256, 259

Überbelastung, Zeichen für Ü. 27
Überempfindlichkeit 28, 314
Überforderung 18, 36, 446, 61, 103, 242, 246, 269, 335, 386 f.
Überreizung, Überstimulierung 13, 18 f., 42, 44, 46, 51, 55, 71–74, 96, 127, 235, 338

Urlaub 46, 245, 277 f., 281, 393, s.a. Reisen

Väter 251, 255 f.
Veränderung 20, 69, 89, 130, 138, 195, 214, 256 f., 289 f., 320,339, 404
Veranstaltungen (berufliche, Groß-, Sport-) 192 ff., 204, 261 f., 206, 261, s.a. Meeting
Verantwortung übernehmen 40, 52, 74, 85, 87, 164, 273, 292, 308, 369 f., 400, 404, 429
für sich selbst 68, 71, 77–80, 140, 151, 160, 300, 320, 326, 329, 359, 361, 364, 387, 432
Vergebung 293, 295, 325 ff., 329, 331, 338
in der Praxis 329 ff.
Verletzlichkeit 53, 75 f., 96, 222, 389
Verletzungen 145, 222, 325–330, 339, 362, 389
Verstand 87, 144, 174, 198, 213, 225, 290 f., 370, 437
Verständnis, soziales 82 f., 96
Vorahnungen 87, 116, s.a. sechster Sinn, Intuition

Wachsen 333 ff.
Wahrheit (Gespür für W.) 53, 79, 82
Wahrnehmung 26, 47 ff.
–, akustische 106, s.a. Hören
–, außersinnliche/spirituelle 29, 87, 119, 296, 301 f.
–, differenzierte 85, 96
–, emotionale 91, 130, 212, 223, 323
–, ganzheitliche 82, 83, 96
–, hohe 15, 19 f., 25, 29, 38, 42, 46, 56 ff., 60, 100, 103, 119, 174, 189, 212, 217, 310, 313, 317 f., 324, 398, 400, 402 f., 424 f.
–, intuitive 45, 117, s.a. sechster Sinn
–, körperliche 44 f., 148, 235, 394
–, sensorische 29, 46, 58, 103, 261
–, taktile 113, s.a. Spüren, Tasten
–, visuelle 107, 261, 265, s.a. Sehen
-begabung 64, 71, 113, 429
Verarbeitung von W. 48 ff., 91
Weg zur Stärke 319, 340
Weisheit 188, 199, 369, 376, 436
Weitblick 89, 206, 209, 270
Werte (-system), innere 39, 51, 84 f., 96, 180
Wertschätzung 30, 295, 308, 361, 400, 432, 435
Wirtschaft 39, 66, 122, 161, 179 f., 214, 321 f.,
und Gesellschaft 25, 27, 188, 209, 405, 432 ff.
Wohnen 176, 180, 287, 289, 372, 374 ff., 388

Yoga 88, 341, 373, 393–399

Zahnarzt 103, 115
Zuhörer, gute 12, 45, 54, 83, 86, 206, 221, 246, 313, 387
Zulassen 77, 323 f., 329 f.
Zwischenablage 50, 340, 348

DEIN LEBEN

GABAL

Inspirierende Impulse und praktische Tipps, die Ihr Leben leichter, besser und schöner machen

ISBN 978-3-86936-834-4
€ 17,00 (D) / € 17,50 (A)

ISBN 978-3-86936-941-9
€ 22,90 (D) / € 23,60 (A)

ISBN 978-3-86936-831-3
€ 22,90 (D) / € 23,60 (A)

Unsere Leseempfehlung

512 Seiten

Hochsensible Menschen ticken anders. Ihnen eigen ist eine besondere Art der Reizverarbeitung – laute Geräusche, Trubel oder helles Licht vertragen sie weniger gut als ihre Mitmenschen. Die erfahrene Psychologin Sylvia Harke weiß aus eigener Erfahrung, dass der Alltag mit seiner Vielzahl von Sinneseindrücken und Belastungen ein echter Härtetest für Hochsensible ist. Wie sie es dennoch schaffen können, die großen und kleinen Anforderungen zu meistern, zeigt die Autorin hilfreich und kompetent in ihrem umfassenden Ratgeber – von A wie Abgrenzung bis Z wie zwischenmenschliche Konflikte.

www.goldmann-verlag.de
www.facebook.com/goldmannverlag

GOLDMANN
Lesen erleben